Ajax Praxis

Frank W. Zammetti

Ajax Praxis
6 Praxisprojekte von A bis Z

Übersetzung aus dem Amerikanischen
von Reinhard Engel

mitp

Bibliografische Information der Deutschen Nationalbibliothek
Die Deutsche Nationalbibliothek verzeichnet diese Publikation in der
Deutschen Nationalbibliografie. Detaillierte bibliografische Daten sind
im Internet über http://dnb.d-nb.de abrufbar.

ISBN 978-3-8266-1759-1
1. Auflage 2007

Printed in the Netherlands

© Copyright 2007 by REDLINE GMBH, Heidelberg
www.mitp.de

Lektorat: Sabine Schulz
Sprachkorrektorat: Petra Heubach-Erdmann
Satz: DREI-SATZ, Husby

Inhaltsverzeichnis

Für meine Frau Traci, die wahrscheinlich kein einziges Wort aus diesem Buch versteht, aber die mich daran erinnert hat, warum ich sie liebe; denn ihre Aufregung über mein erstes Buch war noch größer als meine.

Für meine beiden Kinder, Andrew und Ashley, für die ich gerne all die langen Stunden gearbeitet habe. Danke, dass ihr Daddy (normalerweise) lange genug in Ruhe gelassen habt, um dies hier fertigzustellen; ich schulde euch beiden jeweils ein Pony. (Ich hoffe, ihr wisst schon, was Sarkasmus ist, wenn ihr dies hier lest!)

Für Mutti und Vati, die mit dem scheinbar harmlosen Kauf eines Timex Sinclair 1000 Computers zu Weihnachten 1982 (oder 1983 – mein Gedächtnis hat nach 20+ Jahren einige Löcher!) alles angestoßen haben.

Für John J. Sheridan, der uns den Rücken frei gehalten hat.

Vorwort

Über den Autor

Frank W. Zametti arbeitet tagsüber als Webarchitektur-Spezialist für einen weltweit führenden Finanzdienstleister und nachts als PocketPC- und Open-Source-Entwickler. Er ist Gründer und oberster Software-Architekt von *Omnytex Technologies*, einem Softwarehaus für PocketPC-Software.

Er verfügt über mehr als zwölf Jahre »professioneller« Erfahrung in der IT-Branche und über zwölf weitere Jahre Erfahrung als »Amateur«. Seine fast lebenslange Liebe für Computer begann bereits im Alter von sieben, als er als einer von vier Schülern für ein Computer-Pilot-programm seines Schuldistrikts ausgewählt wurde. Ein Jahr später war er der einzige verblei-bende Teilnehmer! Sein erster Computer (etwa 1982) war ein Timex Sinclair 1000, auf dem er ein Programm schrieb, um die Kinoanfangszeiten aller Kinos auf Long Island zu speichern und abzurufen (und das ohne das 16K-Erweiterungsmodul!). Danach folgten ein Atari-Com-puter und dann ein Commodore 64, auf dem er etwa vier Jahre lang nur in Assembler pro-grammierte (hauptsächlich Spiele). Schließlich bekam er 1987 seinen ersten IBM-kompatiblen PC und begann, die höheren Künste der Programmierung zu lernen (so weit sie damals bekannt waren!).

Seit etwa acht Jahren hat Frank hauptsächlich webbasierte Anwendungen entwickelt. Davor hat er Windows-basierte Client-Server-Anwendungen in diversen Sprachen geschrieben. Frank ist Inhaber zahlreicher Zertifikate: SCJP, MCSD, CNA, i-Net+, A+, CIW Associate, MCP und zahlreiche BrainBench-Zertifikate. Er arbeitet an mehreren Open-Source-Projekten mit, darunter DataVision, Struts, PocketFrog und Jakarta Commons. Zusätzlich hat Frank zwei Projekte angestoßen: *Java Web Parts* und *The Struts Web Services Enablement Project*. Er war auch eines der Gründungsmitglieder eines Projekts, in dem der erste voll funktionsfähige Commodore-64-Emulator für PocketPC-Geräte (PocketHobbit) entwickelt wurde.

Frank hat verschiedene Artikel geschrieben. Die Themen umfassen u.a. die Integration von DataVision in Webanwendungen und den Einsatz von Ajax in Struts-basierten Anwendungen. Gegenwärtig arbeitet er an einem neuen Anwendungsframework, das speziell der Erstellung von Webanwendungen der nächsten Generation dienen soll.

Über den Fachlektor

Herman van Rosmalen arbeitet als Entwickler/Software-Architekt für die *De Nederlandsche Bank N.V.*, die Zentralbank der Niederlande. Er verfügt über mehr als 20 Jahre Erfahrung in der Entwicklung von Software-Anwendungen in diversen Programmiersprachen und war an der Erstellung von Mainframe-, PC- und Client-Server-Anwendungen beteiligt. Doch in den letzten sechs Jahren hat er sich hauptsächlich auf die Entwicklung von J2EE-Webanwendungen konzentriert. Nachdem er zuvor jahrelang mit Struts (vor Version 1.0) gearbeitet hatte, interessierte er sich für Ajax und wurde 2005 Mitarbeiter des Open-Source-Projekts *Java Web Parts*.

Herman lebt mit seiner Frau Liesbeth und ihren Kindern, Barbara, Leonie und Ramon, in einer kleinen Stadt namens *Pijnacker* in den Niederlanden.

Über den Illustrator

Anthony Volpe hat dieses Buch illustriert. Er hat bereits an mehreren Videospielen mit dem Autor Frank Zammetti zusammengearbeitet, darunter *Invasion Trivia, Io Lander, Krelmac* und *Gentoo Arcade*. Anthony wohnt in Collegeville, Pennsylvania, und arbeitet als Grafikdesigner und Front-End-Webentwickler. Seine Hobbys umfassen das Aufnehmen von Musik, das Schreiben von Erzählungen, die Entwicklung von Videospielen und den Besuch von Karaoke-Bars.

Einführung

Hätten Sie sich vorstellen können, dass jemand durch geschickte Anwendung des Namens eines bekannten Putzmittels auf eine Programmiertechnik die Welt ändern könnte? Genau das passiert gerade!

Ajax, Asynchronous JavaScript and XML, hat die Welt der Webentwicklung – aus gutem Grund – im Sturm erobert. Es leitet nicht nur eine neue Ära ein, in der die Entwicklung von Webanwendungen im Hinblick auf die Gestaltung der Benutzerschnittstelle gewissermaßen »erwachsen« wird, sondern sorgt auch für einen Paradigmenwechsel bei der Herangehensweise an die Webentwicklung. Ajax verdrängt das alte Dokument-Seiten-Modell zugunsten einer früher nicht möglichen, realistischen Welt von benutzergesteuerten Ereignissen. Damit können heute echte Web-*Anwendungen* entwickelt werden, möglicherweise zum ersten Mal – zumindest was die Erinnerungsspanne der Entwickler angeht (denn, wie Sie erfahren werden, ist Ajax nichts wirklich Neues!). Cool!

Der Ajax-Boom zieht sich nun schon außergewöhnlich lange hin. Normalerweise kommen und vergehen derartige Phänomene gemessen an der Internet-Zeit in einem Augenblick. Doch inzwischen sind fast zwei Jahre vergangen, seitdem jemand, der, zumindest was die Kunst der Namensgebung angeht, klüger als der Rest der Welt war, einen griffigen Namen für eine Tätigkeit geprägt hat, die viele schon sehr lange praktiziert haben. Wieder einmal bewahrheitet sich: Nicht die Idee an sich ist wichtig, sondern wer sie zuerst benennt.

Die Tatsache, dass das Phänomen »Ajax« immer noch boomt, lässt vermuten, dass Ajax möglicherweise mehr als eine Internet-Mode ist. Und tatsächlich: Je mehr Entwickler sich diese Technik aneignen und je besser sie sie verstehen, desto unbedeutender wird der ursprüngliche Marketingrummel und desto klarer zeigt sich der Nutzen, der nur darauf wartet, realisiert zu werden. Vielleicht ist »Ajax« ja doch nicht nur ein griffiger Name, sondern etwas sehr Substanzielles. Und wie sich zeigen wird, ist dies tatsächlich der Fall!

Ich habe dieses Buch hauptsächlich auch aus folgendem Grund geschrieben: Damit Sie als Programmierer erkennen können, warum Ajax keine temporäre Mode, sondern ein Paradigmenwechsel ist, müssen Sie es in Aktion sehen. Sie können so viele Whitepapers und Einführungsartikel lesen, wie Sie wollen, und sich danach dennoch etwas ratlos fragen: »Okay, ich verstehe, wie es funktioniert, aber wie kann ich es in der Praxis anwenden?« In diesem Buch möchte ich Ihnen zeigen, wie Sie Ajax nutzbringend in der Praxis einsetzen können.

Dieses Buch ist für Programmierer bestimmt, die besser lernen, wenn sie echten Code in Aktion sehen, den sie analysieren und selbst manipulieren können. Es ist nicht für Theoretiker oder Leute gedacht, die nicht mehr regelmäßig mit Code herumwerken. Damit will ich nicht sagen, dass Architekten nicht von diesem Buch profitieren könnten. (Ich bin selbst einer und habe nur das Glück, immer noch Code schreiben zu dürfen!) Das Gegenteil ist der Fall! Dennoch glaube ich, dass die Leute an der Front, die glorreiche Designs in die Wirklichkeit umsetzen, den meisten Nutzen aus diesem Buch ziehen können.

Also: Warum sollten Sie dieses Buch lesen?

Auf Sie warten sechs komplett ausgearbeitete Projekte! Jedes zeigt einen anderen Aspekt von Ajax, mit dem Sie Ihre Webanwendungen verbessern, bereichern und dynamisieren können. Dabei werden Sie verschiedene Ansätze und Libraries kennen lernen, damit Sie bei Ihrer eigenen Arbeit mit Ajax fundiert entscheiden können, was am besten zu Ihrer Anwendung und Situation passt. Die fertigen Beispiele helfen Ihnen, schneller in Ajax einzusteigen.

Eine persönliche Anmerkung: Mir hat das Schreiben dieses Buches sehr viel Spaß gemacht. Es war mein erstes, weshalb ich nicht wirklich wusste, was mich erwartete. Aber die Erfahrung war überraschenderweise einfach nur positiv. Sicher, die Arbeit war hart, und über meinen entgangenen Schlaf will ich gar nicht reden! Aber es hat sich gelohnt. Ich bin wirklich davon überzeugt, dass jeder Entwickler, der dieses Buch liest und die Anwendungen nachvollzieht, sein Wissen und seine Erfahrungen erheblich bereichern und dabei noch Spaß haben kann. Wenn Ihnen das Lesen Spaß macht *und* Sie dabei noch etwas lernen, habe ich mein Ziel erreicht.

Ein Überblick über dieses Buch

Kapitel 1 ist eine Einführung in die Geschichte der Webentwicklung im Allgemeinen und von Ajax im Besonderen.

Kapitel 2 behandelt die Grundlagen, ohne die Sie Ajax nicht verstehen können: JavaScript, CSS, DOM Scripting und XML werden einführend behandelt.

Kapitel 3 behandelt die Serverseite: Ant, Apache Tomcat, Webanwendungen, Servlets und JSPs werden kurz eingeführt, XML wird etwas vertieft.

Kapitel 4 enthält das erste Projekt, *Karnak*, das an *Google Suggest* angelehnt ist. In diesem Kapitel werden AjaxTags in Java Web Parts eingeführt. (Keine Bange, wenn Sie diese oder andere hier erwähnte Begriffe nicht verstehen! Alles wird rechtzeitig erklärt...)

Kapitel 5 behandelt einen Webmail-Client, der *Google Gmail* ähnelt. In diesem Projekt werden Sie eine coole Ajax-Library namens DWR kennen lernen.

Kapitel 6 stellt eine ziemlich typische Ajax-Anwendung vor: einen RSS-Feed Reader. In diesem Projekt wird noch einmal die Anwendung von AjaxTags in Java Web Parts gezeigt.

Kapitel 7 enthält eine Anwendung namens *PhotoShare*, mit der Sie Fotosammlungen erstellen und anderen zur Verfügung stellen können. Diese Anwendung zeigt einige raffinierte Animationstechniken und stellt eine weitere Library vor: *Dojo*.

Kapitel 8 enthält ein Projekt namens *The Organizer*, das als einfache PIM-Anwendung konzipiert ist (PIM = Personal Information Manager). Sie können damit Notizen, Aufgaben, Verabredungen und Kontakte verwalten. In diesem Projekt werden Sie ein weiteres beliebtes Anwendungsframework namens WebWork kennen lernen. Außerdem werden Spring und Prototype, eine der beliebtesten Ajax-Libraries, kurz behandelt.

Kapitel 9 handelt von einer Ajax-basierten Chat-Anwendung mit dem etwas fantasielosen Namen *AjaxChat*. Diese Anwendung basiert auf dem möglicherweise bekanntesten Framework überhaupt, Struts, und verwendet »pures« Ajax ohne irgendeine Library.

Der Quellcode zu diesem Buch

Sie können alle Beispiele aus diesem Buch kostenlos von der Website des Verlags herunterladen. Tatsächlich *müssen* Sie wegen der Eigenheit dieses Buches den Quellcode herunterladen, bevor Sie mit Kapitel 4 anfangen. Besuchen Sie www.mitp.de/1759 und laden Sie von dort den Quellcode als Zip-Datei herunter. Der Quellcode ist nach Kapiteln organisiert.

Updates für dieses Buch

Anmerkung des Übersetzers: Die folgenden Absätze gelten für die englische Originalversion des Buches:

Ein Buch zu schreiben, ist ein umfangreiches Unternehmen, sehr viel umfangreicher, als ich mir anfänglich vorgestellt hatte! Im Gegensatz zu dem, was ich privat meinen Freunden erzähle, bin ich nicht perfekt. Ich mache Fehler wie andere auch. Natürlich nicht in diesem Buch. Absolut nicht!

AHEM.

Ich möchte mich schon jetzt für alle Fehler entschuldigen, die Sie in diesem Buch finden. Zwar haben alle Beteiligten ihr Bestes getan, um Fehler zu vermeiden – aber Sie wissen ja, wie es ist: Sie haben alle bereits Fachliteratur gelesen und wissen, wie es sich anfühlt, wenn die Realität ab und zu mit ihren kalten scharfen Zähnen zuschnappt. Es tut mir wirklich leid!

Eine aktuelle Liste mit den Errata für dieses Buch finden Sie auf der Website von Apress (www.apress.com, dem amerikanischen Verleger der englischen Version). Suchen Sie dort nach dem Titel: *Practical Ajax Projects with Java Technology*. Dort erfahren Sie auch, wie Sie Fehler melden können, die Sie möglicherweise finden.

Kontakt mit dem Autor

Ich würde sehr gerne Ihre Fragen und Meinungen über den Inhalt dieses Buches und die Quellcode-Beispiele hören. Sie können mich direkt per E-Mail erreichen: fzammetti@omnytex.com (Achtung: Spammer *werden* von Wächtern zur Strecke gebracht und angemessen behandelt!). Ich werde Fragen so schnell wie möglich beantworten; doch vergessen Sie bitte nicht: Ich habe auch noch ein Leben (kleiner Scherz!), weshalb ich möglicherweise nicht sofort antworten kann.

Teil I

Albert Einstein	Ich denke nie an die Zukunft – sie kommt früh genug.
Robert Wilensky	Man hat gesagt, dass Millionen von Affen auf Millionen von Tastaturen zufällig auch die vollständigen Werke von Shakespeare tippen würden; heute wissen wir dank des Internets, dass dies nicht stimmt.
Alan Perlis	Die IT-Branche lechzt permanent nach neuen Klischees.
William Gibson	Das Net ist eine Zeitverschwendung, und das ist gut so.
Joe Martin	Der am meisten übersehene Vorteil eines eigenen Computers liegt darin, dass man ihn straflos misshandeln kann, wenn etwas schiefgeht.
Nathaniel Borenstein	Nach übereinstimmender Meinung der meisten Experten wird die Welt am wahrscheinlichsten durch einen Unfall zerstört. Und damit kommen wir ins Spiel. Wir sind Computerprofis. Wir verursachen Unfälle.

In diesem Teil:

Kapitel 1

Ajax: die schöne neue Welt

Wenn dies Ihr erster Kontakt mit Ajax oder sogar der Webentwicklung im Allgemeinen ist, wird Ihnen dieses Kapitel eine gute Einführung in die kommenden Themen geben. Doch wenn Sie ein relativ erfahrener Entwickler sind und insbesondere Ajax für Sie nicht neu ist, können Sie dieses Kapitel überspringen, da es Ihnen wahrscheinlich nichts Neues bieten kann. Ich möchte die Einführung in Ajax damit beginnen, dass ich zunächst beschreibe, wie Anwendungen im Allgemeinen und Webanwendungen im Besonderen in den vergangenen anderthalb Jahrzehnten entwickelt worden sind. Sie werden in der Grundstruktur von Anwendungen einen interessanten Zyklus entdecken, einige großartige Beispiele für Ajax in der Praxis kennen lernen und erfahren, warum Ajax wichtig ist und wie es die Art, Anwendungen zu entwickeln, grundlegend ändern kann. Ein erstes einfaches Codebeispiel zeigt Ajax in Aktion. Außerdem lernen Sie kurz einige Alternativen zu Ajax sowie einige Libraries und Toolkits kennen, die das Arbeiten mit Ajax erleichtern.

1.1 Eine kurze Geschichte der Webentwicklung: das »klassische« Modell

Am Anfang war das Web. Und es war gut. Viele neue griffige Wörter, Ausdrücke und Termini bereicherten unsere Sprache; und ein Hauch von Science-Fiction umwehte uns, als wir die ersten Male von »Hypertext« sprachen. Die Ergebnisse unserer Arbeit erhielten einen neuen Namen: »Webanwendungen«. Doch diese Anwendungen waren in gewisser Weise ein Rückschritt in alte längst vergangene Zeiten, als Anwendungen noch auf einem »großen Eisen« (eine ehemalige saloppe Bezeichnung für Mainframe-Computer) liefen und im Timesharing ausgeführt wurden. Webanwendungen waren weder im Aussehen so schick noch im Verhalten so agil wie die »Fat-Clients« (»fette Klienten«; clientseitige Anwendungen mit aufwändigen Benutzerschnittstellen), die mit Visual Basic, PowerBuilder oder C++ erstellt worden waren und die alten Timesharing-Anwendungen abgelöst hatten. Diese »Fat-Clients« werden auch heute noch verwendet, obwohl ihr Anteil aufgrund der neuen Webanwendungen zurückgeht. Aber wie die ehemaligen Timesharing-Anwendungen erfüllten sie ihre Aufgaben (und tun es in vielen Fällen noch heute).

Untersucht man die Anwendungsentwicklung im Zeitablauf, zeigt sich ein Wellenmuster: Die ersten (Benutzer-)Anwendungen im modernen Sinne liefen auf Terminals, mit denen die Benutzer auf Prozesse zugriffen, die fern auf einem Mainframe liefen. Abbildung 1.1 zeigt einen typischen Bildschirm aus dieser Zeit (nur der schwarze Bereich ohne den modernen Windows-XP-Rahmen). Terminals hatten damals normalerweise grüne Bildschirme (engl. *green screen*).

TN3270-Terminals werden auch heute noch – vorwiegend in der Mainframe-Geschäftswelt – eingesetzt und erfüllen natürlichen ihren Zweck, was jeder bezeugen kann, der in diesem Umfeld gearbeitet hat. In diesem Kontext sind zwei Dinge interessant.

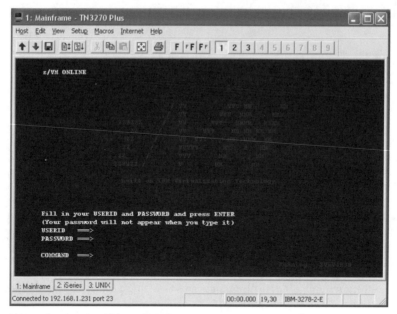

Abb. 1.1: Anzeige eines TN3270-Mainframe-»Green-Screen«-Terminals

Zunächst fällt auf, wie einfach die Benutzerschnittstelle (UI) ist: Sie ist textbasiert und auf 80 Spalten mal 25 Zeilen Text begrenzt. Die Möglichkeiten der Dateneingabe waren (nach heutigen Maßstäben) erheblich eingeschränkt und bestanden nur aus speziellen Feldern auf dem Bildschirm. Steuerelemente wie Dropdown-Listen, Checkboxes und Tabellen waren vollkommen unbekannt. Falls die Benutzer Glück hatten, hatte eine Anwendung ein echtes Menü, das etwa folgendermaßen aussah:

> *E. Datensatz erstellen*
>
> *B. Datensatz bearbeiten*
>
> *L. Datensatz löschen*

In weniger glücklichen Fällen sah die Anzeige so aus:

> *..... 01A7C0D9ABABAC00*
>
> *..... 89A6B3E34D79E998*

Natürlich waren auch die Texteditoren dementsprechend. Die Maus, das Markieren von Text, Drag&Drop, das Verschieben von Textblöcken usw. waren unbekannt. Befehle bestanden aus Buchstabenkombinationen, die von Hand eingetippt wurden. Kurzum: Es war mühsam...

Wichtiger ist in unserem Kontext jedoch die Frage, was passierte, wenn die Anwendung eine Aktion ausführen sollte. In vielen Fällen zeigte der Mainframe einfach den gesamten Bildschirm neu an, und zwar auch die Teile, die durch die Operation nicht geändert wurden. Jede Operation wurde auf dem Mainframe ausgeführt; es gab also keine lokale Verarbeitung, nicht einmal eine lokale Datenvalidierung. Das Terminal zeigte einfach den Zustand der Anwendung an, die fern auf dem Mainframe lief. Um auf das erwähnte Wellenmuster zurückzukommen: Die Fernverarbeitung dominierte das Geschehen.

Als der PC auf den Markt kam und damit die lokale Verarbeitungskapazität um mehrere Größenordnungen zunahm, zeigt sich ein neuer Trend: Statt auf zentralen Mainframes wurden zunehmend mehr Anwendungen oder zumindest Teile davon lokal ausgeführt. Und als sich Microsoft Windows (ab Version 3.0) auf den Desktop-Computern durchsetzte, wurden »Fat-Clients«, wie sie jetzt bezeichnet wurden, plötzlich zur allgemeinen Norm der Anwendungsentwicklung. Das Paradigma der grafischen Benutzerschnittstelle (GUI oder UI; Graphical User Interface) war um Größenordnungen leistungsstärker und benutzerfreundlicher, und die Bedeutung der zentralen Hardware nahm (trotz der wesentlichen Rolle der Datenbankserver) ab. Abbildung 1.2 zeigt ein Beispiel für Dialogfelder, die jetzt die Norm bildeten.

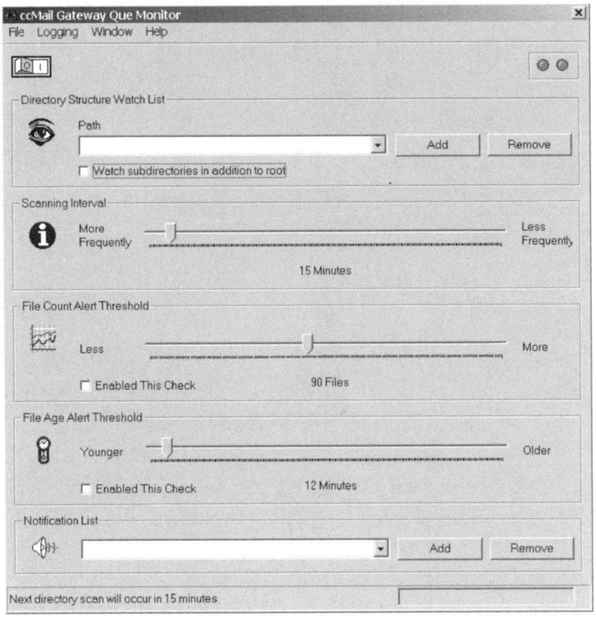

Abb. 1.2: Eine typische »Fat-Client«-Anwendung

Das neue UI-Paradigma arbeitete mit Metaphern, die an bekannte Dinge (etwa den Desktop, die Schreibtischoberfläche) anknüpften und den Benutzer durch grafische Hilfsmittel wie z.B. Symbole unterstützten. Die Dateneingabe wurde vereinfacht, und der Benutzer konnte das Ergebnis seiner Aktionen unmittelbar auf dem Bildschirm sehen. Auf dem Bildschirm wurden nur die Teile aktualisiert, die sich tatsächlich geändert hatten. Normalerweise erfolgte keine Interaktion mit einem externen System. Für unser Wellenmuster bedeutet dies: Der lokale Desktop, wie PCs jetzt auch genannt wurden, dominierte die Verarbeitung.

Doch dann kam das Internet und etwas spezieller das World Wide Web, kurz *Web* oder *Netz*. (Achtung: Das Web ist *nicht* das Internet, sondern nur ein Teil davon!) Plötzlich sah man (wieder) Bildschirme wie den aus Abbildung 1.3.

Keine schicken Radiobuttons, keine 3D-Buttons, keine Listenfelder mehr... Die erste Version des Web erinnerte zumindest optisch sehr stark an die alte Mainframe-Welt. Doch das Wichtigere passierte hinter den Kulissen: Die Dinge wurden wie früher von zentralen Rechnern erledigt, auf denen die Anwendungen liefen und die buchstäblich bei jeder Benutzerinteraktion den gesamten Bildschirm neu darstellten.

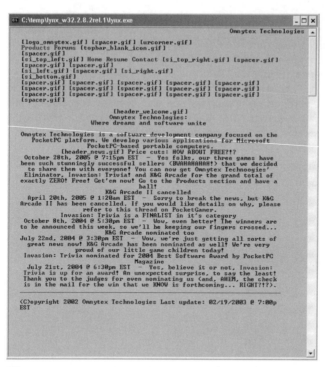

Abb. 1.3: omnytex.com, wie es in Lynx, einem textbasierten Browser, angezeigt wird

Praktisch war dies ein großer Schritt zurück in die Vergangenheit. Der Bildschirm wurde von dem Server erzeugt und bei jeder Operation erneut zum Benutzer übertragen. Bei praktisch jeder Benutzerinteraktion musste ein Server aufgerufen werden, der die eigentliche Arbeit erledigte (Clientseitiges Scripting stand den ersten Webentwicklern noch nicht zur Verfügung!). Die Welle war also zum Mainframe zurückgekehrt! Natürlich hatten die Entwickler nicht über Nacht den Verstand verloren; es gab einige gute Gründe dafür. Ein Grund war sicher die Vermeidung der »DLL-Hölle«, eines Phänomens aus der Windows-Welt, dass Library-Versionen nicht kompatibel sind und alle möglichen Kopfschmerzen verursachen. Ein zweiter Grund war die Notwendigkeit, Anwendungen zu verteilen. Wenn eine Anwendung auf einem zentralen Server läuft, kann sie mit einem Webbrowser von jedem PC aus ohne vorherige Installation ausgeführt werden. Ein dritter guter Grund war die relative Einfachheit der Anwendungsentwicklung. Zumindest am Anfang, als Webanwendungen recht einfach waren und fast nur aus HTML und einfachen Back-End-CGI-Programmen bestanden, konnte fast jeder solche Anwendungen schnell und leicht erstellen. Die Lernkurve war selbst für Leute, die vorher nur wenige Anwendungen entwickelt hatten, nicht allzu steil.

Natürlich wurde das Web sehr schnell erwachsen! Von Bildanzeigen wie aus Abbildung 1.3 bis zu Bildanzeigen wie aus Abbildung 1.4 verging fast nur ein Augenblick.

Zumindest optisch sahen die neuen Bildanzeigen viel besser aus. Außerdem stand jetzt eine robustere Palette von so genannten *UI-Widgets* (Bildschirmsteuerelementen) wie Dropdowns, Radiobuttons, Checkboxes usw. zur Verfügung. In vieler Hinsicht waren die neuen Anzeigen sogar besser als die Fat-Clients aus der Zeit vor dem Web, weil zunehmend auch Multimedia-Präsentationen eingeführt wurden. Die grafische Gestaltung der Webseiten wurde immer wichtiger.

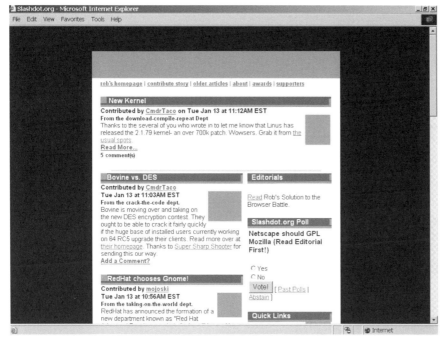

Abb. 1.4: Slashdot, circa 1998

Doch was war mit den lästigen Benutzerinteraktionen? Sie haben es erraten: Zu diesem Zeitpunkt wurde immer noch der ganze Bildschirm neu dargestellt. Zwar konnten mit dem Aufkommen des clientseitigen Scriptings wenigstens Teile der Funktionalität ohne Server ausgeführt werden, doch blieb die Architektur im Großen und Ganzen immer noch zweischichtig: eine View-Schicht (engl. *view*, dt. *Sicht*) und, nun ja, der Rest! Eine Zeitlang gab es auch so genannte *Frames*, die das Problem etwas abminderten, aber sie waren nur eine kleine Abweichung von dem zugrunde liegenden Muster.

Doch auch dies ist alles schon Geschichte. Abbildung 1.5 zeigt die »moderne« Ära des Netzes, unser glorreiches »Heute«.

Heute sind wir bei Webanwendungen, zumindest optisch, wieder so weit wie die Fat-Clients aus den späten 80er und frühen 90er Jahren. Allerdings hinken die verfügbaren UI-Elemente etwas hinterher.

Zwar gibt es Radiobuttons (Auswahlfelder), Checkboxes (Kontrollkästchen) und Dropdowns (Kurzform für *Dropdown-Listenfelder*) und was dazu gehört, aber sie sind noch nicht ganz so leistungsstark wie ihre Fat-Client-Gegenstücke. Dennoch ist dies immer noch deutlich besser als die textbasierte Benutzeroberfläche aus der Zeit vor dem Web.

Doch das zugrunde liegende Problem dieser Ausführungen ist noch nicht gelöst: Für praktisch jedes kleine Benutzerereignis fordern wir immer noch den Server auf, den gesamten Bildschirm neu anzuzeigen; und wir fordern ihn immer noch auf, den größten Teil der Arbeit unserer Anwendung zu erledigen. Das heute verfügbare clientseitige Scripting hat uns gegenüber früheren Inkarnationen des Web gewisse Fortschritte gebracht: Früher erforderte *jedes* Benutzerereignis einen Aufruf des Servers.

Abb. 1.5: Das »moderne« Web – `omnytex.com` als Beispiel

Einfache Dinge, wie etwa eine triviale Validierung von Eingabedaten, können heute clientseitig, unabhängig vom Server erledigt werden. Dennoch bleibt die Tatsache, dass die meisten Ereignisse – ideal oder nicht – einen Eingriff des Servers erfordern. Und wenn der Benutzer das Scripting deaktiviert hat, erfordert ein gutes Design, dass sich die Anwendung entsprechend anpasst, was nur bedeutet, dass wieder der Server die meiste Arbeit leistet.

An dieser Stelle möchte ich einen Terminus einführen, der mir gefällt. Ich weiß nicht, ob er von mir stammt; jedenfalls habe ich ihn vorher noch nie gehört, kann mir aber nicht vorstellen, dass er neu sein sollte: Der Terminus ist das »klassische« Web. Ich bezeichne damit das Web-Paradigma, in dem der Server für fast jedes Benutzerereignis den gesamten Bildschirm neu darstellt. Dies ist das Paradigma, mit dem Webanwendungen seit etwa 1993, dem Jahr des großen Durchbruchs des Netzes, erstellt worden sind. Das klassische Web und seine Unterschiede zum »modernen« Web sind Thema des Rests dieses Kapitels.

Zuvor möchte ich jedoch noch einmal einen Blick auf unser Wellenmuster werfen: Es begann mit zentralisierten Mainframe-Anwendungen, die den Bildschirm bei jeder Benutzeraktion neu dargestellt haben. Dann folgten die dezentralen Fat-Clients, die hauptsächlich lokal liefen und nur die relevanten Teile der Bildschirmanzeige aktualisierten. Dann ging es *zurück* zu zentralen Anwendungen und ebenfalls *zurück* zu einem zentralen Rechner, der die Bildschirmanzeige neu darstellte.

Und was kommt als Nächstes? Nun, einfach ausgedrückt, schwingt das Pendel mit Macht wieder in die andere Richtung!

1.2   Was stimmt nicht mit dem klassischen Web?

In vieler Hinsicht absolut nichts! Tatsächlich hat diese Art, Webanwendungen zu entwerfen, immer noch ihren Wert. Das klassische Web eignet sich hervorragend für Anwendungen mit linearen Abläufen und ist ein wundervolles Medium, um Informationen leicht zugänglich zu machen. Die meisten Leute können leicht Informationen veröffentlichen und sogar einfache Anwendungen mit simplen Benutzerinteraktionen erstellen.

Das klassische Web ist effizient, einfach, allgegenwärtig und für die meisten Leute zugänglich. Es ist jedoch keine ideale Umgebung, um komplexe Anwendungen zu entwickeln. Die Tatsache, dass es trotzdem so viele Anwendungen gibt, zeugt eher von der Erfindungsgabe der Entwickler als von der Eignung des Netzes als Distributionsmedium für Anwendungen!

Heute ist es sinnvoll, »Webanwendungen« und »Websites« zu unterscheiden. Tabelle 1.1 führt die wesentlichen Unterscheidungsmerkmale auf.

Webanwendungen	Websites
Sind im Hinblick auf komplexe Benutzerinteraktionen konzipiert.	Abgesehen von der Navigation von einem Dokument zu einem anderen sehr wenig Benutzerinteraktion.
Hauptzweck ist die Ausführung von Funktionen als Reaktion auf Benutzereingaben, normalerweise in Echtzeit.	Hauptzweck ist die Präsentation von Informationen, Punkt!
Verwenden Techniken, die den Client erheblich stärker beanspruchen.	Werden in der Regel im Hinblick auf den kleinsten gemeinsamen Nenner der Client-Fähigkeiten konzipiert.
Zugänglichkeit ist einfach deswegen weniger wichtig als Funktionalität, weil es schwierig ist, Webanwendungen zu erstellen, die zugleich komplex und zugänglich sind.	Die Zugänglichkeit hat normalerweise die höchste Priorität, um eine größtmögliche Zielgruppe zu erreichen.
Basieren mehr auf Ereignissen und sind in der Regel nichtlinear.	Sind in der Regel linear aufgebaut; es gibt einen Hauptzugriffspfad mit nur wenigen Abzweigungen.

Tabelle 1.1:   Wesentliche Unterscheidungsmerkmale von »Webanwendungen« und »Websites«

Das Web insgesamt dient im Wesentlichen zwei verschiedenen Zwecken. Der eine ist die Bereitstellung von Informationen.

Dabei ist es sehr wichtig, dass die Informationen so zur Verfügung gestellt werden, dass die größtmögliche Zielgruppe leicht auf sie zugreifen kann. Dies bedeutet, dass nicht nur Behinderte mit speziellen Lesegeräten, sondern auch Anwender mit exotischeren, in der Funktionalität eingeschränkten Geräten wie Handys, PocketPCs oder Kiosk-Terminals die Informationen abrufen können sollen. In solchen Situationen erfolgt normalerweise, abgesehen von der Navigation von einem statischen Dokument zum nächsten, keine oder nur eine geringe Benutzerinteraktion, die sich auf das Ausfüllen einfacher Bildschirmformulare beschränkt. Diesen Operationsmodus im Web möchte ich den Websites zuordnen.

Webanwendungen haben dagegen eine ganz andere Zielrichtung. Bei ihnen geht es nicht um die reine Präsentation von Informationen, sondern um die Ausführung von Funktionen abhängig von den Aktionen des Benutzers und den Daten, die der Benutzer zur Verfügung stellt. In vielen Fällen ist der Benutzer ein anderes automatisiertes System, aber normalerweise handelt es sich um Anwender aus Fleisch und Blut. Webanwendungen sind in der Regel komplexer und verlangen viel mehr von den Clients, die auf sie zugreifen. In diesem Fall sind mit »Clients« Webbrowser gemeint.

Dies muss allerdings nicht so sein. Tatsächlich gibt es einige sehr komplexe Webanwendungen, die von Clients keine größeren Fähigkeiten verlangen als normale Websites. Es ist sicher nicht unmöglich, komplexe Anwendungen im »Website«-Modus zu erstellen, aber es unterliegt größeren Einschränkungen. Die Ergebnisse sind in der Regel weniger benutzerfreundlich, und es müssen Abstriche bei den Fähigkeiten und/oder der Robustheit der Fähigkeiten gemacht werden.

Dies ist das Problem bei dem klassischen Modell: Im Allgemeinen müssen Sie Anwendungen mit Rücksicht auf den kleinsten gemeinsamen Nenner konzipieren, was Ihre Möglichkeiten ernsthaft einschränkt.

Was bedeutet der kleinste gemeinsame Nenner in diesem Kontext?

Überlegen Sie, was Sie verwenden können und auf was Sie verzichten müssen, um die heute absolut größtmögliche Zielgruppe zu erreichen. Mir fallen dazu folgende Punkte ein:

- Clientseitiges Scripting: Vergessen Sie's. Viele mobile Geräte unterstützen Scripting noch nicht oder nur sehr unzureichend. Dabei sind die Anwender noch gar nicht berücksichtigt, die zwar einen ausgewachsenen PC benutzen, aber das Scripting aus Sicherheits- oder anderen Gründen einfach deaktivieren.

- Cascading Stylesheets (CSS): Das könnten Sie verwenden, müssten aber sehr sorgfältig darauf achten, eine ältere Spezifikation zu verwenden, damit Ihre Webseiten in den meisten Browsern korrekt dargestellt werden. Dies schließt beispielsweise alle Fähigkeiten aus, die über CSS 2.0 hinausgehen.

- Frames: Kommen nicht in Frage; Frames werden nicht überall, insbesondere von vielen Mobilgeräten nicht unterstützt. Selbst wenn sie unterstützt werden, müssen Sie sorgfältig den Speicherbedarf prüfen. Im Wesentlichen entspricht ein Frame im Hinblick auf den Speicherbedarf einer separaten Browser-Instanz (und in einigen Fällen wird tatsächlich eine separate Browser-Instanz geladen); und dies kann bei Mobilgeräten zu Speicherproblemen führen.

- Grafik: Grafiken beeinflussen die Zugänglichkeit von Informationen, weil sie normalerweise mehr Informationen vermitteln, als dies mit einem ALT-Attribut möglich ist. Deshalb geht für Behinderte immer ein Teil der Bedeutung einer Grafik verloren, egal wie sehr Sie sich bemühen, ihnen zu helfen.

- Neuere HTML-Spezifikationen: Viele Anwender verwenden immer noch ältere Browser, die möglicherweise nicht einmal HTML 4.01 unterstützen. Um auf der sicheren Seite zu sein, sollten Sie Ihren Code wahrscheinlich an HTML 3.0 orientieren. Offensichtlich verlieren Sie dadurch einige Fähigkeiten.

Das wahrscheinlich wichtigste Element ist hier das Fehlen des clientseitigen Scriptings. Ohne clientseitiges Scripting stehen Ihnen als Entwickler einfach sehr viel weniger Möglichkeiten zur Verfügung. Der wichtigste Mangel im Kontext dieses Buches ist die Tatsache, dass Sie praktisch keine andere Wahl haben, als jede einzelne Benutzerinteraktion dem Server zur Verarbeitung zu überlassen. In einigen Fällen können Sie sich vielleicht mit Meta-Refreshes in Frames oder mit anderen Programmiertricks behelfen, aber auch Frames stehen auf der Liste, weshalb Sie möglicherweise nicht einmal über diese Option verfügen!

Vielleicht fragen Sie sich, wo das Problem liegt, wenn der Server ganze Seiten neu darstellt. Sicher hat dies auch Vorteile. Ein großer Vorteil ist die inhärente Sicherheit: Der Server kontrolliert komplett den Runtime-Zustand der Anwendung, das heißt, der Benutzer kann den Code nicht verändern. Ein weiterer Vorteil ist die Zeitersparnis: Es gibt keine Verzögerungen, um den Code auf den Client herunterzuladen. Doch es gibt tatsächlich einige Probleme, die in vielen Fällen die Vorteile überwiegen. Der vielleicht offensichtlichste Nachteil ist die Belastung des Servers. Wenn ein Server für viele Clients gleichzeitig immer wieder dieselben Anfragen beantworten soll, muss er robuster und leistungsstärker sein, als dies sonst erforderlich wäre. Langfristig bedeutet dies höhere Kosten, weil Sie mehr Hardware kaufen müssen, um die Last zu verteilen. Nun haben viele Leute diese Einfach-mehr-Hardware-installieren-Mentalität, und tatsächlich leben wir in einer Zeit, in der dies meistens funktioniert. Doch ressourcen- und energieeffizient ist es nicht. Tatsächlich kann man die Leistung auch steigern, indem man sich um ein effizienteres Design bemüht.

Ein weiteres Problem dieses Ansatzes, alles dem Server zu überlassen, ist die Dichte des Netzwerkverkehrs. Die Netzwerktechnologie hat fantastisch schnell riesige Fortschritte gemacht. Viele verfügen heute zu Hause über Breitbandverbindungen, deren Kapazitäten sie nicht ausschöpfen können, selbst wenn sie es wollten. Doch dies bedeutet nicht, dass unsere Anwendungen weit mehr Informationen pro Anfrage senden sollten, als erforderlich sind. Sollten wir nicht immer noch sparsam mit unseren Ressourcen umgehen?

Ein anderes großes Problem besteht einfach darin, wie der Benutzer die Anwendung wahrnimmt. Wenn der Server den gesamten Bildschirm neu anzeigen muss, dauert es im Allgemeinen länger, bis das Ergebnis sichtbar ist. Wiederholter Bildaufbau erzeugt optische Unruhe und Flackern, die die Wirkung der Anwendung beeinträchtigen und deshalb von allen Anwendern abgelehnt werden. Außerdem schätzen es Anwender ganz und gar nicht, wenn sie bei einem Fehler auch alle vorherigen richtigen Eingaben verlieren, was ein verbreitetes Manko des klassischen Modells ist.

Alles in allem funktioniert das klassische Modell nach wie vor in einem kleineren Rahmen zufriedenstellend und eignet sich zur Bereitstellung hauptsächlich statischer Informationen; aber es skaliert nicht sehr gut und kommt mit der dynamischen Natur des heutigen Netzes selten gut zurecht. In diesem Kontext bedeutet »skalieren« die Erweiterung von Anwendungen durch neue Funktionalität, und nicht die Fähigkeit, immer mehr Anfragen gleichzeitig handhaben zu können (obwohl auch dieser Aspekt ins Spiel kommen kann). Wenn Dinge nicht reibungslos funktionieren, wenn Fehler zu untragbar hohen Datenverlusten führen oder wenn die wahrgenommene Geschwindigkeit zu gering ist, dann skaliert der Ansatz nicht gut.

Das klassische Modell wird uns bei reinen Informationswebsites noch für einige Zeit gute Dienste leisten, aber bei den Webanwendungen – an denen Sie wahrscheinlich interessiert sind, wenn Sie dieses Buch lesen – steht sein Abgang kurz bevor. Es wird durch den Helden unserer Geschichte verdrängt: Ajax!

1.3 Auftritt: Ajax

Ajax (siehe Abbildung 1.6... jetzt wissen Sie endlich, wie Code und Architekturen, durch einen Superhelden personifiziert, aussehen!) wurde gewissermaßen von Jesse James Garrett von *Adaptive Path* (www.adaptivepath.com) zum Leben erweckt. Im Februar 2005 veröffentlichte Mr. Garrett einen Aufsatz, in dem er den Terminus *Ajax* prägte (siehe www.adaptivepath.com/publications/essays/archives/000385.php). Die Abbildungen 1.7 bis 1.9 zeigen Beispiele für Ajax-Anwendungen.

Abb. 1.6: Ajax, der Retter

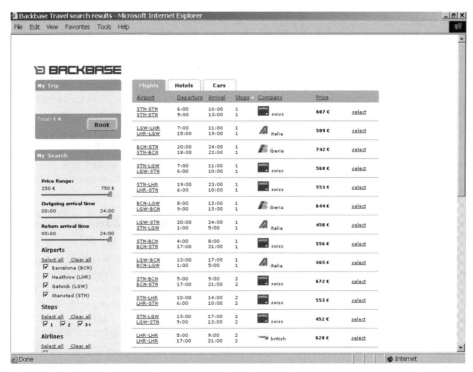

Abb. 1.7: Backbase, ein kommerzielles Produkt zur Erstellung von Ajax-Anwendungen, demonstriert das Produkt anhand einer Anwendung für Flugbuchungen.

Ajax ist die Abkürzung für *Asynchron JavaScript and XML*. Interessant dabei ist, dass Ajax nicht asynchron sein muss (es aber praktisch immer ist), dass es kein JavaScript benötigt (es aber praktisch immer tut) und dass es überhaupt kein XML verwenden muss (aber wahrscheinlich in der Hälfte der Fälle benutzt). Tatsächlich gibt eines der berühmtesten Ajax-Beispiele, *Google Suggest*, überhaupt kein XML zurück! Eigentlich gibt es überhaupt keine Daten an sich zurück, sondern nur JavaScript-Code, der Daten enthält!

Keine Bange, wenn Sie dies noch nicht verstehen; am Ende des Buches wird es ganz anders aussehen.

Ajax basiert im Grunde auf einem außergewöhnlich einfachen und keinesfalls originellen Konzept: Es ist nicht notwendig, den gesamten Inhalt einer Webseite als Reaktion auf eine

Benutzerinteraktion oder ein »Ereignis« aufzufrischen. Wenn der Benutzer auf einen Button klickt, ist es nicht mehr erforderlich, den Server aufzufordern, die gesamte Seite komplett neu darzustellen, wie dies beim klassischen Web der Fall war. Stattdessen können Sie Bereiche auf der Seite definieren, die aktualisiert werden sollen, und können auch die Benutzerereignisse viel feinkörniger kontrollieren. Sie sind nicht mehr darauf beschränkt, einfach ein Formular abzusenden oder zu einer neuen Seite zu navigieren, wenn ein Link angeklickt wird. Jetzt können Sie direkt auf das Anklicken eines ABBRECHEN-Buttons, einen Tastenanschlag in einem Textfeld oder irgendein anderes Ereignis reagieren! Der Server ist nicht mehr allein für die Darstellung der Inhalte verantwortlich, die der Benutzer sieht; ein Teil dieser Logik befindet sich jetzt im Browser des Benutzers. Tatsächlich ist es in sehr vielen Fällen erheblich besser, einfach einen Satz von Daten und nicht diverse Auszeichnungen zurückzugeben, die der Browser anzeigen soll. Wie ich bei meiner – zugegebenermaßen groben – Geschichte der Anwendungsentwicklung dargelegt habe, ist das klassische Modell der Webentwicklung in gewisser Weise ein Rückschritt gegenüber dem, was vorher bereits erreicht worden war!

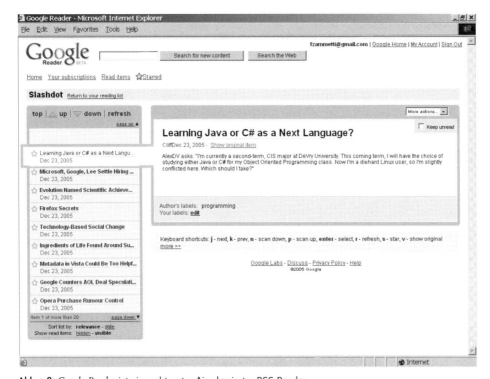

Abb. 1.8: *Google Reader* ist ein recht guter Ajax-basierter RSS-Reader.

Ajax kehrt zu diesem Denken zurück. Ich habe absichtlich »Denken« geschrieben. Dies sollte Ihnen einen sehr deutlichen Hinweis darauf geben, was Ajax wirklich ist. Es ist keine spezielle Technologie; es ist nicht das Sammelsurium der zahlreichen Toolkits für die »Ajax-Entwicklung«; und es ist nicht das XMLHttpRequest-Objekt (bitte etwas Geduld). Ajax ist eine spezielle Art zu denken, ein bestimmter Ansatz der Anwendungsentwicklung, eine geistige Einstellung.

Das Interessante an Ajax ist die Tatsache, dass es keinesfalls – weder von der Form noch vom Inhalt her – *neu* ist. Neu ist nur der Terminus, der es bezeichnet. Neulich wurde ich bei einem Treffen der Philadelphia Java Users Group an diese Tatsache erinnert.

Ein Redner namens Steve Banfield sprach über Ajax und sagte dabei (soweit ich mich erinnere): »Jemanden, der schon mit Ajax gearbeitet hat, erkennt man sofort an seinem Ärger darüber, dass es plötzlich so populär geworden ist.« Wie wahr! Ich gehöre zu denen, die bereits seit Jahren Ajax angewendet haben. Allerdings habe ich nie gedacht, ich würde etwas Besonderes tun; deshalb habe ich ihm auch keinen »Eigennamen« gegeben. Diese Ehre gebührt Mr. Garrett.

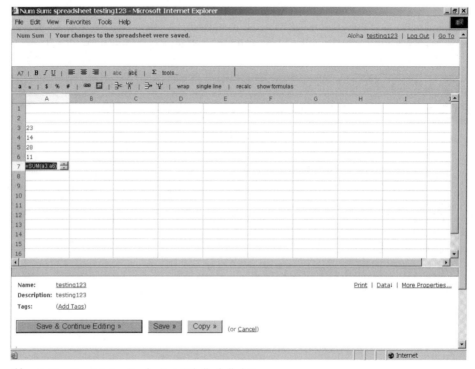

Abb. 1.9: *Num Sum* ist eine Ajax-basierte Tabellenkalkulation.

Ich sagte, dass ich bereits seit Jahren mit Ajax gearbeitet hatte. Das ist wahr.

Ich sagte jedoch nicht, dass ich XML oder das `XMLHttpRequest`-Objekt verwendet hatte. Was ich in all diesen Jahren getan habe, werde ich erzählen, wenn ich die Alternativen zu Ajax beschreibe. Wichtig ist hier, dass der Ansatz, der den Kern von Ajax bildet, nichts Neues ist und dass Ajax – im Widerspruch zu seinem Namen – keine speziellen Technologien erfordert (abgesehen von dem clientseitigen Scripting, das mit wenigen Ausnahmen bei Ajax- oder Ajax-ähnlichen Lösungen erforderlich ist).

Wenn Sie sich die Ajax-Denke aneignen, um die es hier eigentlich geht, sind Sie nicht mehr an die Regeln des klassischen Web gebunden. Sie können dann wenigstens einen Teil des Leistungsumfangs der früheren Fat-Clients zurückgewinnen und zugleich die Vorteile nutzen, die das Web von Haus aus bietet. Was vielleicht am wichtigsten ist: Diese Vorteile beginnen mit der Allgegenwart des Webbrowsers.

Mussten Sie jemals an Ihrer Arbeitsstelle eine Fat-Client-Anwendung vorführen, etwa eine Visual-Basic-Anwendung, die auf einer Maschine lief, die Sie vorher noch nie angefasst hatten? Mussten Sie dies jemals im Sitzungszimmer einer Vorstandsetage vor dem Topmanagement tun? Haben Sie jemals erlebt, wie eine Demo wegen eines dummen DLL-Konflikts den Bach runterging, den Sie unmöglich vorhersehen konnten (Abbildung 1.10)? Sie sind Entwickler; deshalb beantworten Sie all diese Fragen wahrscheinlich mit Ja (es sei denn, Sie arbeiten bei einer Behörde, bei denen es keine Vorstandsetage gibt; aber Sie wissen, was ich meine...). Falls Sie nie unter Windows entwickelt haben, sind Ihnen diese Erfahrungen möglicherweise fremd. Sie müssen mir schon glauben, wenn ich sage, dass solche Situationen lange Jahre viel häufiger vorkamen, als den meisten lieb war. Bei webbasierten Anwendungen taucht dieses Problem im Allgemeinen nicht auf.

Sorgen Sie dafür, dass auf dem PC der passende Browser mit der richtigen Version läuft; dann können Sie in 98 Prozent aller Fälle problemlos arbeiten. Der andere große Vorteil einer Webanwendung ist die Distribution. Sie brauchen keine dreimonatige Shakedown-Periode mehr, um zu gewährleisten, dass Ihre neue Anwendung konfliktfrei mit der vorhandenen Suite von Unternehmensanwendungen zusammenarbeitet. Abgesehen von Sicherheitsfragen beeinflusst eine Anwendung, die in einem Webbrowser läuft, keine anderen Anwendungen auf dem PC und wird umgekehrt auch nicht von diesem beeinflusst (und ich bin sicher, Sie kennen Geschichten über Ausnahmen; doch diese sind, was sie sind: Ausnahmen!).

Abb. 1.10: Eine Erfahrung, die uns allzu vertraut ist: Anwendungsdemos sollte man nicht den Programmierern überlassen!

Natürlich sind Ihnen diese Vorteile wahrscheinlich längst vertraut; sonst würden Sie sich gar nicht für die Webentwicklung interessieren.

1.3.1 Die Kehrseite der Medaille

Alles gut so weit? Doch auch in der schönen Ajax-Welt haben Rosen ihre Dornen. Weniger blumig: Auch hier gibt es Probleme – einige zweifellos nur eingebildet, andere jedoch konkret.

Das erste und zumindest nach meiner Auffassung wichtigste Problem ist die Zugänglichkeit. Durch Ajax verlieren Sie zumindest einen Teil der Zugänglichkeit, weil etwa Screen-Reader (wörtl. *Bildschirmleser*; Software, die den Bildschirminhalt ausliest und über Sprachausgabe, Braillezeilen oder Schriftvergrößerung blinden oder sehbehinderten Computernutzern zur Verfügung stellt) daraufhin konzipiert sind, eine ganze Seite zu lesen. Da Sie keine ganzen

Seiten mehr übertragen, kommen derartige Produkte in Schwierigkeiten. Soweit ich weiß, können einige Screen-Reader bis zu einem gewissen Maß mit Ajax umgehen, was hauptsächlich davon abhängt, wie Ajax verwendet wird; wenn die Inhalte buchstäblich in das Document Object Modell (DOM) eingefügt werden, sollte es keine Probleme geben. Auf jedem Fall sollten Sie sehr sorgfältig prüfen, ob zur Zielgruppe Ihrer Anwendung auch Behinderte gehören, und sollten genau testen, ob Ajax unter diesen Umständen einsetzbar ist. Ich bin sicher, dass dieses Problem im Laufe der Zeit besser gelöst werden wird, aber im Moment ist es definitiv gravierend. Doch selbst dabei gibt es einige Aspekte, mit denen Sie die Zugänglichkeit verbessern können:

- Fügen Sie am Anfang der Seite eine Notiz ein, die besagt, dass die Seite dynamisch aktualisiert wird. Dann weiß der Benutzer, dass er die Seite möglicherweise periodisch aktualisieren muss, damit der Screen-Reader auf die jeweils neueste Version zugreifen kann.

- Je nachdem, wie Sie Ajax auf einer Seite einsetzen, können Sie `alert()`-Popups verwenden, da diese von einem Screen-Reader gelesen werden. Dieses Hilfsmittel eignet sich in Situationen, in denen Ajax-basierte Formulare eher selten abgeschickt werden; es eignet sich nicht, wenn Ajax-Ereignisse häufiger in vorgeplanten regelmäßigen Abständen stattfinden.

- Vergessen Sie nicht, dass nicht nur Blinde, sondern auch Sehfähige Schwierigkeiten mit der Zugänglichkeit haben können. Verwenden Sie deshalb so oft wie möglich visuelle Hilfsmittel. Beispielsweise kann es eine große Hilfe sein, Elemente, die geändert wurden, kurz hervorzuheben. Einige Leute bezeichnen dies als den »Yellow Fade Effect« (auf Deutsch wörtlich »Gelber Überblendeffekt«; die Bezeichnung scheint auf einem Artikel eines Unternehmens namens *37signals* zurückzugehen: `www.37signals.com/svn/archives/000558.php`). Dabei wird ein geändertes Element kurzzeitig gelb markiert; dann verblasst die Farbe langsam, bis das Element wieder seine ursprüngliche Farbe hat. Natürlich muss es nicht gelb sein, und es muss auch kein Überblendeffekt sein; doch das Konzept bleibt: Markieren Sie geänderte Daten, um visuell anzuzeigen, dass etwas passiert ist. Denken Sie daran, dass die Änderungen, die durch Ajax bewirkt werden, manchmal sehr subtil sein können, weshalb alles, was den Benutzern hilft, sie wahrzunehmen, nützlich ist.

Die zusätzliche Komplexität ist für viele Leute ein weiterer Nachteil. Viele IT-Abteilungen verfügen nicht über die für Ajax erforderlichen clientseitigen Programmierkenntnisse. (Entsprechende Ajax-Toolkits können dieses Problem etwas verringern.) Tatsache ist, dass clientseitige Probleme im Allgemeinen immer noch schwieriger zu lösen sind als serverseitige; und Ajax macht die Sache nicht einfacher. Beispielsweise gibt View Source nicht die Änderungen am DOM wieder. (Es gibt einige Tools für Firefox, die dies können!) Ein weiteres Problem liegt darin, dass Ajax-Anwendungen häufig bewährte Webkonzepte missachten, insbesondere die Buttons zur Vorwärts- und Rückwärtsnavigation sowie die Lesezeichen. Da nicht mehr ganze Seiten, sondern nur noch Seitenfragmente zurückgegeben werden, können die Browser in vielen Situationen keine sinnvollen Lesezeichen setzen. Darüber hinaus verlieren die Buttons zur Vorwärts- und Rückwärtsnavigation ihre angestammte Bedeutung, weil sie sich immer auf den letzten angeforderten URL beziehen und Ajax-Anfragen fast nie in dem Seitenverlauf eingefügt werden. (So werden Anfragen per `XMLHttpRequest`-Objekt nicht in den Verlauf eingefügt, weil sich der URL dabei im Allgemeinen nicht ändert, insbesondere wenn die POST-Methode verwendet wird.)

Für alle diese Nachteile, die Probleme der Zugänglichkeit vielleicht ausgenommen, gibt es Lösungen. Einige davon werden später in den Beispielanwendungen gezeigt. Doch sie weichen von der gewohnten Art ab, Webanwendungen zu entwickeln. Sie sind für die meisten Entwickler neu und lösen deshalb bei einigen sogar Angst aus. Sie sollten deshalb diese Dinge im Auge behalten, wenn Sie mit Ihrer Ajax-Arbeit fortfahren.

1.4 Warum bedeutet Ajax einen Paradigmenwechsel? Auf dem Weg zu RIAs

Tatsächlich bedeutet Ajax für einige Entwickler einen Paradigmenwechsel. (Gemessen an Aussehen und Verhalten der meisten heutigen Webanwendungen betrifft dies sogar die Mehrzahl der Webentwickler.) Denn Ajax kann die Art und Weise, wie Sie Webanwendungen entwickeln, grundlegend ändern. Was vielleicht noch wichtiger ist: Ajax bedeutet auch für die *Benutzer* einen Paradigmenwechsel; und tatsächlich werden es die Benutzer sein, die ihre Anforderungen höher schrauben und den Einsatz von Ajax vorantreiben werden. Glauben Sie mir: Sie werden es sich nicht mehr lange leisten können, Ajax in Ihrem Werkzeug-Portfolio zu ignorieren!

Wenn Sie einem Benutzer eine Nicht-Ajax-Webanwendung und daneben dieselbe Anwendung mit Ajax-Techniken zeigen, welche wird er dann wohl wählen? In neun von zehn Fällen die Ajax-Version! Der Benutzer erkennt sofort, dass die Ajax-Anwendung schneller reagiert und dass er nicht mehr auf eine Antwort des Servers warten muss, während er auf das Browser-Logo starrt und sich fragt, ob überhaupt etwas passiert. Der Benutzer wird sehen, dass ihn die Ajax-Anwendung im normalen Ablauf sofort über Fehler unterrichtet, während er bei der Nicht-Ajax-Anwendung auf eine entsprechende Nachricht des Servers warten muss. Der Benutzer wird die Funktionalität wie Vorschlagslisten, sofort sortierbare Tabellen und die Aktualisierung von Master-Detail-Anzeigen in Echtzeit sehen und sich fragen, warum die Nicht-Ajax-Webanwendung all dies nicht kann. Der Benutzer wird Landkarten sehen, die er wie in ausgewachsenen Landkarten-Anwendungen verschieben kann, für die er vorher gutes Geld bezahlen musste. Alle diese Dinge werden dem Benutzer als offensichtliche Vorteile ins Auge springen. Die Benutzer haben sich an das klassische Webanwendungsmodell gewöhnt, aber wenn sie etwas sehen, was im Hinblick auf die Benutzerfreundlichkeit und Reaktionsschnelle an die guten alten Zeiten der Fat-Clients erinnert, werden sie fast augenblicklich erkennen, dass das Web, das sie bisher gekannt haben, tot ist oder wenigstens tot sein sollte!

Wenn Sie die vielen großen Technologien Revue passieren lassen, die in den vergangenen Jahren gekommen und gegangen sind, sollte Ihnen auffallen, dass viele dieser Technologien von Entwicklern und Herstellern und weniger von den Benutzern propagiert und gefordert wurden. Haben Sie jemals erlebt, dass ein Benutzer unbedingt eine Enterprise-JavaBean-(EJB-) basierte Anwendung haben wollte? Nein, wir (die Entwickler) dachten alle nur, dass dies eine gute Idee wäre. (Und wie lagen wir daneben!) Und wie war es mit den Webservices? Erinnern Sie sich: Webservices sollten die Art und Weise der Anwendungsentwicklung grundlegend ändern? Sicher – heute verwenden wir Webservices. Aber zu welchem Zweck? Alles in allem sind sie kaum mehr als Schnittstellen zwischen kooperierenden Systemen. Was ist aus Universal Description, Discovery and Integration (UDDI) geworden, den Verzeichnissen, die Anwendungen befähigen sollten, sich dynamisch mit speziellen registrierten Diensten zu verbinden und diese zu nutzen? Wie gut hörte sich das damals an? Für Entwickler vielleicht wie das kommende Paradies, aber für Benutzer? Benutzer haben es nicht einmal zur Kenntnis genommen.

Doch Ajax ist anders. Die Benutzer sehen die Vorteile. Sie sind sehr real und sehr greifbar. Tatsächlich mögen Entwickler, insbesondere Java-Webentwickler, Ajax zuerst zurückweisen, weil ein größerer Teil der Arbeit clientseitig geleistet wird, was den jahrelang eingedrillten Gewohnheiten und Denkweisen zuwider läuft. Wer glaubt nicht, dass Scriptlets in JavaServer Pages (JSPs) schlecht sind und durch anwendungsspezifische Tags (engl. *custom tags*) ersetzt werden sollten? Doch Benutzer kümmern sich nicht um elegante Architekturen, die Trennung von Aufgabenbereichen oder Abstraktionen, die eine Wiederverwendung von Code ermöglichen. Benutzer möchten Landkarten verschieben können, wie sie es in *Google Maps* gesehen haben (Abbildung 1.11). Sie möchten, dass dies in Echtzeit passiert, ohne dass sie wie bei der Landkartenanwendung von Yahoo! auf die Aktualisierung der ganzen Seite warten müssen.

Der Unterschied ist klar. Sie wollen es, und sie wollen es jetzt (schließlich ist das Leben kurz!).

Ajax ist nicht der einzige neue Begriff, der heute immer wieder zu hören ist und im Wesentlichen dasselbe bezeichnet. Sie haben sicher auch vom *Web 2.0* und *RIAs* gehört. RIA gefällt mir als Terminus besonders und ich werde einiges darüber schreiben.

RIA ist die Abkürzung für *Rich Internet Application*. Obwohl mir keine formale Definition bekannt ist, verstehen die meisten seine Bedeutung, ohne danach googlen zu müssen.

Kurz gesagt: Eine RIA ist eine webbasierte Anwendung, die in einem Webbrowser ausgeführt wird, aber nicht wie eine »typische« Website, sondern eher wie eine typische Fat-Client-Anwendung aussieht und läuft. Dinge wie das Aktualisieren spezieller Seitenbereiche sind selbstverständlich und deshalb haben RIAs immer auch mit Ajax zu tun (obwohl die spezielle Form der Anwendung von Ajax variieren kann; nicht überall muss im Hintergrund ein XML-HttpRequest-Objekt, die prototypische Ajax-Lösung, lauern!). RIAs sind benutzerfreundlicher und werden von ihrer Zielgruppe höher geschätzt. Tatsächlich sollte Ihr Ziel bei der Erstellung von RIAs sein, dass die Anwender sagen: »Ich habe gar nicht bemerkt, dass dies eine Webanwendung ist!«

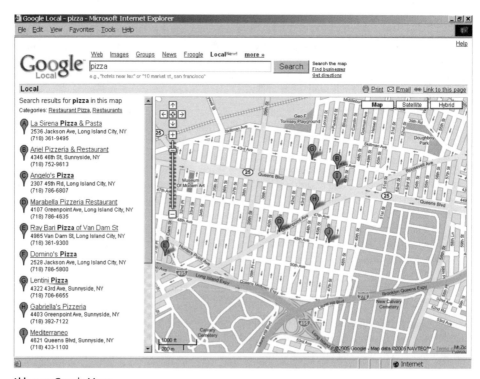

Abb. 1.11: Google Maps

Gmail (Abbildung 1.12) ist ein gutes Beispiel für eine RIA, obwohl auch sie noch nicht perfekt ist. Zwar bietet sie gegenüber einer typischen Website definitive Vorteile, erinnert aber immer noch stark an ihr Aussehen und Verhalten. Microsoft Hotmail ist ein weiteres gutes Beispiel.

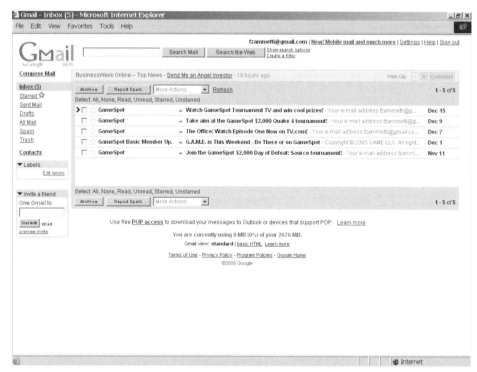

Abb. 1.12: *Gmail*, eine Ajax-Webmail-Anwendung von Google

Vielleicht ist Ihnen aufgefallen, dass viele der bis jetzt gezeigten Ajax-Beispiele von Google stammen. Dies ist kein Zufall. Google hat mehr dazu beigetragen, Ajax bekannt zu machen, als irgendjemand sonst. Die Google-Entwickler waren nicht die Ersten, die Ajax anwendeten, und nicht unbedingt die Besten, aber gewiss haben sie die bekanntesten Beispiele geliefert und der Welt wirklich gezeigt, was mit Ajax möglich ist.

Genug der Theorie, Definitionen, Geschichte und Philosophie hinter Ajax, RIAs und dem ganzen Rest. Zeit sich die Hände mit Code schmutzig zu machen!

1.5   Unser erstes Ajax-Beispiel

Dieses Buch möchte sich von den meisten anderen Ajax-Büchern dadurch abheben, dass es Ajax anhand konkreter Beispiele vermittelt. Es will Ihnen die Beispiele nicht nur erklären, sondern auch die (manchmal durchaus kontroversen) Entscheidungen begründen, warum Dinge so und nicht anders gemacht wurden. Und natürlich sollen Sie direkt mit dem Code arbeiten können. Deshalb finden Sie hier keine UML-Diagramme, Sequenzdiagramme, Use-

Case-Diagramme und Ähnliches. Wenn Sie danach suchen, sollten Sie eines der vielen guten UML-Bücher lesen.

Genug gesagt!

Das erste Beispiel hat eine spezielle Eigenschaft: Es kommt ohne Java aus. Tatsächlich kommt es ganz ohne einen Server aus. Sie können jedoch beruhigt sein: Alle anderen Beispiele in diesem Buch tun, was sein Titel verspricht.

Doch ich möchte zunächst eine einfache Ajax-Anwendung ohne Server-Interaktion zeigen, um einige Grundlagen zu behandeln (Listing 1.1).

```html
<html>
<head>

  <title>Einfaches AJAX-Beispiel ohne Server</title>

  <script>

    // Dies ist eine Referenz eines XMLHttpRequest-Objekts.
    xhr = null;

    // Diese Funktion wird jedes Mal aufgerufen, wenn in dem
    // ersten <select>-Element eine Auswahl erfolgt.
    function updateCharacters() {
      // Ein XMLHttpRequest-Objekt instanzieren
      if (window.XMLHttpRequest) {
        // Nicht-IE
        xhr = new XMLHttpRequest();
      } else {
        // IE
        xhr = new ActiveXObject("Microsoft.XMLHTTP");
      }
      xhr.onreadystatechange = callbackHandler;
      url = document.getElementById("selShow").value + ".htm";
      xhr.open("post", url, true);
      xhr.send(null);
    }

    // Diese Funktion wird von unserem XMLHttpRequest-Objekt
    // während der Lebensdauer der Anfrage wiederholt aufgerufen.
    function callbackHandler() {
      if (xhr.readyState == 4) {
        document.getElementById("divCharacters").innerHTML =
          xhr.responseText;
      }
    }

  </script>

</head>

<body>
```

```
Unser erstes einfaches AJAX-Beispiel
<br><br>

Bitte wählen Sie eine Science-Fiction-Serie aus:
<br>
<select onChange="updateCharacters();" id="selShow">
  <option value=""></option>
  <option value="b5">Babylon 5</option>
  <option value="bsg">Battlestar Galactica</option>
  <option value="sg1">Stargate SG-1</option>
  <option value="sttng">Star Trek The Next Generation</option>
</select>
<br><br>

Als Reaktion wird hier eine Liste der Darsteller angezeigt:
<br>
<div id="divCharacters">
  <select></select>
</div>

</body>
</html>
```

Listing 1.1: Unsere erste echte Ajax-Anwendung!

Abbildung 1.13 zeigt, wie das Beispiel auf dem Bildschirm aussieht (erwarten Sie hier nicht viel!).

Abb. 1.13: Das zweite Dropdown ist leer, weil im ersten noch keine Serie ausgewählt worden ist.

Das zweite Dropdown ist anfänglich leer. Es wird dynamisch gefüllt, nachdem Sie im ersten eine Serie ausgewählt haben (siehe Abbildung 1.14).

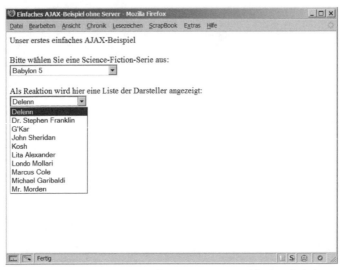

Abb. 1.14: Im ersten Dropdown wurde eine Serie ausgewählt; der Inhalt des zweiten Dropdowns wurde dynamisch aus der Rückgabe des »Servers« generiert.

Abbildung 1.14 zeigt, dass der Inhalt des zweiten Dropdowns dynamisch aktualisiert wird, nachdem Sie im ersten eine Serie ausgewählt haben. In diesem Fall werden die Darsteller der großartigsten TV-Serie überhaupt, »Babylon 5«, angezeigt. (Versuchen Sie gar nicht erst, mit mir darüber zu streiten!) Wie funktioniert das?

Listing 1.1 zeigt die erste Seite unseres einfachen Ajax-Beispiels an, das eine recht typische Ajax-Funktion ausführt: eine `<select>`-Box anhand der Auswahl in einer anderen mit Inhalten füllen. Diese Funktion kommt bei der Webentwicklung immer wieder vor, und die »klassische« Lösung besteht darin, durch Anklicken eines Buttons durch den Benutzer oder durch einen JavaScript-Event-Handler ein Formular an den Server zu senden und ihn zu beauftragen, die Seite mit dem neuen Inhalt des zweiten `<select>`-Feldes neu darzustellen.

Mit Ajax ist dies alles überflüssig.

Ich möchte den Code schrittweise durchgehen und zeigen, was passiert. Ich möchte ausdrücklich betonen, dass dies kein robuster, produktionsreifer Code sein soll. Er soll nur vermitteln, wie grundlegende Ajax-Techniken funktionieren. Deshalb gibt es keinen Grund, über seine Mängel zu berichten!

Zunächst die Auszeichnungen selbst: Im `<body>` stehen nur ein wenig Text und zwei `<select>`-Elemente. Beachten Sie, dass diese nicht zu einem `<form>` gehören. Sie werden feststellen, dass Formulare in der Welt von Ajax eher unwichtig sind. Neben den anderen Elementen einer Seite werden Sie alle Ihre Formular-UI-Elemente oft zunächst als Top-Level-Objekte behandeln (im `<body>` natürlich).

Listing 1.2 zeigt das erste `<select>`-Element. Es hat die ID `selShow` und bildet im DOM der Seite einen Knoten. Keine Bange, wenn Sie mit DOM nicht vertraut sind; im nächsten Kapitel werden Sie Näheres darüber erfahren. Im Moment müssen Sie nur wissen, dass *DOM* die Abkürzung für *Document Object Model* ist und einfach eine Baumstruktur mit allen Elementen einer Seite bezeichnet. In diesem Fall greifen wir auf einen Zweig unseres Baumes zu, der das `<select>`-Element enthält; wir geben ihm dem Namen `selShow`, um ihn später leichter abrufen zu können.

```
<select onChange="updateCharacters();" id="selShow">
  <option value=""></option>
  <option value="b5">Babylon 5</option>
  <option value="bsg">Battlestar Galactica</option>
  <option value="sg1">Stargate SG-1</option>
  <option value="sttng">Star Trek The Next Generation</option>
</select>
```

Listing 1.2: Das erste <select>-Element zur Auswahl der Science-Fiction-Serie

Beachten Sie, dass der JavaScript-Event-Handler diesem Element zugeordnet ist. Das bedeutet: Jedes Mal, wenn sich der Wert von <select> ändert, wird die JavaScript-Funktion updateCharacters() aufgerufen.

Dies ist unsere gesuchte »magische« Stelle. Die anderen Elemente sind nicht ungewöhnlich. Ich habe einfach einige <option>-Elemente für einige meiner Lieblingssendungen erstellt. Danach stoßen Sie auf ein weiteres, allerdings leeres, <select>-Element (Listing 1.3).

```
<div id="divCharacters">
  <select>
  </select>
</div>
```

Listing 1.3: Das <div>-Element, in dem das neue <select>-Element mit den Darstellern angezeigt werden soll

Ich verwende hier tatsächlich ein leeres <select>-Element, das allerdings in ein <div>-Element eingehüllt ist. Sie werden feststellen, dass die wahrscheinlich am häufigsten ausgeführte Ajax-Funktion darin besteht, Inhalte von <div>-Elementen zu ersetzen. Genau das wird auch hier passieren. In diesem Fall gibt der »Server« (mehr dazu gleich) die Auszeichnungen für unser <select>-Element mit einer kompletten <option>-Liste der Darsteller der ausgewählten TV-Serie zurück. Wenn Sie also eine Serie auswählen, wird das zweite <select>-Element mit den entsprechenden Darstellern gefüllt; und in echter Ajax-Manier wird nicht die ganze Seite, sondern nur der geänderte Seitenbereich neu angezeigt, d.h. in diesem Fall das zweite <select>-Element (oder genauer das <div>-Element, von dem es umhüllt wird).

Nun zu unserem Mock-Server (engl. *mock*; dt. *Nachahmung, Attrappe*). Zu jeder TV-Serie aus dem ersten <select>-Element gibt es eine separate HTML-Datei, die im Wesentlichen einen Server-Prozess repräsentiert. Sie müssen hier einen Glaubenssprung wagen und einfach vorgeben, dass ein Server die Antworten darstellt, die sich in diesen HTML-Seiten befinden. Sie haben alle dieselbe Struktur, weshalb ich hier nur eine als Beispiel zeige (Listing 1.4).

```
<select>
  <option>Delenn</option>
  <option>Dr. Stephen Franklin</option>
  <option>G'Kar</option>
  <option>John Sheridan</option>
  <option>Kosh</option>
  <option>Lita Alexander</option>
  <option>Londo Mollari</option>
  <option>Marcus Cole</option>
  <option>Michael Garibaldi</option>
```

```
    <option>Mr. Morden</option>
  </select>
```

Listing 1.4:   Beispiel für eine Server-Response-Datei mit einer Liste der Darsteller der großartigsten TV-Serie überhaupt, »Babylon 5«!

Wie zu erwarten war, enthält dieses Listing wirklich nur die Auszeichnungen des zweiten `<select>`-Elements.

Nun zu dem Teil, der hier die ganze Arbeit leistet, den JavaScript-Funktionen. Listing 1.5 zeigt zunächst die `updateCharacters()`-Funktion:

```
// Diese Funktion wird jedes Mal aufgerufen, wenn in dem
// ersten <select>-Element eine Auswahl erfolgt.
function updateCharacters() {
  // Ein XMLHttpRequest-Objekt instanzieren
  if (window.XMLHttpRequest) {
    // Nicht-IE
    xhr = new XMLHttpRequest();
  } else {
    // IE
    xhr = new ActiveXObject("Microsoft.XMLHTTP");
  }
  xhr.onreadystatechange = callbackHandler;
  url = document.getElementById("selShow").value + ".htm";
  xhr.open("post", url, true);
  xhr.send(null);
}
```

Listing 1.5:   Der `updateCharacters() onChange()`-Event-Handler

Dieser grundlegende Code wird sich sehr bald auf den Innenseiten Ihrer Augenlider eingebrannt haben. Er zeigt die prototypische Ajax-Funktion. Wie ist sie aufgebaut?

Zunächst brauchen wir natürlich ein `XMLHttpRequest`-Objekt. Dieses Objekt, das von Microsoft erfunden wurde, ist einfach nur ein Proxy für einen Socket. Es verfügt über einige wenige Methoden und Eigenschaften, hat aber einen Vorteil: Es ist wirklich sehr einfach. Die Elemente dieses Objekts werden bei Bedarf eingeführt. Eine komplette Referenz finden Sie in Anhang A.

Beachten Sie die Verzweigungslogik: Das `XMLHttpRequest`-Objekt wird im Internet Explorer anders als in anderen Browsern instanziert. Microsoft trifft keine Schuld daran. Die anderen Hersteller haben sich einfach für eine andere API entschieden; und wir müssen damit leben.

Heute ist `XMLHttpRequest` praktisch ein De-facto-Standard. Eine echte Standardisierung durch das W3C ist im Gange, aber noch nicht abgeschlossen. Doch Sie können davon ausgehen, dass »moderne« Browser (d.h. die neueren Versionen der Desktop-Webbrowser) dieses Objekt unterstützen. Eingeschränktere Geräte (PocketPCs, Handys usw.) unterstützen es häufig (noch) nicht, aber im Großen und Ganzen ist das Objekt allgegenwärtig.

Das neue `XMLHttpRequest`-Objekt wird der globalen Variablen `xhr` zugewiesen. Was hat dies für Konsequenzen? Was passiert, wenn etwa gleichzeitig ein weiteres `onChange`-Ereignis ausgelöst wird? Im Wesentlichen wird das erste verloren sein, weil ein neues `XMLHttpRequest`-Objekt erstellt und der Variablen `xhr` zugewiesen wird. Was noch schlimmer ist: Weil `XMLHttpRequest` asynchron arbeitet, kann eine Situation eintreten, in der die Callback-Funktion für die erste Anfrage ausgeführt wird, wenn die Referenz den Wert null enthält. Dies bedeutet, die Callback-Funktion könnte dann bei dem Versuch, ein null-Objekt zu referenzieren, Fehler auslösen. Und als ob dies nicht schon schlimm genug wäre, verhalten sich die Browser in diesem Fall möglicherweise unterschiedlich, so dass dieses Problem nicht konsistent auftritt.

Dies ist ein gutes Beispiel für meine Aussage, dass dies kein produktionsreifer Code sei! Davon abgesehen ist es in vielen Situationen tatsächlich akzeptabel, einfach eine neue Instanz zu erstellen und eine neue Anfrage zu starten. Denken Sie an einen Fat-Client, den Sie häufig benutzen. Können Sie Stellen aufzeigen, an denen Sie ein Ereignis auslösen können, das im Wesentlichen ein vorhergehendes Ereignis abbricht, das gerade bearbeitet wird? Für Webbrowser ist das kein Problem. Wenn Sie beispielsweise in Ihrem Webbrowser auf den HOME-Button klicken, während eine Seite geladen wird, wird dieser Ladevorgang vorzeitig abgebrochen und der Ladevorgang für die neue Seite gestartet. Dasselbe passiert im Wesentlichen, wenn Sie eine neue Ajax-Anfrage mit derselben Referenzvariablen starten. Diese Art zu arbeiten, ist für Anwendungen nicht ungewöhnlich und manchmal sogar wünschenswert. Doch davon abgesehen müssen Sie genau wissen, wie die Dinge ablaufen sollen. Wie Sie dieses Problem umgehen können, wird in späteren Kapiteln gezeigt.

Als Nächstes wird der XMLHttpRequest-Instanz eine Callback-Funktion zugewiesen, die das Ereignis bearbeitet. Eine Ajax-Anfrage hat, genau wie eine HTTP-Anfrage, einen wohldefinierten speziellen Lebenszyklus; (denn letztlich ist sie nichts anderes als eine HTTP-Anfrage!). Dieser Zyklus wird durch die Übergänge zwischen ready-Zuständen definiert (daher der Eigenname onreadystatechange).

An speziellen Punkten in diesem Lebenszyklus wird die als Callback-Handler angegebene JavaScript-Funktion aufgerufen, beispielsweise am Anfang einer Anfrage. Wenn die Antwort auf die Anfrage portionsweise an den Browser zurückgegeben wird, wird die Funktion von den meisten Browsern (leider nicht vom IE) bei jedem Teil der Antwort aufgerufen. Denken Sie nur an die schicken Meldungen in der Statusbar, die Sie endlich ohne ein komplexes Queuing und Callback-Code auf dem Server realisieren können! In diesem Kontext ist der Aufruf der Funktion am wichtigsten, der erfolgt, wenn die Anfrage abgeschlossen ist. Ich werde gleich auf diese Funktion zurückkommen.

Der nächste Schritt ist wahrscheinlich ziemlich offensichtlich: Das Objekt muss wissen, welchen URL es aufrufen soll. Es erhält diese Informationen durch einen Aufruf seiner open()-Methode, die drei Parameter hat: die auszuführende HTTP-Methode, den aufzurufenden URL und die Art der Kommunikation (asynchron = true oder nicht = false). Weil es sich um ein einfaches Beispiel handelt, verfügt jede TV-Serie über eine eigene HTML-Datei, die die Rolle des Servers übernimmt. Der Name der HTML-Datei besteht einfach aus dem Wert des <select>-Elements mit der zusätzlichen Endung .htm. Bei jeder Auswahl wird deshalb ein anderer URL aufgerufen. Offensichtlich würde dies in der Praxis etwas anders funktionieren. Dort gäbe es dann einen einzigen URL mit Parametern, die die TV-Serie näher spezifizierten. Doch der Einfachheit halber habe ich hier auf diese Dinge verzichtet.

Als HTTP-Methode kommen die Standard-HTTP-Methoden in Frage: GET, POST, HEAD usw.

In den allermeisten Fällen werden Sie wahrscheinlich GET oder POST übergeben. Der URL ist bis auf ein Detail selbsterklärend: Bei einem GET müssen Sie den Abfragestring selbst konstruieren und an den URL anhängen. Dies ist einer der Nachteile von XMLHttpRequest: Sie übernehmen die volle Verantwortung für das Marshalling und Unmarshalling der gesendeten bzw. empfangenen Daten. Vergessen Sie nicht, dass das Objekt im Wesentlichen nur eine sehr dünne Hülle ist, die einen Socket einschließt. Sie können diesen Mangel durch eines der zahlreichen Ajax-Toolkits beheben, aber dieses Thema kommt später.

Nachdem die Callback-Funktion bei dem Objekt registriert sowie Ziel und Art der Kommunikation festgelegt wurden, können Sie einfach die `send()`-Methode aufrufen. Da in diesem Beispiel tatsächlich nichts gesendet wird, wird `null` übergeben. Beim Testen ist mir eine Sache aufgefallen, die Sie dabei beachten müssen: Ein Aufruf von `send()` ohne Argumente funktioniert im IE einwandfrei, nicht aber in Firefox. Dagegen funktioniert `null` als Argument in beiden Browsern, weshalb Sie auf jeden Fall `null` angeben sollten.

Wenn Sie allerdings Inhalte senden wollen, würden Sie diese hier angeben. Sie können einen String mit Daten an diese Methode übergeben; dann werden die Daten im Rumpf der HTTP-Anfrage übermittelt. Wenn Sie spezielle Parameter übergeben wollen, konstruieren Sie einen Abfragestring, der für gewöhnlich die Form `var1=val1&var1=val1` usw. hat (ohne das Fragezeichen am Anfang). Alternativ können Sie ein XML-DOM-Objekt übergeben, das als String serialisiert und dann übertragen wird. Schließlich könnten Sie auch beliebige Daten übertragen. Falls eine durch Kommas getrennte Liste ausreicht, können Sie diese übertragen. Wollen Sie etwas anderes als einen Parameterstring übergeben, müssen Sie sich selbst darum kümmern. Übergeben Sie einen Parameterstring, werden die gewünschten Anfrageparameter generiert und übertragen.

Bis jetzt habe ich beschrieben, wie eine Anfrage gesendet wird. Die Technik an sich ist recht trivial. Der nächste Schritt kann – wie in unserem Beispiel – noch trivialer oder sehr viel komplexer sein. Ich meine die Callback-Handler-Funktion (Listing 1.6).

```
// Diese Funktion wird von unserem XMLHttpRequest-Objekt
// während der Lebensdauer der Anfrage wiederholt aufgerufen.
function callbackHandler() {
  if (xhr.readyState == 4) {
    document.getElementById("divCharacters").innerHTML =
      xhr.responseText;
  }
}
```
Listing 1.6:   Callback-Handler-Funktion

In diesem Beispiel leistet die Callback-Handler-Funktion nicht viel. Zuerst prüft sie die `readystate`-Eigenschaft des `XMLHttpRequest`-Objekts. Sie erinnern sich, dass diese Callback-Funktion während des Lebenszyklus der Anfrage mehrfach aufgerufen wird? Bei diesen Aufrufen ändert sich der `readystate`-Code. Sie finden die komplette (kleine) Liste der möglichen Codes in Anhang A. In diesem Beispiel ist nur der Code 4 interessant, der anzeigt, dass die Anfrage abgeschlossen ist. Dieser Code sagt nichts über den Erfolg der Anfrage aus. Unabhängig von der Antwort des Servers nimmt `readystate` den Wert 4 an, sobald die Anfrage fertig ist. Da es sich um ein einfaches Beispiel handelt, spielt die Rückgabe des Servers hier keine Rolle. Wenn der Server einen `HTTP 404 error` (Page not found – Seite nicht gefunden) zurückgibt, spielt das in diesem Fall keine Rolle. Auch ein `HTTP 500 error` (Server processing error – Server-Verarbeitungsfehler) ist uns egal. Die Funktion erfüllt ihre Aufgabe auf jeden Fall. Doch ich möchte noch einmal betonen: Dies ist kein produktionsreifes Beispiel!

Wenn die Callback-Funktion beim Abschluss der Anfrage aufgerufen wird, wird der `innerHTML`-Property des `<div>`-Elements mit der ID `divCharacters` einfach der zurückgegebene Text zugewiesen. In diesem Fall besteht der Text aus den Auszeichnungen für das zweite `<select>`-Element sowie den Namen der Darsteller der ausgewählten TV-Serie.

War gar nicht so schwer, oder?

1.6 In Frage kommende Ajax-Toolkits

Wahrscheinlich denken Sie an dieser Stelle: »Okay, Ajax ist keine große Sache.« Und Sie haben Recht. Wenigstens in seiner einfacheren Form hat der Code eher einen geringen Umfang und ist ziemlich leicht nachzuvollziehen.

Doch wenn es Ihr erster Kontakt mit der clientseitigen Entwicklung im Allgemeinen und JavaScript im Besonderen ist, kann die Arbeit immer noch recht umfangreich erscheinen. Wenn Sie komplexere Arbeit mit Ajax leisten wollen, wollen Sie wahrscheinlich nicht immer wieder von Hand Handler und Funktionen codieren. In diesem Fällen kann Ihnen eine gute Ajax-Library weiterhelfen.

Sie können sich vorstellen, dass bei all dem Marketinggeschrei, mit dem Ajax seit einiger Zeit angepriesen wird, auch zahlreiche Libraries und Toolkits angeboten werden. Einige sind recht primitive Allzweckwerkzeuge, die Ajax nur ein wenig vereinfachen. Andere sind dagegen ziemlich robuste Libraries, die sich bemühen, alle Ihre JavaScript- und Ajax-Anforderungen abzudecken. Einige stellen schicke GUI-Widgets (auch: *Controls*, *Steuerelemente*) zur Verfügung, die im Hintergrund mit Ajax arbeiten; andere überlassen Ihnen die Konstruktion von Widgets, erleichtern aber diese Arbeit erheblich.

In diesem Buch werde ich Ihnen zeigen, wie Sie einige der beliebtesten Libraries in den kommenden Beispielen verwenden können. Sie werden sehen, dass sie alle einige gemeinsame Ideen verkörpern, aber im Kern nichts anderes tun, als was Sie in unserem ersten Beispiel kennen gelernt haben. Sie sind alle robuster und flexibler; aber das darf man wohl erwarten …

Ich werde die folgenden Libraries behandeln: Dojo (`http://dojotoolkit.org`), DWR (`http://getahead.ltd.uk/dwr`), Prototype (`http://prototype.conio.net`) und die AjaxTags-Komponente des *Java Web Parts*-Projekts (`http://javawebparts.source-forge.net`). Es handelt sich ausschließlich um kostenlose Open-Source-Toolkits, die Entwickler als sehr nützlich für ihre Ajax-Arbeit einschätzen. Meine Auswahl ist nur eine kleine Teilmenge der verfügbaren Libraries und Toolkits, repräsentiert aber meiner Meinung nach die beliebtesten.

Alles in allem sollten Sie jedoch nicht vergessen, dass das »nackte« Ajax, das Sie in dem Beispiel in diesem Kapitel kennen gelernt haben, ebenfalls außerordentlich weit verbreitet ist und selbst viele Vorteile bietet, darunter eine größere Kontrolle über die Abläufe auf unterster Ebene und mehr Möglichkeiten, die Performance und die übergreifende Robustheit zu beeinflussen. Es ist nie schlecht, genau zu wissen, was in den eigenen Anwendungen passiert! Mit den Beispielen in diesem Buch versuche ich sowohl der Arbeit mit Libraries als auch der Arbeit mit dem »nackten« Ajax gerecht zu werden. Falls Sie mit JavaScript und clientseitiger Entwicklung im Allgemeinen vertraut sind, müssen oder wollen Sie möglicherweise keines dieser Toolkits anfassen. Persönlich neige ich zu Letzterem, aber wenn Sie gerade mit der clientseitigen Programmierung beginnen, können Ihnen diese Libraries das Leben tatsächlich erheblich erleichtern.

1.7 Alternativen zu Ajax

Eine Beschreibung von Ajax wäre unvollständig, ohne auf die möglichen Alternativen hinzu-
weisen. Es gibt noch andere Methoden als Ajax, um die Ziele der Erstellung von RIAs zu erreichen.

Sie kennen doch Flash, nicht wahr? Ganz sicher kennen Sie Flash – all die Animationen, die
Ihnen auf jeder zweiten Website mit ihrer Zappelei an jeder möglichen und unmöglichen
Stelle auf die Nerven gehen!

Flash kann oft sehr nervig sein, aber wenn es richtig eingesetzt wird, kann es dieselbe Funktionalität wie Ajax bieten. Ein gutes Beispiel ist *Mappr* (www.mappr.com), eine Flash-basierte
Anwendung zur Erkundung von Orten anhand von Bildern, die andere Leute aufgenommen
und ins Netz gestellt haben (siehe Abbildung 1.15).

Abb. 1.15: *Mappr*, ein ausgezeichnetes Anwendungsbeispiel für Flash

Dieses Beispiel zeigt, wie Flash bei richtiger Nutzung die Erfahrung des Benutzers wirklich
bereichern kann. Flash ist darüber hinaus auch eine eigene integrierte Entwicklungsumgebung (IDE) mit entsprechenden Debugging-Funktionen und was sonst dazu gehört. Es ist
auch ein Werkzeug, mit dem Grafikdesigner schnell wirklich beeindruckende Multimedia-
Präsentationen erstellen können.

Heute ist Flash auch fast allgegenwärtig. Praktisch alle Browser verfügen über einen einge-
bundenen Flashplayer oder können problemlos entsprechend erweitert werden. Flash erfor-

dert jedoch ein Browser-Plugin, während dies für Ajax nicht erforderlich ist; ein Pluspunkt für Ajax. Andererseits gibt es Flash-Versionen für viele Mobilgeräte wie PocketPCs und einige Handys, selbst solchen, für die XMLHttpRequest möglicherweise noch nicht zur Verfügung steht.

Welche Nachteile hat Flash? Erstens hat Flash einen etwas angekratzten Ruf, weil es so leicht zu missbrauchen ist. Viele Anwender ziehen es vor, Flash nicht zu installieren oder alle Flash-Inhalte in ihrem Browser zu blockieren. Zweitens ist es kein »typisches« Programmierwerkzeug; die Arbeit mit Flash ähnelt eher der Erstellung einer Präsentation, bei der Sie sich mit dem Konzept einer »Zeitlinie« auseinandersetzen müssen. Deshalb ist die Lernkurve für »traditionelle« Entwickler etwas steiler. Drittens kann es für Anwender mit beschränkten Bandbreiten etwas schwergewichtig sein; und selbst bei großen Bandbreiten dauert es manchmal länger als wünschenswert, bis eine Seite startet. Schließlich gehört Flash der Firma Adobe und ist kein Open-Source-Produkt, ein Faktor, der immer mehr Entwickler veranlasst, auf ein Produkt zu verzichten. Ich selbst würde Flash aus diesem speziellen Grund nicht gerade ablehnen, aber er gibt auch mir zu denken.

Alles in allem ist Flash eine erwägenswerte Alternative für die Erstellung von RIAs. Manchmal wäre es sogar die bessere Wahl, manchmal nicht; es sollte aber immer wenigstens in die engere Auswahl kommen.

Flex, ein anderes Produkt von Adobe, ist sicher auch einen Blick wert. Flex ist eine umfassendere Lösung, da es sowohl die Serverseite als auch die Clientseite umfasst. Es ist keine Erweiterung ihrer jetzigen Arbeit und Werkzeuge, sondern ein Ersatz dafür.

Eine weitere Alternative zu Ajax, die von Entwicklern manchmal vermisst wird, sind viel ältere HTML-Tricks wie verborgene Frames (iFrames) oder normale Frames. Beispielsweise können Sie ein Formular mit Hilfe eines verborgenen Frames übertragen und dann an dieses verborgene Frame nichts als JavaScript-Code zurückgeben, der die Bildschirmanzeige aktualisiert. Sie erzielen dadurch denselben Effekt wie mit Ajax, aber ohne XMLHttpRequest und den dazugehörigen Code.

1999 erstellte ich für meinen damaligen Arbeitgeber eine typische Back-Office-Anwendung. Da sie nur im Intranet laufen sollte, konnte ich einige schickere Sachen als sonst ausprobieren, weil ich mir keine Gedanken über alle möglichen verschiedenen Clients machen musste, die auf diese Anwendung zugriffen. Ich konnte die Anwendung auch ausschließlich auf den IE zuschneiden, wodurch ich viel Zeit und Mühe sparte (aber wirklich nur, was die Probleme der browserübergreifenden Darstellung der Inhalte anging; der Code selbst lief browserübergreifend). In dieser Anwendung wählte ich einen selbst nach heutigen Maßstäben ziemlich neuartigen Ansatz. Wenn ein Anwender auf den URL der Anwendung zugriff, wurden etwa 300 K HTML-Code in verschiedene Frames heruntergeladen. Was das Wichtigste war: Es gab ein einzelnes »Haupt«-Frame, das die Auszeichnungen für alle Dialogfelder (Bildschirmanzeigen) der Anwendung enthielt.

Jedes dieser »Dialogfelder« war in ein <div>-Element eingeschlossen, und zu jedem Zeitpunkt war jeweils nur ein einziges <div>-Element sichtbar. Ein Frame war verborgen und enthielt die API der Anwendung, eine Sammlung von JavaScript-Funktionen, die in der ganzen Anwendung verwendet wurden. Ähnlich gab es ein anderes verborgenes Frame, das so genannte »Ziel«-Frame, und, wie bereits weiter vorne erwähnt, wurden alle Formularübertragungen über dieses Frame abgewickelt.

Wenn der Benutzer eine Funktion ausführte, die den Server erforderte, wurde ein Formular übertragen, und der Server antwortete mit einer HTML-Seite ähnlich der aus Listing 1.7.

```
<html>
  <head>
    <title></title>
    <script>
      acctNum = "1234";
      firstName = "Frank";
      lastName = "Zammetti"
      ssn = "111-22-3333";
      function loadHandler() {
        document.getElementById("summaryPage.acctNum").value = acctNum;
        document.getElementById("summaryPage.firstName").value =
          firstName;
        document.getElementById("summaryPage.lastName").value =
          lastName;
        document.getElementById("summaryPage.ssn").value = ssn;
        window.top.fraAPI.currentScreen.style.display = "none";
        p = document.getElementById("summaryPage");
        p.style.display = "block";
        window.top.fraAPI.currentScreen = p;
      }
    </script>
  </head>
  <body onLoad="loadHandler();"></body>
</html>
```

Listing 1.7: »Seite«, die von dem Server per JavaScript zurückgegeben wird und die bei onLoad in dem
verborgenen Frame ausgeführt wird

Was passiert hier? Nachdem die Antwort des Servers eingetroffen ist, wird die loadHand-
ler()-Funktion aufgerufen. Die Daten, die in JavaScript-Variablen zurückgegeben worden
sind, werden in die entsprechenden Elemente der Seite eingefügt. Dann wird das gegenwärtig
angezeigte <div>-Diaologfeld verborgen und das neue <div>-Dialogfeld ("summaryPage")
angezeigt und in window.top.fraAPI.currentScreen festgehalten, damit es bei der nächsten Anfrage gegebenenfalls verborgen werden kann.

Das Ergebnis ist eine erstaunlich schnell reagierende Anwendung, die nicht bei jeder Anfrage
den gesamten Bildschirm neu darstellt. Im Allgemeinen würde ich diesen Ansatz nicht empfehlen, da er sich zu sehr auf die Clientseite verlässt. (Es war etwas schwierig, Leute zu finden,
die den Code warten konnten. Die Sicherheitsfragen waren zwar hier kein Problem, da es sich
um eine Intranet-Anwendung handelte; doch im Allgemeinen dürfen sie nicht vernachlässigt
werden.) Doch er illustriert das zugrunde liegende Konzept außerordentlich gut und entspricht ganz und gar dem Geist von Ajax, auf den es ja – wie bereits erwähnt – eigentlich
ankommt.

Und es gibt noch eine Alternative, die tatsächlich ursprünglich die Lücke füllen sollte, die Ajax
heute zu füllen versucht: Java-Applets. Applets sollten Features von Fat-Clients auch im Web
verfügbar machen, indem im Browser mehr oder weniger komplette Java-Anwendungen ausgeführt werden sollten. Applets werden heute immer noch verwendet, allerdings sicher nicht
in dem Ausmaß, wie sich die Erfinder ursprünglich vorgestellt hatten. Applets haben einen großen Vorteil: Sie geben Entwicklern Zugriff auf fast die gesamte Java-Plattform, wobei einige
Sicherheitseinschränkungen bestimmte Funktionen begrenzen (etwa den Zugriff auf das
lokale Dateisystem). Die meisten Java-Entwickler können Applets relativ leicht schreiben. Applets beseitigen fast alle browserübergreifenden Probleme der Webentwicklung im Allgemei-

nen, da sie in gewisser Weise »über« dem Browser aufsetzen. Ein Applet wird durch die Java Runtime Environment (JRE; Java-Laufzeitumgebung) von allen Browser-Eigenheiten abgeschirmt. Applets haben auch einige Probleme, die für viele die Vorteile überwiegen: Sie starten sehr langsam. (Sicher hat jeder schon gesehen, wie relativ langsam die Java Virtual Machine [JVM] in einem Browser startet.) Ihre UI-Performance ist insgesamt sehr langsam (was auch bei Java-GUIs generell selbst heute noch ein Problem ist, wenn auch sicher nicht so gravierend wie früher). Außerdem ziehen es viele Anwender aus Sicherheits- oder anderen Gründen vor, Applets zu deaktivieren. Dennoch sind Applets für einige Dinge durchaus geeignet. Nur ein Beispiel: Stellen Sie sich einen so genannten *Banded Report Writer* vor (einen Reportgenerator, der aus verschiedenen Abschnitten oder eben »Bändern« für den Kopf, den Hauptteil und den Fuß zusammengesetzt ist). Dies kann zwar auch mit reinen Browser-Technologien realisiert werden (und wurde auch); doch wenn man das Ergebnis mit einer Applet-Version desselben Reports vergleicht, wird die Applet-Version in der Regel als leistungsstärker wahrgenommen.

Schließlich gibt es eine Alternative zu Ajax, die fast immer ignoriert wird: Fat-Clients. Wie oft hören Sie Ajax-Befürworter (mich eingeschlossen) sagen, dass es darum geht, Webanwendungen zu erstellen, die wie Fat-Clients aussehen und funktionieren. Die logische Frage lautet dann natürlich: »Warum erstellt man nicht gleich Fat-Clients?« Und tatsächlich ist dies eine absolut gültige Alternative!

Fat-Clients haben eine etwas mindere Reputation, weil es sehr leicht ist, schlechte Anwendungen zu schreiben. Mussten Sie jemals eine Visual Basic-(VB-)Anwendung warten, in der die gesamte Geschäftslogik über diverse Button-Click-Handler verteilt war? Visual Basic macht diese Art der Programmierung sehr, sehr leicht, und leider ist sie deshalb sehr verbreitet! Dies liegt nicht am Fat-Client-Ansatz per se und auch nicht an Visual Basic. Der Fehler liegt bei den Entwicklern, die nicht verstehen, wie Anwendungen mit einer sauberen Trennung der Verantwortungsbereiche und einem sachgerechten Schichtenmodell entsprechend konstruiert und implementiert werden. Diese Situation ist auch ein Nebeneffekt des Termindrucks im Software-Gewerbe, der kaum Zeit für saubere Designs lässt. Aber ich möchte hier nicht über uralte Probleme lamentieren ...

Falls Sie eine Anwendung haben, für die der Fat-Client-Ansatz sinnvoll ist, sollten Sie einen Fat-Client bauen. Sie verlieren die Vorteile der Webentwicklung, die weiter vorne beschrieben wurden, aber Sie gewinnen einige bedeutende Vorteile, einschließlich leistungsstärkerer UI-Widgets, voll native Ausführungsgeschwindigkeit und weniger eingeschränkten Zugriff auf System- und/oder Netzwerkressourcen.

Kurz gesagt: Falls eine geschäftliche Anforderung besser durch einen Fat-Client erfüllt wird, sollten Sie einen Fat-Client bauen. Natürlich gehören Sie, wenn Sie dies lesen, wahrscheinlich zu den Webentwicklern, aber dies sollte nicht Ihr Urteilsvermögen trüben, wie die beste Antwort lautet.

1.8 Zusammenfassung

Kam Ihnen dieses Kapitel ein wenig wie eine Gehirnwäsche vor? Da liegen Sie nicht daneben!

Einige scheinen Ajax wirklich nicht zu schätzen; doch sie sehen in der Regel nur die Probleme und ignorieren die Vorteile vollkommen. Weil ich glaube, dass Ajax mehr mit geistiger Einstellung und Denkprozessen als mit speziellen Technologien zu tun hat, ist es wichtig, Ihnen die zugrunde liegenden Ideen nahe zu bringen. Es reicht nicht aus, Ihnen einfach einigen Code zu zeigen und zu hoffen, dass Sie ihn toll finden!

In diesem Kapitel habe ich die Entwicklung der Webprogrammierung in den letzten anderthalb Jahrzehnten beschrieben. Ich habe Ihnen Ajax vorgestellt, seine Bedeutung dargelegt und beschrieben, wie es realisiert wird. Außerdem habe ich den Terminus *RIA* erklärt und beschrieben, warum diese Entwicklung wirklich wichtig ist.

Ich habe auch meine Auffassung dargelegt, dass das Wichtigste an Ajax nicht die verwendeten Technologien, sondern die geistige Einstellung und die Herangehensweise an die Anwendungsentwicklung sind.

Sie haben Ihre erste Ajax-basierte Anwendung erstellt und ausprobiert und dabei festgestellt, dass der Code letztlich ziemlich trivial ist. Dann habe ich einige Alternativen zu Ajax beschrieben und veranschaulicht, dass Ajax bereits seit Jahren praktiziert wurde, wenn auch mit anderen Techniken und Technologien.

Sie haben erfahren, dass Ajax eher durch die Anwender als durch die Entwickler vorangetrieben wird, was sich erheblich von früheren Entwicklungen unterscheidet (und auch ein guter Grund ist, warum Ajax wahrscheinlich nicht so leicht wieder verschwinden wird).

Die folgenden Punkte fassen dieses Kapitel kurz zusammen:

- Ajax ist eher eine geistige Einstellung und Herangehensweise an die Entwicklung von Webanwendungen als eine spezielle Technologie oder Programmiertechnik.
- Ajax stellt einen fundamentalen Wandel in der Entwicklung von Webanwendungen dar – zumindest für viele Entwickler.
- Ajax ist im Grund eine recht einfache Sache. Was auf Ajax aufgebaut wird, kann komplex werden, aber die Grundlagen sind trivial.
- RIAs mögen die Zukunft der Anwendungsentwicklung im Allgemeinen sein (oder nicht), doch für die Webentwicklung sind sie es fast sicher.
- Es gibt Alternativen zu Ajax, die Sie nicht von vornherein verwerfen sollten. Analysieren Sie das zu lösende Problem und wählen Sie dann die beste Lösung. In vielen (und zunehmend mehr) Fällen wird Ajax das Richtige sein, aber möglicherweise nicht immer.

Kapitel 2

Die Säulen von Ajax

Abb. 2.1: Der mächtige Ajax! Doch alleine schafft er es nicht: Unser Held wird von CSS, XML, DOM und JavaScript unterstützt.

Wie schon in Kapitel 1 erwähnt, werden Sie, wenn Sie JavaScript, CSS, DOM und XML bereits kennen, wenig verpassen, wenn Sie dieses Kapitel überspringen. Doch wenn Sie mit diesen Konzepten nicht oder nur wenig vertraut sind, kann Ihnen dieses Kapitel die fehlenden Grundlagen über die Haupttechnologien vermitteln, die bei der Arbeit mit Ajax eingesetzt werden: JavaScript, DOM, XML und CSS (Abbildung 2.1). Für die meisten Leser ist dies wahrscheinlich nur eine Auffrischung, für weniger Erfahrene dagegen eine leichtgewichtige Einführung in diese Themen. Die vier hier behandelten Themenbereiche sind in sich sehr umfangreich und werden in diversen Büchern separat abgehandelt. Natürlich kann ich hier aus Platzgründen nicht so ins Detail gehen, wie es wünschenswert wäre. Ich behandle sie deshalb gerade so ausführlich, dass Sie über die erforderlichen Werkzeuge verfügen, um die Projekte in diesem Buch nachzuvollziehen und bestmöglich zu nutzen. Wollen Sie mehr über ein spezielles Thema wissen, sollten Sie zu einem der einschlägigen Bücher darüber greifen.

2.1 JavaScript-Grundlagen

Obwohl dieses Buch nicht als Einführung in Ajax konzipiert ist, würde ohne eine kurze Beschreibung der zugrunde liegenden Technologien von Ajax meiner Meinung nach etwas fehlen. Dieses oder genauer ausgedrückt die ersten drei Kapitel dieses Buches sollen Ihnen helfen, die kommenden Ajax-Anwendungen zu nutzen, auch wenn Sie keine Vorkenntnisse über Ajax mitbringen. Doch wenn JavaScript oder die clientseitige Entwicklung im Allgemeinen für Sie absolutes Neuland sind, sollten Sie ein einschlägiges Buch lesen, bevor Sie die Projekte in diesem Buch in Angriff nehmen.

Genug dazu!

JavaScript war längere Zeit mit dem Stigma einer »Programmiersprache für Kinder« behaftet. Diese Einstellung Scripting-Sprachen gegenüber ist recht weit verbreitet. Doch da JavaScript seit längerem die meistverwendete Scripting-Sprache überhaupt ist, wird darüber auch am meisten gelästert. JavaScript unterscheidet sich in wesentlichen Aspekten von ausgewachsenen Programmiersprachen wie Java, C, C++ oder C#. Es ist eine sehr polymorphe, sehr geschmeidige Sprache, die viele Dinge außerordentlich einfach und einige Dinge überhaupt

erst möglich macht, die sich in Sprachen wie Java nicht oder nur mit unverhältnismäßig gro-
ßem Aufwand realisieren ließen. Natürlich hat diese Leistungsstärke ihren Preis: Es ist ziemlich leicht, etwas falsch zu machen. Genau das ist jahrelang immer wieder passiert und hat zu
der negativen Einstellung JavaScript gegenüber geführt.

Von der Syntax her stammt JavaScript eindeutig von der C-Familie der Programmiersprachen
ab; aber bei der Syntax hört die Ähnlichkeit beinahe schon auf. Besonders Entwickler, die
bereits C-ähnliche Sprachen (einschließlich C++ und Java) beherrschen, halten JavaScript irr-
tümlich für eine einfache Sprache. Auf den ersten Blick mag diese Auffassung gerechtfertigt
sein; aber wenn man die oberen Schichten entfernt, kommt eine leistungsstarke Sprache zum
Vorschein, die buchstäblich so komplex sein kann, wie Sie wollen.

Tabelle 2.1 fasst einige der Features zusammen, die JavaScript so leistungsstark machen. In
dieser Tabelle wird JavaScript mit Java verglichen, da es in diesem Buch um diese beiden Technologien geht. Sie sollten sich merken, dass JavaScript und Java abgesehen von einem ähnlichen Namen, einer ähnlichen Syntax und einigen Konzepten absolut nichts gemeinsam
haben. Auf keinen Fall dürfen Sie dem Irrtum verfallen, JavaScript sei eine Teilmenge von
Java!

JavaScript	Java
Variablen haben keine definierten Typen. Es wird deshalb den »schwach typisierten« Sprachen zugerechnet.	Variablen haben definitive Typen und können keine anderen Typen (von Casting, Interfaces u.a. einmal abgesehen) haben. Deshalb zählt Java zu den »stark typisierten« Sprachen.
Es gibt keine echte Objektorientierung im Sinne von Java; das heißt, es gibt keine echten Klassen, keine Interfaces, keine Vererbung usw. wie in Java. In JavaScript bildet jedes Objekt im Wesentlichen eine eigene Klasse.	Objekte haben immer einen speziellen Typ und erben die meisten Attribute ihrer übergeordneten Klasse. Interfaces ermöglichen Polymorphismus und Mehrfachvererbung. Java zählt zu den Schwergewichten der objektorientierten Programmierung (OOP)!
JavaScript ist eine leichtgewichtige, voll interpretierte Sprache.	Java ist eine pseudokompilierte Sprache; sie liegt näher am nativen Code als interpretierter Code und erfordert für die Ausführung eine ziemlich aufwändige Infrastruktur: die Java Virtual Machine oder JVM.
JavaScript kennt das Konzept eines »globalen« Namensraumes.	Alles in Java gehört zu einer Klasse; auch wenn Elemente einer Klasse global innerhalb dieser Klasse gelten, gibt es keinen globalen Geltungsbereich oberhalb der Klassen.
Funktionen ähneln in JavaScript nicht nur Objekten, sondern sie *sind* Objekte!	Da es in Java keinen globalen Geltungsbereich gibt, gibt es keine eigenständigen Funktionen und deshalb werden Funktionen (trotz Reflection) nicht wie Objekte behandelt.

Tabelle 2.1: Unterschiede zwischen JavaScript und Java

Dass JavaScript-Funktionen wie Objekte behandelt werden, ist der vielleicht wichtigste Aspekt
aus Tabelle 2.1. Tatsächlich sind sie für den JavaScript-Interpreter echte Objekte. Aufgrund
dieser scheinbar simplen Tatsache können Sie in JavaScript Dinge machen, die in Java einfach

unmöglich sind. Versuchen Sie beispielsweise zu erraten, was der Code aus Listing 2.1 tut, und probieren Sie ihn dann aus, um Ihre Mutmaßung zu prüfen.

```
function demo () {
  this.text = "Noch nicht gesetzt";
}

demo.prototype.setText = function(inText) {
  this.text = inText;
}

demo.prototype.showMe = function() {
  alert(this.text);
}

obj = new demo();
alert(obj.text);
obj["setText"]("Hallo!");
obj["showMe"]();
```

Listing 2.1: Ein Beispiel für die Flexibilität von JavaScript

In diesem Beispiel wird zunächst eine Funktion namens demo() erstellt, die eine »Eigenschaft« namens text mit einem Standardwert enthält. Sie können diese demo()-Funktion im Wesentlichen als »Klasse« auffassen, obwohl sie keine Klasse im Sinne von Java oder C++ ist. Klassen verfügen normalerweise auch über Methoden, aber in JavaScript werden Methoden nicht innerhalb der Funktion, sondern – wie in den beiden folgenden Blöcken des Codes – nach der Klasse selbst definiert. Dabei wird das Schlüsselwort Prototyp verwendet. Es bedeutet etwa Folgendes: »Füge das folgende Element zu der vor mir stehenden Klasse hinzu.« Später werde ich es etwas ausführlicher beschreiben. Praktisch ist eine Klasse mit Methoden eine Blaupause zur Erstellung von Objekten. Das Schlüsselwort Prototyp ist die spezielle syntaktische Form, in der solche Blaupausen in JavaScript erstellt werden. Der erste Prototyp-Block fügt eine Methode namens setText() zu der »Klasse« hinzu. Mit der Methode wird das text-Element auf den übergebenen Parameter gesetzt. Der nächste Prototyp-Block definiert einfach eine Methode namens showMe(), die den aktuellen Wert des text-Elements anzeigt. Schließlich nutzt der folgenden Code diese »Klasse«: Zuerst wird mit dem Operator new eine neue Instanz der Klasse erstellt. Die folgende Zeile (alert ...) zeigt den Standardtext des neuen Objekts an. Dann wird dessen text-Element neu gesetzt und schließlich noch einmal angezeigt.

Interessant sind hier die beiden letzten Zeilen. Die Methoden setText() und showMe() werden mittels einer typischen Array-Syntax aufgerufen! In JavaScript sind Klassen dünn umhüllte assoziative Arrays (ein Array, dessen Elemente über einen Namen abrufbar sind). Mit diesem Konstrukt lassen sich unter anderem auch polymorphe Objekte realisieren: Definieren Sie ein Objekt der »Klasse« demo, z.B. myobj = new demo(), und definieren Sie für dieses Objekt zwei neue Methoden setText() und showMe() als Member-Methoden. Natürlich ist dies kein echter Polymorphismus im Sinne von Java oder C++, aber sie kommen diesem damit so nahe, wie es in einer interpretierten Sprache möglich ist!

Ich wollte damit nur ein kleines Beispiel für die Flexibilität von JavaScript zeigen. Ich werde später etwas ausführlicher auf das objektorientierte Arbeiten in JavaScript eingehen. Doch zunächst muss ich noch einige grundlegendere Konzepte von JavaScript darlegen.

2.1.1 Variablen, Geltungsbereiche und Funktionen

Am Anfang von Kapitel 1 habe ich erwähnt, Variablen in JavaScript wären schwach typisiert. Dies bedeutet erstens, dass Sie Variablen eines bestimmten Typs nicht deklarieren müssen, und zweitens, dass Sie in einer Variablen jederzeit Werte eines beliebigen Typs speichern können. Ein Beispiel:

```html
<html>
  <head>
    <title></title>

    <script>

      var v = 123;
      v = 6;
      v = document.getElementById("someDiv");
      v = "hallo";

      function test() {
        a = "a gesetzt";
        var b = "b gesetzt";
      }

      function showVars(dummyVar) {
        test();
        alert(v);
        alert(a);
        alert(b);
      }

    </script>

  </head>
  <body onLoad="showVars();">
    <div id="someDiv"></div>
  </body>
</html>
```

Listing 2.2:   Nicht-typisierte Variablen in JavaScript

Der gesamte JavaScript-Code einer Webseite (mit Ausnahme des Codes in einem Event-Handler; mehr darüber später) muss durch eines oder mehrere Paare von <script>-Tags eingeschlossen werden. Dadurch entstehen Skriptblöcke. In der Zeile des Skriptblocks aus diesem Beispiel wird mit dem Schlüsselwort var eine Variable namens v deklariert. Wenn Sie (wie in Listing 2.2) eine Variable mit globalem Geltungsbereich, das heißt außerhalb aller Funktionen deklarieren, ist das Schlüsselwort var optional. Deklarieren Sie dagegen eine Variable innerhalb einer Funktion (siehe die Variablen a und b in der test()-Funktion), hat dieses Schlüsselwort eine bestimmte Wirkung, wie Sie etwas später sehen werden.

Das Beispiel enthält neben test() noch eine weitere Funktion: showVars(). Ihre Definition ähnelt der Definition von Funktionen (oder Methoden in objektorientierten Sprachen) in anderen C-ähnlichen Sprachen. Es gibt jedoch einige nennenswerte Unterschiede: Erstens steht vor dem Schlüsselwort function kein Modifizierer, der den Typ des Rückgabewertes anzeigt, kein Schlüsselwort, das den Geltungsbereich der Funktion angibt, usw. Eine Funktionsdefinition beginnt einfach mit dem Schlüsselwort `function`. Zweitens enthält die Parameterliste keine Typangaben. Hier hat die Funktion: `showVars()` einen einzigen Parameter namens `dummyVar`. Typen werden nicht deklariert, weil JavaScript schwach typisiert ist! Man kann dies als Stärke oder Schwäche von JavaScript auslegen: Stärke, weil Funktionen dadurch sehr flexibel sein können; Schwäche, weil Sie sorgfältig prüfen müssen, welche Art von Parameter übergeben wurde, bevor die Funktion ausgeführt wird!

Bei der Ausführung dieses Codes werden Sie drei Dinge sehen: Erstens wird ein Nachrichtenfeld mit der Meldung »hallo« angezeigt. Dann wird ein weiteres Nachrichtenfeld mit der Meldung »a gesetzt« angezeigt. Schließlich tritt ein JavaScript-Fehler auf, der Ihnen sagt, dass `b` nicht definiert sei. Daran sehen Sie, wie das Schlüsselwort `var` wirkt: Wird eine Variable in einer Funktion mit `var` definiert, gilt sie lokal innerhalb dieser Funktion, außerhalb dagegen nicht; wird die Variable innerhalb einer Funktion, allerdings ohne das Schlüsselwort `var` definiert, existiert sie auch außerhalb der Funktion. Sie müssen sich diesen Unterschied ganz klar machen! Er kann Ihnen viel Kummer bereiten, wenn Sie nicht sorgfältig darauf achten.

Außerdem sollten Sie wissen, dass JavaScript nicht das Konzept eines Geltungsbereiches kennt, der auf einen Block (etwa den Rumpf einer `for`-Schleife) beschränkt ist. Anders ausgedrückt: Wenn Sie eine Variable innerhalb einer `for`-Schleife definieren, verhält sie sich so, als hätten Sie sie außerhalb der Schleife definiert. Für ihren Geltungsbereich gelten dieselben Regeln wie bei Funktionen.

Bei der Benennung von Variablen und Funktionen haben sich die Entwickler von JavaScript an Java angelehnt; für JavaScript gelten dieselben Regeln. Insbesondere muss das erste Zeichen ein kleiner oder großer Buchstabe, ein Unterstreichungszeichen (_) oder ein Dollarzeichen ($) sein. Groß- und Kleinschreibung werden unterschieden! Ziffern *dürfen nicht* als erstes Zeichen verwendet werden. Danach sind alle Zeichen zugelassen. Die ECMA-Spezifikation schränkt die zulässigen Zeichen auf ASCII-Zeichen ein und schließt Unicode-Zeichen aus. Wie bei anderen Programmiersprachen sollten Sie versuchen, aussagekräftige Variablennamen zu finden, die ihren Inhalt passend bezeichnen; sie sollten aber nicht zu lang sein, sonst werden sie unhandlich. Kurze Variablennamen (ein Buchstabe) sind im Allgemeinen innerhalb von Schleifen oder sehr kleinen, überschaubaren Funktionen akzeptabel. Natürlich müssen Sie die Regeln über den Geltungsbereich von Variablen außerhalb von Blöcken und Funktionen bedenken!

2.1.2 Schlüsselwörter

Der Kern von JavaScript als Sprache ist recht einfach. Es gibt nicht sehr viele Schlüsselwörter. Hier ist die komplette Liste:

- break
- case
- continue
- default
- delete
- do
- else
- export
- false

- for
- function
- if
- import
- in
- new
- null
- return
- switch

- this
- true
- typeof
- var
- void
- while
- with

Die ECMAScript-Spezifikation führt noch einige weitere reservierte Wörter auf, die zwar gegenwärtig nicht benutzt werden, die Sie aber in Ihrem Code vermeiden sollten:

- catch
- class
- const
- debugger

- enum
- extends
- finally
- super

- throw
- try

Schließlich gibt es einige weitere Schlüsselwörter aus Java, die für künftige Erweiterungen reserviert sind:

- abstract
- boolean
- byte
- char
- double
- final
- float
- goto

- implements
- instanceof
- int
- interface
- long
- native
- package
- private

- protected
- public
- short
- static
- synchronized
- throws
- transient

Ich bin überzeugt davon, dass das Schlüsselwort native niemals implementiert werden wird, wenigstens nicht in einem browserbasierten JavaScript-Interpreter. (Die möglichen Sicherheitsalbträume wären einfach zu drückend!) Die anderen Wörter würde ich in meinem Code nicht verwenden, um zukunftskompatibel zu bleiben.

Beachten Sie, dass alle angegebenen Schlüsselwörter in allen drei Gruppen kleingeschrieben sind. Dies ist kein Zufall. JavaScript interpretiert beispielsweise For nicht als Schlüsselwort, nur for wird als ein solches akzeptiert. Grundsätzlich werden in JavaScript Groß- und Kleinschreibung unterschieden, nicht nur bei Schlüsselwörtern. Ein Beispiel:

```
var myvar = "Bill"
var myVar = "Ted"
alert(myvar);
alert(myVar);
```

Wenn Sie diesen Code in einen <script/>-Block im <head> einer HTML-Seite einfügen und in Ihren Browser laden (wozu ich Ihnen rate!), werden zwei Nachrichtenfelder angezeigt, wenn die Seite geladen wird; eines zeigt »Bill«, das andere »Ted« an, weil myvar und myVar als zwei verschiedene Variablen behandelt werden.

2.1.3 Whitespace

Beachten Sie, dass JavaScript im Großen und Ganzen Whitespace (Spaces = Leerzeichen, Tabs = Tabulatoren und Newlines = Zeilenschaltungen) ignoriert. Insofern gleicht JavaScript den meisten anderen Sprachen.

Außerdem können Sie im Allgemeinen Zeilen an beliebiger Stelle umbrechen. Es gibt einige Ausnahmen, die etwas später erwähnt werden. Doch im Allgemeinen sollte der Interpreter keine Probleme damit haben, solange Sie eine Zeile nicht mitten in einem Schlüsselwort umbrechen.

Sie können diese Behandlung von Whitespace nutzen, um Ihren Code sauber zu formatieren. Code sauber darzustellen (»Pretty-Printing«), wird oft nachlässig gehandhabt, ist jedoch eine sehr nützliche Angewohnheit. Sie erleichtert es, die Struktur des Codes zu verstehen und seinen allgemeinen Ablauf nachzuvollziehen. Wie bei anderen Sprachen sollten Sie versuchen, Aussagen nach logischen Aspekten zu Gruppen zusammenzufassen; umbrechen Sie lange Zeilen an geeigneter Stelle und versuchen Sie generell, das Aussehen Ihres Codes, unabhängig von seinem Inhalt und seiner Funktion, ansprechend zu gestalten.

Auch hier möchte ich noch einmal anmerken, dass es einige Ausnahmen zum Umbruch von Zeilen gibt. Ich werde etwas weiter unten darauf eingehen.

2.1.4 Semikolons

Ja, ein ganzer Abschnitt für ein einziges Zeichen!

Vielleicht haben Sie bemerkt, dass die ersten beiden Zeilen im Gegensatz zu den letzten beiden kein Semikolon am Ende haben. Semikolons sind in JavaScript im Gegensatz zu Java vollkommen optional, solange die Anweisungen in separaten Zeilen stehen. Was bedeutet das? Falls Sie die Zeile

```
var myvar = "Bill" var myVar = "Ted"
```

eingeben, beschwert sich der JavaScript-Interpreter. Wenn Sie dagegen

```
var myVar = "Bill"; var myVar = "Ted";
```

schreiben, ist alles in Ordnung. Sie könnten sogar das Semikolon nach "Ted" weglassen; der Code wäre immer noch gültig.

Sie müssen wissen, dass der JavaScript-Interpreter hinter den Kulissen tatsächlich ein implizites Semikolon hinter jede komplette Anweisung einfügt, die er erkennt. Dies kann zu einigen sehr schwer zu findenden Fehlern führen. Wenn Sie beispielsweise

```
return
true;
```

eintippen, interpretiert JavaScript den Code so, als hätten Sie Folgendes geschrieben:

```
return;
true;
```

Offensichtlich entspräche dies nicht Ihrer Absicht. Zwar ist Letzteres syntaktisch gültig, und der Interpreter meldet keinen Fehler; aber von der Programmlogik her ist es sicher ein Fehler. Die erste Variante soll den Wert true zurückgeben, während die zweite Variante definitiv einen anderen Wert, nämlich undefined zurückgibt. Dies ist ein Beispiel für eine Situation, in der die Möglichkeit, Zeilen nach Belieben zu umbrechen, und die implizite Einfügung von Semikolons durch JavaScript zu lästigen Fehlern führen kann. Glücklicherweise sind diese Situationen selten.

Ich schlage Ihnen deshalb vor, die Gewohnheit zu übernehmen, die ich in diesem Buch konsequent durchgehalten habe, und immer ein Semikolon zu setzen, auch wenn dies an einer Stelle nicht erforderlich sein sollte.

2.1.5 Kommentare

Kommentare haben in JavaScript wie in C, C++ und Java drei grundlegende Formen. Erstens die //-Kombination; jeder Text nach // bis zum Ende der Zeile gilt als Kommentar und wird vom Interpreter ignoriert. Zweitens die /* */-Kombination. Der Interpreter ignoriert den gesamten Text zwischen diesen Zeichenkombinationen. Diese Art von Kommentar hat zwei Unterformen: eine einzeilige (/* */) und eine mehrere Zeilen überspannende. Hier sind einige Beispiele für gültige Kommentare:

```
var a = 3; // Dies ist ein Kommentar.
var /* Ein Kommentar */ a = 3; // Ein weiterer Kommentar

/*
Dies ist ein mehrzeiliger Kommentar.
*/

/*
* Dies ist ein weiterer mehrzeiliger Kommentar.
*/
```

Anmerkung

Kommentare dürfen nicht verschachtelt werden; das heißt /* Dies ist // ein Kommentar. */ ist ungültig. Beachten Sie auch, dass JavaScript zwar das öffnende Zeichen eines HTML-Kommentars (<!--) erkennt, nicht aber das schließende Zeichen (-->). Es behandelt <!-- wie //.

Laut ECMAScript-Spezifikation dürfen Kommentare Unicode-Zeichen enthalten.

2.1.6 Literale Werte, Arrays und Objekt-Initialisierer

Literale Werte in JavaScript entsprechen im Allgemeinen denen anderer Sprachen und bedürfen wahrscheinlich keiner ausführlichen Beschreibung. Hier sind einige Beispiele für Literale in JavaScript:

```
a = "Frank"; // '"Frank"' ist ein Literal.
a = true; // 'true' ist ein Literal.
a = 1.2; // '1.2' ist ein Literal.
```

Literale können auch bei der Initialisierung von Objekten und Arrays verwendet werden. Hier ist ein Beispiel für die Initialisierung eines Arrays:

```
var a = [ "Tim", "Berners", "Lee" ];
```

Wie in Java sind Arrays in JavaScript Objekte. Sie verfügen über eine Eigenschaft length, die die Anzahl der Elemente in dem Array angibt. Sie verfügen u.a. über die Methoden concat(), um Elemente hinzuzufügen, und toString(), um das Array als String zu repräsentieren.

Array-Elemente werden durch einen ganzzahligen Index referenziert; das erste Element hat den Index 0. Beispielsweise wird der Wert »Berners« aus dem obigen Array wie folgt abgerufen:

```
var s = a[1];
```

Daneben enthält JavaScript einen weitern Array-Typ: das assoziative Array. Ich werde darauf eingehen, wenn ich das objektorientierte JavaScript beschreibe.

Schließlich können Sie mit Objekt-Initialisierern schnell und leicht die Elemente eines Objekts initialisieren. Ein Beispiel:

```html
<html>
  <head>
    <title></title>

    <script>

      function myObj() {
        this.myVal1 = 1;
        this.myVal2 = 2;
      }

      var m = new myObj();
      m = { myVal1:10, myVal2:20 };
      alert(m.myVal1 + " - " + m.myVal2);

    </script>

  </head>
  <body> </body>
</html>
```

Listing 2.3:   Einen Objekt-Initialisierer verwenden

Zuerst wird in diesem Code ein Objekt (im Wesentlichen eine Klasse) namens myObj definiert. Dann wird eine Instanz dieses Objekts erstellt und in der Variablen m gespeichert. In der folgenden Zeile (vor dem Aufruf von alert()) wird das Objekt initialisiert. Die Elemente oder Mitglieder des Objekts werden in einer durch Kommas getrennten Liste als Name-Wert-Paare definiert, eine elegante, schnelle Lösung.

2.1.7   Datentypen

JavaScript ist eine schwach typisierte Sprache. Dies bedeutet nicht, dass JavaScript keine Datentypen kennt, sondern nur, dass eine Variable Objekte jedes Typs enthalten kann. Doch im Gegensatz zu Java oder anderen Sprachen verfügt JavaScript nur über sehr wenige Basisdatentypen: Zahlen, Strings, Booleans und Objekte.

Zahlen

Zahlen sind recht unkompliziert. Einige Fakten über Zahlen sind wichtig:

- Alle Zahlen in JavaScript sind Fließkommawerte; JavaScript verfügt nicht über einen separaten Integer-Typ. Außerdem werden Sie (als Java-Programmierer) bemerken, dass alle Zahlen in JavaScript vom Typ double sind, der dem 8-Byte-IEEE-Fließkommaformat entspricht. Dieser Typ kann Zahlen von $+-5x10^-324$ bis zu $+-1.7976931348623157x10^308$ repräsentieren.

■ JavaScript unterstützt Ganzzahlen in Dezimalform (von −9007199254740992 bis +9007199254740992), in Oktalform (jede Zahl außer der Null selbst beginnt mit 0) und Hexadezimalform (jede Zahl beginnt mit 0x).

■ Fließkommawerte können in wissenschaftlicher Notation geschrieben werden. Mit der toString()-Methode können Sie Zahlen in unterschiedliche Basiswerte umrechnen. Ein Beispiel:

■ var a = 32;

■ var b = a.toString(16);

Dadurch wird der Wert von a, 32, in Hexadezimalform, 0x20, umgerechnet. Rufen Sie toString(8) auf, erhalten Sie den Oktalwert 40.

■ In JavaScript gibt es einige spezielle Zahlenwerte: die positive Unendlichkeit (wenn ein Fließkommawert die Repräsentationsmöglichkeiten überschreitet), negative Unendlichkeit (wenn ein Fließkommawert die Repräsentationsmöglichkeiten unterschreitet), NaN (*not a number* = keine Zahl; repräsentiert mathematische Fehler, wie etwa das Ergebnis einer Division durch null), der maximale Wert (die größte darstellbare Zahl) und der minimale Wert (die kleinste darstellbare Zahl).

Diese speziellen Werte sind in einem impliziten JavaScript-Objekt namens Number enthalten, das für jeden dieser Werte eine Konstante enthält, mit deren Hilfe Sie das Ergebnis von Operationen ermitteln können. Interessant ist, dass NaN mit keiner anderen Zahl übereinstimmt, nicht einmal mit sich selbst! Um zu prüfen, ob eine Variable den Wert NaN hat, gibt es eine spezielle Funktion: isNaN(). Der Code aus Listing 2.4 soll diese Punkte verdeutlichen. Per alert() zeigt er zunächst die Werte der Konstanten MIN_VALUE und MAX_VALUE von Number. Dann zeigt er, dass die Division durch null das Ergebnis NaN (not a number = keine Zahl) ergibt; deshalb gibt der Aufruf von isNaN() den Wert true zurück.

```html
<html>
  <head>
    <title></title>

    <script>

      alert("Number.MIN_VALUE = " + Number.MIN_VALUE);
      alert("Number.MAX_VALUE = " + Number.MAX_VALUE);

      var a = 0 / 0;

      if (a == Number.NaN) {
        alert("a == Number.NaN");
      }

      if (isNaN(a)) {
        alert("isNaN(a) = " + isNaN(a));
      }

    </script>

  </head>
```

```
    <body> </body>
  </html>
```
Listing 2.4: Demonstration der speziellen numerischen Werte in JavaScript

Strings

Strings in JavaScript sind in etwa so einfach wie Zahlen. Wie in Java sind Strings Objekte mit Eigenschaften und Methoden.

Strings dürfen, wie Kommentare, Unicode-Zeichen enthalten.

Der +-Operator ist überladen, um Strings standardmäßig zu verketten. Doch da JavaScript schwach typisiert ist, leistet der Verkettungsoperator einiges mehr als in Java (siehe Listing 2.5).

```
<html>
  <head>
    <title></title>

    <script>

      var a = 10;
      var s = "20";

      alert(a + s);

    </script>

  </head>
  <body> </body>
</html>
```
Listing 2.5: Der Verkettungsoperator in einer schwach typisierten Sprache

Welcher Wert wird im Nachrichtenfenster angezeigt? In Java würde ein Fehler auftreten, doch in JavaScript ist der Ausdruck gültig. Abbildung 2.2 zeigt das Ergebnis.

Abb. 2.2: Verkettung der Zahl 10 mit dem String "20"

JavaScript führt implizit einen Cast der Variablen a in einen String durch und verkettet dann die beiden Strings. Dies entspricht der folgenden Operation in Java:

```
int a = 123;
System.out.println("Testing " + a);
```

Mit einer der eingebauten Parse-Funktionen können Sie dieses implizite Verhalten von Java-Script umgehen. Ändern Sie den Code wie folgt:

```
alert(a + parseInt(s));
```

Wenn Sie den Code jetzt ausführen, erhalten Sie den erwarteten numerischen Wert 30. Umgekehrt können Sie dieses implizite Verhalten von JavaScript nutzen, wenn Sie den nume-rischen Rückgabewert einer Funktion in einen String umwandeln wollen. Verketten Sie ein-fach einen leeren String mit der Zahl:

```
var a = 10;
myFunction(a);
function myFunction(inA) {
  var s = "" + inA;
  alert(20 + inA);
  alert(20 + s);
}
```

Das erste `alert` zeigt den Wert 30 an, weil ein numerisches Literal zu einer Variablen addiert wird, die ebenfalls eine Zahl enthält. Das zweite `alert` zeigt den String "2010" an, weil 20 bei der Operation 20 + s implizit in einen String gecastet und mit dem Wert von s verkettet wird.

Wie in Java oder C gibt es auch in JavaScript so genannte *Escape-Sequenzen* (Fluchtsequenzen), um Sonderzeichen darzustellen. Zu diesem Zweck wird dem betreffenden Zeichen ein Backs-lash (\) vorangestellt. Die meisten Escape-Sequenzen werden Ihnen von anderen Sprachen her vertraut sein (siehe Tabelle 2.2). Falls der Interpreter eine Escape-Sequenz nicht erkennt, ignoriert er den Backslash. Anders ausgedrückt: Wenn im Text der String »abc\def« steht, behandelt ihn der Interpreter wie »abcdef«.

Escape-Sequenz	Bedeutung
\b	Backspace, Rücktaste
\f	Formularvorschub
\n	Zeilenvorschub (häufig in der Kombination \r\n, die auf den meisten Systemen ein Zeilenende anzeigt)
\r	Wagenrücklauf
\t	Tabulator, Tab
\'	Einzelnes Anführungszeichen (Apostroph – wird häufig verwendet, wenn Sie JavaScript dynamisch in eine Seite einfügen)
\"	Doppeltes Anführungszeichen (auch dies wird häufig, vielleicht noch häufiger als \' verwendet)
\\	Backslash (ermöglicht das Einfügen eines Backslash-Zeichens in einen String)
\NNN	Ermöglicht das Einfügen eines Unicode-Zeichens in einen String; der Unicode-Wert wird durch eine Oktalzahl repräsentiert. Die Zahl muss zwischen 0 und 377 (jeweils inklusive) liegen.

Tabelle 2.2: String-Escape-Sequenzen in JavaScript

Escape-Sequenz	Bedeutung
\nNN	Ermöglicht das Einfügen eines Unicode-Zeichens in einen String; der Unicode-Wert wird durch eine Hexadezimalzahl repräsentiert. Die Zahl muss zwischen 00 und ff (jeweils inklusive) liegen.
\uNNNN	Ermöglicht das Einfügen eines Unicode-Zeichens in einen String; der Unicode-Wert wird durch eine *vierstellige* Hexadezimalzahl repräsentiert.

Tabelle 2.2:   String-Escape-Sequenzen in JavaScript (Forts.)

Booleans, boolesche Werte

Booleans (boolesche Werte) sind Variablen, die einen von zwei möglichen Werten annehmen können: ja/nein, `true`/`false` oder 1/0. Wenn Sie bereits mit C gearbeitet haben, kennen Sie den Typ `bool`, der in C ein kaum verhüllter Alias für die Werte 1 und 0 ist. Wenn Sie bereits mit Java gearbeitet haben, wissen Sie, dass Java über einen echten booleschen Typ verfügt, der keine maskierte Ganzzahl ist. In JavaScript haben Booleans ein Hybridcharakter (siehe Listing 2.6 und Abbildung 2.3).

```
<html>
  <head>
    <title></title>

    <script>

      var a = true;
      var b = 1;
      var c = a + b;

      alert(a + "\n" + b + "\n" + c);

    </script>

  </head>
  <body> </body>
</html>
```

Listing 2.6:   Der Hybridcharakter von JavaScript-Booleans

Abb. 2.3: Der hybride Charakter von Booleans in JavaScript

Es mag so aussehen, als behandele JavaScript den booleschen Wert wie eine Ganzzahl; doch tatsächlich passiert Folgendes: Wenn der Interpreter auf den Ausdruck `var c = a + b;` trifft, wandelt er den booleschen Wert `true` implizit in 1 um und führt die arithmetische Operation aus. Der äußere Eindruck kann täuschen! Praktisch können Sie mit booleschen Werten wie in C arbeiten, aber Sie dürfen nicht vergessen, dass sie eher den booleschen Werten in Java ähneln.

null und undefined

Der Wert `null` könnte als separater Datentyp aufgefasst werden. Ähnlich wie bei einem booleschen Wert führt JavaScript bei Bedarf implizit einen Cast von `null` nach 0 durch. Doch im Allgemeinen sind diese beiden Werte nicht identisch, so wie `true` und `false` nicht mit 1 bzw. 0 identisch sind, auch wenn sie es dem Anschein nach sind. Beachten Sie, dass `null` in Java-Script immer kleingeschrieben wird.

Der Wert `undefined` ist ähnlich wie `null` ein spezieller Typ, der recht oft (tatsächlich häufiger als `null`) vorkommt. Er wird zurückgegeben, wenn Sie versuchen, ein nicht vorhandenes Objekt, eine Variable, der noch kein Wert zugewiesen wurde (obwohl sie deklariert worden sein kann), oder eine nicht existente Objekteigenschaft zu referenzieren. `null` und `undefined` sind nicht dasselbe, obwohl sie in vielen Fällen als gleich behandelt werden können; tatsächlich ergibt ein Vergleich zwischen einem `undefined`-Objekt und `null` das Ergebnis `true` (siehe Listing 2.7).

```html
<html>
  <head>
    <title></title>

    <script>

      var a;

      alert(a);

      if (a == null) {
        alert("a ist null");
      }

      if (typeof a == "undefined") {
        alert("a ist undefined");
      }

      a = null;

      if (typeof a == "undefined") {
        alert("a ist wieder undefined");
      }

    </script>

  </head>
  <body> </body>
</html>
```

Listing 2.7:   Die speziellen Werte `null` und `undefined`

Das erste `alert` zeigt a als `undefined`, weil ihm noch kein Wert zugewiesen wurde. Es wird ein Nachrichtenfeld mit der Meldung a ist null angezeigt, weil `undefined` == `null`. Schließlich zeigt ein drittes `alert` die Meldung a ist `undefined` an. Hier wird der Wert mit dem Schlüsselwort `typeof` bestimmt. Beachten Sie, dass `typeof` (im Gegensatz zu `instanceOf` in Java) einen String und nicht einen Typ zurückgibt. Schließlich soll das letzte `alert` alles klar machen: Es würde a ist wieder `undefined` anzeigen, erscheint aber nicht. Dies beweist, dass `null` nicht wirklich dasselbe wie `undefined` ist.

Kurz gesagt: `undefined` zeigt normalerweise einen Fehler an, entweder einen Tippfehler Ihrerseits oder Code, der nicht Ihren Erwartungen gemäß ausgeführt wird, während `null` im Allgemeinen ein gültiger Wert ist. Natürlich gibt es Ausnahmen. Um subtile Fehler zu vermeiden, sollten Sie sich angewöhnen, `null` und `undefined` nicht als gleichwertig zu behandeln, da sie tatsächlich semantisch verschieden sind.

2.1.8 Anonyme Funktionen

Ich habe bereits weiter vorne erwähnt, dass Funktionen in JavaScript sehr flexibel sind, weil sie echte Objekte sind. Um diesen Aspekt näher zu illustrieren, möchte ich das Konzept der anonymen Funktion beschreiben (siehe Listing 2.8).

```html
<html>
  <head>
    <title></title>

    <script>

      var myFunction1 = new Function("name", "alert(name);");
      var myFunction2 = function(name) { alert(name); }
      var myFunction3 = function() {
        var i;
        for (i = 0; i < arguments.length; i++) {
          var property = arguments[i];
          alert(property);
        }
      }

      myFunction1("Frank");
      myFunction2("Zammetti");
      myFunction1 = myFunction3;
      myFunction1("a", 1, "b", 2);

    </script>

  </head>
  <body> </body>
</html>
```

Listing 2.8:   Anonyme Funktionen und eine Form des Polymorphismus

Dieser Code zeigt zwei verschiedene Methoden, anonyme Funktionen zu deklarieren. Die erste Methode arbeitet mit einem `new Function()`-Konstruktor und wird durch die Variable `myFunction1` illustriert. Die Methode wird eher selten eingesetzt, weil die Funktionsdefinition in Anführungszeichen eingeschlossen werden muss. Dadurch ist es häufig schwierig, mehrzeilige Funktionen mit Zeilen zu definieren, die selbst Anführungszeichen enthalten. Dann mit Escape-Sequenzen zu arbeiten, ist mühsam und fehleranfällig. Die zweite Methode ist viel gebräuchlicher und wird durch die Variablen `myFunction2` und `myFunction3` illustriert. Außerdem muss die gesamte Funktion bei der ersten Methode in einer einzigen Zeile stehen; andernfalls würde ein Fehler (unterminated string constant = nicht geschlossene Stringkonstante) ausgelöst werden. Bei der zweiten Methode können Sie dagegen die Funktion auf mehrere Zeilen verteilen.

In beiden Fällen wird die Funktion einer Variablen zugewiesen (ähnlich einem Zeiger auf eine Methode in C++). Sie können dann die Funktion mit Hilfe des Variablennamens genauso aufrufen, als hätte die Funktion selbst diesen Namen. Mit dieser Technik kann eine Form von Polymorphismus realisiert werden; denn Sie können jederzeit unter gleichem Namen die Funktion ändern, die von der Variablen referenziert wird (vorausgesetzt, die Signaturen sind gleich, obwohl auch dies in JavaScript nicht unbedingt erforderlich ist!). In Java müssten Sie dafür umfangreichen Reflection-Code schreiben; in C müssten Sie sich mit Funktionszeigern herumschlagen! Genau dies wird von `myFunction3` demonstriert. Hier wird eine weitere Funktion mit einer vollkommen anderen Signatur erstellt, als die Funktion hat, auf die `myFunction1` verweist. Nachdem die ersten beiden Funktionen aufgerufen worden sind, um meinen Vornamen und Nachnamen anzuzeigen, wird der Wert der Variablen `myFunction3` (d.h. die Funktion, auf die diese Variable zeigt) der Variablen `myFunction1` zugewiesen. Dann wird `myFunction1` mit vier Parametern aufgerufen. Sie verwendet das `arguments`-Array, das als implizites Objekt in allen Funktionen existiert, um auf die übergebenen Argumente zuzugreifen und deren Werte anzuzeigen. Was ist passiert? Die Variable `myFunction1` zeigt jetzt auf eine andere Funktion als bei ihrer ursprünglichen Definition. Der Name der Funktion wurde beibehalten, ihr wurde aber eine ganz andere Funktionalität mit einer im Prinzip beliebigen Signatur zugewiesen. Auch hier werden Sie, wenn Sie dieses Beispiel in Java nachvollziehen wollen, schnell knietief in Reflection-Code versinken.

In dem viel dynamischeren JavaScript ist dies jedoch trivial.

2.1.9   Speicherverwaltung

JavaScript verfügt wie Java über eine vollkommen automatische Speicherverwaltung, weshalb Sie sich nicht um die Freigabe von nicht mehr benötigtem Speicher kümmern müssen, der zuvor von Objekten, Variablen usw. belegt wurde. Die meisten modernen Implementierungen von JavaScript verwenden bei der Garbage Collection einen Mark-and-Sweep-Algorithmus, der im Allgemeinen ziemlich effizient ist, weshalb Sie bei der Garbage Collection nur ganz selten Verzögerungen bemerken sollten.

> **Anmerkung**
>
> JavaScript verfügt über ein `delete`-Schlüsselwort, das aber nicht wie das gleichnamige Schlüsselwort in C funktioniert. In JavaScript werden mit diesem Schlüsselwort Eigenschaften eines Objekts oder Elemente eines Arrays gelöscht. Sie können in JavaScript keine Objektreferenzen löschen. (Falls Sie es versuchen, geht der Interpreter stillschweigend darüber hinweg.)
>
> Ich habe dies hauptsächlich der Neugier halber beschrieben. Die automatische Garbage Collection in JavaScript funktioniert so effizient, dass Sie sich im Allgemeinen keine Gedanken darüber machen müssen!

2.2 Mit JavaScript objektorientiert arbeiten

Wenn dies, was ich bis jetzt von JavaScript gezeigt habe, alles wäre, wäre der Eindruck einer »Spielzeugsprache« möglicherweise gerechtfertigt. Zweifellos wäre JavaScript ein sehr nützliches Werkzeug, würde aber kaum die typische Denke »professioneller« Programmierer ansprechen. Doch glücklicherweise hat JavaScript einiges mehr zu bieten.

Wie bereits erwähnt, ist JavaScript nicht Java, ist aber aufgrund einiger Fähigkeiten mit Java vergleichbar. Dazu zählt auch die Möglichkeit, schnell und leicht Klassen, Objekte, anwendungsspezifische Datentypen (oder wie auch immer Sie diese Komponenten bezeichnen wollen) zu erstellen. Ich verwende normalerweise die Termini »Klassen« und »Objekte« in der herkömmlichen Bedeutung, das heißt Klassen sind Blaupausen oder Vorlagen für Objekte, die Instanzen einer Klasse sind, und zwar, weil ich eine durchgängige objektorientierte Einstellung erreichen und beibehalten möchte. Doch tatsächlich haben Klassen und Objekte in JavaScript nur oberflächlich Ähnlichkeit mit ihren Gegenstücken in Java, C++ oder anderen ausgewachsenen OOP-Sprachen. Ihnen fehlen einige sehr wichtige OOP-Konzepte, aber dafür sind sie flexibler.

In gewissem Sinne kommen Objekte in ihrer einfachsten Form in JavaScript ganz ohne Klassen aus. So können Sie etwa Folgendes tun:

```
var o = new Object();
```

Die Variable o zeigt jetzt auf ein Objekt vom Typ Object. Object ist eine echte, eingebaute Klasse, die wie in Java instanziert wird und über Methoden und Eigenschaften und eine Standardimplementierung verfügt. Beispielsweise verfügt Object über eine toString()-Methode, wodurch alle Objekte, die in JavaScript erstellt werden, ebenfalls über diese Methode verfügen, obwohl die Standardimplementierung eher noch nutzloser als die in Java ist! Wichtig ist jedoch, dass Sie jetzt Folgendes tun können:

```
o.name = "Michael Schumacher";
```

Im Gegensatz zu Java können Sie in JavaScript Elemente dynamisch zur Laufzeit zu einem Objekt hinzufügen. Hier wird eine Eigenschaft namens name zu dem Objekt hinzugefügt und ihr der Wert »Michael Schumacher« zugewiesen. Auf diese Weise verhalten sich Objekte in JavaScript ähnlich wie anwendungsspezifische Datentypen, die beliebige Daten speichern können.

Und das gilt auch für Methoden! Wenn beispielsweise die Funktion

```
function sayName() {
  alert this.name;
}
```

definiert ist, ist die folgende Anweisung gültig:

```
o.sayMyName = sayName;
```

Probieren Sie es aus! Laden Sie den Code aus Listing 2.9 in Ihren Browser und beobachten Sie das Ergebnis!

```
<html>
  <head>
    <title></title>

    <script>

      var o = new Object();

      o.name = "Michael Schumacher";

      function sayName() {
        alert(this.name);
      }

      o.sayMyName = sayName;
      o.sayMyName();

    </script>

  </head>
  <body> </body>
</html>
```

Listing 2.9:   Die Flexibilität von JavaScript-Objekten

Ich schrieb weiter vorne, dass Funktionen in JavaScript echte Objekte seien. Hier sehen Sie, wie diese Informationen für Sie nützlich sein können. Dadurch, dass Sie den Elementen einer Klasse Funktionsreferenzen zuweisen können, können Sie dynamisch leicht zusätzliche Methoden zu einem Objekt hinzufügen.

Ein weiteres wichtiges Detail ist hier die Verwendung des Schlüsselwortes this in der Funktion sayName(). Das Schlüsselwort this ist in vielen OOP-Sprachen bekannt, aber hier kann seine Verwendung etwas bizarr wirken, weil die Funktion nicht innerhalb eines Objekts deklariert wird. Zu fragen, wie dies funktioniert, ist nicht unintelligent. Die Antwort lautet: Das Schlüsselwort this erhält wie in anderen Sprachen seine Beutung erst zur Laufzeit, je nach dem Objekt, das die Funktion ausführt. Dies hat eine wichtige Konsequenz: Sie können dieselbe Funktion beliebig vielen Objekten zuweisen! Das Schlüsselwort this zeigt in jedem Fall zur Laufzeit auf das jeweilige Objekt, das die Funktion aufruft.

Nebenbei bemerkt: Object ist ein eingebauter Typ von JavaScript. Andere verwendbare eingebaute Typen sind Date() oder Function(). Alle sind auf die gleiche hier gezeigte Art erweiterbar. Tatsächlich arbeiten einige Ajax-Libraries so, dass sie die grundlegenden Typen auf ähnliche Art erweitern, wobei Object am häufigsten verwendet wird. Da alle Objekte in JavaScript, wie in Java, letztlich von Object abstammen, können Sie alle Komponenten leicht mit der Ajax-Funktionalität ausstatten. Das ist sehr praktisch, aber etwas umstritten, weil einige Leute meinen, JavaScript werde dadurch »verschmutzt«. In einigen Fällen haben die Erweiterungen dieser Grundtypen unvorhergesehene Konsequenzen. Deshalb sollten Sie diese Technik nur vorsichtig einsetzen.

Ich möchte jetzt etwas näher darauf eingehen, wie Sie Object erweitern könnten. Probieren Sie den Code aus Listing 2.10 aus.

```
<html>
  <head>
    <title></title>

    <script>

      function sayName() {
        alert(this.name);
      }

      Object.prototype.sayMyName = sayName;
      Object.prototype.name = "test";

      var m = new Object();
      m.sayMyName();

    </script>

  </head>
  <body> </body>
</html>
```

Listing 2.10:   Eingebaute JavaScript-Typen erweitern

Sie sollten ein Nachrichtenfeld mit der Meldung »test« sehen, wenn Sie diese Seite laden. Jetzt sollten Sie einige weitere Instanzen von `Object` erstellen und seine `sayMyName()`-Methode aufrufen. Sie sollten alle dieselbe Meldung (»test«) anzeigen; denn wir haben `Object` selbst modifiziert!

Jedes Objekt in JavaScript ist mit einem so genannten *Prototyp* verbunden. Sie können den Prototyp als die Klasse auffassen, von der das Objekt erbt. Dies ist im strengen Sinn zwar nicht richtig, da es in JavaScript keine echte Vererbung gibt. Doch was JavaScript bietet, ist zweifellos leistungsstärker. Jedes Objekt in JavaScript ist eine Instanz einer »Basis-«Klasse. Über seinen Prototyp kann das Objekt dann Elemente (Mitglieder) an diese Klasse binden. Auf diese Weise können Sie Objekte erstellen, die einige Eigenschaften gemeinsam, andere dagegen nur privat für sich haben, so wie es bei der Vererbung in Java ebenfalls möglich ist. Im Falle von `Object` ist dies etwas seltsam, da es sein eigener Prototyp ist. Doch wie Sie gleich sehen werden, gilt dies nicht allgemein. Sie können den Prototyp einer Klasse über ihre `pro-totype`-Eigenschaft referenzieren. Die entsprechende Zeile

```
Object.prototype.sayMyName = sayName;
```

aus dem obigen Code bedeutet: »Füge das `sayMyName`-Mitglied zu der übergeordneten Klasse der `Object`-Klasse hinzu und setze ihren Wert so, dass sie auf die Funktion `sayName()` zeigt.« Noch einmal: Da `Object` in diesem Fall tatsächlich auch sein eigener Prototyp ist, bedeutet dies, dass jedes `Object`, das von diesem Punkt an erstellt wird, über das `sayMyName`-Mitglied verfügt und auf die `sayName()`-Funktion weist.

Ich möchte jetzt ein etwas weniger verwirrendes Beispiel erstellen. Dazu müssen Sie wissen, wie in JavaScript Klassen erstellt werden. Seltsamerweise reicht das folgende Konstrukt aus:

```
function MyClass() {
}
```

Sie könnten jetzt ein Objekt der neuen Klasse MyClass erstellen:

```
var m = new MyClass();
```

Innerhalb der MyClass-Funktion wird this implizit referenziert. Mit Hilfe dieser Referenz können Sie die Konstruktion der Klasse fortsetzen (siehe Listing 2.11).

```html
<html>
  <head>
    <title></title>

    <script>

      function sayName() {
        alert(this.name);
      }

      function MyClass(inName) {
        this.name = inName;
        this.sayMyName = sayName;
      }

      var m = new MyClass("Fritz Walter");
      m.sayMyName();

    </script>

  </head>
  <body> </body>
</html>
```

Listing 2.11:   Eine eigene Klasse in JavaScript erstellen

Hier wird eine Klasse namens MyClass erstellt, in der zwei Dinge passieren: Erstens wird die name-Eigenschaft, die neu ist und dynamisch hinzugefügt wird, auf den übergebenen Wert gesetzt. Damit haben wir praktisch einen Konstruktor erstellt. Um es einfach auszudrücken: Wenn Sie in JavaScript eine anwendungsspezifische Klasse erstellen, erstellen Sie damit implizit auch einen Konstruktor für diese Klasse. Ob Sie Parameter übergeben, bleibt Ihnen überlassen.

Dies hat eine wichtige Konsequenz: Sie können Konstruktoren nicht wie in anderen Sprachen überladen. Mit jeder Konstruktor-Funktion schreiben Sie eine separate Klasse. Normalerweise ist dies kein Problem; Sie müssen nur genau wissen, was Sie tun!

Zweitens wird die sayName()-Funktion unter dem Elementnamen sayMyName jeder Instanz der MyClass-Klasse zugewiesen. Deshalb zeigt das Nachrichtenfeld die Meldung »Fritz Walter«, wenn Sie eine Instanz von MyClass erstellen, »Fritz Walter« als Parameter an den Konstruktor übergeben und dann sayMyName() aufrufen.

Und was ist mit der Vererbung? Viele mögen überrascht sein zu lesen, dass JavaScript tatsächlich eine Form von Vererbung unterstützt, und zwar auch hier wieder mit Hilfe des Prototyps (siehe Listing 2.12).

```
<html>
  <head>
    <title></title>

    <script>

      function MySuperclass() { }
      MySuperclass.prototype.name = "";
      MySuperclass.prototype.sayMyName = function() { alert(this.name); }

      function MySubclass() {
        this.name = "Ich bin eine Unterklasse.";
      }
      MySubclass.prototype = MySuperclass.prototype;

      var m = new MySubclass();
      m.sayMyName();

    </script>

  </head>
  <body> </body>
</html>
```

Listing 2.12:   Ein Beispiel für Vererbung

Zunächst wird in diesem Code ein (leeres) Objekt namens MySuperclass erstellt. Wir benötigen einfach einen gleichnamigen Prototyp, den JavaScript automatisch erstellt, wenn es auf einen neuen Objekttyp stößt. Als Nächstes wird eine Eigenschaft namens name zu dem MySuperclass-Prototyp hinzugefügt und mit einem Standardwert (einem leeren String) initialisiert. Dann wird eine Funktion namens sayMyName() zu dem Prototyp hinzugefügt, die wie in den vorangegangenen Beispielen nur die name-Eigenschaft des Objekts in einem Nachrichtenfeld anzeigt.

Dann wird es interessant. Es wird ein weiteres Objekt namens MySubclass erstellt. Es verfügt über eine name-Eigenschaft, der in dem Konstruktor der Wert »Ich bin eine Unterklasse.« zugewiesen wird. (Nicht sehr kreativ, ich weiß ...) Danach folgt die Zeile

```
MySubclass.prototype = MySuperclass.prototype;
```

Dies ist die Zeile, in der die Vererbungsbeziehung hergestellt wird. Der Prototyp des Objekts MySuperclass wird dem Prototyp des neuen Objekts MySubclass zugewiesen. Damit werden alle Mitglieder von MySuperclass der neuen Klasse MySubclass zugewiesen. Anders ausgedrückt: MySubclass hat alle Mitglieder von MySuperclass geerbt! Deshalb ergibt der Aufruf von m.sayMyName(); das Nachrichtenfeld aus Abbildung 2.4.

Abb. 2.4: Nachricht von MySubclass

Erwartungsgemäß können Sie MySubclass jedoch beliebig um neue Elemente (Eigenschaften und/oder Methoden) erweitern. Beachten Sie, dass die geerbten Eigenschaften nicht von der übergeordneten in die untergeordnete Klasse kopiert wurden, sondern dass die untergeordnete Klasse nur die Elemente der übergeordneten Klasse referenziert. Dies hat zwei wichtige Konsequenzen: Erstens: Sie können Elemente nachträglich überschreiben oder ändern. Wenn die untergeordnete Klasse danach dieses Element verwendet, benutzt es die neue Version. Zweitens und damit verwandt: Sie können jederzeit neue Elemente zu der untergeordneten Klasse hinzufügen, indem Sie diese *in die übergeordnete Klasse* einfügen, sogar nachdem die Zuweisung zu dem Prototyp der untergeordneten Klasse erfolgt ist. Die Objekte verhalten sich so, also erfolgte die Vererbung bei jedem Zugriff auf ein Element eines Objektes erneut. Zwar ist dies streng genommen nicht genau das, was passiert, aber genau so, wie es aussieht und wie Sie es praktisch behandeln können.

In JavaScript werden Mitglieder von Instanzen und von Klassen unterschieden. Mitglieder einer Instanz sind Mitglieder, die in einem Konstruktor erstellt (und optional initialisiert) werden. Listing 2.13 illustriert den Unterschied.

```
<html>
  <head>
    <title></title>

    <script>

      function MyClass() {
        this.firstName = "George";
      }
      MyClass.lastName = "Washington";

      c1 = new MyClass();
      c2 = new MyClass();
      c2.firstName = "Bill";

      alert(c1.firstName);
      alert(c2.firstName);
      alert(MyClass.lastName);

    </script>

  </head>
  <body> </body>
</html>
```

Listing 2.13: Ein Beispiel für Klassen- und Instanzmitglieder

Dieser Code zeigt drei Nachrichtenfelder mit den Meldungen »George«, »Bill« bzw. »Washington« an. Um dieses Verhalten zu verstehen, müssen Sie die Unterschiede zwischen den drei alert-Aufrufen beachten. Der erste alert-Aufruf zeigt eine Instanzvariable der Instanz c1 von MyClass an. In diesem Fall wird die Instanzvariable firstName in dem Konstruktor auf den Wert »George« gesetzt. Der zweite alert-Aufruf zeigt das firstName-Mitglied der Instanz c2 von MyClass an. Nachdem die Instanz c2 instanziert worden ist, wird der Wert ihres firstName-Mitglieds auf »Bill« gesetzt. Da bei der Ausführung der ersten beiden alert-Aufrufe zwei verschiedene Vornamen angezeigt werden, können Sie schließen, dass jede Instanz von `MyClass` erwartungsgemäß mit einer separaten Version von `firstName` verbunden ist.

Klassenmitglieder werden dagegen mit einer etwas anderen Syntax abgerufen, die dem Zugriff auf statische Felder in Java ähnelt: So wird der Wert des Feldes `lastName` mit Hilfe einer Referenz von `MyClass` geändert; würde entweder `c1` oder `c2` referenziert werden, würde ein Instanzmitglied gesetzt werden.

Nachdem ich gezeigt habe, dass JavaScript viele gebräuchliche objektorientierte Techniken recht gut unterstützt, auch wenn die Syntax etwas anders sein mag, möchte ich auch die entsprechenden Mängel beschreiben, wobei einer besonders heraussticht: das Verbergen von Informationen oder etwas spezieller die Einkapselung. Einfach ausgedrückt: Dies gibt es in JavaScript nicht!

In JavaScript werden keine öffentlichen und privaten Mitglieder unterschieden. Jedes Mitglied eines Objekts ist öffentlich. Deshalb können Sie beispielsweise keine Mitglieder von der Vererbung ausschließen, indem Sie sie wie in Java als `private` deklarieren. Außerdem gibt es in JavaScript nicht das Konzept der Packages (Pakete) und deshalb keinen geschützten Zugriff. Es gibt keine Möglichkeit, Informationen in einem Objekt zu verbergen; anders ausgedrückt: Es gibt keine für die OOP-Welt so charakteristische Einkapselung. Unabhängig von seiner Beziehung zu anderen Objekten kann jedes Objekt jederzeit auf alle Elemente aller anderen Objekte zugreifen. In der C++-Welt würde dies bedeuten, dass jede Klasse `friend` jeder anderen wäre!

Was bedeutet diese Einschränkung für die Entwicklung von JavaScript-Code? Beispielsweise können Sie zwar immer noch Getter- und Setter-Funktionen für ein Objekt schreiben, Sie können aber nichts dagegen tun, wenn ein anderer Entwickler diese Funktionen einfach ignoriert und direkt auf die Mitglieder zugreift. Deshalb ist es häufig sinnvoll, auf diese Methoden zu verzichten (insbesondere wenn es sich um typische Methoden der Art `this.field = field;` handelt). Außerdem müssen Sie die fehlende Einkapselung bei der Vererbung berücksichtigen. Da alle Mitglieder vererbt werden, könnte dies Ihre Klassenarchitektur beeinflussen.

Insgesamt ist die Unterstützung für objektorientierte Techniken in JavaScript jedoch robuster, als gemeinhin angenommen wird. Doch da es eine relativ einfache Scripting-Sprache ist, arbeiten viele Entwickler in JavaScript nicht objektorientiert. Dies gilt auch für viele (natürlich nicht alle) Beispiele in diesem Buch, weil ich zeigen wollte, dass beide Lösungen möglich sind. Manchmal ist OOP in JavaScript sinnvoll, manchmal erfordert es einfach mehr und überflüssigen Code. Sie müssen hier das richtige Gleichgewicht finden. Schauen Sie sich das anstehende Problem an und wählen Sie den brauchbarsten Ansatz. Im Zweifelsfall würde ich mich für die objektorientierte Lösung entscheiden, damit der Unterschied zu einem möglichen Java-Back-End nicht zu groß ist. Warum sollte ich mein Denken in verschiedenen Gängen laufen lassen, wenn ich es vermeiden kann?

2.3 Das Document Object Model und Scripting: Inhalte dynamisch manipulieren

Beim Arbeiten mit Ajax sind Sie im Wesentlichen an drei Dingen interessiert:

- Anfragen stellen, die nicht dem normalen Übergang von einer Seite einer Webanwendung zur nächsten entsprechen

■ eine Funktion auf dem Server ausführen, die eine Antwort generiert

■ die Antwort des Servers auf dem Client verarbeiten

Die häufigste Art, eine Antwort des Servers auf dem Client zu verarbeiten, besteht darin, das so genannte *Document Object Model (DOM)* zu aktualisieren.

Das DOM ist eine Baumstruktur, deren Knoten die Elemente eines Dokuments repräsentieren. Betrachten Sie beispielsweise den folgenden einfachen HTML-Code:

```
<html>
  <head>
    <title>DOM-Beispiel</title>
  </head>
  <body>
    <table id="accountTable">
      <tr id="tableHeaders">
        <td id="accountBalanceHeader">Saldo</td>
      </tr>
      <tr id="account1">
        <td id="accountBalanceValue1">1.000.000,00 €</td>
      </tr>
    </table>
  </body>
</html>
```

Abbildung 2.5 zeigt das zugehörige DOM.

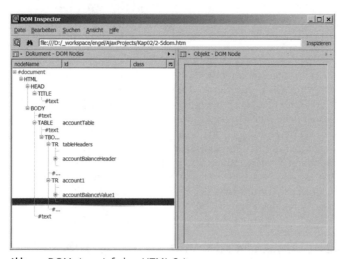

Abb. 2.5: DOM einer einfachen HTML-Seite

Die DOM-Baumstruktur ist klar erkennbar; die meisten Elemente haben zwecks Identifikation eine eindeutige ID. Die Struktur entspricht dem Layout des HTML-Codes und der darin enthaltenen Elemente. Dies ist manchmal wichtig, wenn Sie ein spezielles Element in einem speziellen Zweig referenzieren wollen.

Etwas anderes ist ebenfalls interessant: Der Text in einem Element ist selbst ein Textknoten. Anders ausgedrückt: Die Zeile

```
<div>Hallo!</div>
```

besteht nicht dem Anschein nach aus einem, sondern aus zwei Knoten: dem `<div>`-Element selbst (technisch genau: der Kombination aus dem öffnenden und dem schließenden Tag) und dem darin enthaltenen Text `Hallo!`. Anhand des `nodeType`-Attributs des `node`-Objekts, das Sie mit der Funktion `getElementById()` abrufen können (falls das Element über eine ID verfügt), können Sie feststellen, ob Sie einen Tag-Knoten oder einen Textknoten referenzieren.

Elemente, die Sie mit der `getElementById()`-Methode abrufen wollen, müssen über eine eindeutige ID verfügen. Der Abruf eines `node`-Objekts mit Hilfe seiner ID ist sehr einfach:

```
o = document.getElementById("accountBalanceValue1");
```

Achtung: Die referenzierte ID *muss* eindeutig sein! Anders ausgedrückt: Das hier können Sie nicht tun:

```
<html>
  <head>
    <title>DOM-Beispiel</title>
  </head>
  <body>
    <table id="accountTable">
      <tr id="tableHeaders">
        <td id="accountBalanceHeader">Saldo</td>
      </tr>
      <tr id="account1">
        <td id="accountBalanceValue">10,00 €</td>
      </tr>
      <tr id="account2">
        <td id="accountBalanceValue">20,00 €</td>
      </tr>
    </table>
  </body>
</html>
```

Vielleicht erwarten Sie, dass

```
document.getElementById("account2.accountBalanceValue")
```

das Element mit dem Wert `20,00 €` zurückgibt. Doch tatsächlich gibt die Funktion in diesem Fall `null` zurück, weil die DOM-IDs keine Baumstruktur haben, weshalb Sie nicht mit einer Dot-Notation auf sie zugreifen können, wie dies etwa mit Klassenmitgliedern in Java möglich ist.

Wenn Elemente auf einer Seite dieselbe ID haben, gibt `getElementById()` nur das erste Element mit dieser ID zurück; so gibt beispielsweise

```
document.getElementById("accountBalanceValue")
```

immer das <td>-Element mit dem Wert 10,00 € zurück. Insbesondere wenn Sie Seiten dynamisch darstellen, müssen Sie deshalb darauf achten, dass alle Elemente, die Sie einzeln ansprechen wollen, über eine eindeutige ID verfügen. Tatsächlich können Sie auch dann alle Elemente durch eine Iteration über alle DOM-Knoten abrufen, aber getElementById(), die direkteste und normalerweise einfachste Art des Zugriffs auf ein Element, funktioniert nur mit eindeutigen IDs.

Viele HTML-Tags können ein name-Attribut haben. Dies hat jedoch nichts mit dem id-Attribut zu tun! Die Methode getElementById() greift nur auf das id-Attribut, nicht auf das name-Attribut zu! Elemente können jedoch sowohl ein name- als auch ein id-Attribut haben – sogar mit dem gleichen Wert. Sie können das name-Attribut der »alten Welt« des einfachen HTML-Codes und das id-Attribut der »neuen Welt« von DOM, XML und CSS zurechnen. Beide sind gültig und dienen speziellen Zwecken, aber Sie müssen ihre Unterschiede beachten.

DOM macht die Struktur von Dokumenten *skriptfähig*. Mit seiner Hilfe können Sie den HTML-Code bereits dargestellter Dokumente per Scripting nachträglich ändern. Wenn Sie ein Element per getElementById() abrufen, können Sie auf seine Methoden oder Eigenschaften zugreifen. Zwar können Sie eingebettete Elemente nicht über die weiter vorne erwähnte Dot-Notation abrufen, aber Sie können mit der getElementsByTagName()-Methode eines (jedes) DOM-Knotens eine Collection aller enthaltenen Tags eines bestimmten Typs abfragen. Listing 2.14 zeigt Beispiele für DOM-Manipulation und den Einsatz der getElementsByTagName()-Methode. Es enthält alles, was Sie in diesem Buch über DOM wissen müssen; deshalb rate ich Ihnen, sich gründlich mit diesem Code zu befassen, bevor Sie fortfahren. Um dieses Thema zu vertiefen, empfehle ich Ihnen das Buch *DOM Scripting: Web Design with JavaScript and the Document Object Model* von Jeremy Keith (friends of ED, 2005).

```html
<html>
  <head>
    <title>Beispiele für die DOM-Manipulation</title>

    <script>

      // Variable für das Beispiel des bewegten Textes
      textTimer = null;
      textLeft = 0;
      textMoveDir = 1;

      // Das Element someText sichtbar machen
      function showSomeText() {
        document.getElementById("someText").style.visibility = "visible";
      }

      // Diese Funktion initialisiert und startet einen Timer, der
      // den Text in dem div-Element movingText hin und her bewegt.
      function moveText() {
        if (textTimer == null) {
          textTimer = setTimeout("moveIt()", 0);
        } else {
          textTimer = null;
        }
      }
```

```
    // Diese Funktion wird von dem Timer periodisch aufgerufen,
    // um die Position des bewegten Textes zu aktualisieren.
    function moveIt() {
      // Bewegung nach rechts
      if (textMoveDir == 1) {
        textLeft++;
        if (textLeft > 300) {
          textMoveDir = 0;
        }
      // Bewegung nach links
      } else {
        textLeft--;
        if (textLeft < 1) {
          textMoveDir = 1;
        }
      }
      // Die aktuelle Position anzeigen
      document.getElementById("showLeft").innerHTML = textLeft;
      // Die Position des Textes aktualisieren
      document.getElementById("movingText").style.left = textLeft;
      // Die nächste Iteration starten
      textTimer = setTimeout("moveIt()", 0);
    }

    // Die Hintergrundfarbe der Seite ändern
    function changeBGColor() {
      document.getElementById("thePage").style.backgroundColor
        = "#ff0000";
    }

    // Eine Collection der untergeordneten Elemente eines Elements
    // abrufen und dann deren Werte ändern
    function changeDivVals() {
      o = document.getElementById("divCollection");
      c = o.getElementsByTagName("div");
      c[0].innerHTML = "20";
      c[1].innerHTML = "30";
      c[2].innerHTML = "10";

    }

  </script>

</head>

<body id="thePage">

  <hr>
  Dies zeigt, wie Sie ein zuvor unsichtbares Element per
  DOM-Manipulation sichtbar machen können.
  (Natürlich funktioniert dies auch umgekehrt!)
  <br><br>
```

```
<div id="someText" style="visibility:hidden;">
  Jetzt können Sie mich sehen!
</div>
<br>
<input type="button" onClick="showSomeText();"
  value="Anklicken, um etwas Text anzuzeigen">

<hr><br><br>


<hr>
Dies zeigt, wie Sie eine einfache Animation per
DOM-Manipulation realisieren können.
<br><br>
<div id="movingText" style="position:absolute;left:0;">
  Dieser Text bewegt sich!
</div>
<br><br>
<input type="button" onClick="moveText();"
  value="Anklicken, um etwas Text zu bewegen">
<br><br>
<div id="showLeft"> </div>

<hr><br><br>


<hr>
Dies zeigt, wie Sie Stilattribute dynamisch ändern können.
<br><br>
<input type="button" onClick="changeBGColor();"
  value="Anklicken, um die Hintergrundfarbe der Seite zu ändern">

<hr><br><br>


Dies zeigt, wie Sie eine Collection von Elementen unter einem
bestimmten Element abrufen, auf die einzelnen Elemente der
Collection zugreifen und deren Text ändern können.
<br><br>
<div id="divCollection">
  <b>Erster Wert:</b><br>
  <div>10</div>
  <b>Zweiter Wert:</b><br>
  <div>20</div>
  <b>Dritter Wert:</b><br>
  <div>30</div>
</div>
<br>
<input type="button" onClick="changeDivVals();"
  value="Anklicken, um die angezeigten Werte umzusortieren">
<hr>

</body>

</html>
```

Listing 2.14:   Beispiele für DOM-Manipulation

2.4 XML: Die Sprache der Sprachen

Gestandene Programmierer kennen die Abkürzung *CSV*, die für Comma-Separated Values (durch Kommas getrennte Werte) steht. CSV ist ein sehr verbreitetes Textdateiformat, in dem Datensätze zeilenweise gespeichert und einzelne Datenelemente in den Datensätzen durch Kommas getrennt werden. Ein Beispiel:

```
1898744511101,Rothlesberry,Michael,212 Kiner,092387464
```

Die Datenelemente sind hier:

- 1898744511101
- Rothlesberry
- Michael
- 212 Kiner
- 092387464

Bei einigen Datenelementen kann man vermuten, was sie bedeuten. So könnte 1898744511101 eine Konto- oder Versicherungsnummer sein; Rothlesberry ist offensichtlich irgendein Name (Vorname? Nachname? Ortsname?); das folgende Datenelement, Michael, ist ein typischer Vorname, so dass Rothlesberry wahrscheinlich ein Nachname ist; 212 Kiner sieht wie eine Anschrift aus (wenigstens in den USA); das Element 092387464 ist ebenfalls nicht leicht einzuordnen, aber es enthält zufällig dieselbe Anzahl von Ziffern wie eine (amerikanische) Sozialversicherungsnummer. Wie auch immer...

Sie erkennen das Problem: Auch wenn Sie Ihre Vermutungen sehr gut begründen, können Sie nie sicher sein, ob Sie die wahre Bedeutung der Datenelemente getroffen haben. Dies ist sicher nicht die optimale Methode, Daten zu speichern, die Menschen lesen und interpretieren müssen.

Man kann diese Übung, die ich gerade beschrieben habe, auch folgendermaßen auffassen: Als ich versucht habe, die Bedeutung der Datenelemente zu erschließen, habe ich praktisch versucht, mit einer Sprache (der normalen Umgangssprache) die Bedeutung von Ausdrücken einer anderen Sprache (die Datenelemente) zu beschreiben. Ich habe gewissermaßen die Umgangssprache als Metasprache für die Datenelemente verwendet. Genau dies ist auch die Aufgabe der Extensible Markup Language (XML) – allerdings in einer formalisierten Fassung.

Auch wenn Sie es sich nie bewusst gemacht haben, sind Sie bereits mit XML in Kontakt gekommen, wenn Sie sich jemals den Quellcode einer Webseite angeschaut haben. HTML ist nicht anderes als eine spezielle Form von XML.

Historisch stammt XML von der so genannten *Generalized Markup Language* (GML; Allgemeine Auszeichnungssprache) ab.

GML wurde 1969 von drei IBM-Software-Ingenieuren, Charles Goldfarb, Ed Losher und Ray Lorie, erfunden. Später entwickelte Goldfarb daraus bis 1974 die Standardized Generalized Markup Language (SGML; Standardisierte Allgemeine Auszeichnungssprache). Beide Sprachen verwenden so genannte *Auszeichnungen*, die in einen Text eingefügt werden, um die Bedeutung seines Elements zu kennzeichnen. Sowohl GML als auch SGML waren für die meisten Anwendungsbereiche zu komplex und wurden deshalb nicht allgemein akzeptiert. Allerdings wurden sie vereinzelt bei der Veröffentlichung von Dokumenten durch IBM und andere Unternehmen verwendet.

Etwa zur gleichen Zeit entwickelten Tim Berners-Lee und Anders Berglund eine Sprache, die wir heute unter dem Namen *HTML* kennen. Sie griffen das allgemeine Konzept der SGML, nämlich die Auszeichnung von Inhalten, auf und vereinfachten es. Der wahrscheinlich größte Unterschied zwischen SGML und HTML besteht darin, dass HTML über einen festgelegten Satz von Tags verfügt, während Sie in SGML eigene Tags definieren können.

Beide Sprachen, SGML und HTML, wurde als wertvolle Beiträge geschätzt, reichten aber beide nicht wirklich aus. Deshalb begann das World Wide Web Consortium (W3C) etwa in der Mitte der 1990er Jahre auf der Basis dieser beiden Sprachen mit der Entwicklung von XML. XML ist einfacher als SGML und viel flexibler als HTML. Obwohl XML nicht speziell im Hinblick auf das Web konzipiert wurde, wird es hier am meisten verwendet.

Damit ist die Geschichtsstunde vorbei!

XML ist das *x* in Ajax. Es erfüllt an verschiedenen Stellen zwei Zwecke. Erstens dient es als Format von Konfigurationsdateien. In Java speichern Entwickler Konfigurationsdaten schon seit langem in so genannten *Property-Dateien* (Eigenschaftsdateien), die ähnlich wie folgendes Beispiel aufgebaut sind:

```
server=www.myserver.com
username=mike123
password=testpw
```

In XML sähe diese Datei folgendermaßen aus:

```
<configuration>
  <server>www.myserver.com</server>
  <username>mike123</username>
  <password>testpw</password>
</configuration>
```

Bei derartig kleinen Dateien ist der Unterschied nicht sehr groß; und der Vorteil von XML ist nicht gleich erkennbar. XML ist vom Umfang her aufwändiger, bringt aber die Bedeutung der Datenelemente deutlicher zum Ausdruck und grenzt sie besser ab, weil es nicht nur deren Anfang, sondern auch deren Ende markiert. Doch praktisch ist der Unterschied in diesem Beispiel nicht sehr extrem.

Der Unterschied wird deutlicher, wenn die Datenelemente zahlreicher werden und/oder in sich strukturiert sind. Nehmen Sie beispielsweise an, Sie wollten eine Collection von Einträgen – etwa Benutzernamen – verwalten. In einer Property-Datei muss jedes Element einen eigenen eindeutigen Bezeichner haben. Deshalb könnten Sie nur folgende Form verwenden:

```
server=www.myserver.com
username1=mike123
username2=mike456
username3=mike789
password=testpw
```

Diese Art, die Informationen zu speichern, ist zweifellos ineffizient, unflexibel und pedantisch. In XML sähe es dagegen folgendermaßen aus:

```
<configuration>
  <server>www.myserver.com</server>
  <users>
    <username>mike123</username>
    <username>mike456</username>
    <username>mike789</username>
  </users>
  <password>testpw</password>
</configuration>
```

Zwar benötigt die XML-Variante mehr Zeichen, um dieselben Informationen darzustellen, aber sie ist viel flexibler, insbesondere wenn Sie versuchen, diese XML-Datei einzulesen und einer Datenstruktur zuzuordnen (denken Sie hier an eine Map).

Als XML eingeführt wurde, sahen viele Entwickler in ihm die endgültige Lösung für alle Probleme des Datenaustauschs. XML würde alle CSV-Dateien ablösen, die nicht ohne Zuordnungsbeschreibung geliefert werden konnten. Es würde keine Dateien mit Datensätzen fester Länge mehr geben, deren Layout umständlich in einem separaten Dokument beschrieben werden musste. Und was am besten war: Die Zeit der proprietären Datenformate jeder Art würde vorüber sein; jeder würde ein standardisiertes, einfaches, im Allgemeinen offensichtliches Format verwenden; und die Welt hätte sich ein wenig verbessert.

Doch nach und nach erkannten die Anwender, dass XML auch nur ein Werkzeug neben anderen und kein Allheilmittel für Situationen aller Art war. Tatsächlich besteht eines der größten Probleme von XML, das auch schon in der bisherigen Beschreibung deutlich wurde, darin, dass die Beschreibung von Informationen in XML viel mehr Platz benötigt als andere Formate. Schließlich könnte man unsere Konfigurationsdatei auch folgendermaßen schreiben:

```
www.myserver.com,mike123,mike456,mike789,testpw
```

Natürlich wird die kürzere CSV-Version über Netzwerke schneller und effizienter übertragen. Wichtig ist, dass Sie keine XML-Scheuklappen anlegen und versuchen, bei jedem Datenaustausch unbedingt XML zu verwenden; oft leidet darunter die Sache. Sie werden in diesem Buch eine Reihe von Beispielen sehen, die gar kein XML verwenden. XML ist für Ajax nicht erforderlich, obwohl es häufig mit Ajax verwendet wird. Ich werde in jedem Fall erklären, warum ich XML gewählt oder nicht gewählt habe, auch wenn die Antwort manchmal nur aus einer simplen Demonstration besteht!

2.5 XML in JavaScript parsen

XML-Code ist erst dann wirklich nützlich, wenn Sie ihn parsen und Strukturen erstellen, die Sie mit JavaScript oder Java manipulieren können. Manchmal benötigen Sie jedoch keine Strukturen, sondern können den XML-Code einfach linear lesen und auf bestimmte Elemente reagieren. Tatsächlich arbeiten praktisch alle XML-Beispiele in diesem Buch nach diesem Prinzip. In diesem Abschnitt beschreibe ich die entsprechende Technik sowie einige andere Parsing-Techniken, mit denen Sie komplexere Aufgaben mit XML lösen können. Das Parsen von XML in Java wird im nächsten Kapitel behandelt; hier geht es nur um die clientseitige Verarbeitung mit JavaScript.

Als Beispiel möchte ich den folgenden XML-Code verwenden:

```
<messages>
  <message text="Hallo!" />
  <message text="Ich hoffe, es geht Ihnen gut!" />
</messages>
```

Ich möchte diesen Code parsen und nur das `text`-Attribut jedes `<message>`-Elements anzeigen. Der Code aus Listing 2.15 zeigt, wie dies gemacht wird, sowie einige anderen Dinge, die ich gerne beschreiben möchte.

```
<html>
  <head>
    <title></title>

    <script>

      if (window.XMLHttpRequest) {
        // Ein XML-DOM-Objekt in Nicht-IE-Browsern erstellen.
        // Das Root-Element <messages> setzen und zu dem DOM hinzufügen.
        create_xmlDoc =
          document.implementation.createDocument("", "messages", null);
      } else {
        // Ein XML-DOM-Objekt im IE erstellen
        create_xmlDoc = new ActiveXObject("Microsoft.XMLDOM");
        // Das Root-Element erstellen und zu dem DOM hinzufügen.
        create_root = create_xmlDoc.createElement("messages");
        create_xmlDoc.documentElement = create_root;
      }

      // Einen <message>-Knoten erstellen.
      // Das text-Attribut setzen und zu dem DOM hinzufügen.
      create_msg = create_xmlDoc.createElement("message");
      create_msg.setAttribute("text", "Hallo!");
      create_xmlDoc.documentElement.appendChild(create_msg);

      // Einen <message>-Knoten erstellen.
      // Das text-Attribut setzen und zu dem DOM hinzufügen.
      create_msg = create_xmlDoc.createElement("message");
      create_msg.setAttribute("text", "Ich hoffe, es geht Ihnen gut!");
      create_xmlDoc.documentElement.appendChild(create_msg);

      // Nur beweisen, dass es wirklich eine Objektreferenz ist.
      xmlDoc = create_xmlDoc;

      // Den XML-Code parsen.
      // Das text-Attribut jedes <message>-Elements setzen.
      root = xmlDoc.getElementsByTagName("messages")[0];
      messages = root.getElementsByTagName("message");
      for (i = 0; i < messages.length; i++) {
        alert(messages[i].getAttribute("text"));
      }
```

```
    </script>

  </head>
  <body></body>
</html>
```

Listing 2.15:   Einfaches Beispiel für XML-Parsing in JavaScript

In diesem Beispiel wird nicht nur der XML-Code geparst, sondern auch gezeigt, wie er erstellt wird. Wenn die Seite geladen wird, wird zunächst geprüft, ob das window-Objekt über ein XMLHttpRequest-Objekt verfügt. Sie sollten diesen Teil bereits kennen, weil es sich um dieselbe Prüfung handelt, die im ersten Kapitel bei der Instanzierung des XMLHttpRequest-Objekts verwendet wurde. Denn auch ein neues XML-DOM-Objekt wird im IE anders als in anderen Browsern erstellt. Die Verzweigung sorgt dafür, dass die Variable create_xmlDoc ein geeignetes XML-DOM-Objekt referenziert. Achtung: Während die Funktion, die dieses Objekt konstruiert, bei den Nicht-IE-Browsern das Root-Element <messages> enthält, muss dieses in dem IE-Zweig separat hinzugefügt werden, nachdem das Dokumentobjekt instanziert worden ist.

Der Vollständigkeit halber sei erwähnt, dass die Funktion createDocument() bei Nicht-IE-Browsern drei Parameter übernimmt. Der erste ist der XML-Namensraum, der hier einfach keine Rolle spielt; der zweite ist der Name des Root-Elements und das dritte ein Objekt, das den Typ des zu erstellenden Dokuments repräsentiert. Dieser dritte Parameter scheint in Mozilla-basierten Browsern nichts zu tun. Sie können ihn im Grunde ignorieren und an seiner Stelle einfach den Wert null übergeben, bis er irgendwann einen anderen Zweck als den eines Platzhalters haben wird.

Damit ist das DOM-Objekt fertig und kann mit den DOM-Methoden manipuliert werden. Tabelle 2.3 fasst die einschlägigen Methoden zusammen.

Methode	Prototyp/Beschreibung
appendChild	parentNode.appendChild(childNode) Hängt childNode an den spezifizierten parentNode an. Gibt das angehängte node-Objekt zurück.
applyElement	applyElement(parentNode) Wendet childNode auf den spezifizierten parentNode an. Dies ist im Wesentlichen dasselbe wie appendChild, nur die Syntax ist anders. Gibt das angehängte node-Objekt zurück.
clearAttributes	targetNode.clearAttributes() Entfernt alle Attribute des spezifizierten targetNode. Gibt danach das node-Objekt zurück.
cloneNode	newNode = originalNode.cloneNode(deep) Erstellt ein newNode-Objekt auf der Basis des originalNode-Objekts. Der Parameter deep bestimmt, ob eine »tiefe« Kopie erfolgt. Ist er true, ist das neue Objekt in jeder Hinsicht mit dem Original identisch; ist er false, wird nur die Root kopiert. Gibt das newNode-Objekt zurück.

Tabelle 2.3:   Methoden zur DOM-Manipulation

Methode	Prototyp/Beschreibung
createElement	newNode = document.createElement("???") Erstellt ein newNode-Objekt mit dem spezifizierten Namen. Gibt das newNode-Objekt zurück.
createTextNode	newNode = document.createTextNode("???") Erstellt ein newNode-Objekt, das im Rumpf den spezifizierten Text enthält. Gibt das newNode-Objekt zurück.
hasChildNodes	hasChildren = testNode.hasChildNodes() Gibt true zurück, falls der spezifizierte testNode untergeordnete Knoten enthält, andernfalls false.
insertBefore	parentNode.insertBefore(childNode, siblingNode) Fügt das spezifizierte childNode-Objekt als Unterknoten des spezifizierten parentNode-Objekts vor dem spezifizierten siblingNode-Objekt ein. Gibt true zurück, falls das Einfügen erfolgreich war, andernfalls null.
mergeAttributes	targetNode.mergeAttributes(sourceNode) Kopiert alle Attribute des spezifizierten sourceNode-Objekts in das targetNode-Objekt. Gibt danach das targetNode-Objekt zurück.
removeNode	deletedNode.removeNode(deep) Wenn deep den Wert true hat, wird der gesamte Unterbaum von deletedNode aus dem DOM entfernt; andernfalls wird nur deletedNode gelöscht. Gibt das deletedNode-Objekt zurück.
replaceNode	oldNode.replaceNode(newNode) Ersetzt ein vorhandenes oldNode-Objekt durch ein neues newObj-Objekt. Gibt das ersetzte node-Objekt zurück.
setAttribute	targetNode.setAttribute("XXX", "YYY") Setz das Attribut XXX auf den Wert YYY. Falls das Attribut noch nicht existiert, wird es hinzugefügt.
swapNode	firstNode.swapNode(secondNode) Vertauscht die Positionen von firstNode und swapNode. Gibt das firstNode-Objekt zurück.

Tabelle 2.3: Methoden zur DOM-Manipulation (Forts.)

In unserem Beispiel werden drei Methoden verwendet: createElement(), setAttribute() und appendChild(). Zuerst weist der Code das Dokumentobjekt an, ein neues Element namens <message> zu erstellen. Dann setzt er das text-Attribut dieses neuen Objekts. Schließlich weist er das Dokumentobjekt an, diesen Knoten als untergeordnetes Element des Root-Knotens <messages> hinzuzufügen. Diese Aktion wird noch einmal wiederholt. Das Ergebnis ist ein XML-Dokument mit der gewünschten Struktur.

Als Nächstes wird das gerade erstellte DOM der Variablen xmlDoc zugewiesen, und zwar nur, um zu zeigen, dass wir es hier wirklich mit einem echten Objekt zu tun haben, das wie andere Objekte referenziert werden kann. Schließlich werden die Meldungen angezeigt:

```
// Den XML-Code parsen.
// Das text-Attribut jedes <message>-Elements setzen.
root = xmlDoc.getElementsByTagName("messages")[0];
```

```
messages = root.getElementsByTagName("message");
for (i = 0; i < messages.length; i++) {
  alert(messages[i].getAttribute("text"));
}
```

Die erste Codezeile nach dem Kommentar ruft das Root-Element des Dokuments ab. Da in diesem Fall das <messages>-Element das Root-Element ist, wird das Dokument mit Hilfe der Array-Notation angewiesen, das erste gleichnamige Element zurückzugeben, da die Unterelemente in einem Array gespeichert sind, das bei Bedarf durchlaufen werden kann. Dann werden alle untergeordneten Elemente des Root-Elements mit dem Tag-Namen »message« als Collection abgerufen. (Alternativ könnte in diesem Fall auch die Variable xmlDoc statt der Variablen root für den Aufruf von getElementsByTagName("message") verwendet werden; in diesem Fall sind sie funktional gleichwertig.) Anders ausgedrückt: Die Variable messages zeigt jetzt auf ein Array von <message>-Elementen. Dann wird dieses Array durchlaufen, um das text-Attribut jedes Elements abzurufen und anzuzeigen. Einfach!

Diese Methode, XML-Dokumente zu parsen, reicht in vielen Fällen aus, manchmal jedoch nicht. Manchmal brauchen Sie mehr Leistung und Flexibilität. Leider finden Sie bei modernen Browsern kaum mehr, als ich hier gezeigt habe. Um die benötigten zusätzlichen Fähigkeiten zu erlangen, müssen Sie nach einer geeigneten JavaScript-Library suchen.

Eine dieser Libraries heißt *JSLib* und gehört zu dem Mozilla-Projekt (http://jslib.moz-dev.org/). Sie enthält eine Reihe nützlicher Funktionen. Die für uns wichtigste ist in der Datei sax.js enthalten, die zu der Library gehört. Die Datei ist eine Implementierung des *Simple API for XML* (SAX). SAX ist im Grunde ein ereignisgesteuertes Modell des XML-Parsing. Sie teilen dem SAX-Parser durch Übergabe von Funktionsreferenzen mit, an welchen Ereignissen Sie interessiert sind, wobei »Ereignisse« in diesem Kontext bestimmte Stellen oder Tags in dem Dokument sind. Dann übergeben Sie ihm den zu parsenden XML-Code. Der Parser ruft die ihm übergebenen Funktionen als Reaktion auf diverse Ereignisse auf, etwa wenn er an den Anfang und/oder das Ende des Dokuments kommt, wenn er auf ein neues Element stößt oder wenn er den Text im Rumpf eines Elements komplett gelesen hat.

Dies ist zwar nützlich, aber nicht per se ideal. Ihr Aufwand, um in geeigneter Weise auf die Ereignisse zu reagieren, an denen Sie wirklich interessiert sind, kann nicht unbeträchtlich sein; und wenn Sie, was nicht ungewöhnlich ist, anhand des XML-Codes Objekte erstellen wollen, erhalten Sie diesbezüglich keine Unterstützung. Deshalb brauchen Sie noch etwas, was auf den SAX-Parser aufsetzt.

Es gibt ein solches Werkzeug: das JSDigester-Tag aus der JSLib-Taglib-Komponente des Projekts *Java Web Parts* (JWP; http://javawebparts.sourceforge.net). Hört sich kompliziert an, oder? Für Kenner: JSDigester ist eine (zwar etwas abgespeckte, aber auf demselben Konzept basierende) JavaScript-Implementierung der Commons-Digester-Komponente.

Für Neulinge: Digester ist eine Java-Komponente, mit der Sie eine Collection von »Regeln« definieren können, die angewendet werden, wenn beim Parsen eines XML-Dokuments gewisse Ereignisse eintreten.

Digester baut auf SAX auf und würde ohne SAX nicht funktionieren. Der Unterschied liegt in der Abstraktionsebene, auf der Sie arbeiten. SAX liefert sehr feinkörnige Ereignisse. Das bedeutet beispielsweise, dass Sie für jedes gefundene Element ein Ereignis-Callback empfangen. Bei Digester können Sie vorher die Elemente in den XML-Dokumenten bestimmen, bei denen ein Ereignis ausgelöst werden soll. Sie empfangen also nur ein Callback, wenn eines der betreffenden Elemente gefunden wird.

Digester geht noch einen Schritt weiter. Es wurde ausdrücklich im Hinblick darauf konzipiert, anhand eines XML-Dokuments Objekte zu erstellen und mit Daten zu füllen.

Das folgende komplette Beispiel für die Anwendung von JSDigester soll dies alles verdeutlichen (siehe Listing 2.16). (Anmerkung des Übersetzers: Der Code für dieses Beispiel ist nicht in der Zip-Datei mit dem Code dieses Buches enthalten. Um dieses Beispiel nachzuvollziehen, müssen Sie die Datei des JWP-Projekts von der oben genannten Adresse herunterladen und in das Anwendungsverzeichnis Ihres Servers entpacken. Der Autor führt JWP erst in Kapitel »offiziell« ein. Achtung: Da dieses Beispiel aus dem JWP-Projekt stammt, ist sein gesamter Text in Englisch.)

```
<jstags:jsDigester renderScriptTags="true" />

<script>
  function Actor() { this.gender = null; this.name = null; }
  function Movie() { this.title = null; this.actors = new Array(); }
  function Movies() { this.movieList = new Array();
    this.numMovies = null; }

  Actor.prototype.setGender = function(inGender) {
    this.gender = inGender; }
  Actor.prototype.getGender = function() {
    return this.gender; }
  Actor.prototype.setName = function(inName) {
    this.name = inName; }
  Actor.prototype.getName = function() {
    return this.name; }
  Actor.prototype.toString = function() {
    return "Actor=[name=" + this.name + ",gender=" + this.gender + "]"; }

  Movie.prototype.setTitle = function(inTitle) { this.title = inTitle; }
  Movie.prototype.getTitle = function() { return this.title; }
  Movie.prototype.addActor = function(inActor) {
    this.actors.push(inActor); }
  Movie.prototype.getActors = function() { return this.actors; }
  Movie.prototype.toString = function() { return "Movie=[title=" +
    this.title + ",actors={" + this.actors + "}]"; }
  Movies.prototype.setNumMovies =
    function(inNumMovies) { this.numMovies = inNumMovies; }
  Movies.prototype.getNumMovies = function() { return this.numMovies; }
  Movies.prototype.addMovie = function(inMovie) {
    this.movieList.push(inMovie); }
  Movies.prototype.getMovieList = function() { return this.movieList; }
  Movies.prototype.toString = function() { return "Movies=[numMovies=" +
    this.numMovies + ",movieList={" + this.movieList + "}]"; }

  sampleXML = "<movies numMovies=\"2\">\n";
  sampleXML += " <movie>\n";
  sampleXML += " <title>Star Wars</title>\n";
  sampleXML += " <actor gender=\"male\">Harrison Ford</actor>\n";
  sampleXML += " <actor gender=\"female\">Carrie Fisher</actor>\n";
  sampleXML += " </movie>\n";
  sampleXML += " <movie>\n";
```

```
sampleXML += " <title>Real Genius</title>\n";
sampleXML += " <actor gender=\"male\">Val Kilmer</actor>\n";
sampleXML += " </movie>\n";
sampleXML += "</movies>";

jsDigester = new JSDigester();
jsDigester.addObjectCreate("movies", "Movies");
jsDigester.addSetProperties("movies");
jsDigester.addObjectCreate("movies/movie", "Movie");
jsDigester.addBeanPropertySetter("movies/movie/title", "setTitle");
jsDigester.addObjectCreate("movies/movie/actor", "Actor");
jsDigester.addSetProperties("movies/movie/actor");
jsDigester.addBeanPropertySetter("movies/movie/actor", "setName");
jsDigester.addSetNext("movies/movie/actor", "addActor");
jsDigester.addSetNext("movies/movie", "addMovie");
myMovies = jsDigester.parse(sampleXML);
alert("JSDigester processed the following XML:\n\n" + sampleXML +
  "\n\nIt created an object graph consisting of a Movies object, " +
  "with a numMovies property, and containing a collection of " +
  "Movie objects.\n\nEach Movie object has a title property, and " +
  "contains a collection of Actor objects.\n\nEach Actor object has " +
  "two fields, name and gender.\n\n" +
  "Here's the final Movies object JSDigester returned: \n\n" +
  myMovies);
</script>
```

Listing 2.16: Beispiel für die Anwendung von JSDigester

Wenn Sie diesen Code ausführen, erhalten Sie die Anzeige aus Abbildung 2.6.

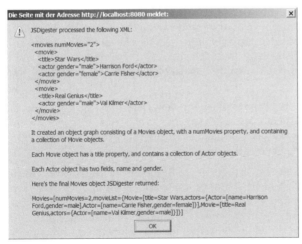

Abb. 2.6: Das Ergebnis der Ausführung des JSDigester-Tests .

Der Code beginnt mit einem anwendungsspezifischen Tag:

```
<jstags:jsDigester renderScriptTags="true" />
```

Dies ist buchstäblich das gesamte Setup für JSDigester, abgesehen natürlich von der Deklaration der jstags-Taglib. Das Java-Web-Parts-Projekt, das ich in Kapitel 4 formeller einführen werde, enthält zahlreiche nützliche kleine »Komponenten« (engl. *Parts*; dt. *Teile*) dieser Art.

Nach dem <jstags:jsDigester>-Tag werden drei Funktionen deklariert: Actor(), Movie() und Movies(). Sie definieren im Wesentlichen unsere anwendungsspezifischen Typen oder Klassen. Wenn das Programm ausgeführt wird, instanziert JSDigester diese Klassen und füllt die Objekte mit Daten. Nach ihrer Deklaration werden die Klassen mit mehreren Methoden verbunden. Jede Klasse verfügt über Methoden, um ihre Eigenschaften abzurufen und zu ändern, sowie eine toString()-Methode, um das Objekt in Textform zu repräsentieren.

Dann wird ein String mit XML-Code konstruiert (sampleXML). Dies ist einfacher, als ein komplettes XML-DOM zu erstellen, und in vielen Fällen ausreichend.

Danach beginnt die Arbeit mit JSDigester:

```
jsDigester = new JSDigester();
jsDigester.addObjectCreate("movies", "Movies");
jsDigester.addSetProperties("movies");
jsDigester.addObjectCreate("movies/movie", "Movie");
jsDigester.addBeanPropertySetter("movies/movie/title", "setTitle");
jsDigester.addObjectCreate("movies/movie/actor", "Actor");
jsDigester.addSetProperties("movies/movie/actor");
jsDigester.addBeanPropertySetter("movies/movie/actor", "setName");
jsDigester.addSetNext("movies/movie/actor", "addActor");
jsDigester.addSetNext("movies/movie", "addMovie");
myMovies = jsDigester.parse(sampleXML);
```

In der ersten Codezeile wird ein JSDigester-Objekt instanziert. In der zweiten Zeile wird ihm eine ObjectCreate-Regel hinzugefügt. Sie sorgt dafür, dass das Objekt eine Instanz der Movies-Klasse erstellt und auf dem Stack ablegt, wenn es in dem XML-Code auf ein <movies>-Element stößt. JSDigester arbeitet mit einem Stack-Mechanismus; das bedeutet intern, dass die erstellten Objekte mit einem Stack verwaltet werden. Per Push werden sie auf dem Stack abgelegt und per Pop aus dem Stack entfernt. Die Regeln arbeiten meistens mit dem Objekt oben auf dem Stack. JSDigester verwendet einen FILO-Stack (First In, Last Out = als Erstes rein, als Letztes raus); deshalb kann die Reihenfolge der Regeln manchmal sehr wichtig sein.

In der dritten Codezeile wird eine SetProperty-Regel zu dem Objekt hinzugefügt. Sie sorgt dafür, dass das Objekt, wenn es auf ein <movies>-Element stößt, dessen Attribute den entsprechenden Eigenschaften des Objekts oben auf dem Stack zuweist. Wegen der vorangegangenen Regel werden hier die Eigenschaften des neuen Movies-Objekts gesetzt.

In der vierten Codezeile wird eine weitere ObjectCreate-Regel hinzugefügt. Sie erstellt ein Movie-Objekt, wenn ein <movie>-Element gefunden wird, das einem <movies>-Element untergeordnet ist. Sie sehen, dass durch die Reihenfolge der Regeln ein »Pfad« zu einem bestimmten Element aufgebaut wird, der an der Spitze der Hierarchie, dem Root-Knoten des Dokuments, beginnt. Wenn diese Regel auf unseren XML-Testcode angewendet wird, wandert das Movies-Objekt an die zweite Position auf dem Stack, während das neue Movie-Objekt oben auf dem Stack die erste Position einnimmt.

In der fünften Codezeile wird eine BeanPropertySetter-Regel definiert. Sie nimmt den Text im Rumpf eines Elements und wendet die angegebene Funktion auf das Objekt oben auf dem Stack an. Wenn beispielsweise ein <title>-Element gefunden wird, das einem <movie>-Element untergeordnet ist, das seinerseits einem <movies>-Element untergeordnet ist (deshalb der Pfad movies/movie/title), wird die Methode setTitle() auf das Objekt oben auf dem Stack angewendet, das gemäß der vorhergehenden Regel ein Movie-Objekt ist; dabei wird der Text zwischen <title> und </title> als Argument übergeben. In unserem XML-Beispiel wird deshalb zuerst ein Movie-Objekt mit dem Titel »Star Wars« erstellt.

In der sechsten Codezeile wird eine weitere ObjectCreate-Regel hinzugefügt, um Actor-Objekte zu erstellen, die einem <movie>-Element untergeordnet sind.

In der siebten Codezeile wird eine weitere SetProperties-Regel hinzugefügt, um die Eigenschaften des erstellten Actor-Objekts zu setzen (in diesem Fall das gender-Attribut).

In der achten Codezeile wird eine weitere PropertySetter-Regel hinzugefügt, um die set-Name()-Methode auf das Actor-Objekt oben auf dem Stack anzuwenden und den Namen des Schauspielers zu setzen.

In der neunten Codezeile wird eine SetNext-Regel hinzugefügt. Sie dient dazu, das Objekt oben auf dem Stack zu dem nächsten Objekt auf dem Stack hinzuzufügen. Auf diese Weise können Objekthierarchien erstellt werden. Anders ausgedrückt: Jedes Movie-Objekt verfügt aufgrund dieser Regel über eine untergeordnete Collection von Actor-Objekten.

Ähnlich enthält das Movies-Objekt eine untergeordnete Collection von Movie-Objekten. Derartige Objekthierarchien sind ziemlich typisch und weit verbreitet. Die erste SetNext-Regel fügt ein Actor-Objekt zu dem Movie-Objekt hinzu, zu dem es gehört. Bevor die erste Set-Next-Regel angewendet wird, befindet sich der Stack in dem Zustand, der in Abbildung 2.7 gezeigt wird.

Abb. 2.7: Der Zustand des Stacks an der Stelle, bevor die SetNext-Regeln angewendet werden

Die erste SetNext-Regel nimmt das Actor-Objekt oben auf dem Stack und ruft die addActor()-Methode des darunter liegenden Movie-Objekts auf, wobei sie das Actor-Objekt als Argument übergibt. Außerdem wird jetzt das Actor-Objekt oben auf dem Stack entfernt, wodurch das Movie-Objekt oben auf dem Stack liegt. Wenn dann die SetNext-Regel in der zehnten Zeile angewendet wird, wird das Movie-Objekt oben auf dem Stack mit der addMovie()-Methode an das darunter liegende Movies-Objekt übergeben und dann vom Stack entfernt, wodurch der Stack nur noch das Movies-Objekt enthält.

Da das XML-Dokument zwei <movie>-Elemente enthält, wird dieser Prozess wiederholt, allerdings ohne die Erstellung des Movies-Objekts, weil dieses nur einmal in dem XML-Dokument vorkommt.

Der gesamte Prozess wird durch folgende Zeile angestoßen:

```
myMovies = jsDigester.parse(sampleXML);
```

Nachdem alle Regeln zu der JSDigester-Instanz hinzugefügt worden sind, wird die `parse()`-Methode aufgerufen, wobei das zu parsende XML-Dokument als Argument übergeben wird. Sie gibt das letzte Objekt zurück, das von dem Stack entfernt wird, in diesem Fall das gewünschte `Movies`-Objekt! Falls Sie das von JSDigester zurückgegebene `Movies`-Objekt mit `alert()` anzeigen würden, könnten Sie alle Daten des XML-Dokuments bestaunen. Hübsch, nicht wahr?

Falls JSDigester ein wenig verwirrend oder überwältigend wirkt, sollten Sie nicht verzweifeln! Viele Leute (ehrlich gesagt, mich eingeschlossen) finden es anfänglich etwas kompliziert. Sie werden ihm in dieser clientseitigen Version und dem großen Bruder, der echten Commons-Digester-Komponente, noch einige Male in diesem Buch begegnen. Ich hoffe, dass Sie es danach als unschätzbares Werkzeug sehen werden, mit dem Sie sich nach einer gewissen Einarbeitungszeit das Leben beträchtlich erleichtern können.

Es gibt noch andere Libraries, um XML-Code in JavaScript zu parsen; doch in diesem Buch werde ich entweder das einfache Filtern des XML-Codes oder JSDigester verwenden. Sollten Sie sich für die Varianten interessieren, können Sie auf folgenden Webseiten anfangen:

- Sarissa (`http://sourceforge.net/projects/sarissa/`): Sarissa ist eine sehr beliebte Library, die nicht nur XML-Code parsen kann. Sie wird als Allzeck-XML-Tool für JavaScript angepriesen und umfasst u.a. eine XSLT-Verarbeitung.

- XML4Script (`http://xmljs.sourceforge.net/website/documentation-w3cdom.html`): Eine weitere beliebte Option.

2.6 Cascading Stylesheets

Betrachten Sie für einen Moment den XML-Code aus dem vorangegangenen Beispiel. Er ist gut geeignet, um Daten und ihre Bedeutung zu erfassen. Stellen Sie sich vor, Sie wollten ein Programm schreiben, um Daten aus diesem XML-Code anzuzeigen. Die Daten sollen etwas peppiger dargestellt werden: Einige Elemente sollen rot, andere fett und wieder andere in größeren Buchstaben erscheinen.

Eine vorstellbare Möglichkeit bestünde darin, die verschiedenen Elemente mit Attributen zu versehen, die dem Programm die gewünschte Darstellung der jeweiligen Daten angeben. Etwa so:

```
<person fontStyle="bold">
  <firstName>Harrison</firstName>
  <lastName fontColor="red">Ford</lastName>
  <age fontSize="18pt">66 (Reine Vermutung!)</age>
</person>
```

Das sieht nicht unvernünftig aus. Der XML-Code ließe sich leicht parsen; die gewünschte Darstellung des Textes ist offensichtlich; und auch menschliche Leser können sofort sehen, was passiert.

Dies ist im Wesentlichen die Lösung, die ursprünglich in HTML gewählt wurde, nur dass nicht immer Elementattribute, sondern oft auch spezielle Tags verwendet wurden. Das folgende Beispiel zeigt dieselben Daten in HTML-Form:

```
<b>
  Harrison<br>
  <font color="#ff0000">Ford</font><br>
  <font size="18pt">66 (Reine Vermutung!)</font>
</b>
```

Nun fragen Sie sich: »Was sagen die font-Tags über die Informationen, die sie auszeichnen? Sagen sie Ihnen etwas mehr über *Harrison* und *Ford*?« Nein! Sie haben semantisch gar nichts mit den Informationen an sich zu tun, die sie auszeichnen; dennoch sind sie hier mit den Informationen vermischt. Was würde passieren, wenn Sie dieselben Informationen auf verschiedenen Webseiten in unterschiedlicher Form anzeigen müssten? Erstens müssten Sie die Daten duplizieren, und zweitens müssten Sie die Auszeichnungen individuell für jede Seite anpassen – ein fehleranfälliger und zeitaufwändiger Prozess!

Stellen Sie sich außerdem vor, dieser HTML-Code würde von einem Screen-Reader für Sehbehinderte verarbeitet und vorgelesen. Was bedeutet das <font>-Tag dann? Absolut nichts! Vielleicht hat das <b>-Tag eine Bedeutung als Anweisung, den Text stärker zu betonen, aber auch das wäre nicht sicher.

An dieser Stelle kommen Cascading Stylesheets (CSS; kaskadierende Stylesheets) ins Spiel. Mit CSS können Sie die Präsentation von Informationen von den Informationen selbst trennen und dadurch Änderungen erleichtern. Außerdem werden die ausgezeichneten Dokumente besser lesbar, da der Leser nicht so viel Text aufnehmen muss. Wie oft haben Sie den Sourcecode einer Webseite studiert und viel Zeit damit verschwendet, allein die Formatierung zu entziffern? Wäre es nicht leichter, die Formatierungsregeln von den Daten zu trennen? Natürlich!

Beispielsweise könnte das HTML-Beispiel folgendermaßen geändert werden:

```
<div class="person">
  Harrison<br>
  <div class="lastName">Ford</div><br>
  <div class="age">66 (Reine Vermutung!)</divt>
</div>
```

Jetzt muss ich nur noch ein so genanntes *Stylesheet* definieren. Ein Stylesheet ist einfach eine Zusammenstellung der Stile, die auf einer Seite verwendet werden sollen. Ein Beispiel:

```
.person { font-weight:bold; }
.lastName { color:#ff0000; }
.age {font-size:18pt; }
```

In diesem Code werden drei so genannte *CSS-Selektoren* definiert: person, lastName und age. Selektoren sind benannte Gruppen von Stilattributen (mehr dazu gleich). Das font-weight-Stilattribut entspricht dem <b>-Tag. Das color-Attribut entspricht dem <font>-Tag mit dem color-Attribut und das font-size-Attribut entspricht dem <font>-Tag mit dem size-Attribut. In der ersten Form des HTML-Codes waren die Schrifteigenschaften in die Tags eingebettet. In der zweiten Form werden die Schrifteigenschaften über den Selektor den entsprechenden HTML-Tags zugeordnet. Die Verbindung wird durch `class`-Attribute hergestellt. An den Textauszeichnungen selbst hat sich nichts geändert, aber jetzt sind sie komplett von den HTML-Tags getrennt.

Der Nutzen dieser Trennung zeigt sich, wenn Sie sich zwei Dinge klar machen: Erstens enthält der geänderte HTML-Code keine Anweisungen mehr über die Darstellung seiner Inhalte. Da Stylesheets in externen Dateien gespeichert werden können, müssen sie nicht einmal zusammen mit den Daten paketiert werden. Das heißt: Daten und Präsentation sind getrennt. Zweitens können Sie jetzt denselben XML-Code leicht in verschiedenen Formen darstellen. Wenn Sie beispielsweise die Darstellung des Alters ändern wollen, müssen Sie nur das Stylesheet ändern.

CSS bietet HTML-Stilkomponenten gegenüber noch einen weiteren Vorteil: Sie können die Präsentation besser kontrollieren und verfügen über reichhaltigere Anzeigemöglichkeiten. CSS verfügt über mehr eingebaute Fähigkeiten als HTML, wodurch Sie eine größere Kontrolle über die Darstellung Ihrer Seiten haben. Beispielsweise können Sie in HTML Folgendes tun:

```
<font face="arial" size="12pt" color="#ff0000">Hallo!</font>
```

Doch in CSS können Sie alle folgenden Formatierungen anwenden:

```
.myFont {
  font-family : arial;
  font-size : 12pt;
  color : #ff0000;
  font-size-adjust : .23;
  font-stretch : ultra-expanded;
  font-variant : small-caps;
  font-weight : bolder;
}
<div class="myFont">Hallo!</div>
```

Beachten Sie, wie viel größer Ihre Kontrolle über die Schrifteigenschaften ist; und dies sind nicht einmal alle!

CSS ist auch recht einfach. In dem vorangegangenen Beispiel habe ich den Begriff *CSS-Selektor* verwendet. Sie können einen Selektor mit einer Basisklasse in Java vergleichen: Er verfügt über einen Satz von Eigenschaften, und jede Klasse, die ihn erweitert, erbt diese Eigenschaften. In diesem Fall erbt jedes Element in dem HTML-Dokument, das als Klasse einen Selektor spezifiziert, dessen Eigenschaften. Deshalb hat der Text in dem <div>-Tag »Hallo!« die Eigenschaften des CSS-Selektors myFont.

Es gibt verschiedene Möglichkeiten, Stylesheets zu speichern. Die erste Variante besteht darin, den Stil »inline« in dem betreffenden Element anzugeben:

```
<div style="font-color:#00ff00;">Green text</div>
```

Stile können auch – wie weiter oben – an anderer Stelle eines HTML-Dokuments definiert und später mit Hilfe des `class`-Attributs referenziert werden. Normalerweise haben derartige Dokumente die folgende Form:

```
<html>
  <head>
    <title>Stylesheet im selben Dokument definiert</title>
```

```
    <style>
      .cssGreenText {
        font-color : #00ff00;
      }
    </style>
  </head>
  <body>
    <div class="cssGreenText">Dieser Text wird grün dargestellt.</div>
  </body>
</html>
```

Dies gilt im Allgemeinen als bevorzugter Stil, weil das Dokument besser strukturiert ist und es leichter ist, bei Bedarf Stile zu finden und zu ändern.

Doch die radikalste Verwendung von Stylesheets besteht darin, sie vollkommen separat von dem HTML-Dokument zu speichern und in dieses einzubinden:

```
<html>
  <head>
    <title>Stylesheet in einem separaten Dokument definiert</title>
    <link rel="stylesheet" href="styles.css" type="text/css">
  </head>
  <body>
    <div class="cssGreenText">Dieser Text wird grün dargestellt.</div>
  </body>
</html>
```

In diesem Fall erstellen Sie eine separate Datei namens `styles.css` (der Name ist beliebig), die einfach den folgenden Inhalt hat:

```
.cssGreenText {
  font-color : #00ff00;
}
```

Auf diese Weise können Sie zu ändernde Stile noch leichter finden. Doch eine Konsequenz dieser Technik ist viel wichtiger: Sie können das Aussehen einer Website einfach dadurch ändern, dass Sie die Datei `styles.css` ändern oder komplett austauschen. Nehmen Sie beispielsweise an, Sie hätten alle Elemente in einem Dokument mit einem Stilselektor verbunden und die Selektoren wären in einer externen Stylesheet-Datei definiert, die in das Dokument eingebunden wird. Nehmen Sie weiter an, Ihr Chef bäte Sie, alle Schriften von Arial in Helvetica, alle Schriftgrößen von 10 pt in 12 pt und die Farben aller Überschriften von Grün in Rot zu ändern, und zwar nicht nur in einem einzigen HTML-Dokument, sondern in 50 Dokumenten, die über die gesamte Website verstreut sind. Falls alle Dokumente dasselbe Stylesheet verwenden und Sie sorgfältig die korrekten Selektoren auf alles angewendet haben, müssten Sie nur das externe Stylesheet ändern und könnten im Handumdrehen die Wünsche Ihres Chefs für die gesamte Website erfüllen! Aus der Perspektive der Wartung ist dies sicher ein wünschenswerter Ansatz.

Dies ist im Großen und Ganzen die Art, wie CSS in diesem Buch verwendet wird. In einigen Fällen werden die Stile auch inline spezifiziert werden:

```
<input type="text" style="color:#ff0000;">
```

Mit dieser Anweisung wird ein Eingabetextfeld mit roter Textfarbe definiert. Dieser Ansatz wird normalerweise nicht empfohlen, da die Stilinformationen in die Struktur des Dokuments eingebettet sind, was, wie erwähnt, der Trennung von Daten und Präsentation durch CSS widerspricht. Doch in einigen Fällen, in denen nur ein einziges Stilattribut gesetzt werden muss, ist es akzeptabel. Ein weiterer wichtiger Punkt ist auch, dass Sie Folgendes tun können:

```
<input type="text" class="myInputStyle" style="color:#ff0000;">
```

Praktisch wenden Sie dadurch die durch den `myInputStyle`-Selektor spezifizierten Stile auf das Textfeld an, überschreiben dann aber den angegebenen `color`-Stil durch den Inline-Stil. Auf diese Weise können Sie gezielt einzelne Aspekte von Elementen verändern, die ansonsten alle denselben Stil haben.

Eine Anmerkung zu Farben in CSS: Sie können Farben in der Form `#rrggbb` (rot, grün und blau) definieren, wobei die einzelnen Werte (`rr`, `gg` und `bb`) jeweils durch eine Hexadezimalzahl von `00` bis `ff` repräsentiert werden. Diese Form werde ich am häufigsten verwenden. Sie können auch eine Reihe vordefinierter Farbbezeichner anwenden. So entspricht beispielsweise `blue` dem Wert `#0000ff`, `red` dem Wert `#ff0000`, `yellow` dem Wert `#ffff00` und `teal` dem Wert `#008080`. (Einige vollständige Liste der Farbbezeichner und ihrer Werte finden Sie in jeder CSS-Referenz.) Zweifellos sind die Farbbezeichner klarer und wartungsfreundlicher. Doch falls Sie (wie ich) mit RGB-Werten vertraut sind, können Sie auch diese verwenden.

Einer der wichtigsten Aspekte von CSS ist die Tatsache, dass Sie zusammen mit JavaScript und der DOM-Manipulation den Stil von Elementen dynamisch zur Laufzeit ändern können (siehe Listing 2.17).

```html
<html>
  <head>
    <title>Stiländerungsbeispiel</title>

    <style>
      .style1 {
        color : #000000;
        font-weight : normal;
        font-size : 12pt;
      }
      .style2 {
        color : #ff0000;
        font-weight : bold;
        font-size : 20pt;
      }
    </style>

    <script>
      function switchStyle() {
        o = document.getElementById("myText");
        if (o.className == "style1") {
          o.className = "style2";
        } else {
          o.className = "style1";
```

```
        }
      }
    </script>
  </head>

  <body>
    <div class="style1" id="myText">Etwas Text</div>
    <br>
    <input type="button" value="Anklicken, um den Stil zu ändern"
    onClick="switchStyle();">
  </body>

</html>
```

Listing 2.17: Ein einfaches Beispiel für die Änderung des Stils eines Elements

Das Beispiel zeigt zunächst die typische Anwendung eines Stils: Ein Selektor wird mit Hilfe des class-Attributs einem <div>-Element zugeordnet. Ein <div> ist im Grunde nur ein Container, in den Sie beliebige Elemente einfügen können, die Sie später mit Hilfe einer ID ansprechen wollen. Ein <div> kann weitere Auszeichnungen enthalten. Diese können sehr komplex sein und alles umfassen, was man in eine Webseite einfügen kann. Wichtig ist, dass Sie den Inhalt eines <div>-Elements als Einheit mit Hilfe einer DOM-ID ansprechen und abrufen können. Das <div>-Element in diesem Beispiel verfügt über die ID myText. Sein class-Attribut hat anfänglich den Wert style1, das heißt, der gleichnamige Selektor wird auf dieses Element angewendet. Wenn Sie den Button anklicken, wird die Funktion switch-Style() aufgerufen. Sie fragt mit der getElementById()-Methode des Dokumentobjekts eine Referenz des <div>-Elements ab. Dies ist die typische (und durch das W3C standardisierte) Methode, um eine Referenz auf ein DOM-Element zu bekommen. Die Variable o enthält jetzt eine Referenz auf das DOM-Objekt. Mit Hilfe ihrer Methoden und Eigenschaften können Sie jetzt dieses Objekt manipulieren. In diesem Fall ändern Sie den Wert seiner className-Eigenschaft, die dem class-Attribut des <div>-Tags entspricht. Sie prüfen nur den aktuellen Wert dieser Eigenschaft und weisen ihr dann den anderen Stilselektor zu. Diese Technik wird in Ajax-Anwendungen sehr häufig verwendet; Sie werden ihr in diesem Buch immer wieder begegnen.

Einen weiteren Punkt möchte ich noch erwähnen: Einige CSS-Stilattribute können einen URL, normalerweise eines Bildes, enthalten. Beispielsweise können Sie mit dem background-image-Attribut ein bestimmtes Bild als Hintergrund eines Elements verwenden:

```
.cssMyBackground { background-image : url(pageBackground.gif); }
```

Die Syntax, mit der ein URL referenziert wird, url(), ähnelt der einer Funktion, ist aber keine. Wenn Sie jetzt den cssMyBackground-Selektor dem <body>-Element einer Seite zuweisen, zeigt dieses das Bild pageBackground.gif im Hintergrund an.

CSS ist heute relativ browserübergreifend standardisiert. Es gibt gegenwärtig zwei Versionen, CSS1 und CSS2. Sie können recht sicher sein, dass alle CSS1-konformen Stile in allen Browsern gleich dargestellt werden. Dasselbe gilt für einen großen Teil von CSS2, allerdings mit gewissen Einschränkungen. In diesem Buch verwende ich möglichst nur CSS1-Attribute.

Die vielleicht besten Beispiele für die Leistungsstärke und Flexibilität von CSS finden Sie auf einer Website namens CSS Zen Garden (www.csszengarden.com). Diese Site möchte Ihnen zeigen, wie Sie das gesamte Aussehen einer Website einfach durch den Austausch des Stylesheets ändern können. Die Abbildungen 2.8 bis 2.10 zeigen, dass die Daten auf diesen Seite alle identisch sind. Das Einzige, was sich jeweils ändert, ist das Stylesheet der jeweiligen Seite. Beachten Sie, wie das gesamte Look-and-Feel einer Site auf diese Weise geändert werden kann.

Abb. 2.8: *CSS Zen Garden*-Beispiel: ein orientalisches Styling

Abb. 2.9: *CSS Zen Garden*-Beispiel: ein moderneres Styling

Abb. 2.10: *CSS Zen Garden*-Beispiel: ein altmodisches Styling

Ein Aspekt des CSS Zen Garden ist besonders wichtig: *Das Design basiert nicht auf Tabellen.* Wenn Sie sich den Sourcecode einiger Seiten anschauen, werden Sie kein einziges `<table>`-Tag finden! Mit CSS können Sie die Komponenten einer Seite ohne Tabellen auf verschiedene Arten anordnen. Viele CSS-Enthusiasten heben dies als großen Vorteil hervor, weil sie auf Tabellen basierende Layouts als übermäßig komplex ansehen, die zudem Präsentation und Inhalte nicht sauber trennen. Doch leider ist die Entscheidung nicht immer leicht, weil es immer noch Layouts gibt, die sich mit CSS nur schwer, mit Tabellen dagegen leicht realisieren lassen.

Dennoch ist eine Website wie CSS Zen Garden ein gewichtiges Argument für die Vorteile von rein auf CSS basierenden Sites!

Bevor ich dieses Thema abschließe, möchte ich die Stilattribute zusammenfassen, die in diesem Buch am häufigsten verwendet werden (Tabelle 2.4). Es gibt sicher noch viele mehr, die ich überhaupt nicht verwende. Wollen Sie Näheres wissen, sollten Sie eines der vielen einschlägigen Bücher über CSS lesen.

Attribut	Beschreibung
background	Tatsächlich gibt es mehrere Attribute, die den Hintergrund eines Elements betreffen, doch mit diesem können Sie mehrere auf einmal setzen. So können Sie im Hintergrund einer Seite ein gekacheltes Bild, das seine Position behält, wenn die Seite verschoben wird, wie folgt anzeigen: BODY { background: url(myBackground.gif) repeat fixed }, statt background-image, background-attachment und background-repeat einzeln zu setzen.

Tabelle 2.4: Die CSS-Stilattribute, die in diesem Buch am häufigsten verwendet werden

Attribut	Beschreibung
background-color	Damit setzen Sie die Hintergrundfarbe eines Elements. Es wird häufiger verwendet, um das aktive Textfeld eines Formulars anzuzeigen, beispielsweise in InstaMail.
border	Dies ist ein weiteres Shortcut-Attribut, mit dem Sie mehrere Rahmen-Attribute auf einmal setzen können. Das folgende Beispiel versieht ein `<div>` mit einem roten, fünf Pixel breiten Rahmen: `<div style="border: solid #ff0000 5px;">Text</div>`.
color	Damit wird die Textfarbe eines Elements gesetzt. Einige grafische Elemente (etwa einige Formular-Controls) können dieses Attribut auch auf den Rahmen oder andere Teile eines Elements anwenden.
cursor	Damit setzen Sie die Form des Mauszeigers, wenn dieser auf dem Bildschirm über dem betreffenden Element steht. Wenn der Zeiger etwa die Form einer Hand haben soll, setzen Sie das cursor-Attribut auf den Wert hand (wenigstens im Internet Explorer).
display	Damit legen Sie fest, wie (oder ob) ein Element in dem Dokument angezeigt werden soll. Die häufigsten Werte sind block oder none. none bedeutet einfach, dass das Element überhaupt nicht angezeigt wird und dass dafür auch kein Platz in dem Dokument reserviert wird. block bedeutet, dass das Element als Block dargestellt werden soll, was die normale Form der Darstellung ist. Anders ausgedrückt: Mit diesem Attribut können Sie Elemente anzeigen oder verbergen, ohne Platz für nicht angezeigte Elemente zu reservieren (im Gegensatz zu dem visibility-Attribut, siehe unten).
font-family	Die Familie der Schrift, in der der Text dargestellt wird. Sie können einen Schriftartnamen oder eine generische Familie wie etwa serif angeben. Falls das System nicht über die entsprechende Schriftart verfügt, wählt der Browser eine Schrift aus, die ihr am nächsten kommt. Sie können auch eine durch Kommas getrennte Liste mit Schriftarten und -familien angeben. Dann versucht der Browser, sie in der angegebenen Reihenfolge zu finden. Deshalb sollte der letzte Wert dieser Liste so allgemein wie möglich sein, etwa ein gebräuchlicher Name einer Schriftfamilie.
font-size	Die Größe des Textes. Sie können eine Liste mit Konstanten angeben, die die bekannten absoluten Größen (u.a. xx-small, medium oder xx-large) setzen. Sie können auch die Konstanten larger oder smaller verwenden, die die Größe relativ zum übergeordneten Element setzen. Schließlich können Sie genaue Schriftgrößen in den Einheiten pt oder em angeben.
font-style	Der Stil des Textes: normal, italic oder oblique.
font-weight	Die Textauszeichnung: Mögliche Werte sind u.a. bold, bolder, lighter, 100, 500. Normalerweise werden entweder bold oder normal verwendet.
height	Die Höhe eines Elements. Damit dieses Attribut gesetzt werden kann, muss das position-Attribut auf absolute gesetzt sein.

Tabelle 2.4: Die CSS-Stilattribute, die in diesem Buch am häufigsten verwendet werden (Forts.)

Attribut	Beschreibung
left	Die Position des linken Rands eines positionierbaren Elements, entweder relativ zu dem Browserfenster, wenn das position-Attribut auf absolute gesetzt ist, oder relativ zu der Position, an der das Element normalerweise in dem Dokument angezeigt werden würde, wenn das position-Attribut auf relative gesetzt ist.
margin-bottom	Der Leerraum jenseits des unteren Rands eines Elements; der Wert wird bei der Berechnung der Höhe des Elements nicht berücksichtigt.
margin-left	Der Leerraum jenseits des linken Rands eines Elements; der Wert wird bei der Berechnung der Breite des Elements nicht berücksichtigt.
margin-right	Der Leerraum jenseits des rechten Rands eines Elements; der Wert wird bei der Berechnung der Breite des Elements nicht berücksichtigt.
margin-top	Der Leerraum jenseits des oberen Rands eines Elements; der Wert wird bei der Berechnung der Höhe des Elements nicht berücksichtigt.
overflow	Das Verhalten des Elements, wenn sein Inhalt größer als seine Höhe ist. Was passiert beispielsweise, wenn Sie einen Roman wie *Moby Dick* in einem <div> anzeigen wollen, das zehn Pixel breit und zehn Pixel hoch ist? Dieses Attribut liefert die Antwort. Ist sein Wert auto, bestimmt der Browser das Verhalten. Ist der Wert hidden, ist das Element immer zehn Pixel mal zehn Pixel; alles, was darüber hinausgeht, wird nicht angezeigt. Ist der Wert scroll, sollte das Element Scrollbars zum Verschieben des Inhalts anzeigen. Achtung: Nicht alle Elemente beachten diese Einstellung. Doch <div>-Elemente tun dies. Ist der Wert visible, wird das Element so vergrößert, dass sein Inhalt komplett sichtbar ist (natürlich in den Grenzen des verfügbaren Fensters).
padding	Die Füllung (der Leerraum) zwischen dem Rahmen eines Elements und seinem eigentlichen Inhalt (Text/Bild/Grafik). Dieses Attribut ist ein Shortcut, mit dem Sie die Füllung auf allen vier Seiten eines Elements setzen können. Für einzelne Seiten können Sie padding-bottom, padding-top, padding-left bzw. padding-right verwenden.
position	Die Art der Positionierung eines Elements. Sie können seine Eigenschaften left und top sowie die Art der Positionierung festlegen. Ist der Wert absolute, beziehen sich die Koordinaten auf das Browserfenster selbst, das heißt, die Koordinaten 0, 0 bedeuten die obere linke Ecke des Datenbereiches des Browserfensters. Ist der Wert relative, bezieht sich die Position relativ auf die Position, an der das Element bei der Darstellung des Dokuments normalerweise angezeigt werden würde.
top	Die Position des oberen Rands eines positionierbaren Elements, entweder relativ zum Browserfenster, wenn das position-Attribut auf absolute gesetzt ist, oder relativ zu der Position, an der das Element normalerweise in dem Dokument angezeigt werden würde, wenn das position-Attribut auf relative gesetzt ist.

Tabelle 2.4: Die CSS-Stilattribute, die in diesem Buch am häufigsten verwendet werden (Forts.)

Attribut	Beschreibung
visibility	Die Sichtbarkeit eines positionierten Elements; im Unterschied zu dem display-Attribut wird der Platz des Elements in dem Dokument reserviert, wenn visibility den Wert hidden hat.
width	Die Breite eines Elements. Damit dieses Attribut gesetzt werden kann, muss das position-Attribut auf absolute gesetzt sein.
z-index	Die Position eines Elements in der Z-Order (auf der Z-Achse oder im Anzeigestapel). Vergleicht man die Elemente auf einer Seite mit einem Satz Spielkarten, hat die unterste (nicht sichtbare oder verdeckte!) Karte den niedrigsten und die oberste (sichtbare!) Karte den höchsten z-index. Elemente mit einem höheren z-index liegen über Elementen mit einem relativ niedrigeren z-index. Wenn zwei <div>-Elemente einer Webseite dasselbe position-Attribut absolute sowie dasselbe left- und top-Attribut haben, überlappen sie sich. Dann bestimmt der Wert des z-index-Attributs, welches Element oben liegt und deshalb sichtbar ist und welches unten liegt und deshalb verdeckt ist. Das Element mit dem höheren Wert liegt oben.

Tabelle 2.4: Die CSS-Stilattribute, die in diesem Buch am häufigsten verwendet werden (Forts.)

Noch einmal: Tabelle 2.4 enthält nicht alle CSS-Attribute, sondern nur die, die in diesem Buch am häufigsten verwendet werden. Wenn Sie andere Attribute sehen, die hier nicht erwähnt sind, finden Sie ein gute Referenz auf der Website von *W3C Schools* (www.w3schools.com/css/css_reference.asp).

2.7   Zusammenfassung

In diesem Kapitel habe ich die grundlegenden Technologien und Verfahren beschrieben, die in dem Rest des Buches zur Entwicklung der Ajax-Anwendungen verwendet werden. Ich habe JavaScript ausführlicher beschrieben und einige etwas fortgeschrittenere Themen vorgestellt, um zu zeigen, dass es durchaus professionellen Ansprüchen gerecht wird. Sie haben XML kennen gelernt und gesehen, wie Sie XML-Code clientseitig parsen können. Außerdem habe ich die folgenden Themen behandelt: dynamisches HTML, DOM-Manipulation und Cascading Stylesheets.

Falls die in diesem Kapitel behandelten Themen für Sie absolutes Neuland waren und Ihnen diese Einführung nicht ausreicht, empfehle ich Ihnen, eines der vielen einschlägigen Bücher zu lesen. Auch wenn ich glaube, dass Sie in diesem Kapitel die Grundlagen bekommen haben, um die kommenden Anwendungsbeispiele nachzuvollziehen, konnte ich hier keinesfalls alle Details dieser Themen behandeln. Sie können nur gewinnen, wenn Sie sich ausführlicher mit Hilfe anderer Quellen mit diesen Themen auseinandersetzen.

Die Serverseite

Ähnlich wie die Kapitel 1 und 2 können Sie auch dieses Kapitel überspringen, wenn Sie Java bereits kennen. Wenn Sie wissen, wie ein Java Development Kit (JDK) installiert wird, wenn Sie bereits mit Tomcat gearbeitet haben, wenn Sie einige einfache Java-Programme, Servlets und JavaServer Pages (JSPs) geschrieben haben, wenn Sie XML in Java parsen können und wenn Sie ein Web Application Archive (WAR) in Tomcat deployen und starten können, dann hat Ihnen dieses Kapitel wenig zu bieten. Doch wenn diese Themen neu für Sie sind oder Sie Ihr Gedächtnis auffrischen wollen, sollten Sie weiterlesen! In diesem Kapitel beschreibe ich, wie Sie Ihre Entwicklungsumgebung für die Arbeit mit den Beispielanwendungen im Rest dieses Buches einrichten müssen, und gebe Ihnen einen Überblick über die Java-Entwicklung im Allgemeinen und die Java-basierte Webentwicklung im Besonderen. Außerdem erkläre ich, wie Sie die folgenden Beispielanwendungen deployen und ausprobieren können.

3.1 Die Projektentwicklungsumgebung

Ich nehme an, dass Sie mit Java einigermaßen vertraut sind und sich speziell für das interessieren, was für Sie möglicherweise neu ist: Ajax und die clientseitige Entwicklung. Sie möchten wissen, wie Ajax mit dem serverseitigen Java-Code zusammenarbeitet, den Sie bereits schreiben können (ich hoffe, dass Sie auch serverseitig noch einiges mitnehmen können, aber dies ist nicht meine Hauptabsicht). Aufgrund dieser Annahmen gehe ich in diesem Kapitel anders vor als in Kapitel 2 und werde nicht wie bei JavaScript auf die Grundlagen von Java und Ähnlichem eingehen. Ich werde jedoch einige Dinge behandeln, die möglicherweise nicht zu Ihrer täglichen Arbeit gehören, einschließlich Ant und Tomcat; außerdem werde ich Servlets und JSPs sowie das Parsen von XML auf dem Server kurz beschreiben.

Im ersten Abschnitt möchte ich einfach prüfen, ob Ihre Entwicklungsumgebung korrekt für die Arbeit mit den Projekten in diesem Buch eingerichtet ist, das heißt, ob auf Ihrem System ein geeignetes JDK installiert ist. Alle Beispiele in diesem Buch wurden mit dem JDK 1.4.2 entwickelt und sollten daher problemlos mit neueren Versionen (1.5) funktionieren. Falls das JDK 1.4.2 bei Ihnen nicht installiert ist, sollten Sie es von `http://java.sun.com` herunterladen und installieren, damit Ihre Umgebung mit den Projekten konsistent ist. Die Unterversion (d.h. 1.4.2_10 oder Ähnliches) spielt keine Rolle; jede 1.4.2-Version sollte ausreichen. Sie sollten dieses JDK problemlos neben anderen vorhandenen Versionen des JDK installieren können. (Haben Sie bereits eine andere JDK-Version installiert, sollten Sie vorsichtshalber jedoch die Dokumentation von Sun lesen, um Ihr jetziges JDK nicht zu gefährden.) Falls Sie noch nie ein JDK installiert haben, laden Sie einfach den entsprechenden Installer für Ihr Betriebssystem herunter und führen ihn aus. Er leitet sie in wenigen Minuten durch den einfachen Installationsprozess.

Außerdem sollten Sie das Verzeichnis `<jdk>/bin` zu Ihrem Pfad hinzufügen; `<jdk>` ist das Stammverzeichnis des JDK. Nebenbei bemerkt: Ich habe mir angewöhnt, das JDK unter Windows immer in `c:\jdk` und unter *nix-Systemen in `/home/jdk` zu installieren. So kann ich mein JDK aktualisieren, ohne mich um anderes kümmern zu müssen. Solange die Verzeichnisstruktur gleich bleibt, was seit einiger Zeit der Fall gewesen ist, wird das JDK aktualisiert, und alles, was darauf verweist, funktioniert weiterhin unverändert. Es müssen keine Umgebungsvariablen, Skripts oder Ähnliches geändert werden; alles funktioniert mit der neueren Version. Natürlich bleibt die Wahl Ihnen überlassen; es gibt keinen zwingenden *technischen* Grund für diese Verzeichnisstruktur; aber sie hat mir Zeit und Mühe gespart, weshalb ich sie Ihnen hier als Möglichkeit vorschlage.

Anmerkung: Sie müssen für die Projekte in diesem Buch *nicht* J2EE herunterladen. Das einzige J2EE API, das in diesem Buch verwendet wird, ist das Servlet API, das in den Anwendungen enthalten ist.

Abgesehen von dem JDK können Sie eine Entwicklungsumgebung Ihrer Wahl verwenden. Ich arbeite gerne mit *UltraEdit*, einem fantastischen Windows-Texteditor für Programmierer (`www.ultraedit.com`). UltraEdit ist zwar nicht kostenlos, aber meiner Meinung nach ohne wirkliche Konkurrenz. Ein weiterer großartiger Texteditor ist *jEdit* (`www.jedit.org`). Dieser Editor ist kostenlos. Da er in Java geschrieben ist, funktioniert er plattformübergreifend. Dinge wie Plugins zeigen, dass er speziell auf die Programmierung zugeschnitten ist. Beide Editoren stellen eine gute Wahl dar.

Zum Thema IDEs: Ich suche immer noch nach einer IDE, die mich weniger behindert, als sie mich produktiver macht. Deshalb arbeite ich – außerordentlich effizient – lieber ohne IDE. Viele haben darüber ganz andere Ansichten – und das ist in Ordnung! Folgen Sie einfach Ihren Präferenzen und benutzen Sie die Werkzeuge, mit denen Sie am effizientesten arbeiten und sich am wohlsten fühlen! Falls Sie eine IDE suchen, ist heutzutage Eclipse (`www.eclipse.org/`) am weitesten verbreitet und zudem noch kostenlos. Eine weitere erwähnenswerte IDE und die einzige, die ich je benutzt habe und in Zukunft vielleicht regelmäßig nutzen könnte, ist IntelliJ IDEA (`www.jetbrains.com/idea/`). Sie ist zwar nicht kostenlos, wird aber von vielen Entwicklern sehr geschätzt. Wenn Sie diese IDE nicht kennen, lohnt ein Blick darauf auf jeden Fall.

Alle Beispiele in diesem Buch werden mit Ant erstellt. Das bedeutet, Sie können sie leicht von der Befehlszeile aus oder aus einer IDE oder den meisten guten Texteditoren heraus erstellen. Die Wahl liegt bei Ihnen.

Zunächst ein kurzer Überblick über Ant.

3.2 Ant: Ein Open-Source Build Tool für Java-Anwendungen

Falls Sie Ant noch nicht für Ihre tägliche Entwicklungsarbeit einsetzen, ist dieser Abschnitt allein wahrscheinlich den Preis dieses Buches wert!

Ant ist ein Produkt der Apache Software Foundation (`http://ant.apache.org`). Seine Homepage sagt: »Apache Ant ist ein Java-basiertes Build Tool. Theoretisch ist es mit *Make* verwandt, ohne dessen Eigenheiten zu haben.«

Für Leser, die Make nicht kennen, möchte ich es kurz beschreiben. Make wird normalerweise in der C/C++-Welt verwendet (ist aber nicht auf C/C++ beschränkt), um Quellcode in Objektcode zu übersetzen. Es ist kein Compiler, sondern ein Utility, das Compiler und andere Werkzeuge nutzt, um ein Programm zu erstellen. Make arbeitet mit so genannten *Makefiles*, Dateien, die den Prozess der Programmerstellung von Anfang bis Ende steuern. Sie sind mithin Skripts für einen Build-Prozess.

Einer der Mängel von Make, die Ant beheben möchte, besteht darin, dass Make nicht plattformübergreifend funktioniert. Die meisten Plattformen verfügen zwar über Make-Imple-
mentierungen, doch unterscheiden sich diese oft durch subtile Details, die Programmierern
das Leben schwer machen. Hauptsächlich deswegen ist Make weniger robust, und Builds
scheitern eher. Außerdem gibt es für Ant eine beeindruckende Anzahl von Erweiterungen, die
seine Leistungsstärke in viele Richtungen erweitern. Während Make ebenfalls die meisten
externen Werkzeuge nutzen kann, funktioniert deren Einbindung nicht annähernd so nahtlos
oder leicht wie bei Ant.

Falls Ant nicht auf Ihrem System installiert ist, sollten Sie dies jetzt nachholen. Die Installation besteht aus den folgenden einfachen Schritten:

1. Laden Sie die passende Archivdatei von der Ant-Website herunter.
2. Entpacken Sie die Datei in das Verzeichnis, in dem Sie Ant installieren wollen. (Es werden
    keine Registry-Schlüssel gesetzt! Tatsächlich könnten Sie das Ant-Verzeichnis von einem
    PC auf einen anderen kopieren, und Ant würde funktionieren. Es gibt also eigentlich keine
    Installation per se. Im Allgemeinen müssen Sie nur eine Umgebungsvariable (ANT_HOME,
    siehe Punkt 3) setzen, die auf das Ant-Binary zeigt, wodurch Sie dieses von einer beliebigen
    Stelle aus aufrufen können; doch streng genommen ist sogar dies optional.)
3. Setzen Sie eine Umgebungsvariable namens ANT_HOME, die auf das Verzeichnis zeigt, in
    dem Sie Ant entpackt haben. (Tatsächlich ist dieser Schritt optional; denn Ant kann norma-
    lerweise den korrekten Wert erschließen. Ich empfehle Ihnen aber, ihn ausdrücklich zu set-
    zen, um mögliche Probleme zu vermeiden.)
4. Fügen Sie das Verzeichnis ANT_HOME/bin zu Ihrem Pfad hinzu.
5. Setzen Sie eine Umgebungsvariable namens JAVA_HOME, die auf Ihr JDK zeigt.

Danach sollte Ant einsatzbereit sein.

Ant unterscheidet sich von anderen Build Tools wie Make dadurch, dass es nicht nur eine
Hülle um die Befehlszeilenumgebung, sondern ein deklaratives Werkzeug ist, das durch Java-
Klassen erweitert werden kann. Ant ruft eine Build-Datei auf, die recht unkomplizierten XML-
Code enthält, interpretiert diesen Code und führt die darin spezifizierten Aktionen aus. Lis-
ting 3.1 zeigt ein sehr einfaches Beispiel für eine Ant-Build-Datei.

```xml
<project name="ASimpleBuildScript" default="compile" basedir=".">

  <description>
    Ein einfaches Ant-Buildskript-Beispiel
  </description>

  <property name="src" location="src" />
  <property name="temp" location="temp" />
  <property name="jar_dest" location="jardest" />

  <target name="init">
    <echo message="Beginn des Builds ..." />
    <delete dir="${temp}" />
    <delete dir="${jar_dest}" />
    <mkdir dir="${temp}" />
    <mkdir dir="${jar_dest}" />
  </target>
```

```
    <target name="compile" depends="init"
      description="Anwendung kompilieren">
      <javac srcdir="${src}" destdir="${temp}" />
    </target>

    <target name="make_jar" depends="compile"
      description="JAR-Datei erstellen">
      <jar jarfile="${jar_dest}/app.jar" basedir="${temp}" />
    </target>

    <target name="clean" description="Sauber machen">
      <delete dir="${temp}" />
      <delete dir="${jar_dest}" />
    </target>

</project>
```

Listing 3.1:   Ein einfaches Ant-Buildskript

Speichern Sie dieses Skript in einer Datei namens `build.xml` in einem Verzeichnis Ihrer Wahl. Öffnen Sie dann eine Eingabeaufforderung, gehen Sie zu diesem Verzeichnis, geben Sie **ant** ein und drücken Sie auf ⏎. Ihre Anzeige sollte ähnlich wie Abbildung 3.1 aussehen.

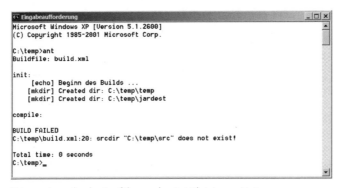

Abb. 3.1: Ausgabe der Ausführung des Ant-Skripts aus Listing 3.1

Auch wenn hier ein Fehler vorzuliegen scheint, weil am Ende eine BUILD FAILED-Nachricht steht, ist alles in Ordnung. Sie werden gleich sehen, warum. Die Build-Datei beginnt mit den folgenden Zeilen:

```
<project name="ASimpleBuildScript" default="compile" basedir=".">

  <description>
    Ein einfaches Ant-Buildskript-Beispiel
  </description>
```

Die erste Zeile enthält das Root-Element des XML-Dokuments sowie einige grundlegende Informationen über das Projekt, das mit diesem Skript erstellt wird, einschließlich seines Namens und des Stammverzeichnisses, das als Basis aller Skriptpfade verwendet wird. (Hier wird ein einzelner Punkt angezeigt, der das gegenwärtige Verzeichnis bedeutet und am häufigsten verwendet wird. Doch das Buildskript kann auch in einem ganz anderen Verzeichnis als das Projekt stehen, und Sie können hier dessen Verzeichnis angeben.) Das `default`-Attribut definiert das Target, das ausgeführt werden soll, wenn kein Target spezifiziert wird. Was ein Target ist, werde ich gleich erklären.

Der nächste Abschnitt enthält einfach eine Beschreibung des Skripts. Sie wird unter anderem mit weiteren Informationen angezeigt, wenn Sie den Befehl `ant -p` auf der Befehlszeile ausführen. So können Sie schnell herausfinden, was ein neues Projekt tut.

Danach werden einige Eigenschaften (`property`-Elemente) definiert:

```
<property name="src" location="src" />
<property name="temp" location="temp" />
<property name="jar_dest" location="jardest" />
```

Eigenschaften haben in Ant die Funktion von Variablennamen in Programmiersprachen: Sie sind Platzhalter für bestimmte Werte, die Sie überall in dem Skript einsetzen können. Um beispielsweise die `src`-Eigenschaften in dem Skript zu verwenden, fügen Sie an der gewünschten Stelle den Ausdruck `${src}` ein. Dann wird der entsprechende Wert eingefügt, bevor das Skript interpretiert wird. Hier werden drei Eigenschaften definiert: `src` gibt den Speicherort der Quelldateien des Projekts ein, `temp` ist ein temporäres Verzeichnis, in dem die kompilierten Klassen gespeichert werden, und `jar_dest` ist das Zielverzeichnis, in dem die JAR-Datei erstellt wird.

Danach werden vier Targets definiert. Ein Target in Ant entspricht in etwa einer Methode in Java oder einer Funktion in JavaScript. Es besteht im Wesentlichen aus ausführbarem Skriptcode. Wollen Sie beispielsweise das Target `clean` ausführen, können Sie `ant clean` auf der Befehlszeile eingeben.

Das erste Target ist das `init`-Target:

```
<target name="init">
  <echo message="Beginn des Builds ..." />
  <delete dir="${temp}" />
  <delete dir="${jar_dest}" />
  <mkdir dir="${temp}" />
  <mkdir dir="${jar_dest}" />
</target>
```

Das `name`-Attribut des `<target>`-Tags erklärt sich selbst. Dieses Target hat den Zweck, den Build-Prozess zu initialisieren. Zunächst wird mit dem `<echo>`-Tag eine Nachricht angezeigt, die den Benutzer über den Beginn des Build-Prozesses informiert. (Da es sich hier um XML-Code handelt, wird alles irgendwie durch Tags ausgezeichnet.) Diese Tags werden im Sprachgebrauch von Ant als *Tasks* bezeichnet. Als Nächstes werden mit dem `<delete>`-Task das temp-Verzeichnis und das JAR-Zielverzeichnis gelöscht. Anmerkung: Diese Verzeichnisse werden mit Hilfe von Eigenschaften referenziert, die weiter vorne definiert worden sind. Auf diese Weise müssen die eigentlichen Verzeichnisnamen nur an einer einzigen Stelle definiert und gepflegt werden. Tatsächlich könnten Sie auch eine externe Datei referenzieren, in der alle Ihre Eigenschaften gespeichert sind, um so im Wesentlichen die potenziell variablen Teile Ihres Skripts von seiner eigentlichen Verarbeitungslogik zu trennen.

Schließlich werden diese beiden Verzeichnisse mit dem `<mkdir>`-Task erneut angelegt, damit sie für den Rest des Build-Prozesses zur Verfügung stehen.

Das nächste Target ist das `compile`-Target:

```
<target name="compile" depends="init"
  description="Anwendung kompilieren">
  <javac srcdir="${src}" destdir="${temp}" />
</target>
```

Das `target`-Tag enthält zwei neue Attribute: `depends` und `description`. In dem Attribut `description` können Sie angeben, welchen Zweck das Target erfüllt. Wenn Sie ant –p auf der Befehlszeile ausführen, erhalten Sie etwa die Anzeige aus Abbildung 3.2.

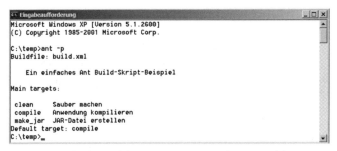

Abb. 3.2: Ausgabe der Ausführung von ant –p mit dem Beispielskript

Die Abbildung zeigt, dass das `description`-Attribut eine wichtige Rolle spielt: Es liefert Informationen über den Zweck der verfügbaren Targets. Deshalb sollten Sie Ihre Targets immer mit aussagekräftigen Beschreibungen versehen.

Mit dem `depends`-Attribut können Sie Abhängigkeiten zwischen Targets definieren. Anders ausgedrückt: Der Output des Befehls ant –p zeigt Ihnen, dass `compile` das `default`-Target ist. Das heißt, wenn Sie auf der Befehlszeile nur ant eingeben, wird das `compile`-Target ausgeführt. Das `compile`-Target hat das Attribut `depend="init"`, das heißt, es hängt von dem `init`-Target ab. Deshalb führt Ant das `init`-Target *vor* dem `compile`-Target aus. Hätte das `init`-Target ebenfalls ein `depends`-Attribut, würde das darin referenzierte Target vor `init` ausgeführt werden usw., wodurch eine Kette gebildet würde. Dies ist die typische Art und Weise, Ant-Dateien zu schreiben. Etwas später werde ich einen alternativen Ansatz darstellen, den ich bevorzuge und in den Buildskripts in diesem Buch verwendet habe. Doch weil die hier geschilderte Verwendung von `depends` typisch ist, sollten Sie verstehen, wie dieses Attribut funktioniert.

In dem `compile`-Target wird der `<javac>`-Task verwenden. Dieser Task verfügt über zahlreiche Optionen. In diesem Beispiel werden aber nur zwei verwendet: `srcdir` definiert das Verzeichnis mit den Java-Quelldateien und `destdir` das Zielverzeichnis für die kompilierten Klassen. Auch hier werden die Pfade mit Hilfe von Eigenschaften definiert. Der `<javac>`-Task ist sehr leistungsstark. Er kann einen gesamten Baum mit Quellcodedateien kompilieren, Abhängigkeiten zwischen diversen Klassen auflösen und in dem `destdir` eine korrekte Package-Struktur erstellen.

Nach dem `compile`-Target steht das `make_jar` Target:

```
<target name="make_jar" depends="compile"
  description="JAR-Datei erstellen">
  <jar jarfile="${jar_dest}/app.jar" basedir="${temp}" />
</target>
```

Dieses Target hängt von dem `compile`-Target ab. Die JAR-Datei kann erst erstellt werden, wenn die Klassen kompiliert worden sind. Die Abhängigkeit sorgt dafür, dass diese Bedingung erfüllt wird, bevor `make_jar` ausgeführt wird. In diesem Target wird der `<jar>`-Task verwendet. Wie sein Name sagt, erstellt er eine JAR-Datei mit dem Namen, der in dem `jarfile`-Attribut spezifiziert wird. Die Dateien, die in der JAR-Datei zusammengefasst werden sollen, werden durch den Pfad angegeben, der in dem `basedir`-Attribut spezifiziert wird.

Das letzte Target ist das `clean`-Target:

```
<target name="clean" description="Sauber machen">
  <delete dir="${temp}" />
  <delete dir="${jar_dest}" />
</target>
```

Es ähnelt dem `init`-Target, erstellt aber keine Verzeichnisse neu, nachdem es sie gelöscht hat. Mit Targets wie diesem werden normalerweise Artefakte gelöscht, bevor ein Projekt in ein Sourcecode-Kontrollsystem eingecheckt wird. Im Allgemeinen handelt es sich um ein eigenständiges Target, das normalerweise nicht von anderen Targets abhängt und auch nicht Voraussetzung für andere Targets ist.

An diesem Punkt rate ich Ihnen nachdrücklich, einige Zeit das Ant-Manual zu studieren, das Sie auf der Ant-Website finden, und sich mit den zahlreichen Tasks vertraut zu machen, die Ant zur Verfügung stellt. Nachdem Sie sich über die eingebauten Standard-Tasks informiert haben, sollten Sie auch einen Blick auf die zahlreichen zusätzlichen Addon-Tasks werfen, die alle über das Internet zur Verfügung stehen. Sie finden dort alles Mögliche: FTP-Funktionen, SSH-Funktionen, Funktionen zur Formatierung von Sourcecode, statistische Codeanalyse und mehr!

Ich möchte jetzt noch einige spezielle Ant-Tasks beschreiben, die in den Buildskripts der Projekte in diesem Buch verwendet werden.

Zuerst möchte ich darauf eingehen, warum ich – wie weiter vorne erwähnt – nicht so gerne mit dem `depends`-Attribut arbeite. Obwohl dies der kanonische Ansatz ist, erschwert er es meiner Meinung nach, ein Buildskript nachzuvollziehen und zu warten, weil man darauf achten muss, dass die Kette der Abhängigkeiten nicht zerbrochen wird. Außerdem besteht ein Buildskript, das mit dem `depends`-Attribut arbeitet, aus gröberen Teilaufgaben; es ist nicht so feinkörnig, wie ich mir das wünsche. Dies vermittelt mir das Gefühl, nicht die volle Kontrolle über den Build-Prozess zu haben. Ich möchte nicht, dass das Build-Tool für mich entscheidet, was getan werden soll, sondern ich möchte ihm das ausdrücklich sagen. Um diese Situation zu verbessern, verwende ich in der Regel den `antcall`-Task. Ein Beispiel:

```
<target name="build">
  <antcall target="compile" />
  <antcall target="make_javadocs" />
  <antcall target="make_jars" />
  <antcall target="checkstyle" />
  <antcall target="cleanup" />
</target>
```

Der `antcall`-Task erfüllt nur eine Aufgabe: Er ruft andere Targets aus dem gegenwärtigen Target heraus auf. Dadurch verhalten sich Targets eher wie Funktionen. Normalerweise definiere ich die Eigenschaften, die jedes Target prüft. Falls eine Eigenschaft eines bestimmten Targets nicht vorhanden ist, wird das Target nicht ausgeführt. Anders ausgedrückt: Wenn ich beispielsweise die folgende Eigenschaft

```
<property name="do_compile" value="yes" />
```

definiere, füge ich dem `compile`-Target ein `if`-Attribut hinzu:

```
<target name="compile" if="do_compile">
```

Falls die `do_compile`-Eigenschaft definiert ist, bewirkt das `if`-Attribut, dass das Target ausgeführt wird; andernfalls wird es nicht ausgeführt. Auf diese Weise kann ich den Ablauf des Build-Prozesses einfach dadurch ändern, dass ich bestimmte Eigenschaften auskommentiere bzw. einfüge. Da ich diese Eigenschaften in einer externen Eigenschaftsdatei verwalte, muss ich das eigentliche Buildskript selbst nicht ändern. Außerdem muss ich mich nicht um Befehlszeilenoptionen kümmern, sondern führe einfach immer `ant` aus und überlasse dem `default`-Target den Rest, das per `antcall` alle anderen Targets ausführt.

Ich möchte Sie nicht davon überzeugen, dass dies die richtige oder sogar beste Methode sei, Skripts zu schreiben. Es bleibt Ihnen überlassen, die für Sie richtige Methode auszuwählen. Wie bereits erwähnt, ist mein Ansatz nicht der kanonische Ansatz. Doch er funktioniert sehr gut, meiner Erfahrung nach sogar besser als der mit den Abhängigkeiten. Alle Skripts in diesem Buch verwenden diesen Ansatz, weshalb Sie ihn zumindest verstehen sollten. Falls er Ihnen nichts bringt, haben Sie wenigstens den `antcall`-Task und das `if`-Attribut des `<target>`-Tags kennen gelernt!

Das andere Konzept, mit dem ich Sie bekannt machen möchte, ist der `<macrodef>`-Task, mit dem Sie im Wesentlichen eigene Tasks in einem Buildskript definieren können. Die Buildskripts in diesem Buch verwenden ein Ant-Addon namens `ant-dependencies`, mit dem das Skript Artefakte aus dem *Maven iBiblio Repository* herunterladen kann, die von den Projekten benötigt werden. Maven (`http://maven.apache.org/`) ist ein weiteres Build-Werkzeug wie Ant, verwendet aber einen ganz anderen Ansatz. Unter anderem können Sie damit Artefakte wie etwa Jakarta Commons JARs referenzieren und zur Compilezeit herunterladen. Dies bedeutet, dass Sie weniger mit Ihrem Quellcode zusammenpacken müssen; der Rest wird dynamisch abgerufen. *iBiblio* (`www.ibiblio.org`) ist eine Website, die sich die Aufgabe gestellt hat, praktisch alles zu archivieren! Für uns ist wichtig, dass dort auch die verschiedenen Java-Komponenten archiviert werden. Deshalb können Sie diese Komponenten mit dem `ant-dependencies`-Addon während des Build-Prozesses herunterladen.

Das folgende Beispiel zeigt `macrodef` in Aktion:

```
<macrodef name="get_dependencies">
  <sequential>
    <echo message="Compilezeit-Abhängigkeiten abrufen ..." />
    <setproxy proxyhost="${proxy_host}" proxyport="${proxy_port}" />
    <typedef classpath="ant-dependencies.jar"
      resource="dependencies.properties" />
    <dependencies pathId="compiletime_classpath" verbose="true">
      <!-- Servlet/JSP dependencies -->
      <dependency group="servletapi" version="2.3" />
      <!-- Checkstyle dependencies -->
      <dependency group="checkstyle" version="3.4" />
      <dependency group="antlr" version="2.7.5" />
      <dependency group="regexp" version="1.3" />
      <dependency group="commons-beanutils" version="1.7.0" />
      <!-- PMD dependencies -->
      <dependency group="pmd" version="3.2" />
      <dependency group="jaxen" version="1.0-FCS-full" />
```

```
        <dependency group="saxpath" version="1.0-FCS" />
      </dependencies>
    <echo message="Done" />
  </sequential>
</macrodef>
```

Dies ist sicher etwas komplexer als der Code, den ich bis jetzt gezeigt habe! Kurz gesagt: Hier wird ein Task namens `get_dependencies` erstellt, den Sie später in dem Skript wie folgt aufrufen und ausführen können:

```
<get_dependencies />
```

Normalerweise würde ich diesen Code im `init`-Task ausführen. `<setproxy>` ist ein weiterer Standard-Ant-Task, mit dem ein zu verwendender Netzwerkproxy definiert wird. Ob dies erforderlich ist, hängt vom jeweiligen Netzwerk ab. Der `<typedef>`-Task dient speziell der Arbeit mit Ant-Addons. Er referenziert den Ort, an dem die Klassen für diese Erweiterung und etwa erforderliche Ressourcendateien gespeichert sind, und enthält Definitionen, die speziell für diese Erweiterung gelten. Mit dem `dependencies`-Tag wird eine neue Eigenschaft namens `compiletime_classpath` erstellt, eine spezielle Eigenschaftsart in Ant, die einen Klassenpfad beschreibt. Alle danach definierten Abhängigkeiten werden zu diesem Klassenpfad hinzugefügt. Später können dann Targets diesen Klassenpfad referenzieren. Auf diese Weise können Sie während des Build-Prozesses dynamisch Klassen zu dem Klassenpfad hinzufügen. Die folgenden `dependency`-Tags definieren die Artefakte, die aus dem Repository abgerufen werden sollen. Jedes Tag definiert die Gruppe, zu dem das jeweilige Artefakt gehört; normalerweise handelt es sich einfach um den Namen sowie die Versionsnummer der gewünschten Komponente.

Ich hoffe, dass diese Beschreibung die anfänglich etwas übermächtig wirkende Komplexität ein wenig reduziert hat.

In den Buildskripts der Anwendungen in diesem Buch werden noch zwei weitere Tasks häufig verwendet: `<zip>` und `<jar>` (und gelegentlich `<war>`). Mit dem `<zip>`-Task wird eine komprimierte Zip-Datei erstellt. Ein Beispiel:

```
<zip destfile="MyProject.zip" basedir="./project">
  <include name="*.txt" />
</zip>
```

Dieser Task erstellt in dem aktuellen Verzeichnis eine Zip-Datei namens `MyProject.zip`, die alle Dateien in dem Verzeichnis `/project` (relativ zum aktuellen Verzeichnis) mit der Erweiterung `.txt` enthält.

Der `<jar>`-Task funktioniert sehr ähnlich:

```
<jar destfile="MyProject.jar" basedir="../" />
```

Dieser Task erstellt in dem aktuellen Verzeichnis eine JAR-Datei namens `MyProject.jar`, die, von dem übergeordneten Verzeichnis des aktuellen Verzeichnisses ausgehend, alle Dateien in allen Unterverzeichnissen umfasst.

Schließlich funktioniert auch der `<war>`-Task sehr ähnlich. Das Ant-Manual enthält ein sehr gutes Beispiel für diesen Task:

Nehmen Sie an, das Basisverzeichnis eines Projekts habe die folgende Struktur:

```
thirdparty/libs/jdbc1.jar
thirdparty/libs/jdbc2.jar
build/main/com/myco/myapp/Servlet.class
src/metadata/myapp.xml
src/html/myapp/index.html
src/jsp/myapp/front.jsp
src/graphics/images/gifs/small/logo.gif
src/graphics/images/gifs/large/logo.gif
```

Nehmen Sie weiter an, die WAR-Datei `myapp.war` werde wie folgt erstellt:

```
<war destfile="myapp.war" webxml="src/metadata/myapp.xml">
  <fileset dir="src/html/myapp"/>
  <fileset dir="src/jsp/myapp"/>
  <lib dir="thirdparty/libs">
    <exclude name="jdbc1.jar"/>
  </lib>
  <classes dir="build/main"/>
  <zipfileset dir="src/graphics/images/gifs" prefix="images"/>
</war>
```

Dann besteht die fertige WAR-Datei aus folgenden Komponenten:

```
WEB-INF/web.xml
WEB-INF/lib/jdbc2.jar
WEB-INF/classes/com/myco/myapp/Servlet.class
META-INF/MANIFEST.MF
index.html
front.jsp
images/small/logo.gif
images/large/logo.gif
```

Anmerkung: Eine JAR-Datei ist tatsächlich eine Zip-Datei; sie wird mit demselben Komprimierungsalgorithmus erstellt. Eine JAR-Datei enthält normalerweise eine Manifest-Datei, die zusätzliche Informationen über das Archiv enthält; aber Sie können eine JAR-Datei wie andere Zip-Dateien mit einem Werkzeug wie WinZip öffnen.

Der <war>-Task unterscheidet sich von dem <jar>-Task insofern, als er die Struktur einer Webanwendung kennt. Dies ist nützlich, wenn Ihre Ausgangsstruktur selbst keine Webanwendung ist. Doch wenn Ihr Source bereits wie eine Webanwendung strukturiert ist, erhalten Sie im Wesentlichen dasselbe Ergebnis, ob Sie nun <jar> oder <war> verwenden. Deshalb habe ich in allen Buildskripts in diesem Buch <jar> statt <war> verwendet. In diesen Fällen gibt es keine großen Unterschiede.

Das war ein sehr kurzer Überblick über Ant. Ich habe kaum die Oberfläche seiner umfangreichen Fähigkeiten angekratzt, konnte Ihnen hoffentlich aber zeigen, dass Ant eine sehr wertvolle Bereicherung Ihres Werkzeugkastens ist.

3.3   Apache Tomcat: Etwas Gutes ganz umsonst!

Tomcat gehört zu den echten Kleinoden der Open-Source-Welt, die so unglaublich gut und nützlich sind, dass es erstaunlich ist, dass jemand so etwas kostenlos weggibt.

Tomcat ist ein Servlet Container, tatsächlich *der* Servlet Container in dem Sinne, dass er die Referenzimplementierung von Suns Servlet- und JSP-APIs ist. Tomcat gehört zu den kostenlosen Produkten der Apache Software Foundation (http://tomcat.apache.org). Wenn Sie seine Website besuchen, fällt auf, wie nüchtern sie ist. Es gibt keine Seite, die die Vorzüge von Tomcat marktschreierisch anpreist. Natürlich werden die verfügbaren Features auf der Website beschrieben, aber nicht in einer Form, wie man sie sonst aus Verkaufsgesprächen oder Anzeigen kennt.

Tomcat hat einen wesentlichen Vorteil: Er ist sehr einfach und leichtgewichtig. Falls Sie noch nicht mit Tomcat gearbeitet haben, installieren Sie ihn wie folgt:

1. Laden Sie das passende Distributionspackage für Ihr Betriebssystem herunter. Für die meisten Anwender kommen zwei Varianten in Frage: eine Basisdistribution oder das Windows-Installationspaket. Die Basisdistribution wird einfach in das Verzeichnis entpackt, in dem Sie Tomcat ausführen wollen. (Es heißt ab jetzt TOMCAT_HOME.); das Windows-Installationspaket automatisiert diesen Prozess. Im Allgemeinen schlage ich vor, die Basisdistribution herunterzuladen und Tomcat manuell zu installieren. Es gibt nur wenige Schritte und unter Unix-Derivaten ist dies die einzige Methode, Tomcat zu installieren.

2. Bei der Windows-Installation gibt es sonst nichts zu tun. Doch wenn Sie die Basisdistribution verwenden, müssen Sie eine Umgebungsvariable namens JAVA_HOME setzen (falls Sie dies nicht bereits bei der Installation von Ant getan haben), die auf Ihre JDK-Installation (das Stammverzeichnis des JDK) zeigt.

3. Bei beiden Methoden finden Sie nach der Installation in dem bin-Verzeichnis unter TOMCAT_HOME eine Skriptdatei, mit der Sie Tomcat starten können. Unter Windows heißt sie startup.bat, unter Unix-Derivaten startup.sh.

Ob Tomcat läuft, können Sie ausprobieren, indem Sie in Ihren Webbrowser die Adresse http://localhost:8080 eingeben. Der Port 8080 ist der Standard-Port für eine neue Tomcat-Installation; es werden jedoch auch andere Ports verwendet. Falls 8080 nicht funktioniert, sollten Sie 8181 ausprobieren, das ebenfalls recht häufig als Tomcat-Port verwendet wird. Sie können den Port auch selbst konfigurieren. (Die einschlägigen Informationen gehen über dieses Buch hinaus; Sie finden sie in der Tomcat-Dokumentation.) Tomcat sollte Sie mit seiner Homepage begrüßen (siehe Abbildung 3.3; je nach Version von Tomcat kann die Seite auch etwas anders aussehen).

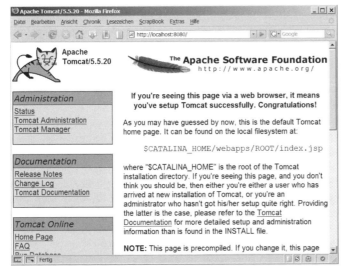

Abb. 3.3: Die Homepage von Tomcat

Die verschiedenen Versionen von Tomcat implementieren verschiedene Versionen der Servlet- und JSP-Spezifikationen. Für die Projekte in diesem Buch können Sie jede Version von Tomcat aus den 4.*x*- oder 5.*x*-Linien verwenden. Dabei müssen Sie jedoch beachten, dass Tomcat ab Version 5.5.x das JDK 1.5 *erfordert*.

Tabelle 3.1 fasst die Servlet- und JSP-Spezifikationen zusammen, die von den verschiedenen Tomcat-Versionen implementiert werden.

Servlet/JSP	Tomcat-Version
2.4/2.0	5.0.x
2.3/1.2	4.1.x
2.2/1.1	3.3.x

Tabelle 3.1:   Servlet- und JSP-Spezifikationen, die von den verschiedenen Tomcat-Versionen implementiert werden

Nachdem Sie Tomcat installiert haben, müssen Sie für dieses Buch noch einige Dinge beachten. Tomcat wird mit einer Reihe von Webanwendungen ausgeliefert, die standardmäßig installiert werden. Ich rate Ihnen, diese zu entfernen, damit Sie leichter nachvollziehen können, was passiert. Insbesondere unter Windows, unter dem Tomcat ein Konsolenfenster öffnet, in dem Sie bei der Ausführung Ihrer Anwendung lange Protokollnachrichten beobachten können, ist es hilfreich, Tomcat so sauber wie möglich zu starten. Außerdem wird dadurch die Performance etwas verbessert. Doch was vielleicht am wichtigsten ist: Die Protokollnachrichten werden auf die Dinge reduziert, die für Sie wirklich interessant sind, das heißt auf Nachrichten über Tomcat selbst und über die Anwendung, die Sie gerade ausprobieren.

Zu diesem Zweck müssen Sie zwei Dinge tun: Gehen Sie in das Verzeichnis TOMCAT_HOME/conf. Legen Sie eine Sicherungskopie der Konfigurationsdatei server.xml an, die die Tomcat-Server-Instanz beschreibt und Informationen über die verschiedenen Webanwendungen enthält. Benennen Sie dann die Datei server-minimal.xml in server.xml um. Verschieben Sie danach alle Unterverzeichnisse des Verzeichnisses TOMCAT_HOME/webapps *außer* dem balancer-Verzeichnis (falls vorhanden) an einen Ort Ihrer Wahl, falls Sie sie später noch einmal benötigen. Diese Unterverzeichnisse enthalten die Webanwendungen, die anfänglich installiert werden. Balancer ist eine spezielle Webanwendung für den Lastenausgleich. Sie könnten sie zwar auch löschen, müssten dann aber an anderer Stelle die Konfiguration ändern, weshalb es einfacher ist, sie an Ort und Stelle zu lassen. Starten Sie dann Tomcat erneut. Ihr Konsolenfenster sollte jetzt viel weniger Startup-Aktivitäten zeigen. Außerdem wird die Tomcat-Standardseite nicht mehr angezeigt. Sie verfügen jetzt über eine fast saubere Tomcat-Installation, in der standardmäßig so wenig wie möglich läuft.

Die einfachste Methode, eine Webanwendung zu deployen, besteht darin, sie einfach in das webapps-Verzeichnis zu kopieren. Falls es sich um eine WAR-Datei handelt, sollte sie innerhalb einiger Sekunden automatisch ausgeführt werden. (Falls dies nicht geschieht, sollten Sie Tomcat stoppen und dann erneut starten.) Falls die Anwendung in entpackter Form vorliegt, kopieren Sie einfach das Verzeichnis in das webapps-Verzeichnis. In beiden Fällen können Sie dann mit dem URL http://localhost:8080/*xxxx* auf die Webanwendung zugreifen, wobei *xxxx* den Kontext bezeichnet. Der Kontext ist einfach der Name des Unterverzeichnisses, in das Sie die entpackte Webanwendung kopiert haben. Falls die Anwendung in einer WAR-Datei enthalten ist, kann der Kontext auch aus dem Namen der WAR-Datei selbst bestehen; dies muss aber nicht so sein.

Für dieses Buch müssen Sie nicht mehr über Tomcat wissen. Für Interessierte hat Tomcat viele weitere Features zu bieten, darunter:

- Container-verwaltete JDBC Connectivity, einschließlich Connection Pooling
- Lastenausgleich (Load Balancing)
- Eine Implementierung des Java Naming and Directory Interface (JNDI)
- Clustering-Unterstützung
- Java Management Extensions (JMX)
- Eingebaute Webserver-Funktionalität mit der Möglichkeit, mit »echten« Webservern wie Apache, IIS und Netscape zusammenzuarbeiten

Auch wenn es sich hauptsächlich um eine semantische Spitzfindigkeit handelt: Tomcat ist technisch gesehen kein »Anwendungsserver«, auch wenn viele (mich eingeschlossen) ihn so bezeichnen. Ein Anwendungsserver muss laut Definition von Sun Implementierungen aller J2EE APIs umfassen, was bei Tomcat nicht der Fall ist. Beispielsweise unterstützt Tomcat keine Enterprise JavaBeans oder EJBs (obwohl es andere Projekte gibt, die Tomcat entsprechend erweitern, darunter OpenEJB, `www.openejb.org`).

Falls Ihnen dies nichts sagt, sollte der nächste Abschnitt die Lücken in Ihrem Wissen füllen helfen. Im Grunde geht es um ziemlich einfache Dinge!

3.4 Webanwendungen, Servlets, JSPs und das Parsen von XML auf dem Server

Die Webentwicklung mit Java-Technologien ist insbesondere für Neulinge manchmal ein komplexes, überwältigendes Thema. Der Lernstoff ist recht umfangreich und es gibt zahlreiche Möglichkeiten, dieselben Aufgaben zu lösen. Doch alles in allem geht es im Allgemeinen immer wieder um dieselben wenigen, relativ einfachen Konzepte: Webanwendungen, Servlets und JSPs.

3.4.1 Webanwendungen

Simpel ausgedrückt, ist eine Webanwendung einfach eine Sammlung von Ressourcen – Servlets, JSPs, Bilder, Stylesheets usw. –, die in vorgeschriebener Weise zusammengepackt werden und in einem Servlet-Container ausgeführt werden. Wie Sie wissen, laufen Java-Anwendungen als unabhängige Komponenten. Wenn Sie die Klasse aus Listing 3.2 schreiben, können Sie kompilieren und von der Befehlszeile aus ausführen. Sie benötigen dafür nur das Java Development Kit (JDK). Tatsächlich brauchen Sie zur Ausführung nur eine Java Runtime Environment (JRE), die in einem JDK enthalten ist.

```
public class Test {
  public static void main(String[] args) {
    System.out.println("Auf Wiedersehn, grausame Welt!");
  }
}
```

Listing 3.2:   Eine ganz simple Java-Anwendung

Abbildung 3.4 zeigt den Output dieser Anwendung.

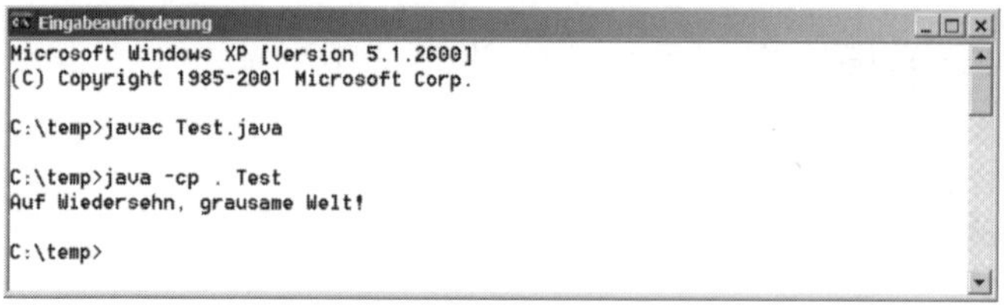

```
Eingabeaufforderung                                           _□×
Microsoft Windows XP [Version 5.1.2600]
(C) Copyright 1985-2001 Microsoft Corp.

C:\temp>javac Test.java

C:\temp>java -cp . Test
Auf Wiedersehn, grausame Welt!

C:\temp>
```

Abb. 3.4: Eine deprimierte Java-Anwendung!

Webanwendungen funktionieren anders. Eine Webanwendung benötigt Ressourcen, die von einem Container bereitgestellt werden. Ein Container ist im Wesentlichen eine Java-Anwendung, die als übergeordnete Komponente der Webanwendung agiert und ihr nach Bedarf diverse Ressourcen zur Verfügung stellt. Sie wird normalerweise als *Servlet Container* bezeichnet. Tomcat ist ein solcher Container, Jetty ein anderer (`http://mortbay.org/jetty/index.html`).

Daneben gibt es eine Klasse größerer Container, die ausgewachsenen *Anwendungsserver*. Dazu zählen IBM WebSphere (`www-306.ibm.com/software/websphere`), BEA WebLogic (`http://e-docs.bea.com`), Macromedia JRun (`www.macromedia.com/software/jrun`), Apache Geronimo (`http://geronimo.apache.org`) und Caucho Resin (`www.caucho.com`). Ein Anwendungsserver, der auch einen Servlet Container enthält, stellt mehr Dienste zur Verfügung, etwa JNDI-Verzeichnisse, EJB Container, Web Services Engines usw.

Um diverse Ressourcen als Webanwendung zu nutzen, müssen sie auf bestimmte Weise paketiert werden. Dies beginnt bei einer gewissen Verzeichnisstruktur (siehe Abbildung 3.5).

Eigentlich nichts Besonderes! Die Webanwendung selbst beginnt in dem Verzeichnis Some-Webapp; doch der Schlüssel, der sie zu einer Webanwendung (im Gegensatz zu einer Sammlung von Verzeichnissen) macht, ist das Verzeichnis WEB-INF und sein Inhalt. Von der Verzeichnisstruktur her sind dies die einzigen wirklichen Anforderungen an eine Webanwendung. Normalerweise enthält WEB-INF zwei Unterverzeichnisse: classes und lib. Das Verzeichnis classes enthält im Allgemeinen die Klassen einer Webanwendung, und zwar in Form einer normalen Java-Package-Hierarchie. Sie können hier auch andere erforderliche Ressourcen wie etwa Eigenschaftsdateien speichern. Das Verzeichnis classes wird zu dem Klassenpfad hinzugefügt, der Ihrer Webanwendung zur Laufzeit zur Verfügung steht. Das Verzeichnis lib enthält normalerweise alle JAR-Dateien, die Ihre Webanwendung benötigt. Einige Entwickler packen die Klassen ihrer Webanwendungen lieber in einer JAR-Datei zusammen und speichern sie hier. In diesem Fall wird das Verzeichnis classes nicht benötigt. Welche Lösung Sie wählen, liegt ganz bei Ihnen. Die JAR-Dateien in dem lib-Verzeichnis werden ebenfalls zur Laufzeit zu dem Klassenpfad hinzugefügt.

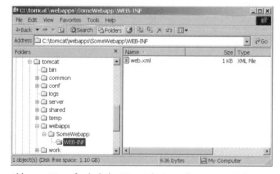

Abb. 3.5: Die erforderliche Verzeichnisstruktur einer Webanwendung

Eines dürfen Sie nicht vergessen: Viele Servlet Container verfügen über komplexe Class Loader, die JAR-Dateien von mehreren Orten aus laden, wodurch eine komplexe Hierarchie von Klassen entsteht, die auf verschiedenen Ebenen Duplikate enthalten kann. Es ist nicht ungewöhnlich, dass Pfadkonflikte zwischen Klassen in JARs aus dem lib-Verzeichnis Ihrer Webanwendung und anderen Stellen im Klassenpfad des Containers auftreten. Im Allgemeinen ist es am sichersten, die JARs, die Ihre Webanwendung benötigt, in das lib-Verzeichnis einzufügen und dann die möglichen Konflikte zu lösen, weil die meisten Container zunächst die Klassen aus dem lib-Verzeichnis verwenden; auf diese Weise können Sie viele (leider nicht alle) vermeiden. Der andere Vorteil besteht darin, dass Ihre Anwendung nicht davon abhängt, dass bestimmte Klassen in dem Container selbst vorhanden sind. Dadurch können Sie den Container viel leichter wechseln, weil alle Abhängigkeiten mit der Webanwendung verschoben werden.

Das Verzeichnis WEB-INF enthält eine Datei namens web.xml, die erforderlich ist, um die Sammlung der Ressourcen endgültig in eine Webanwendung zu transformieren. Diese XML-Datei wird als *Deployment-Deskriptor* bezeichnet und beschreibt Ihre Webanwendung für den Container. Je nach den Anforderungen, den Ressourcen und anderen Faktoren kann web.xml einfach oder komplex sein. Listing 3.3 zeigt ein relativ einfaches und recht typisches Beispiel für eine web.xml-Datei.

```xml
<?xml version="1.0" encoding="ISO-8859-1"?>

<!DOCTYPE web-app PUBLIC  "-//Sun Microsystems, Inc.//DTD Web Application 2.3/
/EN" "http://java.sun.com/dtd/web-app_2_3.dtd">

<web-app>

  <display-name>Meine Webanwendung</display-name>
  <description>
    Dies ist nur ein einfacher Deployment-Deskriptor.
  </description>

  <context-param>
    <param-name>someParameter</param-name>
    <param-value>someValue</param-value>
  </context-param>

  <filter>
    <filter-name>myFilter</filter-name>
    <filter-class>com.company.app.MyFilter</filter-class>
  </filter>
  <filter-mapping>
    <filter-name>myFilter</filter-name>
    <url-pattern>/*</url-pattern>
  </filter-mapping>

  <listener>
    <listener-class>com.company.app.MyContextListener</listener-class>
  </listener>

  <servlet>
    <servlet-name>myServlet</servlet-name>
```

```
  <servlet-class>com.company.app.MyServlet</servlet-class>
  <init-param>
    <param-name>initParam1</param-name>
    <param-value>value1</param-value>
  </init-param>
</servlet>
<servlet-mapping>
  <servlet-name>myServlet</servlet-name>
  <url-pattern>*.app</url-pattern>
</servlet-mapping>

<session-config>
  <session-timeout>20</session-timeout>
</session-config>

<welcome-file-list>
  <welcome-file>index.jsp</welcome-file>
</welcome-file-list>

</web-app>
```

Listing 3.3:   Ein relativ einfaches und recht typisches Beispiel für eine web.xml-Datei

Interessanterweise ist *alles* innerhalb des Root-Elements <web-app> optional. Technisch gesehen, ist sogar der Doctype optional, obwohl sich einige Container beschweren, falls er fehlt; deshalb ist es wahrscheinlich gerechtfertigt, ihn als *pseudo-erforderlich* zu bezeichnen. Alles andere ist vollkommen optional. Dieses Beispiel zeigt nur eine Teilmenge der Komponenten, die in einer web.xml-Datei stehen können. Welchen Zweck erfüllen sie?

Die ersten Tags innerhalb von <web-app> enthalten den Namen und eine Kurzbeschreibung der Webanwendung:

```
<display-name>Meine Webanwendung</display-name>
<description>
  Dies ist nur ein einfacher Deployment-Deskriptor.
</description>
```

Einige visuelle Editoren benutzen diese beiden Einträge. Falls Sie nicht mit einem solchen Editor arbeiten, sind sie nur für einen menschlichen Leser dieser Datei hilfreich. Danach werden zwei so genannte *Kontextparameter* definiert:

```
<context-param>
  <param-name>someParameter</param-name>
  <param-value>someValue</param-value>
</context-param>
```

Kontextparameter sind Werte, die in der gesamten Webanwendung zur Verfügung stehen. Mit ihrer Hilfe können Sie Konfigurationsdaten Ihrer Webanwendung, Datentabellen und Ähnliches speichern. Kontextparameter und andere Parameterelemente in web.xml werden als Name-Wert-Paare (<param-name> und <param-value>) in einem assoziativen Array gespeichert; Sie können deshalb den Wert eines Parameters abrufen, indem Sie seinen Namen referenzieren.

Danach werden einige *Filter* definiert:

```xml
<filter>
  <filter-name>myFilter</filter-name>
  <filter-class>com.company.app.MyFilter</filter-class>
</filter>
<filter-mapping>
  <filter-name>myFilter</filter-name>
  <url-pattern>/*</url-pattern>
</filter-mapping>
```

Filter, manchmal auch *Servlet-Filter* genannt, sind spezielle Java-Klassen, die ausgeführt werden, wenn eine Anfrage dem Wert des jeweiligen Musters (`<url-pattern>`) entspricht. Anders ausgedrückt: In diesem Beispiel wird der Filter `myFilter`, der von der Klasse `MyFilter` in dem Package `com.company.app` implementiert ist, bei jeder Anfrage an diese Webanwendung ausgeführt, weil er dem URL-Pattern `/*` zugeordnet ist. Sie können einen Filter einem beliebigen URL-Pattern zuordnen. Wählen Sie etwa das Pattern `/admin/*`, dann wird der Filter nur bei URLs auf dem `admin`-Pfad ausgeführt. Sie können einen Filter auch einem speziellen Servlet zuordnen; dann wird er nur bei Anfrage an dieses Servlet ausgeführt. Die Anzahl der Filter ist beliebig; sie werden nach ihrer Reihenfolge in `web.xml` bearbeitet. Die Sammlung der Filter, die in einer definierten Reihenfolge bearbeitet werden, wird als *Filterkette* bezeichnet.

Nach der Filter-Definition wird ein *Listener* definiert:

```xml
<listener>
  <listener-class>com.company.app.MyContextListener</listener-class>
</listener>
```

Ähnlich wie Filter sind Listener spezielle Java-Klassen (speziell in dem Sinne, dass sie ein bestimmtes Interface implementieren), die in Reaktion auf das Eintreten gewisser Ereignisse in dem Container ausgeführt werden. Es gibt verschiedene Listener-Arten, darunter `ContextListener` und `SessionListener`. Ein `ContextListener` wird ausgeführt, wenn die Webanwendung (mit anderen Worten: der Kontext) gestartet oder beendet wird; und ein `SessionListener` kann ausgeführt werden, wenn eine Benutzersitzung erstellt oder zerstört wird. Andere Ereignisse und vielleicht sogar Listener-Typen kommen viel seltener vor als diese beiden. Die Anzahl der Listener ist beliebig; sie werden nach ihrer Reihenfolge in `web.xml` bearbeitet.

Als Nächstes folgt die *Servlet-Definition*:

```xml
<servlet>
  <servlet-name>myServlet</servlet-name>
  <servlet-class>com.company.app.MyServlet</servlet-class>
  <init-param>
    <param-name>initParam1</param-name>
    <param-value>value1</param-value>
  </init-param>
</servlet>
<servlet-mapping>
  <servlet-name>myServlet</servlet-name>
  <url-pattern>*.app</url-pattern>
</servlet-mapping>
```

Die Definition besteht aus zwei Teilen: dem `<servlet>`-Element und dem `<servlet-mapping>`-Element. Das `<servlet>`-Element definiert das Servlet selbst und das `<servlet-mapping>`-Element bestimmt (ähnlich wie das `<filter-mapping>`-Element weiter vorne) die URLs, die von dem Servlet verarbeitet werden. Hier wird ein Servlet namens `myServlet` definiert, das durch die Klasse `MyServlet` in dem Package `com.company.app` implementiert wird. Es wird durch einen Parameter namens `initParam1` mit dem Wert `value1` initialisiert. Diese Initialisierungsparameter ähneln den weiter oben genannten Kontextparametern, gelten im Allgemeinen jedoch nur für das Servlet und nicht die Webanwendung insgesamt. Das `<servlet-mapping>`-Element sagt hier, dass jeder URL mit der Endung `.app` von dem Servlet verarbeitet wird. Das URL-Pattern für ein Servlet kann aus einem Pfad und/oder einer Dateierweiterung bestehen. Falls Sie jemals mit Struts gearbeitet haben, werden Sie sich erinnern, dass die meisten Entwickler das Struts Action Servlet der Erweiterung `.do` zuordnen. Dies ist keine Anforderung von Struts oder Servlets im Allgemeinen – Sie können die Zuordnung beliebig wählen –, aber `.do` ist die typische Struts-Zuordnung. Viele haben sie auch für einfache Servlets übernommen.

Nach der Servlet-Definition steht ein Abschnitt mit einer Sitzungskonfiguration:

```
<session-config>
  <session-timeout>20</session-timeout>
</session-config>
```

In diesem Abschnitt wird festgelegt, dass die Sitzung eines Benutzers abgebrochen werden soll, wenn 20 Minuten keine Aktivitäten erfolgt sind.

Schließlich steht am Ende ein Begrüßungsabschnitt:

```
<welcome-file-list>
  <welcome-file>index.jsp</welcome-file>
</welcome-file-list>
```

Die `welcome`-Datei ist die JSP, die angezeigt wird, wenn der URL keine Ressource enthält. Anders ausgedrückt: Wenn ein Benutzer versucht, auf `http://www.company.com/myapp` zuzugreifen, wird die `welcome`-Datei zurückgegeben, weil in diesem URL keine Ressource spezifiziert worden ist. (Sie erkennen Ressourcen daran, dass sie mit einer Erweiterung enden.) Die hier gezeigte `welcome`-Datei kann auch ein Servlet sein; Sie ersetzen einfach den Wert von `<welcome-file>` durch den URL des gewünschten Servlets, etwa `hello.app`.

Und damit ist meine schnelle Einführung in Webanwendungen beendet.

Anmerkung

Falls irgendetwas in diesem Abschnitt für Sie neu war, rate ich Ihnen dringend, dieses Buch einen Moment zur Seite zu legen, dafür zu sorgen, dass Tomcat funktioniert, eine einfache Webanwendung zu erstellen und darauf zuzugreifen. Zu diesem Zweck sollten Sie eine Datei namens `hello.htm` erstellen und im Root-Verzeichnis der Webanwendung speichern. (Der Inhalt dieser Datei bleibt Ihnen überlassen.) Dann sollten Sie die oben gezeigte `web.xml`-Datei als Vorlage benutzen, alles außer dem `<web-app>`-Element, dem `!DOCTYPE`- und dem `<welcome-file-list>`-Abschnitt aus der Datei löschen und `index.jsp` durch `hello.htm` ersetzen. Starten Sie dann Tomcat und greifen Sie auf die Webanwendung zu, ohne eine Ressource anzugeben. Sie sollten Ihre `hello.htm`-Seite sehen! Ja, tatsächlich muss eine Webanwendung keine Servlets, JSPs oder Java-Klassen enthalten!

3.4.2 Servlets

Servlets sind Java-Klassen, die von einer speziellen Oberklasse, normalerweise `HttpServlet`, abgeleitet sind. Diese Klasse enthält sehr viel weniger Methoden, die die diversen möglichen Ereignisse im Lebenszyklus eines Servlets repräsentieren. Zum Beispiel gibt es eine `init()`-Methode für die Instanzierung des Servlets (die als Reaktion auf die erste Anfrage oder den Start des Kontextes aufgerufen werden kann) und eine `doPost()`-Methode für die Verarbeitung von HTTP-POST-Anfragen bzw. eine `doGet()`-Methode für die Verarbeitung von HTTP-GET-Anfragen. Daneben gibt es noch andere Methoden, aber die drei genannten sind im Allgemeinen am wichtigsten.

Da Servlets Java-Klassen sind, können Sie praktisch alles mit ihnen anstellen. Tatsächlich gibt es wahrscheinlich nichts, was Sie nicht *tun könnten*, wohl aber einiges, was Sie *nicht tun sollten*. (Korrekter wäre es zu sagen, *nicht tun dürfen*, aber das wäre technisch nicht korrekt, weil der Container Sie nicht daran hindern würde; das Nichtdürfen bezieht sich auf das, was laut Servlet-Spezifikation erlaubt und nicht erlaubt ist!)

Beispielsweise gilt es in einem Servlet im Allgemeinen als Kunstfehler, einen neuen Thread zu starten; denn nachdem die Anfrage verarbeitet worden ist, kann der Thread weiter existieren, unterliegt aber nicht der Kontrolle durch den Container. Deshalb kann der Container den Thread nicht korrekt beenden, wenn er selbst geschlossen wird.

Weil im Allgemeinen nur eine Instanz eines Servlets existiert und diese mehrere Anfragen gleichzeitig, jede in einem separaten Thread, verarbeiten kann, muss ein Servlet außerdem Thread-sicher sein; das heißt, es darf keine Instanzfelder enthalten, es sei denn, Sie wollten diese synchronisieren oder sind hundertprozentig sicher, dass diese nur noch gelesen werden, nachdem sie mutmaßlich durch `init()` gesetzt worden sind. Doch jede Art von Synchronisierung in einem Servlet führt zu Performance-Engpässen und sollte deshalb nach Möglichkeit vermieden werden.

Listing 3.4 zeigt ein Beispiel für ein einfaches Servlet. Es ist nicht sehr beeindruckend.

```java
import java.io.PrintWriter;
import java.io.IOException;
import javax.servlet.ServletException;
import javax.servlet.http.HttpServlet;
import javax.servlet.http.HttpServletRequest;
import javax.servlet.http.HttpServletResponse;

public class GraffitiServlet extends HttpServlet {

  public static String msg;

  public void init() throws ServletException {
    GraffitiServlet.msg = "Bart war hier!";
  }

  public void doGet(HttpServletRequest request, HttpServletResponse response)
    throws ServletException, IOException {

    response.setContentType("text/html");
    PrintWriter out = response.getWriter();
```

```
    out.println("<html>\n<head>\n" +
      "<title>SimpleServlet</title>\n</head>\n" +
      "<body bgcolor=\"#ffeaea\">\n");
    out.println("<h1>" + msg + "</h1>\n");
    out.println("</body>\n</html>");

    out.close();
  }
}
```

Listing 3.4:   Das Bart-Simpson-Beispiel für ein einfaches Servlet

Das Ergebnis dieses Servlets wird in Abbildung 3.6 angezeigt.

Dieses Servlet verfügt nur über zwei Methoden: init() und doGet(). In init() wird das
msg-Feld mit dem Graffiti-String initialisiert. In doGet() wird ein PrintWriter von dem
response-Objekt abgerufen. Es wird benutzt, um HTML-Code als Antwort an den Client
zurückzugeben. Anmerkung: Falls Sie versuchen würden, mit der POST-Methode ein Formular an diesen URL zu übergeben, würde das Servlet nicht reagieren. Dann würde die standardmäßige doPost()-Methode der HttpServlet-Klasse ausgeführt werden, die nichts tut. Oft
ruft die doGet()-Methode in einem Servlet die doPost()-Methode auf, um beide Arten von
Anfragen transparent zu handhaben und nicht den Code in zwei verschiedenen Methoden zu
duplizieren.

Anmerkung

Wollen Sie dieses Servlet ausprobieren, müssen Sie es zunächst kompilieren. Dazu muss das
Servlet API auf Ihrem Klassenpfad liegen. Die entsprechende servlet-api.jar-Datei fin-
den Sie in dem Verzeichnis TOMCAT_HOME/common/lib. Fügen Sie sie zu Ihrem Klassenpfad
(CLASSPATH) hinzu, speichern Sie den Code aus Listing 3.4 und kompilieren Sie ihn. Erstel-
len Sie dann eine einfache Webanwendung namens graffiti (siehe den vorangegangenen
Abschnitt) und kopieren Sie die Klassendatei in das Verzeichnis WEB-INF/classes. Legen
Sie die folgende web.xml-Datei an:

```
<?xml version="1.0" encoding="ISO-8859-1"?>

<!DOCTYPE web-app PUBLIC  "-//Sun Microsystems, Inc.//DTD Web Application 2.3/
    /EN" "http://java.sun.com/dtd/web-app_2_3.dtd">

<web-app>

  <servlet>
    <servlet-name>graffiti</servlet-name>
    <servlet-class>GraffitiServlet</servlet-class>
  </servlet>
  <servlet-mapping>
    <servlet-name>graffiti</servlet-name>
    <url-pattern>/GraffitiServlet</url-pattern>
  </servlet-mapping>

</web-app>
```

Hinweis

Wenn Sie jetzt Tomcat starten, sollten Sie mit `http://localhost:8080/graffiti/GraffitiServlet` auf das Servlet zugreifen und das Ergebnis sehen können (siehe Abbildung 3.6). Wenn Sie das Beispiel vertiefen wollen, sollten Sie versuchen, den Prozess mit einem Ant-Skript zu automatisieren.

Abb. 3.6: Output von `GraffitiServlet`

3.4.3 JSP

JavaServer Pages (JSPs) ist, kurz gesagt, eine Technologie, mit der Sie Java-Code in eine HTML-Seite einfügen können. Wenn eine JSP angefordert wird, wandelt der Container sie in ein Servlet um, kompiliert das Servlet und führt es dann aus. Diese dynamische Umwandlung und Kompilierung erfolgen automatisch, wenn sich die JSP ändert. Dadurch ist es relativ leicht, mit JSPs Webanwendungen zu entwickeln.

JSPs und Servlets können sehr gut zusammenarbeiten, wie Produkte wie das Struts Framework zeigen. Mit Hilfe eines Servlets können Sie komplexe Funktionen ausführen und dann die Anfrage an eine JSP weitergeben, um die Antwort darzustellen. Dadurch werden Präsentation und Logik einer Anwendung bis zu einem gewissen Grad getrennt.

Die Trennung ist jedoch nicht perfekt, weil es sehr leicht und oft auch zu verlockend ist, Java-Code einfach direkt in die JSP einzufügen. Warum auch nicht – insbesondere wenn er dynamisch in ein Servlet umgewandelt und kompiliert werden kann? Dann gibt es keinen Anwendungs-Build-Prozess, kein Deployment, kein Stoppen und Neustarten des Containers usw. All dies bringt nur Vorteile, insbesondere während der Entwicklung, aber auch in der Produktion, wenn diese kleinen unvermeidbaren Änderungen erforderlich werden.

Doch Sie sollten dieser Versuchung unbedingt widerstehen! Über viele Jahre hinweg habe ich wie viele andere Entwickler von Java-basierten Webanwendungen auch immer wieder folgende Erfahrung gemacht: Je weniger Code in der View-Schicht, das heißt den JSPs, enthalten ist, desto besser. Anwendungsspezifische Taglibs sind eine mögliche Alternative, eigene HTML-Tags zu erstellen, die in eine Seite eingefügt werden können, um Java-Code in einer separaten Klasse auszuführen. Sie sind ein Schritt in die richtige Richtung, aber noch nicht perfekt. Idealerweise sollten JSPs nur Vorlagen sein, die durch einfaches Einfügen von Daten zu den kompletten Seiten ergänzt werden, die der Benutzer als Endergebnis sehen wird.

Ende der Lektion über die Architektur! In diesem Buch verstoße ich etwa so oft gegen diese Regel, wie ich sie einhalte. Doch ich versuche, meine Verstöße zu begründen, damit Sie sich ein eigenes Urteil bilden und gegebenenfalls entsprechend entscheiden können.

JSPs sind im Wesentlichen recht einfache HTML-Dokumente mit eingebettetem Java-Code, der in dem öffnenden Absatz beschrieben wird. Beispielsweise zeigt Listing 3.5 eine einfache

JSP-Seite, die alle Anfrageattribute, -parameter, -Header und Sitzungsattribute der Anfrage anzeigt. Ein Sitzungsattribut wird aus der JSP selbst heraus gesetzt.

```
<%@ page language="java" import="java.util.Enumeration" %>

<%
  request.getSession().setAttribute("mySessionAttribute", "Hallo, noch mal!");
%>

<html>
<head>
<title>SimpleJSP</title>
</head>

<body>

Anfrageparameter:<br>
<%
  for (Enumeration en = request.getParameterNames(); en.hasMoreElements();) {
    String next = (String)en.nextElement();
    out.println(next + " = " + request.getParameter(next) + "<br>");
  }
%>
<br><br>
Anfrageattribute:<br>
<%
  for (Enumeration en = request.getAttributeNames(); en.hasMoreElements();) {
    String next = (String)en.nextElement();
    out.println(next + " = " + request.getAttribute(next) + "<br>");
  }
%>
<br><br>
Anfrage-Header:<br>
<%
  for (Enumeration en = request.getHeaderNames(); en.hasMoreElements();) {
    String next = (String)en.nextElement();
    out.println(next + " = " + request.getHeader(next) + "<br>");
  }
%>
<br><br>
Sitzungsattribute:<br>
<%
  for (Enumeration en = request.getSession().getAttributeNames(); en.hasMoreEl
ements();) {
    String next = (String)en.nextElement();
    out.println(next + " = " + request.getSession().getAttribute(next) + "<br>
");
  }
%>

</body>
</html>
```

Listing 3.5:   Eine einfache JSP, die alle Anfrageattribute und -Header anzeigt

Wenn Sie den Code aus Listing 3.5 unter dem Namen `SimpleJSP.jsp` in das Verzeichnis der weiter vorne erstellten Webanwendung speichern und dann darauf zugreifen, erhalten Sie eine Anzeige, die ähnlich wie Abbildung 3.7 aussehen sollte.

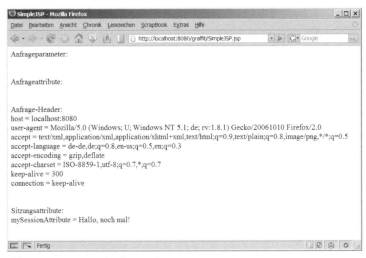

Abb. 3.7: Output von `SimpleJSP.jsp`

3.4.4 XML auf dem Server parsen

XML parsen zu können, gehört inzwischen fast zu den Grundfähigkeiten der Programmierung im Allgemeinen. Früher kam diese Aufgabe sehr selten vor, heute ist sie fast alltäglich. Deshalb möchte ich kurz darauf eingehen.

Es gibt zahlreiche Methode, XML in Java zu parsen. Doch meistens kommen Sie meiner Meinung nach mit einem Werkzeug aus: *Commons Digester* oder einfach *Digester*.

Digester (`http://jakarta.apache.org/commons/digester/`) zählt für mich zu den nützlichsten Komponenten das Apache-Jakarta-Projekts. Auf seiner Homepage wird Digester wie folgt charakterisiert:

> *Mit Digester können Sie ein XML-zu-Java-Mapping-Modul konfigurieren, das bestimmte, als Regeln bezeichnete Aktionen auslöst, wenn ein bestimmtes Muster von eingebetteten XML-Elementen erkannt wird. Sie können aus einem reichhaltigen Satz vordefinierter Regeln wählen oder eigene Regeln erstellen. Zu den fortgeschrittenen Features von Digester zählen:*

- Die Möglichkeit, eine eigene Pattern Matching Engine als Plugin zu verwenden, falls die eingebaute Ihre Anforderungen nicht erfüllt.
- Die Möglichkeit einer namensraumspezifischen Verarbeitung, wodurch Sie Regeln definieren können, die nur für einen bestimmten XML-Namensraum gelten.
- Die Einkapselung von Regeln in *RuleSets*, die in anderen Anwendungen leicht wiederverwendet werden können, die die gleiche Art der Verarbeitung erfordern.

Digester parst XML-Dokumente. Wenn er in einem Dokument auf bestimmte Elemente stößt, die einer vordefinierten Regel entsprechen, erstellt er Objekte für diese Elemente oder setzt Eigenschaften eines gegebenen Objekts oder ruft Methoden eines gegebenen Objekts auf. Als Ergebnis erhalten Sie einen Objekt-Graphen, dessen Objekte die diversen Elemente des XML-Dokuments repräsentieren. Digester gehört zu den Produkten, die anfänglich etwa überwältigend wirken, aber nach einer gewissen Einarbeitungszeit unverzichtbar werden. Nun zu einigen einfachen Beispielen.

Unser Szenario: Sie wollen eine einfache Einkaufswagen-Webanwendung schreiben, wie sie auf praktisch allen E-Commerce-Websites wie Amazon.com verwendet wird. Die Anwendung soll die zwei Klassen haben, die einen Einkaufswagen (ShoppingCart) bzw. die Artikel (Item) in dem Einkaufswagen repräsentieren:

```java
package myApp;
  public class ShoppingCart {
  public void addItem(Item item);
  public item getItem(int id);
  public Iterator getItems();
  public String getShopperName();
  public void setShopperName(String shopperName);
}

package myApp;
public class Item {
  public int getId();
  public void setId(int id);
  public String getDescription();
  public void setDescription(String description);
}
```

Es soll einen Benutzer geben, der einige Artikel in seinen Einkaufswagen gelegt und dann die Website verlassen hat. Sie wollen ihm das Einkaufen so angenehm wie möglich machen und haben deshalb den Zustand des Einkaufswagens in dem folgenden XML-Dokument für später gespeichert:

```xml
<ShoppingCart shopperName="Rick Wakeman">
  <Item id="10" description="Child's bike (boys)" />
  <Item id="11" description="Red Blouse" />
  <Item id="12" description="Reciprocating Saw" />
</ShoppingCart>
```

Wenn der Benutzer die Website erneut besucht, soll dieses XML-Dokument eingelesen und daraus das ShoppingCart-Objekt mit drei Item-Objekten rekonstruiert werden, deren Eigenschaften den Daten in dem XML-Dokument entsprechen. Dies können Sie mit dem folgenden Code erreichen:

```java
Digester digester = new Digester();
digester.setValidating(false);
digester.addObjectCreate("ShoppingCart", "myApp.ShoppingCart");
digester.addSetProperties("ShoppingCart");
digester.addObjectCreate("ShoppingCart/Item", "myApp.Item");
digester.addSetProperties("ShoppingCart/Item");
digester.addSetNext("ShoppingCart/Item", "addItem", "myApp.Item");
ShoppingCart shoppingCart = (ShoppingCart)digester.parse();
```

Falls Sie jemals Code geschrieben haben, um XML in Java zu parsen, werden Sie erkennen, wie wenig Code hier erforderlich ist und wie unkompliziert er aussieht. Falls Sie dies noch nicht getan haben, sollten Sie mir glauben, dass dies fantastisch schnell und einfach ist!

In der ersten Zeile des Codes wird offensichtlich ein `Digester`-Objekt instanziert. Wenn etwaige vorangegangene Parsaktivitäten abgeschlossen sind und Sie nicht versuchen, dieselbe Instanz von zwei verschiedenen Threads aus zu nutzen, können Sie dieses Objekt bei Bedarf wiederverwenden. In der zweiten Codezeile wird dem `Digester` mitgeteilt, dass das XML-Dokument nicht anhand einer DTD validiert werden soll.

Danach werden einige addXXX-Methoden aufgerufen, die jeweils eine Regel zu dem `Digester` hinzufügen. Sie können die eingebauten Regeln verwenden oder bei Bedarf eigene schreiben.

Der erste Parameter dieser Methoden gibt immer den Pfad zu dem Element an, für das die Regel gilt. Da ein XML-Dokument eine hierarchische Baumstruktur hat, kann jedes Element in dem Dokument durch einen »Pfad« adressiert werden, der mit der Wurzel des Dokuments beginnt und über alle Zweige bis zu dem Element geht. Da hier allen `<Item>`-Elementen das `<ShoppingCart>`-Element übergeordnet ist, lautet der vollständige Pfad zu jedem `<Item>`-Element `ShoppingCart/Item`. Falls umgekehrt ein `<Item>`-Element selbst über ein Unterelement, etwa `<Price>`, verfügte, hätte dieses den Pfad `ShoppingCart/Item/Price`. Eine Digester-Regel wird mit einem Pfad verbunden und ausgelöst, wenn beim Parsen ein Element mit diesem Pfad gefunden wird. Ein Pfad kann mit mehreren Regeln verbunden sein und es können mehrere Regeln für einen Pfad ausgelöst werden.

In diesem Beispiel wird die erste Regel, eine `ObjectCreate`-Regel, für den Pfad `ShoppingCart` definiert. Dies bedeutet: Wenn beim Parsen ein `<ShoppingCart>`-Element gefunden wird, wird eine Instanz der Klasse `myApp.ShoppingCart` erstellt.

Digester speichert die erstellten Objekte auf einem Stack. Wenn beispielsweise die `ObjectCreate`-Regel ausgelöst wird und das `ShoppingCart`-Objekt instanziert, wird dieses oben auf dem Stack abgelegt. Alle folgenden Regeln arbeiten mit diesem Objekt, bis dieses, entweder ausdrücklich oder als Ergebnis einer anderen Regel oder weil das Parsen abgeschlossen ist, wieder aus dem Stack entfernt wird. Wenn die nächste Regel, die `SetProperties`-Regel ausgelöst wird, setzt sie alle Eigenschaften des Objekts oben auf dem Stack, in diesem Fall also des `ShoppingCart`-Objekts, und verwendet dabei die Attribute des `<ShoppingCart>`-Elements in dem Dokument.

Als Nächstes wird eine weitere `ObjectCreate`-Regel, diesmal für die `<Item>`-Elemente definiert, und dazu eine weitere `SetProperties`-Regel für dasselbe Element. Wenn das erste `<Item>`-Element gefunden wird, wird das Objekt erstellt und oben auf dem Stack abgelegt, weshalb es dort jetzt über dem `ShoppingCart`-Objekt liegt.

Schließlich wird eine `SetNext`-Regel definiert. Sie ruft die angegebene Methode, hier `addItem()`, für das *nächste* (von oben zweite) Objekt auf dem Stack auf (hier also das `ShoppingCart`-Objekt) und übergibt dabei das Objekt oben auf dem Stack (das `Item`-Objekt). Schließlich wird das `Item`-Objekt oben auf dem Stack entfernt, wodurch wieder das `ShoppingCart`-Objekt an die erste Stelle rückt. Dieser Prozess wird dreimal für jedes `<Item>`-Element wiederholt.

Am Ende wird das Objekt oben auf dem Stack (hier wiederum das `ShoppingCart`-Objekt) vom Stack entfernt, von `Digester` zurückgegeben und in der Variablen `shoppingCart` gespeichert. Damit befindet sich der Einkaufswagen wieder in dem Zustand, in dem ihn der Benutzer verlassen hat!

Digester basiert auf SAX (Simple API for XML), einem ereignisgesteuerten Verfahren zum Parsen von XML. SAX funktioniert auf einer tieferen Ebene und erfordert in der Regel ziemlich mehr Aufwand als Digester. Der Code aus Listing 3.6 ist typisch für SAX.

```java
import java.io.*;
import org.xml.sax.*;
import org.xml.sax.helpers.DefaultHandler;
import javax.xml.parsers.SAXParserFactory;
import javax.xml.parsers.ParserConfigurationException;
import javax.xml.parsers.SAXParser;
public class ListElements extends DefaultHandler {
public static void main(String argv[]) {
  if (argv.length != 1) {
    System.err.println("Anwendung: java xml_file");
    System.exit(1);
  }
  DefaultHandler handler = new ListElements();
  SAXParserFactory factory = SAXParserFactory.newInstance();
  try {
    SAXParser saxParser = factory.newSAXParser();
    saxParser.parse(new File(argv [0]), handler);
  } catch (Exception e) {
    e.printStackTrace();
  }
}
public void startElement(String inNamespaceURI, String inLName,
  String inQName, Attributes attributes) throws SAXException {
  String elementName = inLName;
  if (elementName.equals("")) {
    elementName = inQName;
  }
  if (elementName.equalsIgnoreCase("Band")) {
    System.out.print("***** ");
  }
  System.out.print("<" + elementName + "> gefunden");
  if (!elementName.equalsIgnoreCase("BestBandsInTheWorld")) {
    String name = attributes.getValue("name");
    System.out.print(", name=" + name);
  }
  System.out.println("");
  }
}
```

Listing 3.6:   Ein einfaches SAX-Beispiel

Sie können diesen Code ausprobieren, indem Sie die XML-Datei aus Listing 3.7 unter dem Namen example.xml speichern und die Anwendung mit dem Argument example.xml auf der Befehlszeile aufrufen.

```xml
<BestBandsInTheWorld>
  <Band name="Shadow Gallery">
    <Bassists name="Carl Cadden-James" />
    <Guitarist name="Brendt Allman" />
    <Keyboardist name="Chris Ingles" />
    <Guitarist name="Gary Wehrkamp" />
    <Drummer name="Joe Nevolo" />
    <Singer name="Mike Baker" />
```

```
  </Band>
  <Band name="Dream Theater">
    <Drummer name="Mike Portnoy" />
    <Singer name="James LaBrie" />
    <Guitarist name="John Petrucci" />
    <Bassist name="John Myung" />
    <Keyboardist name="Jordan Rudess" />
  </Band>
</BestBandsInTheWorld>
```

Listing 3.7: XML-Beispielcode für die `ListElements`-Anwendung

Abbildung 3.8 zeigt das Ergebnis, das Sie sehen sollten.

Mit diesen Beispielen konnte ich Ihnen hoffentlich zeigen, dass Digester nicht allzu schwer ist und im Vergleich zu SAX sicher erheblich weniger Code und Aufwand erfordert. Dennoch hat auch SAX seine Nischen, etwa wenn Sie ein XML-Dokument einfach analysieren wollen, ohne einen Objekt-Graphen zu erstellen.

Auch wenn es andere Methoden gibt, um XML in Java zu parsen, bin ich überzeugt, dass Sie nicht mehr als Digester und manchmal SAX benötigen werden. Für die Projekte in diesem Buch reichen diese beiden Werkzeuge auf jeden Fall aus. Natürlich bleibt es Ihnen überlassen, die anderen Methoden zu erforschen. Doch Sie haben sicher erkannt, dass ich ein großer Digester-Fan bin; und ich glaube, dass Sie meine Überzeugung teilen werden, wenn Sie die Alternativen kennen gelernt haben!

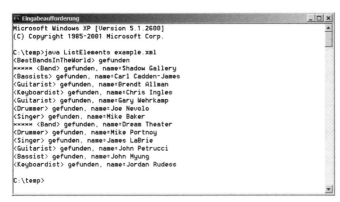

Abb. 3.8: Output des einfachen SAX-Beispiels mit der XML-Beispieldatei

3.5 Die Anwendungen installieren und ausprobieren

Sie können alle Projekte in diesem Buch von der Website des Verlags herunterladen. Sie stehen in zwei verschiedene Formen zur Verfügung: als WAR-Datei und als entpackte Webanwendungen (natürlich jeweils in einer Zip-Datei). Sie können beide Varianten einfach in das Verzeichnis TOMCAT_HOME/webapps entpacken. Tomcat deployt die Anwendungen, wenn er startet. (Tatsächlich können Sie Tomcat so konfigurieren, dass WARs deployt werden, sobald Tomcat sie in dem webapps-Verzeichnis sieht.) Die entpackten Webanwendungen werden erst aktiviert, wenn Tomcat neu gestartet wird.

Wenn Sie wollen, können Sie auch einen anderen Anwendungsserver verwenden. Die Projekte enthalten keine Features, die von Tomcat oder von einem speziellen Betriebssystem abhängig sind. Sie können deshalb beispielsweise WebSphere unter Red Hat Linux verwenden, obwohl die Deployment-Methode etwas abweichen kann. Doch die meisten Anwendungsserver verfügen über ein Verzeichnis für entpackte Webanwendungen. Wenn Sie die Anwendungen dorthin kopieren, sollten Sie keine Schwierigkeiten haben.

Keine der Anwendungen erfordert eine Back-End-Datenbank, obwohl dies in einigen Fällen durchaus sinnvoll gewesen wäre. Doch ich habe darauf verzichtet, um Sie nicht noch mit weiteren Installationen zu belasten. Sie sollten die Anwendungen einfach einrichten und ausprobieren können. Deshalb enthält jede Anwendung auch alle erforderlichen Abhängigkeiten, weshalb Sie nicht viel mit Klassenpfaden und Server-Setups zu tun haben werden. Es werden weder JNDI noch Container-managed Ressourcen benutzt. Ich bin sicher, dass Sie auf Stellen stoßen werden, an denen eine Anwendung mit diesen Dingen hätte verbessert werden können, aber auch hier habe ich der Einfachheit halber darauf verzichtet. Ich hoffe, Sie betrachten dies weniger als Mangel, sondern als Chance, die Projekte zu erweitern, um Erfahrungen zu sammeln.

Ich lege Ihnen ans Herz, alle Projekte bereits auszuprobieren, bevor Sie das jeweilige Kapitel lesen. Die meisten, außer vielleicht Karnak, sind an sich nützlich und machen Spaß (und auch Karnak ist mit einigen Änderungen brauchbar). Tatsächlich habe ich meine persönliche Website ähnlich wie eine Shell für einige dieser Anwendungen konzipiert, so dass ich beispielsweise E-Mails senden, RSS-Feeds lesen und meine Arbeit im Wesentlichen von einer Stelle aus organisieren kann. Dies wäre auch für Sie ein ausgezeichnetes Projekt, das Sie in Angriff nehmen könnten, nachdem Sie diese Beispielprojekte kennen gelernt haben. Ich bin sicher, dass Sie am Ende dieses Buches einige großartige Ideen haben werden, wie Sie alles zusammenfügen können!

3.6 Zusammenfassung

In diesem Kapitel habe ich kurz die serverbasierten Technologien und Verfahren beschrieben, die in den kommenden Projekten verwendet werden, einschließlich der grundlegenden Struktur einer Webanwendung, Servlets, JSPs, Tomcat und die Erstellung von Projekten mit Ant. Außerdem bin ich auf XML, insbesondere das Parsen von XML mit Commons Digester und dem Basiswerkzeug SAX eingegangen. Falls einiges und definitiv falls dies alles neu für Sie war, sollten Sie sich zunächst ausführlicher mit diesen Themen und insbesondere mit dem letzten Abschnitt über Webanwendungen, Servlets und JSPs befassen. In den Projekten, die ab dem nächsten Kapitel behandelt werden, gehe ich viel detaillierter, aber praxisbezogen auf diese Themen ein, während ich die grundlegende Theorie hinter (beispielsweise) Servlets kaum beschreibe, sondern die entsprechenden Komponenten und Verfahren einfach anwende. Falls Sie die Theorie noch nicht kennen, werden Sie deshalb vielleicht weniger aus den Projekten herausziehen können, als es andernfalls möglich wäre.

Teil II

Arthur C. Clarke	Jede hinreichend fortgeschrittene Technologie lässt sich nicht von Magie unterscheiden.
Richard Feynman	Um eine Technologie erfolgreich durchzusetzen, muss man der Realität Vorrang vor den Public Relations einräumen; denn die Natur lässt sich nicht für dumm verkaufen.
Albert Einstein	Alles sollte so einfach wie möglich gemacht werden, aber nicht einfacher.
Samuel Johnson	Es gibt zwei Arten von Wissen: Wir beherrschen ein Thema selbst oder wir wissen, wo wir Informationen darüber finden können.
Frank W. Zammetti	Es gibt zwei Arten von Wissen: Wir beherrschen ein Thema selbst oder wir wissen, wie man *Google* eintippt.
Robert Paul	Nehmen Sie sich immer vor Programmierern in Acht, die mit einem Schraubendreher herumlaufen.

In diesem Teil:

Karnak: Eine Vorschlagsliste für Texteingaben

In diesem Kapitel wird eine Anwendung erstellt, die zu erraten versucht, was ein Anwender in ein Textfeld eintippen könnte, und eine Liste mit möglichen Textergänzungen vorschlägt, aus denen er einen Vorschlag auswählen kann. Um diese Anwendung zu realisieren, werden Sie die erste Library kennen lernen, die in diesem Buch verwendet wird: *AjaxTags* aus dem *Java Web Parts*-Projekt.

4.1 Anforderungen und Ziele

Karnak war für die alten Ägypter Sitz eines wichtigen Orakels. Da Orakel Aussagen über Künftiges machen und in diesem Kapitel eine Anwendung erstellt wird, die möglicherweise Fragen beantwortet, bevor diese gestellt wurden, habe ich ihr den Namen *Karnak* gegeben. Karnak soll ähnlich wie *Google Suggest* (www.google.com/webhp?complete=1&hl=en) funktionieren und beim Eintippen von Text eine Vorschlagsliste mit möglichen Textergänzungen anzeigen!

Die Hauptziele für dieses Projekt lauten:

- Da dies das erste größere Ajax-Projekt in diesem Buch ist, sollte es nicht allzu schwierig zu erstellen sein. Deshalb wollen wir eine erste Ajax-Library zu Hilfe nehmen: *AjaxTags* aus *Java Web Parts*.
- Es soll nicht angestrebt werden, Google zu übertreffen; deshalb soll die Datenmenge, auf der die vorgeschlagenen Antworten basieren, sehr begrenzt und vollkommen statisch sein.
- Sehr einfach ausgedrückt: Beim Eintippen soll unter dem Eingabetextfeld eine Liste mit den möglichen Ergänzungen des bereits eingegebenen Textfragments angezeigt werden. Der Anwender soll eine der Antworten auswählen können; die gewählte Anwtort soll in das Textfeld eingefügt werden.
- Die Auswahl soll mit Hilfe der Auf- und Ab-Pfeile erfolgen; die jeweils markierte Antwort soll hervorgehoben werden; durch Betätigen der Eingabetaste soll der ausgewählte Wert in das Textfeld eingefügt werden. Darüber hinaus soll nichts passieren; das heißt, der Wert soll nicht an den Server übertragen werden, da dies hier nicht wirklich relevant ist.
- Wenn der Anwender weitere Buchstaben eintippt, sollte die Liste der möglichen Antworten kürzer werden, und die möglichen Übereinstimmungen sollten verfeinert werden.
- Übereinstimmungen sollten nur gesucht werden, wenn die Eingabe mit einem der Buchstaben A–Z beginnt.
- Serverseitig soll nur ein einziges, einfaches Servlet laufen. Dies wird für unsere Zwecke ausreichen.

4.2   Der Lösungsansatz

Ich möchte Sie zunächst mit der Library vertraut machen, mit der diese Anwendung erstellt wird: *AjaxTags*, eine Teilkomponente des *Java Web Parts*-Projekts (`http://javaweb-parts.sourceforge.net`).

Java Web Parts (JWP) wurde im Mai 2005 mit dem Ziel begonnen, ein Repository für kleine, hauptsächlich unabhängige Teile zu erstellen, die für Java-Webentwickler von allgemeinem Interesse sind. Das Projekt versucht, von Frameworks aller Art vollkommen unabhängig zu sein, und deckt ein weites Spektrum von Anforderungen ab. In Java Web Parts (JWP) finden Sie Dinge wie Filter für Komprimierungsaufgaben, für Begrenzung paralleler Sitzungen oder Dependency Injection (»Injektion von Abhängigkeiten«) in Anfragen (ähnlich der Managed-Bean-Features von Spring oder JSF, aber Framework-unabhängig). Außerdem gibt es Servlets für diverse Funktionen, beispielsweise die Darstellung eines Strings als grafisches Textbild. JWP enthält auch eine außerordentlich leistungsstarke Chain-of-Responsibility-(CoR-)Implementierung, eine Hilfsklasse, um die Größe eines Sitzungs- oder Kontextobjektes zu berechnen, Klassen, um verschiedene Arten von Antwort-Streams zu verschlüsseln, Taglibs für fortgeschrittene GUI-Widgets und die Einfügung von Allzweck-Utility-JavaScript-Funktionen in eine Seite, eine Klasse, die die Konfiguration von Webanwendungen mit XML-Konfigurationsdateien erheblich vereinfacht, und vieles mehr. Falls Sie Webanwendungen mit Java-Technologien entwickeln (was wahrscheinlich ist, wenn Sie dieses Buch lesen), rate ich Ihnen, sich näher mit JWP zu befassen. Ähnlich wie die Jakarta Commons Libraries enthält dieses Projekt zahlreiche Zeit sparende Komponenten, mit denen Sie Ihre Arbeit beträchtlich erleichtern können.

Doch die vielleicht beliebteste Komponente von JWP ist AjaxTags, eine Taglib, mit der es ein Kinderspiel ist, Ajax zu JSPs hinzuzufügen. AjaxTags war ursprünglich eine erweiterte Version der HTML Taglib von Struts, wurde aber später als generische Taglib ausgegliedert, die in keiner Weise an Struts gebunden ist. Sie kann immer noch in Struts-basierten Anwendungen verwendet werden, aber sie kann auch in WebWork-Anwendungen, JSF-Anwendungen, anderen Frameworks oder mit einfachen Servlets benutzt werden. AjaxTags enthält nur vier Tags; davon werden zwei regelmäßig und die anderen beiden weniger häufig verwendet. AjaxTags arbeitet mit Hilfe eine XML-Konfigurationsdatei; alles funktioniert deklarativ. Dies bedeutet, dass Sie für die gebräuchlichsten Ajax-Funktionen selbst keinen JavaScript-Code schreiben müssen. Doch darüber hinaus bietet AjaxTags zahlreiche Features, wenn Sie bereit sind, selbst ein wenig Skriptcode zu schreiben. Um es noch einmal zu wiederholen: All dies ist vollkommen optional; Sie können viele Dinge tun, ohne Skriptcode zu schreiben, was das Ziel von AjaxTags ist. AjaxTags ist erweiterbar, in der gelieferten Form sehr leistungsstark und, was am besten ist, vereinfacht Ajax so weit, wie es überhaupt möglich ist!

Ich möchte jetzt ein kurzes Beispiel für die Anwendung von AjaxTags zeigen und schlage Ihnen vor, eine einfache leere Webanwendung zu erstellen und diese Schritte nachzuvollziehen, um AjaxTags praktisch kennen zu lernen. Außerdem sollten Sie die AjaxTags-API-Dokumentation in Ihrem Browser öffnen und bei der Arbeit konsultieren. Sie finden die Dokumentation online unter `http://javawebparts.sourceforge.net/javadocs/index.html`.

Der erste Schritt besteht immer darin, zwei JAR-Dateien zu Ihrer Webanwendung in `WEB-INF/lib` hinzuzufügen: `javawebparts_taglib.jar` und `javawebparts_core.jar`. Die zweite Datei wird für alle JWP-Komponenten benötigt. Außerdem müssen Sie die Commons Logging JAR zu Ihrer Webanwendung hinzufügen, da JWP von ihr abhängt. Als Nächstes müssen Sie zwei Elemente in Ihre `web.xml`-Datei einfügen (siehe Listing 4.1).

```
<context-param>
  <param-name>ajaxTagsConfig</param-name>
  <param-value>/WEB-INF/ajax_config.xml</param-value>
</context-param>
<listener>
  <listener-class>javawebparts.taglib.ajaxtags.AjaxInit</listener-class>
</listener>
```
Listing 4.1:   Erforderliche AjaxTags in web.xml

Der Kontextparameter `ajaxTagsConfig` teilt AjaxTags mit, wo seine Konfigurationsdatei steht. Die Pfadangabe ist kontextrelativ. Sie können die Datei in dem Kontext an beliebiger Stelle speichern und sie beliebig benennen. Der Kontext-Listener ist dafür verantwortlich, AjaxTags anhand des Inhalts der Konfigurationsdatei zu initialisieren.

Nach diesen Schritten können Sie Ajax-Funktionalität zu Ihrer Anwendung hinzufügen.

AjaxTags arbeitet, jedenfalls meistens, nach einem ereignisgesteuerten Modell. Dabei werden bestimmte Elemente einer Seite mit einem Ajax-Ereignis verbunden. Sie können jedes Element einer Seite »Ajax-fähig« machen, indem Sie ihm ein Ajax-Ereignis zuordnen. Erstellen Sie beispielsweise die einfache JSP aus Listing 4.2.

```
<html>
  <head></head>
  <body>
    <input type="button" value="AJAX auslösen">
    <br>
    <div id="results"></div>
  </body>
</html>
```
Listing 4.2:   Einfache JSP

Der Wert des `value`-Attributs soll ausdrücken, dass der Button ein Ajax-Ereignis auslöst, wenn er angeklickt wird. Der Server soll eine Antwort generieren, die dann in das `<div>`-Element `results` eingefügt wird. Zu diesem Zweck müssen Sie drei Dinge zu dieser Seite hinzufügen: eine Taglib-Deklaration am Anfang der Seite (ist bei allen Taglibs erforderlich) und die beiden AjaxTags-Tags. Listing 4.3 zeigt die JSP mit den drei zusätzlichen Elementen.

```
<%@ taglib prefix="ajax" uri="javawebparts/taglib/ajaxtags" %>
<html>
  <head></head>
  <body>
    <input type="button"
      value="AJAX auslösen"><ajax:event ajaxRef="test/btnClick"/>
    <br>
    <div id="results"></div>
  </body>
</html>
<ajax:enable />
```
Listing 4.3:   Die einfache JSP mit den drei zusätzlichen AjaxTags-Elementen

Der Tag Library Descriptor (TLD) für AjaxTags ist in der javawebparts_taglib.jar enthalten, das heißt, die Taglib-Deklaration erfolgt lokal. Das Tag <ajax:enable /> am Ende ist erforderlich und muss immer nach allen anderen AjaxTags-Tags stehen. Am besten setzen Sie es einfach ganz ans Ende des Dokuments; allerdings ist dies nicht nötig. Es stellt den JavaScript-Code bereit, der von den anderen AjaxTags-Tags benötigt wird, die vor ihm in dem Dokument stehen.

Das <ajax:event>-Tag hinter dem <input>-Element definiert, seinem Namen entsprechend, ein Ajax-Ereignis. Es muss unmittelbar hinter dem Element stehen, dem Sie das Ereignis zuordnen wollen. Das Wort *unmittelbar* ist hier wörtlich zu verstehen! Zwischen der schließenden spitzen Klammer des Elements und dem <ajax:event>-Tag selbst darf nichts stehen, nicht einmal ein Leerzeichen oder sonstige Whitespace-Zeichen! Denn anstelle dieses Tags wird JavaScript-Code eingefügt, der einige recht interessante DOM-Manipulationen durchführt, um das voranstehende Element zu finden und mit einem Eventhandler zu verbinden.

Das <ajax:event>-Tag hat ein einziges Attribut, ajaxRef, das eine Verknüpfung zu der Konfigurationsdatei herstellt, in der das Ajax-Ereignis definiert wird (mehr darüber gleich). Das Attribut ajaxRef hat immer die Form xxxx/yyyy.

Jedes mögliche normale Ereignis eines Elements kann als Ajax-Ereignis verwendet werden. Der Button aus diesem Beispiel verfügt unter anderem über folgende Ereignisse: onClick, onFocus, onMouseDown usw. Deswegen könnten Sie als Reaktion auf diese Ereignisse ein Ajax-Ereignis auslösen.

Nun zu der entsprechenden Konfigurationsdatei. Falls Sie das Beispiel nachvollziehen, sollten Sie jetzt die Datei ajax_config.xml (siehe Listing 4.4) in dem WEB-INF-Verzeichnis erstellen.

```
<ajaxConfig>
  <form ajaxRef="test" isPage="true">
    <element ajaxRef="btnClick">
      <event type="onclick">
        <requestHandler type="std:SimpleRequest" method="get">
          <target>response.htm</target>
          <parameter />
        </requestHandler>
        <responseHandler type="std:InnerHTML">
          <parameter>results</parameter>
        </responseHandler>
      </event>
    </element>
  </form>
</ajaxConfig>
```

Listing 4.4: Die AjaxTags-Konfigurationsdatei ajax_config.xml

Eine derartige Konfigurationsdatei beginnt immer mit dem Root-Element <ajaxConfig>. Danach folgt ein <form>-Element. Dies hat historische Gründe: Als AjaxTags noch eine Struts-Erweiterung war, konnten nur Elemente in einem HTML-Formular Ajax-fähig gemacht werden. Dies gilt heute zwar nicht mehr, aber die Nomenklatur ist geblieben. Tatsächlich enthält die Seite aus diesem Beispiel gar kein HTML-Formular. Das <form>-Element in der Konfigurationsdatei repräsentiert deshalb ein so genanntes *virtuelles Formular*. Im Grunde ist es lediglich eine Gruppierung Ajax-fähiger Ereignisse. Wird ein solches virtuelles Formular definiert, muss das `isPage`-Attribut auf `true` gesetzt werden. Im Allgemeinen sollte eine JSP-Seite nicht mehr als ein virtuelles Formular enthalten, obwohl technisch nichts gegen mehrere Formulare spricht. (Allerdings sind die Seiten einfacher, wenn diese Regel beachtet wird.) Ein `<form>`-Element verfügt über ein beliebiges `ajaxRef`-Attribut, das allerdings das `<form>`-Element eindeutig identifizieren muss.

Ein `<form>`-Element schließt ein oder mehrere `<element>`-Elemente ein, die die Elemente der HTML-Seite mit einem Ajax-Ereignis verbinden. Auch diese Elemente können ein beliebiges `ajaxRef`-Attribut haben, das allerdings innerhalb des einschließenden `<form>`-Elements eindeutig sein muss. Dagegen können andere `<element>`-Elemente anderer `<form>`-Elemente gleichnamig sein.

Wenn Sie das `ajaxRef`-Attribut des `<form>`-Elements und das `<element>`-Element durch einen Schrägstrich verbinden, erhalten Sie das `ajaxRef`-Attribut aus dem `<ajax:event>`-Tag der Seite. Dies ist die AjaxTags-Syntax für die Referenzierung von Ajax-Ereignissen in einer Seite. So kommt die bereits erwähnte Form xxxx/yyyy des `ajaxRef`-Attributs in dem `<ajax:event>`-Tag zustande; xxxx ist das `ajaxRef`-Atribut des `<form>`-Elements in der Konfigurationsdatei und yyyy das `ajaxRef`-Attribut des `<element>`-Elements in der Konfigurationsdatei.

Jedes `<element>` kann ein oder mehrere `<event>`-Elemente enthalten. Diese definieren die diversen Ereignisse, die Ajax-Aufrufe auslösen können. In diesem Fall wird nur ein einziges Ereignis definiert: ein `onClick`-Eventhandler. Falls das Element bereits über einen entsprechenden Eventhandler verfügt, wird dieser neue Handler an vorhandenen Handler-Code angehängt.

In AjaxTags wird für jedes Ereignis ein Request Handler (Anfrage-Handler) und ein Response Handler (Antwort-Handler) definiert. Ein Request Handler ist eine JavaScript-Funktion, die die Anfrage an den Server formuliert. Ein Response Handler ist eine JavaScript-Funktion, die ausgeführt wird, wenn die Antwort erfolgreich vom Server zurückgegeben wird. AjaxTags verfügt standardmäßig über einige eingebaute Request und Response Handler; deshalb können Sie sofort mit den gebräuchlichsten Ajax-Techniken arbeiten. Doch AjaxTags ist so flexibel, dass Sie bei Bedarf auch eigene Handler schreiben können.

Hier wird für dieses `<event>` ein `<requestHandler>`-Element definiert. Ein `<requestHandler>`-Element verfügt über zwei Attribute, `type` und `method`. Das `type`-Attribut bezeichnet den zu verwendenden Request Handler. Alle eingebauten Handler beginnen mit dem Präfix `std:`. Hier wird der Handler `std:SimpleRequest` verwendet, der einfach auf den referenzierten URL zugreift. (Wir wenden hier noch einmal den Trick an, eine HTML-Seite »als Server« zu verwenden.) Das `method`-Attribut enthält je nach Anforderung der Anwendung entweder `get` oder `post`.

Das `<requestHandler>`-Element enthält zwei untergeordnete Elemente: Das `<target>`-Element schließt einfach den URL ein, an den die Anfrage gerichtet ist. Das `<parameter>`-Element unterscheidet sich von Handler zu Handler. Bei einem `std:SimpleRequest`-Handler ist es leer, da keine Argumente an den Server übergeben werden; es erfolgt einfach ein Zugriff auf den URL, und die Antwort wird entgegengenommen.

Das `<responseHandler>`-Element definiert die weitere Verarbeitung der Antwort des Servers. Hier wird der wahrscheinlich gebräuchlichste eingebaute Handler verwendet: `std:InnerHTML`. Bei diesem Handler hat das `<parameter>`-Element eine Bedeutung, nämlich die DOM-ID des Seitenelements, dessen `innerHTML`-Eigenschaft durch die Antwort des Servers aktualisiert werden soll.

Wichtig: Viele Standard-Handler, auf die ich gleich kommen werde, benötigen für ihre Arbeit eine Referenz auf ein echtes HTML-Formular. Falls ein Element, dem Sie ein Ajax-Ereignis zuweisen, Teil eines HTML-Formulars ist, wird eine solche Referenz automatisch erzeugt, indem zur Laufzeit die übergeordnete Komponente des Elements, das Formular, abgerufen wird. Doch bei »virtuellen« Formularen würde dies offensichtlich zu einem Absturz führen. Um dieses Problem zu lösen, verfügt das <event>-Element über ein optionales form-Attribut, das den Namen eines echten referenzierbaren HTML-Formulars enthalten sollte. Sie können es auch verwenden, wenn Sie ein Ereignis in einem echten HTML-Formular so konfigurieren wollen, dass es Werte aus einem anderen HTML-Formular verwendet. Dies ist zwar möglich, aber eher verwirrend; deshalb rate ich Ihnen, darauf zu verzichten.

Wie ist der Arbeitsablauf? Der Benutzer klickt den Button an. Der durch das <ajax:event>-Tag beschriebene Eventhandler wird ausgelöst und ruft die konfigurierten Anfrage-Handler auf. Der Handler erledigt seine Aufgabe (Konstruktion eines XML-Dokuments, eines Abfragestrings oder anderes) und dann erfolgt ein Zugriff auf den URL, der in der Konfigurationsdatei referenziert wird. Der Serverprozess wird ausgeführt. Meistens konstruiert er eine bestimmte Antwort. Diese Antwort wird vom Server zurückgesendet und clientseitig in ein <div>-Element eingefügt (das in diesem Fall die ID results hat) oder der Konfiguration entsprechend anderweitig verarbeitet. Dies ist doch recht einfach, nicht wahr?

Es gibt noch ein weiteres Stück des AjaxTags-Puzzles, das Sie für dieses Projekt kennen müssen: anwendungsspezifische Handler (engl. *custom handler*). Ich hatte ausgeführt, dass Eventhandler, deren Namen mit std: beginnen, zu den eingebauten Standard-Handlern gehören. Wenn, wie in diesem Fall, keiner der Standard-Handler Ihre Anforderungen genau erfüllt, können Sie bei AjaxTags einen eigenen einfachen oder beliebig komplexen Handler erstellen.

Alle Request Handler von AjaxTags haben dieselbe Funktionssignatur:

```
StdQueryString (form, target, param, resHandler, resHandlerParam, method,
    mungedRef, timerObj, ajaxRef)
```

Funktion und Parameter haben die folgenden Bedeutungen:

- StdQueryString – der Name der JavaScript-Funktion
- form – eine Referenz des HTML-Formulars, das dem Element, das das Ereignis ausgelöst hat, als Komponente übergeordnet ist, oder der Wert des form-Attributs des <event>-Elements laut Definition in der Konfigurationsdatei. Zur Laufzeit ist dies eine Objektreferenz auf das Formular.
- target – der URL, an den die Anfrage laut Definition in der Konfigurationsdatei gesendet werden soll. Er kann optional Abfragestring-Parameter aus der Konfigurationsdatei enthalten.
- param – der Wert des <parameter>-Elements des Request Handlers laut Definition in der Konfigurationsdatei.
- resHandler – eine Referenz der JavaScript-Funktion, die laut Definition in der Konfigurationsdatei als Callback-Funktion für das Ajax-Ereignis verwendet werden soll.
- resHandlerParam – der Wert des <parameter>-Elements für den Response Handler laut Definition in der Konfigurationsdatei.
- method – die HTTP-Methode des Handlers laut Definition in der Konfigurationsdatei.
- mungedRef – die vollständige ID des Elements, das das Ereignis ausgelöst hat; sie hat immer die Form jwpatp_xxxx; xxxx bedeutet das ajaxRef-Attribut des Elements, wobei der Schrägstrich durch ein Unterstreichungszeichen ersetzt wird.

- `timerObj` – eine Referenz des `timer`-Objekts, das diesen Handler ausgelöst hat, falls dieser zusammen mit `<ajax:timer>` verwendet wird; sonst `null`.

- `ajaxRef` – das `ajaxRef`-Attribut des Elements, das das Ereignis ausgelöst hat. Es wird mit jeder Anfrage implizit als Abfragestring-Parameter übertragen, damit der Server bei Bedarf entsprechende Verzweigungsentscheidungen treffen kann.

Wie bereits erwähnt, können Handler-Funktionen beliebige Aufgaben ausführen. Doch letztlich wird erwartet, dass Sie eine Ajax-Anfrage an den Server richten (obwohl selbst dies nicht erforderlich ist; allerdings wäre es dann nicht mehr AjaxTags!). Sie können dazu eigenen Code schreiben oder sogar eine andere Library verwenden. Doch alle Standard-Handler verwenden eine gemeinsame JavaScript-Funktion namens `ajaxRequestSender()`, die durch das `<ajax:enable>`-Tag automatisch in die Seite eingefügt wird. Diese Funktion erledigt alle wichtigen Details der Anfrage; deshalb ist es ratsam, sie auch in anwendungsspezifischen Handlern zu verwenden.

Erstens sorgt die Funktion `ajaxRequestSender()` dafür, dass der URL, an den die Anfrage gerichtet ist, immer eindeutig ist. Dies ist wichtig, weil bestimmte Browser (hauptsächlich der Internet Explorer) Server-Antworten ein wenig zu aggressiv zwischenspeichern, selbst wenn diese per Ajax erfolgen. Sie können dann leicht in eine Situation geraten, in der Ihr clientseitiger Ajax-Code einwandfrei zu funktionieren scheint, doch Ihre Server-Protokolle keine Aktivitäten anzeigen. Der Grund dafür ist eine vorhergehende Anfrage, die der Browser zwischengespeichert hat. Ist die nachfolgende Anfrage an denselben URL gerichtet, fragt der Browser nicht erneut den Server ab, sondern gibt einfach die zwischengespeicherte Kopie zurück. Dieses Problem existiert nur bei GET-Anfragen, weil POST-Anfragen niemals zwischengespeichert werden. Doch die `ajaxRequestSender()`-Funktion löst dieses Problem, indem sie einen Abfragestring namens `ensureUnique` als Anfrageparameter an den URL anhängt. Sie können diesen Parameter praktisch ignorieren; er gewährleistet nur, dass der URL immer eindeutig ist und deshalb auch bei GET-Anfragen keine Probleme mit der Zwischenspeicherung auftreten.

Zweitens handhabt `ajaxRequestSender()` parallel laufende Ajax-Anfragen für Sie. Wie Sie in dem Beispiel aus dem ersten Kapitel gesehen haben, bekommt jede Ajax-Anfrage normalerweise ein eigenes `XMLHttpRequest`-Objekt; irgendwo wird für den Callback-Handler eine Referenz auf dieses Objekt gespeichert. Wenn eine Anfrage läuft und eine zweite ausgelöst wird, geht die erste verloren und die zweite nimmt ihren Platz ein. Manchmal ist dies nicht nur kein Problem, sondern sogar erwünscht, aber in den meisten Fällen erwarten Sie etwas anderes. AjaxTags sorgt immer dafür, dass die erste Anfrage nicht verloren geht und die zweite ebenfalls erwartungsgemäß ausgeführt wird.

Drittens fügt `ajaxRequestSender()` den `ajaxRef`-Abfragestring-Parameter hinzu, damit der Serverprozess immer weiß, welches Element das Ereignis ausgelöst hat. Dies ist wichtig, wenn Sie verschiedene Ereignisse mit einer einzigen Klasse verarbeiten wollen.

Ob Sie es glauben oder nicht – damit haben Sie alles über AjaxTags gelernt, was Sie brauchen, um Karnak zu realisieren!

4.3   Die geplante Lösung

Am besten zeigt das fertige Produkt, wohin die Reise gehen soll. Die Abbildungen 4.1 und 4.2 zeigen Karnak in Aktion. Zugegeben – viel ist in diesem Fall nicht zu sehen; schließlich handelt es sich um eine einfache Anwendung. Dennoch habe ich mich um etwas »Farbe« bemüht.

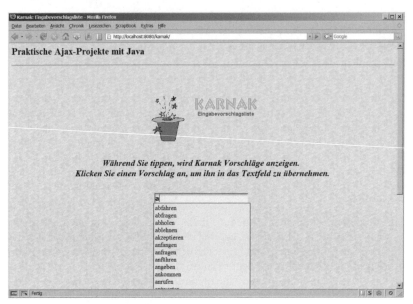

Abb. 4.1: Karnak in Aktion!

Abbildung 4.1 zeigt Karnak nach der Eingabe eines einzigen Buchstabens. Ein Dropdown mit passenden Einträgen, die von dem Server abgerufen worden sind, wird angezeigt.

Abb. 4.2: Und noch mehr Karnak-Magie!

In Abbildung 4.2 ist die Auswahl weiter eingeschränkt, da zwei Buchstaben eingegeben wurden. Außerdem ist ein Eintrag hervorgehoben, der wahrscheinlich von dem Benutzer gewählt werden wird. Wie wird diese Anwendung erstellt?

4.4   Analyse der Lösung

Zunächst sollten Sie sich mit der Verzeichnisstruktur der Anwendung vertraut machen (siehe Abbildung 4.3).

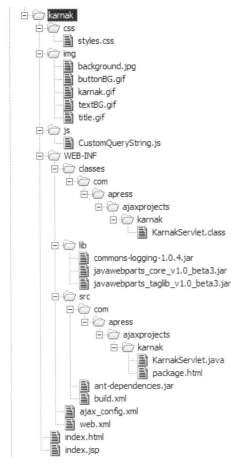

Abb. 4.3: Die Verzeichnisstruktur von Karnak unter `..\tomcat\webapps`

Karnak hat die normale Struktur einer Webanwendung. Es besteht aus einer einzigen JSP, `index.jsp`, die in dem Root-Verzeichnis steht. Sie ist auch als das Standarddokument konfiguriert. `index.jsp` referenziert alle Bilder in dem `img`-Verzeichnis und importiert auch das Stylesheet `styles.css` aus dem `css`-Verzeichnis. Es gibt eine einzige JavaScript-Datei namens `CustomQueryString.js` in dem `js`-Verzeichnis. Diese Datei wird *nicht direkt* nach `index.jsp` importiert, sondern von AjaxTags dynamisch eingefügt. Das Verzeichnis WEB–

INF/classes enthält die serverseitigen Java-Klassen. Hier gibt es nur eine einzige Klasse: KarnakServlet.class. Das src-Verzeichnis enthält den Karnak-Sourcecode sowie das Ant-Buildskript. Auch hier gibt es nur eine anwendungsspezifische Datei: KarnakServlet.java. Das lib-Verzeichnis enthält alle Libraries, von denen Karnak abhängt (siehe Tabelle 4.1).

JAR	Beschreibung
commons-logging-1.0.4.jar	Jakarta Commons Logging ist eine Abstraktions-schicht über einer echten Logging-Implementie-rung (wie etwa *log4J*); sie ermöglicht es Ihnen, die zugrunde liegende Logging-Implementierung aus-zutauschen, ohne Ihren Anwendungscode zu ändern. Sie stellt auch einen einfachen Logger zur Verfügung, der über System.out ausgibt und in dieser Anwendung verwendet wird.
javawebparts_core_v1.0_beta7.jar	Das Kernpaket von Java Web Parts (JWP), das von allen anderen JWP-Packages benötigt wird.
javawebparts_taglib_v1.0_beta7.jar	Das Taglib-Paket von Java Web Parts (JWP); es umfasst AjaxTags, die für die Anwendung verwen-det werden.

Tabelle 4.1:   Die JAR-Dateien in WEB-INF/lib, von denen Karnak abhängt

Nachdem das nun geklärt ist, können wir uns Karnak selbst anschauen. Lassen Sie uns als Erstes die Clientseite der Gleichung betrachten.

4.4.1   Der clientseitige Code

Listing 4.5 zeigt die einzigen JSP dieser Anwendung:

```
<%@ taglib prefix="ajax" uri="javawebparts/taglib/ajaxtags" %>

<html>
  <head>
    <title>Karnak: Eingabevorschlagsliste</title>
    <link rel="StyleSheet" href="css/styles.css"
      type="text/css" media="screen" />
  </head>

  <body background="img/background.jpg">
    <h2>Praktische Ajax-Projekte mit Java</h2>
    <hr width="100%">
    <br><br>
    <center>
      <h2>
        <img src="img/karnak.gif" align="center" hspace="10"
          width="123" height="160">
        <img src="img/title.gif">
      </h2>
      <br>
      <div style="font-size:16pt;font-weight:bold;font-style:italic;">
```

```
          Während Sie tippen, wird Karnak Vorschläge anzeigen. <br/>
          Klicken Sie einen Vorschlag an,
          um ihn in das Textfeld zu übernehmen.
        </div>
        <br><br>
        <form name="TypeAheadSuggestionsForm" onSubmit="return false;">
          <input type="text" name="enteredTextbox" class="cssUserInput"
          style="width:300px;"><ajax:event
            ajaxRef="TypeAheadSuggestionsForm/enteredTextChange"/>
          <br>
          <div id="suggestions" class="cssSuggestionsDiv"></div>
        </form>
    </center>
  </body>

</html>
<ajax:enable />
```

Listing 4.5:   Die Karnak-JSP-Seite

Diese JSP-Seite ist recht typisch, enthält aber zusätzlich die bereits gezeigten AjaxTags-Elemente: die Taglib-Deklaration am Anfang, das `<ajax:enable>`-Tag am Ende und ein einziges `<ajax:event>`-Tag, das mit einem Textfeld-`input`-Element verbunden ist. Ich habe das Eingabetextfeld mit einem `cssUserInput`-Selektor (siehe Listing 4.6) gestylt. Der Effekt wird durch ein Hintergrundbild erzielt, das diesem Feld zugewiesen wird. Der Text über dem Eingabefeld wird durch einen Inline-Stil formatiert. Ich habe diese Form gewählt, um die beiden Arten der Formatierung, Selektoren und Inline-Stile, gegenüberzustellen. Tatsächlich verwendet das `input`-Textfeld sowohl einen Stilselektor als auch einen Inline-Stil, um zu zeigen, dass Sie beide kombinieren können.

styles.css

Das externe Stylesheet aus Listing 4.6 wird mit einem `link`-Tag eingebunden.

```
/* Stil für das div-Element 'suggestions' */
.cssSuggestionsDiv {
  border           : 1px solid #000000;
  background-color : #f0f0f0;
  width            : 300px;
  text-align       : left;
  padding          : 4px;
  visibility       : hidden;
}

/* Stil für das Eingabetextfeld */
.cssUserInput {
  font-family      : verdana;
  font-size        : 12pt;
  font-weight      : bold;
  width            : 92%;
  background       : url(../img/textBG.gif);
}
```

Listing 4.6:   Das Karnak-Stylesheet

Das Stylesheet ist recht klein. Die erste Stilklasse wird auf das `<div>`-Element angewendet, mit dem die Ergänzungsvorschläge unter dem Textfeld angezeigt werden. Die zweite Klasse wird auf das Textfeld angewendet, in das der Benutzer seinen Text eingibt.

CustomQueryString.js

Nun zu der Komponente, die die eigentliche Arbeit leistet, die externe JavaScript-Datei. Listing 4.7 zeigt den kompletten Code.

```
// Die Konstanten für verschiedene Tasten,
// die in dem folgenden Code geprüft werden.
KEY_RETURN = 13;
KEY_UP = 38;
KEY_DOWN = 40;
KEY_LEFT = 37;
KEY_RIGHT = 39;
KEY_SHIFT = 16;
KEY_CONTROL = 17;
KEY_ALT = 18;
KEY_ESC = 27;
KEY_INSERT = 45;
KEY_HOME = 36;
KEY_END = 35;
KEY_PAGEUP = 33;
KEY_PAGEDOWN = 34;
KEY_SCROLLLOCK = 145;
KEY_PAUSE = 19;
KEY_DELETE = 46;
KEY_PRINTSCREEN = 118;
KEY_NUMLOCK = 144;
KEY_CAPSLOCK = 20;
KEY_LEFT_WINDOWS = 91;
KEY_RIGHT_WINDOWS = 92;
KEY_CONTEXT = 93;
// Code der angeschlagenen Taste
keyCodePressed = null;
// Einen keyDown-Event-Handler mit dem Dokument verbinden.
// Es gibt kleine Unterschiede zwischen dem IE (der nur den
// Teil außerhalb des if-Blocks benötigt) und anderen Browsern,
// die auch den captureEvents-Teil benötigen.
document.onkeydown = keyDown;
if ((document.layers) ? true : false) {
  document.captureEvents(Fvent.KEYDOWN);
}
// Die Nummer des Vorschlags, der markiert war,
// bevor die letzte Pfeiltaste angeschlagen wurde
previousSuggestion = 0;
// Der Vorschlag, der gegenwärtig markiert ist
currentSuggestion = 0;
// Die Anzahl der gegenwärtig angezeigten Vorschläge
numSuggestions = 0;
```

```
// Dies ist ein anwendungsspezifischer AjaxTags Request Handler.
// Er konstruiert einen Abfragestring und sorgt dafür, dass das
// div-Element mit den Vorschlägen verborgen und angezeigt wird.
function CustomQueryString(form, target, param, resHandler,
  resHandlerParam, method, mungedRef, timerObj) {
  // Eine Referenz auf das Eingabetextfeld abrufen; 'param'
  // bezeichnet das Element im Eingabetextfeld des Benutzers,
  // allerdings nicht direkt als DOM-ID. Deshalb muss die
  // Referenz mit eval() ermittelt werden.
  textbox = eval(param);
  // Eine Referenz auf das div-Element mit den Vorschlägen abrufen
  suggestionsDiv = document.getElementById("suggestions");
  // Ist das Textfeld leer, wird das div-Element einfach verborgen.
  if (textbox.value == "") {
    previousSuggestion = 0;
    currentSuggestion = 0;
    keyCodePressed = null;
    document.getElementById("suggestions").style.visibility = "hidden";
    return;
  }
  // Falls Text vorhanden ist ...
  // Wenn die Eingabetaste gedrückt wird, das Textfeld
  // ausfüllen und das div-Element verbergen; fertig!
  if (keyCodePressed == KEY_RETURN) {
    if (suggestionsDiv.style.visibility == "hidden") {
      alert(textbox.value);
      return;
    } else {
      if (currentSuggestion > 0) {
        textbox.value = document.getElementById("suggestion" +
          currentSuggestion).innerHTML;
        suggestionsDiv.style.visibility = "hidden";
        return false;
      }
    }
  }
  // Falls eine Pfeiltaste, KEY_UP=38 oder KEY_DOWN=40, gedrückt wurde ...
  if (keyCodePressed == KEY_UP || keyCodePressed == KEY_DOWN) {
    // Die vorherige Auswahl (falls vorhanden)
    // in den Normalzustand zurücksetzen
    if (previousSuggestion > 0) {
      document.getElementById("suggestion" +
        previousSuggestion).style.backgroundColor = "#f0f0f0";
    }
    // Pfeil nach oben ...
    if (keyCodePressed == KEY_UP) {
      currentSuggestion--;
      if (currentSuggestion < 1) {
        currentSuggestion = 1;
      }
    }
    // Pfeil nach unten ...
```

```
    if (keyCodePressed == KEY_DOWN) {
      currentSuggestion++;
      if (currentSuggestion > numSuggestions) {
        currentSuggestion = numSuggestions;
      }
    }
    // Den aktuellen Vorschlag in previousSuggestion festhalten,
    // um ihn bei Bedarf zurücksetzen zu können
    previousSuggestion = currentSuggestion;
    // Den neuen Vorschlag hervorheben
    document.getElementById("suggestion" +
      currentSuggestion).style.backgroundColor = "#ff0000";
    return false;;
  }


  // An dieser Stelle wurde eine der speziellen Tasten (Eingabe,
  // Aufwärts oder Abwärts) gedrückt, wodurch eine AJAX-Anfrage
  // ausgelöst werden kann. Doch vorher müssen einige andere Tasten
  // herausgefiltert werden, um unnötige Ajax-Aufrufe zu vermeiden!
  if (keyCodePressed != KEY_SHIFT &&
    keyCodePressed != KEY_CONTROL &&
    keyCodePressed != KEY_ALT &&
    keyCodePressed != KEY_ESC &&
    keyCodePressed != KEY_INSERT &&
    keyCodePressed != KEY_HOME &&
    keyCodePressed != KEY_END &&
    keyCodePressed != KEY_PAGEUP &&
    keyCodePressed != KEY_PAGEDOWN &&
    keyCodePressed != KEY_SCROLLLOCK &&
    keyCodePressed != KEY_PAUSE &&
    keyCodePressed != KEY_DELETE &&
    keyCodePressed != KEY_PRINTSCREEN &&
    keyCodePressed != KEY_NUMLOCK &&
    keyCodePressed != KEY_CAPSLOCK &&
    keyCodePressed != KEY_LEFT_WINDOWS &&
    keyCodePressed != KEY_LEFT &&
    keyCodePressed != KEY_RIGHT &&
    keyCodePressed != KEY_RIGHT_WINDOWS &&
    keyCodePressed != KEY_CONTEXT) {
    queryString = "?enteredText=" + escape(textbox.value);
    ajaxRequestSender(form, target, queryString, null, resHandler,
      resHandlerParam, method, true, mungedRef, timerObj);
  }
}


// Die ist der keyDown-Handler für das Dokument. Er hält den Keycode der
// gedrückten Taste fest, der in dem AjaxTags Request Handler bei
// onKeyDown-Events verwendet wird, um Vorschläge zu markieren.
function keyDown(e) {
  ev = (e) ? e : (window.event) ? window.event : null;
  if (ev) {
    keyCodePressed = (ev.charCode) ? ev.charCode:
```

```
      ((ev.keyCode) ? ev.keyCode : ((ev.which) ? ev.which : null));
  }
}
```

Listing 4.7:   Der JavaScript-Code von Karnak

Der Code sieht zwar sehr umfangreich aus, aber das liegt auch an den umfangreichen Kommentaren. Schauen Sie genauer hin, werden Sie feststellen, dass er nicht sehr komplex ist.

Das Listing beginnt mit Code, der in keiner Funktion steht. Er definiert einige Variablen mit seitenweiter Geltung und führt einige kleinere, aber wesentliche Aktionen aus. Zunächst zu den globalen Variablen.

- keyCodePressed: Tritt irgendwo auf der Seite ein keyDown-Ereignis ein, muss der Keycode der gedrückten Taste festgehalten und an den anwendungsspezifischen AjaxTags-Handler weitergegeben werden. Ich werde den Grund dafür gleich erklären.
- previousSuggestion: Wenn der Benutzer die Aufwärts- oder Abwärts-Pfeiltaste drückt, müssen Vorschläge in der Vorschlagsliste markiert oder zurückgesetzt werden. Dafür wird diese Variable benötigt.
- currentSuggestion: Diese Variable wird zusammen mit der Variablen previousSuggestion verwendet.
- numSuggestions: Dies ist die Gesamtzahl der gegenwärtig sichtbaren Vorschläge. Sie wird ebenfalls verwendet, um Vorschläge zu markieren.

Daneben gibt es einige Codezeilen, die ausgeführt werden, wenn die Seite geladen wird. (Zur Erinnerung: Der Browser führt JavaScript-Code außerhalb von Funktionen aus, sobald er beim Laden einer Seite auf den Code stößt.) Dieser Code verbindet das onkeydown-Ereignis des Dokuments mit einer Funktion, die als Eventhandler dient. Bei Netscape-basierten Browsern, einschließlich Firefox, muss ein zusätzlicher Befehl, captureEvents(), ausgeführt werden, um den Eventhandler zuzuordnen; deshalb auch der bedingte Befehl. Durch Prüfung auf Anwesenheit von document.layers kann leicht festgestellt werden, ob der Internet Explorer verwendet wird. Falls nicht, wird captureEvents() aufgerufen.

Bevor ich die anwendungsspezifischen AjaxTags Request Handler beschreibe, möchte ich kurz auf die keyDown-Eventhandler-Funktion keyDown() eingehen, die mit dem Dokument verbunden wird:

```
// Die ist der keyDown-Handler für das Dokument. Er hält den Keycode der
// gedrückten Taste fest, der in dem AjaxTags Request Handler bei
// onkeydown-Events verwendet wird, um Vorschläge zu markieren.
function keyDown(e) {
  ev = (e) ? e : (window.event) ? window.event : null;
  if (ev) {
    keyCodePressed = (ev.charCode) ? ev.charCode:
      ((ev.keyCode) ? ev.keyCode : ((ev.which) ? ev.which : null));
  }
}
```

Diese Funktion hält im Wesentlichen nur den Keycode der gedrückten Taste fest. Die erste Zeile ist erforderlich, weil Netscape-basierte Browser das Ereignis-Objekt mit allen relevanten Informationen über das Ereignis als Parameter der Eventhandler-Funktion erhalten, während der Internet Explorer das Objekt über die event-Eigenschaft des window-Objekts erhält. Auf jeden Fall enthält die Variable ev danach das relevante Ereignis-Objekt.

Die Zeile im if-Block sieht etwas komplex aus (und normalerweise halte ich trinäre Anweisungen wie diese für keine gute Sache, aber hier wird die Logik sauberer dargestellt als durch mehrere verschachtelte if-Anweisungen), aber letztlich geht es darum, den Keycode je nach Browser der richtigen Eigenschaft des Ereignis-Objekts zu entnehmen. Bei einigen ist es charCode, bei anderen keyCode und wieder bei anderen which. Wenn die Funktion fertig ist, steht der Keycode in der seitenweit geltenden Variablen keyCode.

Nun zu dem anwendungsspezifischen AjaxTags Request Handler CustomQueryString(). Laut AjaxTags-Dokumentation enthält AjaxTags bereits einen QueryString Request Handler, der im Wesentlichen dasselbe wie der anwendungsspezifische Handler leistet. Wozu benötigen wir hier dann den anwendungsspezifischen Handler? Nun, wir müssen Verschiedenes tun können, wenn diverse Tasten gedrückt werden, und zugleich einige andere Aufgaben ausführen. Denn wie erwähnt: Wenn Sie ein Element mit AjaxTags Ajax-fähig machen, überschreiben Sie damit etwaige vorher damit verbundene Eventhandler. Es gibt keine Möglichkeit, mit AjaxTags zwei Funktionen von demselben Ereignis aus auszuführen. (Dieses Problem wird in späteren Versionen durch die Fähigkeit gelöst, den AjaxTags-Handler-Code an vorhandenen Handler-Code anzuhängen, aber selbst dann wäre dies bei einem Standard-Handler immer noch nicht möglich, weil dieser immer ausgelöst werden würde.) Deshalb könnten wir nicht zugleich den standardmäßigen QueryString Request Handler benutzen und die zusätzlich benötigte Logik ausführen. Die Lösung besteht deshalb in einem anwendungsspezifischen Handler, der im Wesentlichen dasselbe wie der standardmäßige QueryString Handler tut und die zusätzliche benötigte Logik ausführt.

Der anwendungsspezifische Handler ruft zunächst Referenzen auf einige Elemente der Seite ab:

```
// Eine Referenz auf das Eingabetextfeld abrufen; 'param'
// bezeichnet das Element im Eingabetextfeld des Benutzers,
// allerdings nicht direkt als DOM-ID. Deshalb muss die
// Referenz mit eval() ermittelt werden.
textbox = eval(param);
// Eine Referenz auf das div-Element mit den Vorschlägen abrufen
suggestionsDiv = document.getElementById("suggestions");
```

Die erste Referenz verweist auf das Textfeld, in das der Benutzer seinen Text eingibt. Diese Referenz wird durch einen Aufruf von eval() mit dem in ajax_config.xml definierten Parameter param abgerufen. Sein Wert hat die Form document.form.element, ist also keine DOM-ID. Der Wert lautet hier document.TypeAheadSuggestionsForm.enteredTextbox. Per eval() wird aus diesem Ausdruck eine Referenz abgeleitet und der JavaScript-Interpreter gibt das gewünschte Objekt zurück. Die zweite Referenz verweist auf das <div>-Element, in dem etwaige Vorschläge angezeigt werden.

Wenn der Benutzer nichts in das Textfeld eingibt, wird das <div>-Element für die Vorschläge verborgen und der Handler verlassen. Außerdem werden einige Variable zurückgesetzt, um einen konsistenten Zustand zu gewährleisten. Diese Situation tritt hauptsächlich dann ein, wenn der Benutzer gerade das letzte verbleibende Zeichen in dem Textfeld gelöscht hat. In diesem Fall gibt es nichts mehr zu tun; und es sollten keine Vorschläge mehr angezeigt werden. Hier ist der entsprechende Code:

```
// Ist das Textfeld leer, wird das div-Element einfach verborgen.
if (textbox.value == "") {
  previousSuggestion = 0;
```

```
    currentSuggestion = 0;
    keyCodePressed = null;
    document.getElementById("suggestions").style.visibility = "hidden";
    return;
}
```

Danach werden die drei Tasten mit anwendungsspezifischen Handlern verarbeitet, die für die Anwendung relevant sind: ⏎, ↑ und ↓. Wenn der Benutzer auf ⏎ drückt, wird das Textfeld mit dem gegenwärtig markierten Vorschlag gefüllt (falls vorhanden). Der Code lautet:

```
// Wenn die Eingabetaste gedrückt wird, das Textfeld
// ausfüllen und das div-Element verbergen; fertig!
if (keyCodePressed == KEY_RETURN) {
  if (suggestionsDiv.style.visibility == "hidden") {
    alert(textbox.value);
    return;
  } else {
    if (currentSuggestion > 0) {
      textbox.value = document.getElementById("suggestion" +
        currentSuggestion).innerHTML;
      suggestionsDiv.style.visibility = "hidden";
      return false;
    }
  }
}
```

Bemerkenswert ist die Referenz auf den gegenwärtig markierten Vorschlag. Wenn das <div>-Element mit Vorschlägen gefüllt wird, erhält jeder Vorschlag eine DOM-ID, die aus dem Wort suggestion (engl. für *Vorschlag*) und einem Zähler besteht, der mit 1 beginnt. Der gegenwärtig markierte Vorschlag wird in der Variablen currentSuggestion gespeichert. Die Aktion hängt davon ab, ob gegenwärtig Vorschläge angezeigt werden oder nicht. Werden Vorschläge angezeigt, wird der markierte Vorschlag in das Textfeld übertragen. Werden keine Vorschläge angezeigt, wird einfach ein Nachrichtenfeld mit dem aktuellen Inhalt des Textfeldes angezeigt. Dies reicht hier aus; alternativ könnte an dieser Stelle eine Anfrage an den Server erfolgen, um Vorschläge abzurufen.

Der folgende Code verarbeitet die Pfeiltasten ↑ und ↓:

```
// Falls eine Pfeiltaste, KEY_UP=38 oder KEY_DOWN=40, gedrückt wurde ...
if (keyCodePressed == KEY_UP || keyCodePressed == KEY_DOWN) {
  // Die vorherige Auswahl (falls vorhanden)
  // in den Normalzustand zurücksetzen
  if (previousSuggestion > 0) {
    document.getElementById("suggestion" +
      previousSuggestion).style.backgroundColor = "#f0f0f0";
  }
  // Pfeil nach oben ...
  if (keyCodePressed == KEY_UP) {
    currentSuggestion--;
    if (currentSuggestion < 1) {
      currentSuggestion = 1;
    }
  }
```

```
  // Pfeil nach unten ...
  if (keyCodePressed == KEY_DOWN) {
    currentSuggestion++;
    if (currentSuggestion > numSuggestions) {
      currentSuggestion = numSuggestions;
    }
  }
  // Den aktuellen Vorschlag in previousSuggestion festhalten,
  // um ihn bei Bedarf zurücksetzen zu können
  previousSuggestion = currentSuggestion;
  // Den neuen Vorschlag hervorheben
  document.getElementById("suggestion" +
    currentSuggestion).style.backgroundColor = "#ff0000";
  return false;;
}
```

Dieser Code wird nur erreicht, wenn der Benutzer Text eingegeben hat. Dies ist wichtig, weil dies die einzige Bedingung ist, unter der Vorschläge angezeigt werden können und unter der die Pfeiltasten ⬆ und ⬇ eine Bedeutung haben. Die Keycodes 38 und 40 entsprechen diesen Pfeiltasten; der besseren Lesbarkeit halber werden sie am Anfang des Codes als symbolische Konstanten definiert. Wenn eine der beiden Tasten gedrückt wurde, wird der zuvor ausgewählte Vorschlag (falls vorhanden) zurückgesetzt. (Die normale Hintergrundfarbe hat den Wert #f0f0f0.) Danach wird der neue Vorschlag ausgewählt.

Ein Hinweis: Um Präsentation und Logik sauber zu trennen, wäre es besser, normale und ausgewählte Vorschläge durch separate Stilklassen zu formatieren und ihr className-Attribut entsprechend zu setzen, als das Stilattribut backgroundColor in dem Code direkt zu ändern. Ich wollte hier nur zeigen, dass auch dies möglich ist.

Der Code stellt fest, welche Taste gedrückt wurde, und erhöht oder verringert die Variable currentSuggestion entsprechend, wobei er die Grenzen der Vorschlagsliste beachtet. Wenn also ⬆ gedrückt wurde und der erste Vorschlag bereits markiert ist, passiert nicht, weil 1 die Untergrenze der Liste ist. Analoges gilt für ⬇ und den letzten Vorschlag; dort enthält die Variable numSuggestions die Obergrenze der Liste.

Der neu markierte Vorschlag wird in previousSuggestion festgehalten, damit beim nächsten Drücken einer Pfeiltaste der richtige Vorschlag zurückgesetzt werden kann. Schließlich aktualisiert der Code die Hintergrundfarbe des neu markierten Vorschlags. Auch hier wäre eine separate Stilklasse besser gewesen...

Im letzten Code-Abschnitt werden unerwünschte Ajax-Ereignisse herausgefiltert. Einige Tasten (⏎, Strg, Alt, Esc, Einfg usw.), die im Allgemeinen die Bildschirmanzeige oder den Inhalt des Textfeldes nicht verändern, lösen dennoch Ajax-Ereignisse aus. Der Code bleibt zwar auch dann funktionsfähig, aber es wird unnötiger Netzwerkverkehr generiert. Deshalb wird geprüft, ob eine dieser Tasten gedrückt wurde:

```
if (keyCodePressed != KEY_SHIFT &&
  keyCodePressed != KEY_CONTROL &&
  keyCodePressed != KEY_ALT &&
  keyCodePressed != KEY_ESC &&
  keyCodePressed != KEY_INSERT &&
  keyCodePressed != KEY_HOME &&
  keyCodePressed != KEY_END &&
  keyCodePressed != KEY_PAGEUP &&
```

```
        keyCodePressed != KEY_PAGEDOWN &&
        keyCodePressed != KEY_SCROLLLOCK &&
        keyCodePressed != KEY_PAUSE &&
        keyCodePressed != KEY_DELETE &&
        keyCodePressed != KEY_PRINTSCREEN &&
        keyCodePressed != KEY_NUMLOCK &&
        keyCodePressed != KEY_CAPSLOCK &&
        keyCodePressed != KEY_LEFT_WINDOWS &&
        keyCodePressed != KEY_LEFT &&
        keyCodePressed != KEY_RIGHT &&
        keyCodePressed != KEY_RIGHT_WINDOWS &&
        keyCodePressed != KEY_CONTEXT) {
```

Falls keine der Tasten in dieser Liste gedrückt wurde, kann das Ajax-Ereignis ausgelöst werden, um die neuen Vorschläge abzurufen. Zu diesem Zweck wird zunächst der Abfragestring konstruiert:

```
        queryString = "?enteredText=" + escape(textbox.value);
```

Es muss nur ein einziger Parameter übergeben werde. Da es sich dabei um eine Eingabe des Benutzers handelt, muss er per `escape()` »gesichert« werden, um Zeichen zu vermeiden, die in einem URL nicht vorkommen dürfen. Schließlich erfolgt der Ajax-Aufruf:

```
        ajaxRequestSender(form, target, queryString, null, resHandler,
            resHandlerParam, method, true, mungedRef, timerObj);
```

Wie bereits erwähnt, fügt AjaxTags den Code für einige gebräuchliche Funktionen ein. Dazu zählt auch `ajaxRequestSender()`, die für die Anfrage an den Server zuständig ist. Sie müssen diese Funktion nicht verwenden und können die Anfrage mit eigenem Code oder sogar einer anderen Library ausführen, aber in AjaxTags ist alles Benötigte bereits vorhanden. Alle Standard-Handler benutzen diese Funktion, warum nicht auch Ihre anwendungsspezifischen Handler?

Damit ist die Clientseite der Anwendung fertig!

4.4.2 Der serverseitige Code

In diesem Abschnitt werde ich zeigen, was serverseitig passiert und wie AjaxTags alles verbindet.

web.xml

Zunächst beschreibe ich `web.xml` (siehe Listing 4.8).

```
<?xml version="1.0" encoding="UTF-8"?>
<!DOCTYPE web-app PUBLIC  "-//Sun Microsystems, Inc.//DTD Web Application 2.3/
/EN" "http://java.sun.com/dtd/web-app_2_3.dtd">

<web-app>

    <!-- Dieser Parameter wird benötigt, um AjaxTags zu initialisieren. -->
    <!-- Er zeigt auf die kontextrelative Konfigurationsdatei. -->
    <context-param>
```

```
        <param-name>ajaxTagsConfig</param-name>
        <param-value>/WEB-INF/ajax_config.xml</param-value>
    </context-param>

    <!-- Dieser Listener wird benötigt, um AjaxTags zu initialisieren. -->
    <!-- Er verwendet den obigen Parameter. -->
    <listener>
      <listener-class>
        javawebparts.taglib.ajaxtags.AjaxInit
      </listener-class>
    </listener>

    <!-- Dies ist ein einfaches Servlet für dieses Beispiel. -->
    <!-- Es gibt den HTML-Code für das zweite Element zurück. -->
    <!-- Möglicherweise wäre ein spezieller Handler nützlich, -->
    <!-- um eine vorhandene Auswahl zu verarbeiten, da dies so -->
    <!-- häufig vorkommt, aber im Moment können Sie die -->
    <!-- vordefinierte Variante verwenden. -->
    <servlet>
      <servlet-name>KarnakServlet</servlet-name>
      <servlet-class>
        com.apress.ajaxprojects.karnak.KarnakServlet
      </servlet-class>
    </servlet>
    <servlet-mapping>
      <servlet-name>KarnakServlet</servlet-name>
      <url-pattern>/askKarnak</url-pattern>
    </servlet-mapping>

    <welcome-file-list>
      <welcome-file>index.jsp</welcome-file>
    </welcome-file-list>

</web-app>
```

Listing 4.8: web.xml von Karnak

Falls Sie web.xml-Dateien bereits kennen, gibt es hier für Sie keine Überraschungen; andernfalls kommt Ihnen hier die Selbstbeschreibung von XML zugute; wahrscheinlich können Sie die Bedeutung der meisten Elemente problemlos ablesen.

Der Kontextparameter ajaxTagsConfig am Anfang der Datei verweist auf die AjaxTags-Konfigurationsdatei. Dahinter steht der AjaxTags-Listener, der für die Initialisierung von AjaxTags zuständig ist, wenn der Kontext (die Anwendung) startet. Dann folgt eine typische Servlet-Definition. Sie verweist hier auf die Klasse KarnakServlet. Dieses Servlet gleicht die Eingaben des Benutzers mit der »Datenbank« der möglichen Vorschläge ab. Es wird dem Pfad /askKarnak zugeordnet. Das typische <welcome-file>-Tag am Ende sorgt dafür, dass index.jsp angezeigt wird, wenn in dem URL keine JSP referenziert wird.

ajax_config.xml

Die AjaxTags-Konfigurationsdatei (siehe Listing 4.9) hält alles zusammen.

```xml
<?xml version="1.0" encoding="UTF-8"?>
<ajaxConfig>
  <!-- Ein anwendungsspezifischer Request Handler. -->
  <!-- Sie hätten den std:QueryString Handler verwenden können, -->
  <!-- hätten dann aber nicht die Kontrolle über die Keypress- -->
  <!-- Ereignisse gehabt, die Sie für diese Anwendung benötigen. -->
  <handler name="CustomQueryString" type="request">
    <function>CustomQueryString</function>
    <location>js/CustomQueryString.js</location>
  </handler>
  <!-- Ein einzelnes Formular definieren -->
  <form ajaxRef="TypeAheadSuggestionsForm">
    <!-- Nur das Texteingabefeld ist Ajax-fähig. -->
    <element ajaxRef="enteredTextChange">
      <!-- Immer, wenn eine Taste gedrückt (eigentlich wieder
      <!-- losgelassen) wird, ein Ereignis auslösen -->
      <event type="onkeyup">
        <!-- Den anwendungsspezifischen Request Handler verwenden -->
        <requestHandler type="CustomQueryString" method="get">
          <target>/askKarnak</target>
          <parameter>
            document.TypeAheadSuggestionsForm.enteredTextbox
          </parameter>
        </requestHandler>
        <!-- Bei der Rückkehr das zurückgegebene Ergebnis in das -->
        <!-- div-Element 'suggestions' der Seite einfügen,
        <!-- das die passenden Vorschläge anzeigt -->
        <responseHandler type="std:InnerHTML">
          <parameter>suggestions</parameter>
        </responseHandler>
      </event>
    </element>
  </form>
</ajaxConfig>
```

Listing 4.9:   AjaxTags-Konfigurationsdatei von Karnak

Die Konfigurationsdatei beginnt mit der Definition des anwendungsspezifischen Handlers `CustomQueryString`:

```xml
  <!-- Ein anwendungsspezifischer Request Handler. -->
  <!-- Sie hätten den std:QueryString Handler verwenden können, -->
  <!-- hätten dann aber nicht die Kontrolle über die Keypress- -->
  <!-- Ereignisse gehabt, die Sie für diese Anwendung benötigen. -->
  <handler name="CustomQueryString" type="request">
    <function>CustomQueryString</function>
    <location>js/CustomQueryString.js</location>
  </handler>
```

Dieser Handler wird später in der Datei referenziert. Außerdem wird er durch `type="request"` als Request Handler definiert. Sie erinnern sich: AjaxTags verfügt über zwei Arten von Handlern: Request und Response, die die Kommunikation zwischen dem Client und dem Server regeln und die Anfrage des Clients (Request Handler) bzw. die Antwort des

Servers (Response Handler) verarbeiten. Das `<function>`-Element definiert die JavaScript-Funktion, die der Handler aufrufen soll, hier `CustomQueryString` (siehe weiter vorne Listing 4.7). Schließlich beschreibt das `<location>`-Element den Speicherort der externen Datei, in der diese Funktion enthalten ist. AjaxTags fügt die entsprechende Skript-`import`-Anweisung automatisch ein.

Danach wird das einzige Ajax-Ereignis auf dieser Seite definiert:

```
<!-- Ein einzelnes Formular definieren -->
<form ajaxRef="TypeAheadSuggestionsForm">
  <!-- Nur das Texteingabefeld ist Ajax-fähig. -->
  <element ajaxRef="enteredTextChange">
    <!-- Immer, wenn eine Taste gedrückt (eigentlich wieder
    <!-- losgelassen) wird, ein Ereignis auslösen -->
    <event type="onkeyup">
      <!-- Den anwendungsspezifischen Request Handler verwenden -->
      <requestHandler type="CustomQueryString" method="get">
        <target>/askKarnak</target>
        <parameter>
          document.TypeAheadSuggestionsForm.enteredTextbox
        </parameter>
      </requestHandler>
      <!-- Bei der Rückkehr das zurückgegebene Ergebnis in das -->
      <!-- div-Element 'suggestions' der Seite einfügen, -->
      <!-- das die passenden Vorschläge anzeigt -->
      <responseHandler type="std:InnerHTML">
        <parameter>suggestions</parameter>
      </responseHandler>
    </event>
  </element>
</form>
```

Dieser Code hält die gesamte Anwendung zusammen. Sie erinnern sich, dass jedes Element, das Sie mit einem Ajax-Ereignis verbinden wollen, in AjaxTags in einem Formular enthalten sein muss. Dies kann ein echtes HTML-Formular auf der Seite oder ein »virtuelles« Formular sein, das nur als Container für andere Elemente dient. Hier wird ein echtes Formular referenziert; deshalb muss das `ajaxRef`-Attribut des `<form>`-Elements aus Listing 4.9 den Namen des Formulars auf der Seite haben. In dem Formular wird ein einziges `<element>` definiert: das Textfeld für die Benutzereingabe. Das `ajaxRef`-Attribut von `<element>` muss nicht mit dem Namen oder der DOM-ID des Textfeldes übereinstimmen (es spricht aber auch nichts dagegen).

In `<element>` wird ein einziges `<event>`-Element definiert. Es enthält das Ereignis, das ausgelöst werden soll, wenn eine Taste gedrückt oder – genauer gesagt – losgelassen wird, da das `type`-Attribut auf onkeyup gesetzt ist. Das `<requestHandler>`-Element legt fest, was passieren soll, wenn dieses Ereignis ausgelöst wird. Hier soll `CustomQueryString` aufgerufen und die Ajax-Anfrage mit der HTTP-GET-Methode ausgeführt werden. Der Request Handler soll den URL /askKarnak aufrufen, der in der Datei `web.xml` dem Servlet zugeordnet worden ist. Das `<parameter>`-Element teilt dem Handler den Namen des Textfeldes mit der Benutzereingabe mit.

Jedes Ajax-Ereignis, das mit AjaxTags verarbeitet wird, besteht aus zwei Komponenten: Request (Anfrage) und Response (Antwort). Mit dem obigen Code ist die Request-Komponente fertig; bleibt die Response-Komponente. Sie wird in dem `<responseHandler>`-Element definiert. Hier wird der standardmäßige `InnerHTML`-Handler verwendet, der die Rückgabe des Servers einfach der `innerHTML`-Eigenschaft des genannten Elements zuweist, hier also dem `<div>`-Element mit der ID `suggestions`.

Das ist alles. Wie ich am Anfang geschrieben habe: AjaxTags macht es wirklich recht leicht!

KarnakServlet.java

Das letzte Teil des Puzzles ist das Servlet, das in Listing 4.10 komplett gezeigt wird.

```java
package com.apress.ajaxprojects.karnak;

import java.io.IOException;
import java.io.PrintWriter;
import javax.servlet.http.HttpServlet;
import javax.servlet.http.HttpServletRequest;
import javax.servlet.http.HttpServletResponse;
import javax.servlet.ServletException;

/**
 * Einfaches Servlet, das den HTML-Code zurückgibt,
 * um eine Liste mit Vorschlägen anzuzeigen,
 * die zu dem eingegebenen Text passen.
 */
public class KarnakServlet extends HttpServlet {

  private static String[][] words = {
    { "abfahren", "abfragen", "abholen", "ablehnen", "akzeptieren",
      "anfangen", "anfragen", "anf&uuml;hren", "angeben", "ankommen",
      "anrufen", "antworten", "anzeigen", "anziehen", "anz&uuml;nden",
      "arbeiten", "&auml;rgern", "atmen", "aufh&ouml;ren", "aufpassen",
      "aufstehen", "aufwachen", "ausdr&uuml;cken",
      "ausf&uuml;hren", "aussagen", "ausschneiden", "aussehen",
      "aussteigen", "ausstellen", "auswandern", "ausweichen" },
    { "backen", "baden", "bauen", "beabsichtigen", "beantworten",
      "bedanken", "bedeuten", "bedienen", "beeinflussen", "beenden",
      "befolgen", "beginnen", "begleiten", "begr&uuml;&szlig;en",
      "bekommen", "belohnen", "bemerken", "ben&ouml;tigen", "beobachten",
      "beschreiben", "beschweren", "besprechen", "best&auml;tigen",
      "bestellen", "bestimmen", "bestrafen", "besuchen", "bewerben",
      "bezahlen", "beziehen", "bieten", "bilden", "bitten", "bleiben",
      "brauchen", "brennen", "bringen", "buchstabieren" },
    { "campen", },
    { "danken", "dauern", "dazwischenkommen", "denken", "diskutieren",
      "duplizieren", "durchsehen", "d&uuml;rfen", "duschen" },
    { "einkaufen", "einladen", "einschlafen", "einsteigen", "eintreten",
      "einzahlen", "empfangen", "empfehlen", "enthalten", "entscheiden",
      "entschlie&szlig;en", "entschuldigen", "entstehen", "entwickeln",
      "erfinden", "erf&uuml;llen", "erkennen", "erkl&auml;ren",
      "erledigen", "erscheinen", "erstellen", "erz&auml;hlen",
      "essen", "existieren" },
```

```
        { "fahren", "fallen", "fehlen", "feiern", "fernsehen", "festhalten",
          "festigen", "festlegen", "finden", "fliegen", "fliehen", "folgen",
          "fragen", "freuen", "frühstücken",
          "fühlen", "funktionieren" },
        { "garantieren", "geben", "gebrauchen", "gefallen", "gehen",
          "gelingen", "genießen", "gestatten", "gewähren",
          "gewinnen", "gießen", "glauben", "gratulieren" },
        { "haben", "halten", "heiraten", "helfen", "herstellen",
          "hinbringen", "hinfallen", "hoffen", "holen", "hören" },
        { "informieren", "interessieren", "irren" },
        { "jodeln", },
        { "kaufen", "kennen", "klingeln", "kochen", "kommen", "konjugieren",
          "kontrollieren", "korrigieren", "kosten", "kümmern" },
        { "lachen", "lassen", "laufen", "leben", "legen", "leihen",
          "lernen", "lesen", "lieben", "liefern", "liegen" },
        { "machen", "meinen", "merken", "mieten", "mitbringen", "mitkommen",
          "mitnehmen", "mitteilen", "mögen", "müssen" },
        { "necken", "nehmen", "notieren" },
        { "obsiegen", "öffnen", "ordnen" },
        { "packen", "passen", "passieren" },
        { "quengeln" },
        { "rauchen", "rechnen", "reden", "reinigen", "reisen", "reparieren",
          "rufen" },
        { "sagen", "schaden", "schaffen", "schauen", "schenken", "schlafen",
          "schließen", "schneiden", "schreiben", "schreien",
          "schwimmen", "sehen", "sein", "senden", "singen", "sitzen",
          "stecken", "stehen", "steigen", "stellen", "sterben",
          "stimmen", "strafen", "streben", "studieren", "suchen" },
        { "tanzen", "teilnehmen", "telefonieren", "tragen", "treffen",
          "trinken", "tun" },
        { "überlegen", "übernehmen", "umtauschen", "umziehen",
          "unterbrechen", "unterhalten", "unternehmen", "unterrichten" },
        { "verabreden", "verbessern", "verbinden", "verbleiben",
          "verdienen", "vereinbaren", "vergessen", "vergleichen",
          "verstehen", "verteilen", "verweigern", "verwenden", "verzichten",
          "vorbereiten", "vorhaben", "vorkommen", "vorlegen", "vorstellen" },
        { "wachsen", "wählen", "warten", "waschen", "wechseln",
          "wiederholen", "wiederkommen", "wissen", "wohnen", "wollen",
          "wundern", "wünschen" },
        { "xylophon" },
        { "yacht" },
        { "zahlen", "zeichnen", "zeigen", "zubereiten", "zuhören",
          "zunehmen", "zurückgeben", "zurückschicken", "zusagen",
          "zusammenfassen", "zustimmen" }
    };

    /**
     * doGet.
     *
     * @param   request           HTTPServletRequest
     * @param   response          HTTPServletResponse
     * @throws ServletException ServletException
```

```
  * @throws IOException        IOException
  */
 public void doGet(HttpServletRequest request,
   HttpServletResponse response)
   throws ServletException, IOException {

   // Den Text abrufen, den der Anwender eingegeben hat, und anzeigen
   String enteredText = (String)request.getParameter("enteredText");
   System.out.println(enteredText);

   // Falls etwas eingegeben wurde, Übereinstimmungen suchen;
   // Groß- und Kleinschreibung spielen keine Rolle.
   StringBuffer sb = new StringBuffer(1024);
   int numSuggestions = 0;
   if (enteredText != null && !enteredText.equalsIgnoreCase("")) {
     enteredText = enteredText.toLowerCase();
     int i = ((int)enteredText.charAt(0)) - 97;
     if (i >= 0 && i <= 25) {
       for (int j = 0; j < words[i].length; j++) {
         if (words[i][j].startsWith(enteredText)) {
           // Übereinstimmung gefunden;
           // den passenden HTML-Code konstruieren
           numSuggestions++;
           sb.append("<div id=\"suggestion" + numSuggestions + "\" ");
           sb.append("style=\"cursor:pointer;\"/>");
           sb.append(words[i][j]);
           sb.append("</div>\n");
         }
       }
     }
   }
   sb.append("<script>");
   sb.append("keyCodePressed=null;");
   sb.append("numSuggestions=" + numSuggestions + ";");
   sb.append("previousSuggestion=0;");
   sb.append("currentSuggestion=0;");
   sb.append("suggestionsDiv.style.visibility=\"visible\";");
   sb.append("</script>");
   PrintWriter out = response.getWriter();
   out.println(sb.toString());

 } // Ende doPost()

} // Ende class
```

Listing 4.10:   Das komplette Karnak-Servlet

Zunächst fällt das riesige Array namens words auf. Wie bereits erwähnt, versuche ich nicht, mit Google zu konkurrieren. Deshalb repräsentiert dieses Array unsere gesamte »Datenbank«. Das Array ist zweidimensional; die erste Dimension ist ein Buchstabe des Alphabets, die zweite eine Liste mit Wörtern, die mit diesem Buchstaben beginnen.

Danach folgt die doGet()-Methode, die die Arbeit leistet. Zunächst wird die Benutzereingabe aus dem request-Objekt abgerufen und angezeigt:

```
// Den Text abrufen, den der Anwender eingegeben hat, und anzeigen
String enteredText = (String)request.getParameter("enteredText");
System.out.println(enteredText);
```

Danach steht der Code, der den Eingabetext mit der Datenbank abgleicht:

```
// Falls etwas eingegeben wurde, Übereinstimmungen suchen;
// Groß- und Kleinschreibung spielen keine Rolle.
StringBuffer sb = new StringBuffer(1024);
int numSuggestions = 0;
if (enteredText != null && !enteredText.equalsIgnoreCase("")) {
  enteredText = enteredText.toLowerCase();
  int i = ((int)enteredText.charAt(0)) - 97;
  if (i >= 0 && i <= 25) {
    for (int j = 0; j < words[i].length; j++) {
      if (words[i][j].startsWith(enteredText)) {
        // Übereinstimmung gefunden;
        // den passenden HTML-Code konstruieren
        numSuggestions++;
```

Zunächst wird geprüft, ob die Benutzereingabe null oder leer ist. Wenn Sie sich den Code des Request Handlers weiter vorne anschauen, kann dieser Fall nie eintreten. Aber es gilt als Best Practice, übergebene Parameter auf dem Server immer zu validieren, auch wenn Sie sie bereits auf dem Client validiert haben. Als Nächstes wird der Eingabetext in Kleinbuchstaben umgewandelt, damit die Suche von der Schreibweise unabhängig ist. Dann folgt die Zeile

```
int i = ((int)enteredText.charAt(0)) - 97;
```

Damit soll der Index der ersten Dimension des Arrays ermittelt werden, die mit dem Eingabetext abgeglichen werden soll. Zu diesem Zweck wird 97 vom ASCII-Code des ersten Zeichens der Benutzereingabe abgezogen. Der ASCII-Wert 97 ist der Code für das kleine *a*. Wenn der Benutzer beispielsweise »acr« eingibt, hat das erste Zeichen den ASCII-Wert 97. Die Subtraktion von 97 ergibt 0; dies ist der Index für die erste Dimension des words-Arrays, die die mit »a« beginnenden Wörter enthält. Hätte der Benutzer »z« eingegeben, würde sich 122 (der ASCII-Wert von »z«) minus 97, also 25 ergeben, der Index der Dimension des Arrays, die die mit »z« beginnenden Wörter enthält.

Danach wird der folgende Code ausgeführt:

```
if (i >= 0 && i <= 25) {
  for (int j = 0; j < words[i].length; j++) {
    if (words[i][j].startsWith(enteredText)) {
      // Übereinstimmung gefunden;
      // den passenden HTML-Code kosntruieren
      numSuggestions++;
```

Nachdem der Index der ersten Array-Dimension bestimmt wurde, werden die Wörter in der zweiten Dimension durchlaufen, um diejenigen zu ermitteln, die mit denselben Buchstaben wie die Benutzereingabe beginnen. Dies sind die übereinstimmenden Vorschläge. Mit jedem gefundenen Eintrag wird der Zähler `numSuggestions` inkrementiert, damit der Server an den Client zurückgeben kann, wie viele Vorschläge gefunden wurden. Dieser Wert wird benötigt, um die Vorschläge korrekt zu markieren. Schließlich wird in dem Stringpuffer `sb` der HTML-Code konstruiert, der clientseitig in dem `<div>`-Element angezeigt werden soll:

```
              sb.append("<div id=\"suggestion" + numSuggestions + "\" ");
              sb.append("style=\"cursor:pointer;\"/>");
              sb.append(words[i][j]);
              sb.append("</div>\n");
          }
        }
      }
    }
    sb.append("<script>");
    sb.append("keyCodePressed=null;");
    sb.append("numSuggestions=" + numSuggestions + ";");
    sb.append("previousSuggestion=0;");
    sb.append("currentSuggestion=0;");
    sb.append("suggestionsDiv.style.visibility=\"visible\";");
    sb.append("</script>");
    PrintWriter out = response.getWriter();
    out.println(sb.toString());
```

Zunächst wird das öffnende `<div>`-Tag mit der DOM-ID des Elements erzeugt; dieses besteht aus dem Wort `suggestion`, gefolgt von einer Zahl (beginnend mit 1). Deshalb erhält jeder Vorschlagsknoten in dem DOM einen eindeutigen Namen, der später beim Markieren der Vorschläge verwendet werden kann. Auch hier bestünde die »korrekte« Methode wahrscheinlich darin, Stilklassen zu verwenden. Doch dieses Beispiel zeigt, dass es auch anders geht.

Dann wird ein `<script>`-Block generiert, in dem einige Variablen zurückgesetzt werden. Wenn der Server abgefragt wird und die Vorschläge aktualisiert werden, soll gewährleistet sein, dass keine störenden Tastaturereignisse ausgelöst werden; deshalb wird `keyCode-Pressed` auf `null` gesetzt. Außerdem muss die Anzahl der Vorschläge festgehalten werden, damit nicht versucht werden kann, nicht vorhandene Einträge zu markieren; deshalb wird `numSuggestions` gesetzt. Die Variablen `previousSuggestion` und `currentSuggestion` werden auf 0 gesetzt, damit der zunächst erste Vorschlag hervorgehoben wird, wenn der Benutzer die Pfeiltasten benutzt. Schließlich wird gewährleistet, dass das `<div>`-Element mit den Vorschlägen auf jeden Fall sichtbar ist.

Nachdem der HTML-Code konstruiert worden ist, wird der `StringBuffer` als Response geschrieben; damit hat das Servlet seine Aufgabe erfüllt. Auf dem Client weist der Response Handler `std:InnerHTML` den Inhalt der `innerHTML`-Eigenschaft des `<div>`-Elements mit den Vorschlägen zu. Damit ist der Zyklus abgeschlossen!

4.5   Übungsvorschläge

Bei jedem Projekt in diesem Buch werde ich Ihnen Vorschläge machen, wie Sie das Projekt erweitern könnten, um sich den Code auch praktisch anzueignen und das Gelernte zu vertiefen. Für Karnak schlage ich Folgendes vor:

- Fügen Sie eine Geschwindigkeitsdrossel hinzu. Vielleicht haben Sie bemerkt, dass der Server schnell in die Knie gezwungen wird, wenn Sie bei jedem Tastendruck einen Ajax-Aufruf absetzen. Wenn Sie den Code von Google Suggest studieren, stoßen Sie auf einen hübschen Trick: Die Entwickler haben JavaScript-Code hinzugefügt, der misst, wie schnell Sie tippen. Tippen Sie schneller, werden weniger Anfragen gesendet. Diese Fähigkeit hinzuzufügen, mag nicht ganz leicht sein, aber der Aufwand lohnt sich.

- (Vorschlag des Übersetzers: Erweitern Sie das Servlet so, dass auch Umlaute am Anfang eines Wortes korrekt funktionieren.)

- Erweitern Sie das Servlet so, dass es nicht nur die Buchstaben, sondern auch die Lautfolge zur Ermittlung von Übereinstimmungen verwendet (Soundex-Matching). Das Jakarta Commons Codec Package verfügt über eine Soundex-Klasse, mit der dies recht leicht realisiert werden kann. (Nebenbei bemerkt: Falls Sie die Commons Packages nicht regelmäßig verwenden, tun Sie sich einen großen Gefallen, wenn Sie einen Blick darauf werfen, bevor Sie anfangen, irgendwelche Utility-Funktionen zu codieren; andernfalls verpassen Sie einige hervorragende Arbeit!) Vielleicht präsentieren Sie die Vorschläge so, dass die buchstäblichen Übereinstimmungen durch eine Trennlinie von den lautlichen abgesetzt werden.

4.6 Zusammenfassung

In diesem Kapitel haben Sie die erste echte Ajax-Anwendung erstellt! Dabei haben Sie bis zu einem gewissen Grad die hervorragende Leistung der Google-Entwickler dupliziert und Dinge gelernt, die Ihnen bei vielen Webanwendungen sehr nützen können. Sie haben *AjaxTags* aus dem *Java Web Parts*-Projekt kennen gelernt und erfahren, wie Sie mit dieser Library Ajax-Anwendungen erstellen können. Wie sagte Obi-Wan Kenobi zu Luke Skywalker, als dieser endlich gelernt hatte, mit seinem Laser-Schwert Schüsse abzuwehren: »Du hast den ersten Schritt in eine größere Welt getan.«

InstaMail: Ein Ajax-basierter Webmail-Client

In diesem Kapitel werde ich eine Anwendung namens *InstaMail* einführen, eine Ajax-basierte Webmail-Anwendung. Ich möchte dafür eine neue Library (DWR) verwenden und sie mit clientseitigem DOM-Scripting und CSS etwas attraktiver gestalten als Karnak. Sie werden die fertige Webanwendung auf einem Server ausführen und mit ihr von überall aus der Ferne auf Ihr POP3-Konto zugreifen können. Die Anwendung wird zwar nicht so viele Funktionen wie etwa Microsoft Outlook haben, aber sie wird die Mail-Grundfunktionen mehr als adäquat ausführen können.

5.1 Anforderungen und Ziele

Früher erfolgte der Zugriff auf E-Mail-Konten hauptsächlich über gewichtige Fat-Client-Anwendungen. AOL war und ist vielleicht immer noch die berühmteste; vielleicht erinnern Sie sich auch noch an CompuServe oder Delphi. Später und auch noch heute gab es dann Anwendungen wie Microsoft Outlook und Outlook Express, Thunderbird und Eudora, um nur einige zu nennen.

Im Laufe der letzten drei bis vier Jahre haben die Anwender erkannt, dass es nützlich wäre, E-Mails nicht nur mit dem auf dem eigenen PC oder Laptop installierten Client, sondern überall und jederzeit abrufen zu können. Diese Erkenntnis, die Verbreitung des Internets und die von vielen heute verwendete Standverbindung zum Netz haben zur Geburt des Webmail-Clients geführt!

Ein Webmail-Client ist eine Webanwendung, die auf einem Server läuft und im Wesentlichen als Proxy zwischen Ihnen und Ihrem POP3/IMAP-Konto agiert. POP3 ist das verbreitetste E-Mail-Protokoll für den Empfang von E-Mail, und das Simple Mail Transfer Protocol (SMTP) ist das gebräuchlichste Protokoll für den E-Mail-Versand. Normalerweise verfügt es über einige grundlegende Funktionen, die immer mehr durch fortgeschrittenere Funktionen ergänzt werden. Ein solches Protokoll muss natürlich Nachrichten über ein POP3/SMTP-Konto senden und empfangen können, und normalerweise verfügt es auch über ein Adressbuch. Dies sind im Wesentlichen die Grundfunktionen, die jeder von einem E-Mail-Programm erwartet. Dinge wie die Unterstützung mehrerer Ordner, die Gruppierung von E-Mail-»Dialogen«, weitreichende Formatierungsmöglichkeiten, Dateianhänge und Benachrichtigungen zählen zu den »fortgeschrittenen« Features vieler heutiger Webmail-Anwendungen.

In diesem Kapitel werden Sie Ihren eigenen Webmail-Client erstellen, der diese Grundfunktionen beherrscht. Weil die fortgeschrittenen Features im Allgemeinen mehr Wissen über den Server erfordern, auf dem die Anwendung läuft, als ich im Kontext dieses Buches voraussetzen kann, werde ich auf sie nicht eingehen. Wenn Sie jedoch vermuten, dass diese in der Vorschlagsliste am Ende des Kapitels auftauchen werden, liegen Sie richtig!

Die Webmail-Anwendung soll folgende allgemeinen Designziele und Features unterstützen:

- Die Benutzerschnittstelle (UI, User Interface) soll »attraktiv« aussehen. Karnak hat offensichtlich eine sehr einfache Schnittstelle gehabt; hier möchte ich zeigen, dass es auch anders geht.

- Sie sollen Ihren POP3-Eingang anschauen und die darin enthaltenen Nachrichten lesen und löschen können.

- Sie sollen eine neue E-Mail erstellen und senden können. Der Adressat soll entweder aus dem Adressbuch entnommen oder frei eingegeben werden können. Außerdem sollen Sie eine empfangene Nachricht beantworten können und dabei optional die ursprüngliche Nachricht zitieren können.

- Der Einfachheit halber unterstützt InstaMail nur einen einzigen E-Mail-Client für einen einzigen Benutzer; es gibt keine speziellen Sicherheitsvorkehrungen wie etwa Benutzername oder Passwort, um auf InstaMail zuzugreifen. (Sie werden natürlich normalerweise benötigt, um auf Ihre POP3/SMTP-Server zuzugreifen.)

- Es soll ein Adressbuch geben, von dem aus eine neue Nachricht erstellt werden kann. Pro Kontakt sollen einige grundlegende Daten gespeichert werden: Vorname, Nachname, E-Mail-Adresse und ein Kommentar beliebigen Inhalts.

- Zusätzlich zu dem Zugriff auf den Eingangskorb sollen alle gesendeten Nachrichten lokal gespeichert werden.

- Die gegenwärtig angezeigte Nachricht soll gelöscht werden können; außerdem sollen Nachrichten in der Sicht des Eingangskorbs ausgewählt und zusammen gelöscht werden können.

- Neben der »Aufhübschung« der Benutzerschnittstelle sollen per DHTML (Dynamic HTML) und CSS einige »schicke« Features wie Button-Mouse-over-Effekte und ein Bitte-warten-Float-over-Effekt realisiert werden.

5.2 Der Lösungsansatz

Bei Karnak haben Sie AjaxTags aus Java Web Parts kennen und hoffentlich schätzen gelernt, was es für Sie tun kann. Neben AjaxTags gibt es noch andere Tools, die Sie beim Programmieren unterstützen können. Hier möchte ich Ihnen Direct Web Remoting (DWR) vorstellen.

DWR (`http://getahead.ltd.uk/dwr`) ist ein kostenloses Open-Source-Produkt eines kleinen IT-Beratungsunternehmens namens *Getahead* und seiner Mitarbeiter Joe Walker und Mark Goodwin. DWR verfolgt einen interessanten Ajax-Ansatz: Sie können damit Java-Klassen, die auf dem Server laufen, so behandeln, als liefen sie lokal im Webbrowser.

Zunächst müssen Sie DWR installieren. Im Gegensatz zu den meisten anderen Libraries in diesem Buch besteht DWR aus einer serverseitigen und einer clientseitigen Komponente. Deshalb ist auch eine serverseitige Installation erforderlich, während es bei den meisten anderen Libraries ausreicht, den richtigen JavaScript-Code in Ihre Seiten zu importieren.

Um DWR einzurichten, müssen Sie nur eine einzige JAR-Datei zu Ihrer Webanwendung hinzufügen, eine Servlet-Definition in `web.xml` einfügen und eine einzige XML-Konfigurationsdatei erstellen.

Zunächst müssen Sie die Datei `dwr.jar` in das Verzeichnis `WEB-INF/lib` Ihrer Webanwendung kopieren. Danach müssen Sie das DWR-Servlet in `web.xml` definieren:

```
<servlet>
  <servlet-name>dwr-invoker</servlet-name>
  <display-name>DWR-Servlet</display-name>
  <servlet-class>uk.ltd.getahead.dwr.DWRServlet</servlet-class>
  <init-param>
<param-name>debug</param-name>
<param-value>true</param-value>
  </init-param>
</servlet>

<servlet-mapping>
  <servlet-name>dwr-invoker</servlet-name>
  <url-pattern>/dwr/*</url-pattern>
</servlet-mapping>
```

Dies ist einfach eine typische Servlet-Definition mit einem Mapping zu dem Pfad /dwr/*, damit alle Anfragen, die mit /dwr beginnen, von dem DWR-Servlet verarbeitet werden. Es leitet im Wesentlichen Ihre Anfragen an die passende Klasse weiter.

Damit dies funktioniert, müssen Sie für DWR eine XML-Konfigurationsdatei namens dwr.xml in dem Verzeichnis WEB-INF erstellen. In dieser Datei legen Sie unter anderem fest, mit welchen Klassen DWR fern oder lokal arbeitet; außerdem können Sie Informationen über die diversen Klassen angeben. Hier ist ein einfaches Beispiel für diese Konfigurationsdatei:

```
<?xml version="1.0" encoding="UTF-8"?>
<!DOCTYPE dwr PUBLIC "-//GetAhead Limited//DTD Direct Web Remoting 1.0//
  EN" "http://www.getahead.ltd.uk/dwr/dwr10.dtd">
<dwr>
  <allow>
<convert converter="bean"
  match="com.apress.ajaxprojects.instamail.MessageDTO" />
<create creator="new" javascript="OptionsManager">
  <param name="class"
    value="com.apress.ajaxprojects.instamail.OptionsManager" />
</create>
  </allow>
/dwr>
```

Hier wird festgelegt, dass DWR jedes Objekt vom Typ MessageDTO in ein entsprechendes JavaScript-Objekt umwandeln darf und dass die Klasse OptionsManager aufgerufen werden darf. Andere Klassen sind nicht zulässig. Anmerkung: Die meisten Java-Basistypen verfügen über Konverter, die standardmäßig aktiviert sind. Insbesondere werden die folgenden Typen automatisch umgewandelt:

- Alle primitiven Typen: boolean, int, double usw.
- Die klassenbasierten Versionen dieser Typen: Boolean, Integer usw.
- java.lang.String
- java.util.Date und die SQL-Derivate
- Arrays der oben genannten Typen
- Collections (List, Set, Map, Iterator usw.) der oben genannten Typen
- DOM-Objekte (wie Element und Document) aus DOM, XOM, JDOM und DOM4J

Im Allgemeinen müssen Sie DWR nur Ihre eigenen anwendungsspezifischen Klassen mitteilen. Dies bedeutet, Sie müssen ihm – mit einem <convert>-Tag – erlauben, die Klassen von und nach dem Client zu überführen. Solange eine Klasse nur die oben erwähnten Typen enthält, sollte alles automatisch funktionieren. Falls sie jedoch andere Typen enthält, müssen Sie einen eigenen Konverter für die Klasse schreiben. Dieses Thema überschreitet den Rahmen dieses Buches. Näheres finden Sie auf der DWR-Website und in der DWR-Dokumentation.

Das folgende Beispiel soll zeigen, wie alles zusammenspielt. Zunächst benötigen Sie eine Konfigurationsdatei mit dem folgenden Inhalt:

```xml
<?xml version="1.0" encoding="UTF-8"?>
<!DOCTYPE dwr PUBLIC "-//GetAhead Limited//DTD Direct Web Remoting 1.0//
   EN" "http://www.getahead.ltd.uk/dwr/dwr10.dtd">
<dwr>
  <allow>
<create creator="new" JavaScript="MyClass">
  <param name="class" value="com.company.app.MyClass" />
</create>
  </allow>
</dwr>
```

Damit teilen Sie DWR mit, dass es die Klasse MyClass aus dem Package com.company.app instanzieren und ihre Methoden aufrufen darf. Die Interaktion mit diesem Objekt soll mit dem MyClass-Objekt auf dem Client erfolgen. Angenommen, die Klasse sähe folgendermaßen aus:

```java
package com.company.app;
public class MyClass {
  String sayHello(String name) {
return "Hallo, " + name;
  }
}
```

Dann können Sie den folgenden JavaScript-Code in eine Seite einfügen, um die Methode auszuführen:

```javascript
MyClass.sayHello("Frank", sayHelloHandler);
var sayHelloHandler = function(data) {
  alert(data);
}
```

Die erste Zeile sieht genau wie ein Java-Aufruf dieser Klasse aus! Es gibt jedoch Unterschiede: Die Methode sayHello() sieht zwar wie eine statische Methode aus, ist aber keine; der Eindruck entsteht einfach durch die DWR-Syntax. Und es gibt einen zweiten Parameter, der DWR mitteilt, welche JavaScript-Funktion den Rückgabewert der Methode verarbeiten soll.

Die Funktion sayHelloHandler() entspricht einer normalen Ajax-Callback-Funktion, die Sie bereits kennen gelernt haben, aber die Details sind hinter diesem vereinfachten Methodenaufruf verborgen. Der einzige Parameter data repräsentiert den Rückgabewert des Methodenaufrufs. Es kann sich um einen einfachen Java-Typ, eine Java-Klasse (etwa eine Collection) oder eine anwendungsspezifische Klasse handeln. In diesem Fall ist es ein normaler String (hier: »Hallo, Frank«), der per alert() angezeigt wird.

Um DWR für Ihre Seiten zu nutzen, müssen Sie nur einige JavaScript-Dateien importieren: engine.js und normalerweise util.js. Außerdem müssen Sie für jede Klasse, die Sie von fern nutzen wollen, eine JavaScript-Quelldatei importieren, die Sie im Wesentlichen als Remote Interface der Klasse auffassen können, deren Methoden Sie aufrufen wollen. Interessanterweise werden alle diese JavaScript-Dateien von dem DWR-Servlet selbst zur Verfügung gestellt. Anders ausgedrückt: Sie müssen nicht an irgendwelche JavaScript-Dateien denken und sie in Ihre Webanwendung kopieren. Die benötigten JavaScript-Dateien sind alle in der Datei `dwr.jar` vorhanden! Noch interessanter ist die Tatsache, dass die Interface-Dateien tatsächlich dynamisch per Reflection generiert werden. Technisch gesehen ist DWR ein kleines Kunststück. Umso beeindruckender ist die Tatsache, dass es so nützlich ist und Ajax so leicht macht.

Nachdem Sie das Servlet deklariert und eine Konfigurationsdatei erstellt haben, können Sie die folgende Adresse besuchen:

```
http://localhost:8080/[IHRE-WEBANWENDUNG]/dwr/.
```

In der Adresse wird angenommen, dass Ihr Anwendungsserver Port 8080 beobachtet. Ersetzen Sie [IHRE-WEBANWENDUNG] durch den Namen (Kontext) der Webanwendung; dann erhalten Sie eine Seite mit allen Klassen und deren Methoden zurück, die Sie in der Konfigurationsdatei angegeben haben. Außerdem enthält die Seite die Details über den Import der erforderlichen Dateien und Test-Links, um die diversen Methoden auszuprobieren. Sie haben damit ein sehr praktisches Debugging-Werkzeug; denn wenn diese Komponenten funktionieren, können Sie sicher sein, dass alles andere, was DWR betrifft, ebenfalls funktioniert. DWR ist damit auch ein großartiges Werkzeug, um ein Projekt anzustoßen, weil es Ihnen alle erforderlichen Informationen liefert, um die veröffentlichten Klassen zu nutzen.

DWR arbeitet mit vielen der beliebtesten Libraries zusammen, darunter Struts, Spring, Hibernate und Beehive. Beispielsweise können Sie DWR anweisen, Spring aufzurufen, um konfigurierte Spring Beans zu erstellen, bevor es deren Methoden aufruft. Eine Integration mit diesen Libraries wird wahrscheinlich Ihre Arbeit fördern.

Schließlich stellt DWR einge nützliche Utility-Funktionen zur Verfügung, um beispielsweise eine Tabelle mit Daten aus einer zurückgegebenen Collection zu füllen, um Werte in diversen Formularfeldern zu setzen oder um zurückgegebene Objekte anzuzeigen. Viele dieser Funktionen werden im weiteren Verlauf der InstaMail-Anwendung verwendet. Doch natürlich wird hier nicht alles behandelt, was DWR anzubieten hat; denn DWR ist eine sehr reichhaltige Library.

Wenn Sie DWR näher untersuchen wollen, was ich Ihnen sehr empfehle, sollten Sie seine Website besuchen: `http://getahead.ltd.uk/dwr/`.

5.3   Die geplante Lösung

InstaMail sieht als Anwendung ziemlich gut aus, wenn ich dies sagen darf! Software-Ingenieure haben oft nicht den künstlerischen Blick ihrer Designer-Kollegen, doch sollten sie immer versuchen, das Beste aus dem zu machen, was sie haben und können. Hier sehen Sie das Ergebnis meiner Bemühungen.

Werkzeuge sind da, um genutzt zu werden! Das grundlegende Seiten-Layout und die Grafik für InstaMail wurden mit einem Programm namens *Xara Webstyle* generiert, das ein Segen für künstlerisch weniger Begabte ist. Von den Grundlagen ausgehend, die Webstyle zur Verfügung stellt, habe ich mit einigen Anpassungen und Erweiterungen ein Look-and-Feel entwickelt, mit dem ich recht zufrieden bin. Ich hoffe, Sie auch!

Wenn Sie InstaMail aufrufen, sehen Sie zunächst die EINFÜHRUNG-View (siehe Abbildung 5.1).

Da das hier gezeigte InstaMail zuvor noch nicht verwendet worden ist, können Sie nur zu der OPTIONEN-View gehen, um Ihr E-Mail-Konto einzurichten. Falls Sie dies bereits getan haben, sehen Sie wie in späteren Views oben und an der Seite eine Reihe von Buttons; der einführende Text wird dann nicht mehr angezeigt. Beachten Sie auch den Link am unteren Rand. Damit können Sie Hilfe über die aktuelle View anfordern.

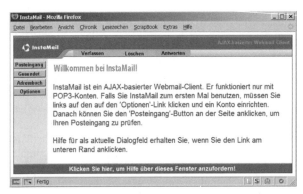

Abb. 5.1: Die EINFÜHRUNG-View von InstaMail

Abbildung 5.2 zeigt die POSTEINGANG-View (Eingangskorb), die Ihre eingegangenen Nachrichten anzeigt. Sie können hier mehrere E-Mails auf einmal markieren und löschen. Alternativ können Sie einzelne Nachrichten löschen, wenn Sie sie zum Lesen geöffnet haben.

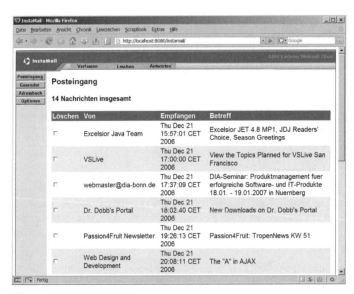

Abb. 5.2: Die POSTEINGANG-View

Abbildung 5.3 zeigt die GESENDET-View, die Ihre gesendeten Nachrichten anzeigt. Sie sieht im Wesentlichen wie die POSTEINGANG-View aus, zeigt aber einige andere Felder an. Auch hier können Sie mehrere E-Mails markieren und löschen.

Abb. 5.3: Die GESENDET-View

Abbildung 5.4 zeigt, wie Sie eine Nachricht erstellen.

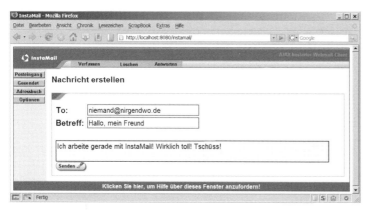

Abb. 5.4: Eine neue Nachricht erstellen

Abbildung 5.5 zeigt die View, die angezeigt wird, wenn Sie eine Nachricht in der POSTEIN-GANG- oder GESENDET-View anklicken.

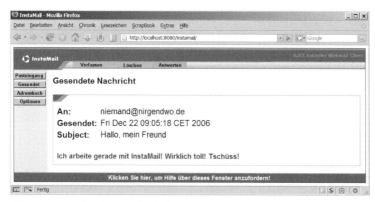

Abb. 5.5: Eine vorhandene Nachricht lesen

Abbildung 5.6 zeigt die ADRESSBUCH-View, mit der Sie Kontaktdaten erfassen können. Wenn Sie einen vorhandenen Kontakt anklicken, können Sie die zugehörigen Daten editieren oder löschen. Natürlich können Sie hier auch neue Kontakte erfassen und vorhandene löschen.

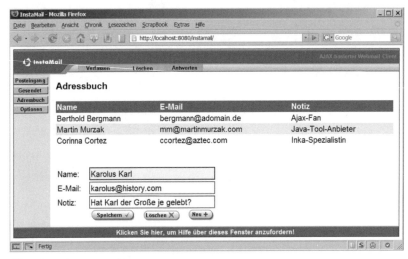

Abb. 5.6: Die ADRESSBUCH-View

Abbildung 5.7 zeigt die OPTIONEN-View, in der Sie Ihr E-Mail-Konto einrichten können. Sie können POP3 und SMTP verwenden.

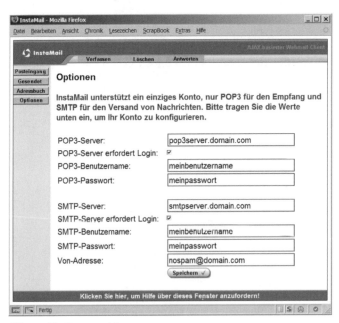

Abb. 5.7: Die OPTIONEN-View

Damit ist der schnelle Überblick über InstaMail beendet. Nun zu dem Code!

5.4   Analyse der Lösung

Abbildung 5.8 zeigt das Datei-Layout bzw. die gesamte Struktur von InstaMail:

Abb. 5.8: Verzeichnisstruktur von InstaMail unter `..\tomcat\weppapps\`

InstaMail besteht aus einer einzigen JSP-Seite, `index.jsp`. Alle Auszeichnungen für die gesamte Anwendung befinden sich in dieser einen Datei. Diese Datei importiert die Stylesheet-Datei `styles.css` aus dem Verzeichnis `/css`. Sie verwendet auch alle Bilder aus dem Verzeichnis `/img`, das ich in der Abbildung aus Platzgründen nicht erweitert habe. (Diese Anwendung verfügt über recht viele Bilder; würden sie alle gezeigt, wäre die Abbildung mehr als doppelt so hoch geworden.) Der gesamte JavaScript-Code von InstaMail ist bis auf eine einzige Funktion namens `init()`, die sich in `index.jsp` befindet, in der Datei `script.js` im Verzeichnis `/js` enthalten, die ebenfalls von `index.jsp` importiert wird. Unter dem Verzeichnis WEB-INF/classes sehen Sie außerdem in einer typischen Package-Verzeichnisstruktur neun Klassen, die die Serverseite der Anwendung bilden. Schließlich befinden sich in dem Verzeichnis WEB-INF/lib die Libraries, die von InstaMail verwendet werden. Sie werden in Tabelle 5.1 beschrieben.

JAR	Beschreibung
activation.jar	JavaBeans Activation Framework; wird von dem JavaMail API benötigt
commons-logging-1.0.4.jar	Jakarta Commons Logging ist eine Abstraktionsschicht über einer echten Logging-Implementierung (wie etwa *log4J*); sie ermöglicht es Ihnen, die zugrunde liegende Logging-Implementierung auszutauschen, ohne Ihren Anwendungscode zu ändern. Sie stellt auch einen einfachen Logger zur Verfügung, der über System.out ausgibt und in dieser Anwendung verwendet wird.
dwr.jar	Die JAR-Datei mit allen DWR-Klassen
mailapi.jar	Das JavaMail API, die Standard-Library von Sun für Mail-Funktionen
pop3.jar	JavaMail-Erweiterungen für die Arbeit mit POP3-Mail-Servern
smtp.jar	JavaMail-Erweiterungen für die Arbeit mit SMTP-Mail-Servern

Tabelle 5.1: Die JAR-Dateien in WEB-INF/lib, von denen InstaMail abhängt

Das Verzeichnis WEB-INF/src enthält den gesamten Quellcode des Projekts, einschließlich des Ant-Buildskripts.

5.4.1 Der clientseitige Code

Zunächst möchte ich die InstaMail-Konfigurationsdateien behandeln. Listing 5.1 zeigt die Datei web.xml.

```
<?xml version="1.0" encoding="UTF-8"?>
<!DOCTYPE web-app PUBLIC "-//Sun Microsystems, Inc.//DTD Web Application 2.3//
EN" "http://java.sun.com/dtd/web-app_2_3.dtd">

<web-app>

  <display-name>InstaMail</display-name>

  <servlet>
<servlet-name>dwr-invoker</servlet-name>
<display-name>DWR-Servlet</display-name>
<servlet-class>uk.ltd.getahead.dwr.DWRServlet</servlet-class>
<init-param>
  <param-name>debug</param-name>
  <param-value>true</param-value>
  </init-param>
  </servlet>
```

```
  <servlet-mapping>
<servlet-name>dwr-invoker</servlet-name>
<url-pattern>/dwr/*</url-pattern>
  </servlet-mapping>

  <!-- Sitzungs-Timeout-Konfiguration -->
  <session-config>
<session-timeout>30</session-timeout>
  </session-config>

  <!-- Begrüßungsdateikonfiguration -->
  <welcome-file-list>
<welcome-file>index.jsp</welcome-file>
  </welcome-file-list>

</web-app>
```

Listing 5.1: Die InstaMail-Konfigurationsdatei web.xml

Die Datei ist sicher nicht besonders kompliziert. Das wichtigste Element ist die DWR-Servlet-Definition. Das Servlet wird dem Pfad /dwr/* zugeordnet; und es soll **debug**-Informationen anzeigen. Darüber hinaus wird einfach ein Sitzungs-Timeout von 30 Minuten gesetzt und index.jsp als Begrüßungsseite festgelegt. Kurz und knapp!

dwr.xml

Die nächste Konfigurationsdatei ist dwr.xml, die DWR-Konfigurationsdatei, die weiter vorne beschrieben wurde (siehe Listing 5.2).

```
<?xml version="1.0" encoding="UTF-8"?>
<!DOCTYPE dwr PUBLIC "-//GetAhead Limited//DTD Direct Web Remoting 1.0//
EN" "http://www.getahead.ltd.uk/dwr/dwr10.dtd">
<dwr>
  <allow>
<convert converter="bean"
  match="com.apress.ajaxprojects.instamail.MessageDTO" />
<convert converter="bean"
  match="com.apress.ajaxprojects.instamail.OptionsDTO" />
<convert converter="bean"
  match="com.apress.ajaxprojects.instamail.ContactDTO" />
<create creator="new" javascript="OptionsManager">
  <param name="class"
    value="com.apress.ajaxprojects.instamail.OptionsManager" />
</create>
<create creator="new" javascript="MailRetriever">
  <param name="class"
    value="com.apress.ajaxprojects.instamail.MailRetriever" />
</create>
<create creator="new" javascript="MailSender">
  <param name="class"
    value="com.apress.ajaxprojects.instamail.MailSender" />
</create>
<create creator="new" javascript="MailDeleter">
```

```
  <param name="class"
    value="com.apress.ajaxprojects.instamail.MailDeleter" />
</create>
<create creator="new" javascript="AddressBookManager">
  <param name="class"
    value="com.apress.ajaxprojects.instamail.AddressBookManager" />
</create>
  </allow>
</dwr>
```

Listing 5.2:   dwr.xml für InstaMail

Auch diese Datei ist nicht sehr umfangreich! Zur Erinnerung: dwr.xml teilt DWR unter anderem mit, welche Klassen es erstellen und nutzen und welche Objekte es von JavaScript in Java und umgekehrt umwandeln darf. Hier werden die Data Transfer Objects (DTOs) angegeben, die InstaMail als konvertierbare Objekte verwendet; außerdem werden die fünf Hauptklassen genannt, die die serverseitige Funktionalität der Anwendung enthalten. Ich werde sie weiter unten ausführlich behandeln; doch an ihren Namen können Sie schon hier ihre Funktion ablesen. Anmerkung: Die hier gezeigte Konfiguration schränkt den Zugriff auf die Klassen und ihre Methoden oder Eigenschaften in keiner Weise ein. Die einzige »Einschränkung« besteht darin, Klassen, auf die kein Remote-Zugriff erfolgen soll, hier nicht zu nennen.

Über seine Konfigurationsdatei bietet DWR noch einige andere Fähigkeiten an, die von Insta-Mail nicht benötigt werden. Beispielsweise können Sie DWR anweisen, bestimmte Klassen zu verwenden, um die Klassen zu erstellen, auf die Sie einen Fernzugriff erlauben wollen. Denken Sie beispielsweise an Spring, mit dem Sie eine Bean erstellen und initialisieren könnten, bevor DWR Aufrufe an diese weiterleitet. Außerdem können Sie die Methodensignaturen einer Klasse konfigurieren. DWR arbeitet in hohem Maße per Reflection, aber manchmal reicht dies nicht aus. Dann können Sie DWR »Hinweise« über die verwendeten Datentypen und Ähnliches in den Signaturen geben, um die Lücken auszufüllen.

styles.css

Als Nächstes möchte ich das Stylesheet von InstaMail beschreiben. Da es ziemlich lang ist, werde ich hier nur einige besonders interessante Ausschnitte zeigen. Hier sind zunächst einige Selektoren für den Hover-Effekt der Hilfe-Links am unteren Rand:

```
.footer {
  font-size          : 10pt;
  font-weight        : bold;
  font-family        : Arial;
  color              : #ffffff;
  background-color    : #2661dd;
  border-top-color    : #ff7f00;
  border-top-width    : 2px;
  border-top-style    : solid;
  padding-top         : 2px;
  padding-bottom      : 2px;
}

.footerHover {
  font-size          : 10pt;
  font-weight        : bold;
```

```
   font-family         : Arial;
   color               : #000000;
   cursor              : pointer;
   background-color     : #ff7f00;
   border-top-color     : #ff7f00;
   border-top-width     : 2px;
   border-top-style     : solid;
   padding-top          : 2px;
   padding-bottom       : 2px;
}
```

Der Rahmen wird nur am oberen Rand gesetzt. So entsteht der Effekt einer Trennzeile über dem Link. Wenn der Mauszeiger über dem Link steht (= der Hover-Zustand), nimmt der Mauszeiger je nach Browser oder OS die Form eines Zeigers oder einer Hand an; außerdem ändert sich die Hintergrundfarbe, um dem Benutzer ein einfaches Feedback zu geben. Derselbe Effekt wird bei den Nachrichtenlisten verwendet:

```
.msgListRow1 {
   font-size           : 12pt;
   font-weight         : normal;
   font-family         : Arial;
   color               : #000000;
   background-color     : #ffffff;
   cursor              : default;
}

.msgListRow2 {
   font-size           : 12pt;
   font-weight         : normal;
   font-family         : Arial;
   color               : #000000;
   background-color     : #efeff7;
   cursor              : default;
}

.rowHover {
   font-size           : 12pt;
   font-weight         : normal;
   font-family         : Arial;
   cursor              : pointer;
   background-color     : #ff7f00;
}
```

Es gibt zwei Selektoren, msgListRow1 und msgListRow2, für den Nicht-Hover-Zustand, weil die Zeilen der Listen abwechselnd unterlegt und nicht unterlegt dargestellt werden, um ihre Lesbarkeit zu verbessern.

Als letzten Selektor möchte ich hier cssPleaseWait für das BITTE WARTEN-Nachrichtenfeld vorstellen. Mit dem Wert 1000 seines Attributs z-index sorge ich dafür, dass es immer vor oder über allen anderen Komponenten der Seite angezeigt wird.

```
.cssPleaseWait {
   font-size           : 16pt;
   font-weight         : bold;
```

```
   font-family        : Arial;
   color              : #ffffff;
   position           : absolute;
   left               : 1px;
   top                : 1px;
   width              : 330px;
   height             : 66px;
   background-color   : #ff7f00;
   display            : none;
   border             : 4px solid #2161de;
   z-index            : 1000;
}
```

index.jsp

Die Datei index.jsp ist das einzige Dokument von InstaMail! Auch hier zeige ich aus Platzgründen nicht den gesamten Code, sondern nur einige wesentliche Details. Zunächst werden
im <head>-Element des Dokuments diverse JavaScript-Dateien importiert:

```
<!-- DWR Interfaces -->
<script type="text/javascript" src="js/script.js"></script>
<script type="text/javascript"
  src="dwr/interface/OptionsManager.js"></script>
<script type="text/javascript"
  src="dwr/interface/AddressBookManager.js"></script>
<script type="text/javascript"
  src="dwr/interface/MailRetriever.js"></script>
<script type="text/javascript"
  src="dwr/interface/MailSender.js"></script>
<script type="text/javascript"
  src="dwr/interface/MailDeleter.js"></script>
<script type="text/javascript" src="dwr/engine.js"></script>
<script type="text/javascript" src="dwr/util.js"></script>
```

Der Pfad dieser Dateien beginnt jeweils mit dwr/. Dies bedeutet, dass sie von dem DWR Servlet zur Verfügung gestellt werden – eine wirklich raffinierte Lösung! DWR generiert anhand
der Informationen aus dwr.xml dynamisch JavaScript-Code, indem es per Reflection die Klassen analysiert, die von fern genutzt werden sollen. Der Name einer importierten JavaScript-
Datei entspricht jeweils dem Namen einer der Klassen aus dwr.xml – und zwar mit Absicht!
Mit Hilfe des Codes, den das Servlet generiert und der in die Seite importiert wird, können die
Methoden eines Objekts auf dem Server so aufgerufen werden, als befände sich das Objekt
auf dem Client. Sehr raffiniert!

Ich möchte darauf hinweisen, dass die Importanweisungen in der gesamten DWR-Dokumentation jeweils den kompletten Pfad des Kontextes enthalten, also beispielsweise <src URL/
instamail/dwr/interface/OptionsManager.js. Dies ist nicht erforderlich; tatsächlich ist
es meiner Meinung nach besser, wie hier relative Pfade zu verwenden, damit die Anwendung
auch bei einer Änderung des Kontextnamens noch funktioniert.

Unmittelbar hinter den Importanweisungen steht ein <script>-Block, der eine einzige Funktion, init(), enthält:

```
<script>

  // Die Anwendung initialisieren. Dies muss hier und nicht in script.js
  // erfolgen, weil hier ein JSP Scriplet ausgeführt werden muss; dies
  // würde nicht passieren, befände es sich in einer externen JS-Datei.
  function init() {
    // In Firefox trat ein seltsames Problem auf: Egal was ich tat,
    // enthielten die Textfelder in einigen Fällen immer noch Werte,
    // wenn ich die Anwendung neu lud. Weil ich den Grund dafür nicht
    // herausgefunden habe, werden hier alle Textfelder der Anwendung
    // gelöscht. Dasselbe gilt für die Aktivierung der Textfelder.
    // Falls jemand den Grund herausfindet, würde ich ihn gerne erfahren.
    // Bis dahin betrachte ich dies als eine Firefox-Eigenheit.
    setValue("contactNameEntry", "");
    setValue("contactAddressEntry", "");
    setValue("contactNoteEntry", "");
    setValue("pop3ServerEntry", "");
    setChecked("pop3ServerRequiresLoginEntry", null);
    setValue("pop3UsernameEntry", "");
    setValue("pop3PasswordEntry", "");
    setValue("smtpServerEntry", "");
    setChecked("smtpServerRequiresLoginEntry", null);
    setValue("smtpUsernameEntry", "");
    setValue("smtpPasswordEntry", "");
    setValue("fromAddressEntry", "");
    setValue("composeToEntry", "");
    setValue("composeSubjectEntry", "");
    setValue("composeTextEntry", "");
    setDisabled("contactNameEntry", false);
    setDisabled("contactAddressEntry", false);
    setDisabled("contactNoteEntry", false);
    setDisabled("pop3ServerEntry", false);
    setDisabled("pop3ServerRequiresLoginEntry", false);
    setDisabled("pop3UsernameEntry", false);
    setDisabled("pop3PasswordEntry", false);
    setDisabled("smtpServerEntry", false);
    setDisabled("smtpServerRequiresLoginEntry", false);
    setDisabled("smtpUsernameEntry", false);
    setDisabled("smtpPasswordEntry", false);
    setDisabled("fromAddressEntry", false);
    setDisabled("composeToEntry", false);
    setDisabled("composeSubjectEntry", false);
    setDisabled("composeTextEntry", false);
    // Mit der Intro-View beginnen
    currentView = "divIntro";
    showView(currentView);
    <%
      OptionsDTO options = new OptionsManager().retrieveOptions(
        pageContext.getServletContext());
        // Prüfen, ob die Anwendung konfiguriert ist
        if (options.isConfigured()) {
    %>
        // Die Anwendung ist konfiguriert.
        // Die Buttons werden erst angezeigt, nachdem die Seite
```

```
                   // komplett geladen ist, um JavaScript-Fehler zu vermeiden.
                   setClassName("topButtons", "divShowing");
                   setClassName("sideButtons", "divShowing");
                   appConfigured = true;
    <%
        } else {
    %>

                   // Die Anwendung ist noch nicht konfiguriert.
                   // Die Buttons werden NICHT ANGEZEIGT.
                   // Stattdessen wird das 'Einführung'-div angezeigt.
                   setClassName("divGettingStarted", "divShowing");
                   appConfigured = false;
    <%
        }
    %>
    }

</script>
```

Diese Funktion wird aufgerufen, wenn die Seite geladen wird, um InstaMail zu initialisieren. Etwas später werde ich die Datei `script.js` beschreiben, die den restlichen Code von Insta-Mail enthält. Ich erwähne dies, weil Sie sich vielleicht fragen, warum dieses Skript in `index.jsp` und nicht mit dem anderen Code in `script.js` steht. Der Grund ist der Scriptlet-Abschnitt am Ende des gezeigten Skripts. Stünde dieses in der `.js`-Datei, würde der Server das Scriptlet nicht interpretieren; deshalb würde die in diesem definierte Funktion nicht ausgeführt werden. Deshalb muss dieser Skriptblock in der JSP stehen, damit der Container das Scriptlet interpretiert, während er den HTML-Code anhand der JSP generiert.

Die Funktionen `setValue()`, `setChecked()` und `setDisabled()`, die ich später beschreiben werde, habe ich wegen eines Problems mit Firefox eingefügt. Auch wenn ich eine Seite neu geladen habe, hat Firefox aus irgendeinem Grund die Inhalte der Textfelder beibehalten. Bis heute weiß ich nicht, warum; im IE trat dieses Problem nicht auf. Um dieses Problem zu lösen, lösche ich einfach alle Textfelder und Kontrollkästchen, wenn die Seite geladen wird. In gewisser Weise ist dies sowieso besser und typischer: Die meisten Anwendungen verfügen über eine Initialisierungsroutine, die am Anfang aufgerufen wird, so dass die jetzige Lösung diesem Muster eher entspricht.

Nachdem die Felder gelöscht worden sind, wird die EINFÜHRUNG-View angezeigt. Dann folgt der Scriptlet-Abschnitt, in dem einfach geprüft wird, ob die Anwendung bereits konfiguriert ist, das heißt, ob ein E-Mail-Konto eingerichtet worden ist oder nicht. Falls sie noch nicht konfiguriert worden ist, werden alle Buttons verborgen, und das `<div>`-Element `divGetting-Started` wird angezeigt, das eine entsprechende Anleitung zur Einrichtung des Kontos enthält. Etwas anderes kann der Benutzer an dieser Stelle nicht tun. Nachdem die Anwendung konfiguriert worden ist, werden alle Buttons normal angezeigt, und `divGettingStarted` wird verborgen.

Die Prüfung, ob die Anwendung konfiguriert worden ist, erfolgt anhand eines `OptionsDTO`-Objekts, das über ein Feld namens `isConfigured` verfügt und je nach Situation auf `true` oder `false` gesetzt ist. Deshalb muss die Prüfung auf dem Server erfolgen. Tatsächlich hätte ich für diesen Zweck einen weiteren Ajax-Aufruf des Servers verwenden können, aber meiner Meinung nach ist die jetzige Lösung viel einfacher und sauberer. In den letzten Jahren wurden zunehmend weniger Scriptlets, dafür mehr JSPs verwendet; und im Allgemeinen stimme ich mit diesem Trend überein. Doch ich befürworte nicht das Extrem, ganz auf Scriptlets zu verzichten. In diesem Fall ist ein Scriptlet akzeptabel und wahrscheinlich sogar wünschens-werter. Denn die Alternative bestünde darin, etwa ein anwendungsspezifisches Tag zu verwen-den, was wohl etwas aufwändig wäre, oder, wie erwähnt, einen zusätzlichen Ajax-Aufruf auszuführen. Bei einem zusätzlichen Ajax-Aufruf müssten Sie dafür sorgen, dass der Benut-zer während des Aufrufs nicht auf das UI zugreifen kann; andernfalls könnte er Funktionen ausführen, die eigentlich deaktiviert sein sollten und als Ergebnis des Ajax-Aufrufs auch deak-tiviert werden. Ich bin Verfechter des KISS-Prinzips (Keep It Simple, Stupid! – Mach es ein-fach, Dummkopf!); hier ist dieses Prinzip gut anwendbar.

Danach folgen alle Auszeichnungen für InstaMail. Die Anwendung verwendet mehrere Sich-ten oder Dialogfelder, zwischen denen der Benutzer wechseln kann. Dabei wird niemals eine Seite vom Server abgerufen. Alle Sichten der Anwendung befinden sich von Anfang an in Ihrem Browser. Jede Sicht entspricht einem separaten <div>-Element auf der Seite, das zu gegebener Zeit angezeigt wird. Die Sichten heißen: EINFÜHRUNG, POSTEINGANG, GESENDET, NACHRICHT, ADRESSBUCH, OPTIONEN und VERFASSEN. Sie werden alle in index.jsp definiert. Diese scheinbar einfache Struktur ist sehr leistungsstark und sorgt für eine sehr performante Anwendung. Bedenken Sie: Der Server liefert nur Daten; alle Auszeichnungen und Formatie-rungen befinden sich bereits auf dem Client. Die Bandbreite wird wenig belastet und der Wechsel zwischen den Sichten erfolgt merklich schneller. Klickt der Benutzer etwa den VER-FASSEN-Button an, erfolgt die Reaktion sofort. Bei typischen Webanwendungen wäre hier eine kurze Verzögerung zu merken, da die entsprechende Seite vom Server abgerufen werden müsste. Hier gibt es dieses Problem nicht.

Beachten Sie auch, wie selten das style-Attribut der Elemente verwendet wird. Von wenigen Ausnahmen abgesehen, wird nur class verwendet, weil die Präsentation fast vollständig in ein separates Stylesheet ausgelagert wurde. (Eine vollständige Auslagerung wäre auch mög-lich gewesen!) So sind Präsentation und Struktur der Anwendung sauber getrennt – zwar noch nicht so weit wie möglich, aber weiter als bei einigen anderen Anwendungen in diesem Buch.

Abgesehen davon sind die Auszeichnungen nicht ungewöhnlich. Deshalb überlasse ich es Ihnen, sie zu studieren. Sie werden feststellen, dass hier wirklich wenig passiert. Allerdings werden Sie bemerken, dass in script.js zahlreiche JavaScript-Funktionen aufgerufen wer-den.

script.js

Am Anfang des Skripts werden mit Befehlen der folgenden Form zahlreiche Bilder geladen:

```
img_send = new Image();
img_send.src = "img/send.gif";
img_send_over = new Image();
img_send_over.src = "img/send_over.gif";
```

Die Bilder werden vom Server in den internen Speicher des Browsers geladen, damit sie bei Bedarf schnell zur Verfügung stehen, etwa bei einem so genannten *Image Rollover*, bei dem sich das Bild ändert, wenn der Benutzer mit der Maus darüber fährt. Der Browser muss dann das Bild nicht extra vom Server abrufen und der Benutzer nimmt keine störende Verzögerung wahr. In dem Beispielcode werden zwei Versionen des SENDEN-Buttons vorher geladen: sein normaler Zustand und sein Zustand mit Mauszeiger. Insgesamt werden elf Bilder in script.js vorher geladen.

Danach folgen drei globale Variablen (siehe Tabelle 5.2).

Globale Variable	Beschreibung
currentView	Diese Variable speichert den Namen der aktuellen Sicht, das heißt den Namen des `<div>`-Elements, das gegenwärtig sichtbar ist.
checkboxNumber	Später in dem Code wird dynamisch eine Tabelle gefüllt. Zu jedem Tabellenelement gehört ein Kontrollkästchen (Checkbox), das eine eindeutige ID haben muss. Die Eindeutigkeit wird einfach durch eine Zahl am Ende seines Namens hergestellt. Dabei wird diese Variable verwendet. Ihr Wert muss über Funktionsaufrufe hinweg erhalten bleiben. Aufgrund der Art und Weise, wie Tabellen mit DWR erstellt werden, scheint die Deklaration dieser Variablen als global die einzige Möglichkeit zu sein, dies zu erreichen.
appConfigured	Diese Variable wird bei der Initialisierung gesetzt; mit ihrer Hilfe wird später festgestellt, ob die Anwendung bereits konfiguriert wurde.

Tabelle 5.2: Globale Variablen in `skript.js`

Als Nächstes folgen zwei Funktionen für die Mausereignisse der Buttons oben und an der Seite:

```
// onMouseOver-Handler der Buttons
function btnMouseOver(obj) {
  id = obj.id;
  obj.src = eval("img_" + id + "_over").src;
  obj.style.cursor = "pointer";
}

// onMouseOut-Handler der Buttons
function btnMouseOut(obj) {
  id = obj.id;
  obj.src = eval("img_" + id).src;
  obj.style.cursor = "";
}
```

Dieser Maus-Rollover-Code ist recht typisch. Die ID des Objekts, das die Methode aufruft, wird abgerufen. Mit der `eval()`-Funktion wird eine Referenz des zugehörigen Bildes berechnet. Sein `src`-Attribut wird dem `src`-Attribut des Buttons zugewiesen. Damit ist der Rollover (bzw. Rollout) komplett. Außerdem wird das Stilattribut `cursor` in einen Zeiger (oder eine Hand) geändert, wenn die Maus über einem Button steht.

Danach folgen zwei ähnliche Funktionen zur Behandlung der einzelnen Zeilen in den Tabellen POSTEINGANG und GESENDET:

```
// onMouseOver-für Nachrichten in 'Posteingang' und 'Gesendet'
function rowMouseOver() {
  this.parentNode.className = "rowHover";
}

// onMouseOut-Handler für Nachrichten in 'Posteingang' und 'Gesendet'
```

```
function rowMouseOut() {
  this.parentNode.className = this.parentNode.rowClass;
}
```

Vielleicht fragen Sie sich, wo das `rowClass`-Attribut herkommt. In HTML gibt es dieses Attribut nicht! Es handelt sich um ein anwendungsspezifisches Attribut, mit dem die Klasse der Zeile gespeichert wird, in der die Zellen stehen. Beim DOM-Scripting können Sie Knoten oder HTML-Tags beliebige Attribute zuweisen, die natürlich selbst ebenfalls DOM-Knoten sind. Dies ist nützlich, um – wie hier – Metadaten über einen Knoten zu speichern.

Diese beiden Handler unterscheiden sich von den Button-Handlern in zwei Aspekten: einem *notwendigen* und einem *fakultativen*, den ich gewählt habe, um zwei verschiedene Ansätze zu zeigen. Zunächst zu dem notwendigen Aspekt ... Die Views POSTEINGANG und GESENDET enthalten jeweils eine Tabelle mit Nachrichten, deren Inhalt dynamisch generiert wird; klicken Sie eine Nachricht an, wird diese anzeigt. Bei dieser Generierung sind die Zellen der Tabellen auch mit Eventhandlern verbunden – wie, das zeigen vorgreifend die folgenden beiden Codezeilen:

```
td1 = document.createElement("td");
td1.onmouseover = rowMouseOver;
```

In der ersten Zeile wird mit dem `document`-Objekt ein neues `<td>`-Element erstellt. Achtung: Dieses Element wird nicht sofort Teil des DOM, sondern existiert zunächst isoliert und wird an den Aufrufer zurückgegeben. In der zweiten Zeile wird das `onMouseOver`-Ereignis mit einem Eventhandler verbunden. Da in JavaScript Funktionen Objekte sind (siehe Kapitel 2) und das `rowMouseOver`-Objekt eine Funktion ist, wird damit der `onmouseover`-Eigenschaft des neuen `<td>`-Elements eine Funktion zugewiesen. Syntaktisch wird allerdings keine Parameterliste übergeben. Tatsächlich ist es nicht möglich, Parameter an einen Handler zu übergeben, wenn Sie ihm wie hier ein Objekt zuweisen. Deshalb kann im Gegensatz zu den Button-Handlern keine Referenz auf `this` übergeben werden.

Glücklicherweise wird die Referenz auf `this` intrinsisch übergeben, wenn ein Objekt auf diese Weise einem anderen zugewiesen wird! Wenn Sie daran denken, wie das Prototyping in JavaScript funktioniert, sollte der Grund dafür klar werden: Die `onmouseover`-Eigenschaft enthält jetzt eine Referenz auf ein Objekt, das damit praktisch Teil des Objekts wird, mit dem es verbunden ist, also hier `<td>`. Im Kontext dieser Funktion hat `this` eine Bedeutung.

Nun zu dem fakultativen Aspekt: Ich wollte zeigen, dass Sie Stilattribute nicht, wie das `cursor`-Attribut der Buttons, direkt ändern müssen, sondern dem Element einfach eine andere Klasse zuweisen können. Im `rowHover`-Stilselektor ist das `cursor`-Attribut auf `pointer` gesetzt das heißt auf denselben Wert, den ich bei den Buttons manuell gesetzt habe. Dies ist ein weiteres Beispiel für die Trennung von Präsentation und Logik. Bei diesem Ansatz müssen Sie nicht den Code, sondern nur das Stylesheet ändern. Dies ist im Allgemeinen besser, weil es weniger fehleranfällig ist und weniger (oder wenigstens andere) Kenntnisse erfordert. Theoretisch könnten auch Nicht-Programmierer die Stylesheets selbst ändern, etwa Grafikdesigner, die zwar das Aussehen, aber nicht das Verhalten einer Sicht gestalten können.

Als Nächstes folgen in `script.js` mehrere `setXXXX`- und `getXXXX`-Funktionen, so genannte *Setter* und *Getter* für die Eigenschaften der Elemente der Seite. Betrachten Sie folgende Zeile:

```
document.getElementById("myDiv").style.display = "block";
```

Sie ist nicht ungewöhnlich; doch vergleichen Sie sie mit folgender Funktion:

```
setDisplay("myDiv", "block");
```

Sie müssen nur noch etwa halb so viel tippen! Was jedoch wichtiger ist: Diese kurze Funktion ist weniger fehleranfällig und der Code sieht sauberer und vielleicht verständlicher aus. Dies ist der simple Grund für die vielen Getter und Setter im Abschnitt mit den Utility-Funktionen.

Danach folgen einige weitere Utility-Funktionen. Die meisten rufen einfach die weiter vorne beschriebenen Set-Methoden auf. Beispielsweise werden mit hideAllLayers() alle <div>-Elemente aller Views verborgen, wenn ein neues <div>-Element angezeigt wird. Ich verberge also nicht nur das gegenwärtig angezeigte <div>-Element, sondern sicherheitshalber alle und zeige dann das neue an. Zugegeben: Ein etwas fauler Ansatz, aber dafür etwas sicherer...

Danach folgt die Funktion showPleaseWait(), mit der Nachrichtenfenster angezeigt werden, wenn sich eine Sicht ändert oder wenn Operationen (etwa beim Speichern oder beim Anlegen eines neuen Kontaktes) länger dauern. Zunächst werden mit hideAllLayers() alle Sichten verborgen. Dann werden mit enableButtons(false); alle Buttons oben und an den Seiten deaktiviert. Der Benutzer würde Probleme verursachen, falls er während einer Ajax-Anfrage einen Button anklicken würde. Um dies zu verhindern, werden die Buttons einfach verborgen. Zugegeben: Auch hier ein etwas fauler Ansatz, aber dafür etwas sicherer... Danach wird divPleaseWait unter Berücksichtigung der aktuellen Fenstergröße auf der Seite zentriert. Der entsprechende Code ist interessant:

```
// Fenster zentrieren
pleaseWaitDIV = getElement("divPleaseWait");
if (window.innerWidth) {
  lca = window.innerWidth;
} else {
  lca = document.body.clientWidth;
}
lcb = pleaseWaitDIV.offsetWidth;
lcx = (Math.round(lca / 2)) - (Math.round(lcb / 2));
iebody = (document.compatMode &&
  document.compatMode != "BackCompat") ?
  document.documentElement : document.body;
dsocleft = document.all ? iebody.scrollLeft : window.pageXOffset;
pleaseWaitDIV.style.left = (lcx + dsocleft - 120) + "px";
if (window.innerHeight) {
  lca = window.innerHeight;
} else {
  lca = document.body.clientHeight;
}
lcb = pleaseWaitDIV.offsetHeight;
lcy = (Math.round(lca / 2)) - (Math.round(lcb / 2));
iebody = (document.compatMode &&
  document.compatMode != "BackCompat") ?
  document.documentElement : document.body;
dsoctop = document.all ? iebody.scrollTop : window.pageYOffset;
pleaseWaitDIV.style.top = (lcy + dsoctop - 40) + "px";
// Fenster anzeigen
pleaseWaitDIV.style.display = "block";
```

Aufgrund der Unterschiede zwischen den Browsern ist die Berechnung etwas komplizierter. Der IE benutzt `innerWidth` und `innerHeight`, andere Browser `clientWidth` und `clientHeight` für die Fensterabmessungen. Außerdem gibt es im IE eine Komplikation, um eine Referenz auf das body-Element des Dokuments abzurufen: Der Zugriff erfolgt im strikten CSS-Modus anders als sonst. Die entsprechende Logik finden Sie in der Zeile, in der eine Referenz auf `iebody` abgerufen wird. Doch davon abgesehen ist die Berechnung relativ einfach: Die Breite bzw. Höhe des `<div>`-Elements `divPleaseWait` wird von der Breite bzw. Höhe des Fensters abgezogen. Die Differenzen werden jeweils durch zwei geteilt. Das Ergebnis sind die X- und Y-Koordinaten. Außerdem kommen bei den Berechnungen einige »magische Zahlen« ins Spiel, um diverse Elemente des Browserfensters zu berücksichtigen. Sie sind mehr oder weniger ein lästiges Übel!

Wenn eine Operation beendet ist, d.h. eine Ajax-Anfrage zurückkehrt, wird die Funktion `hidePleaseWait()` aufgerufen, um das `<div>`-Element `divPleaseWait` wieder zu verbergen und die Buttons wieder anzuzeigen.

Die Funktion `showView()` übernimmt als Argument den Namen eines View-`<div>`-Elements und zeigt es an. Schließlich werden mit der Funktion `enableButtons()`, die einen booleschen Wert als Argument übernimmt, alle Buttons angezeigt (`true`) oder verborgen (`false`).

Danach folgen die Ajax-Funktionen. Ich möchte sie hier überspringen und zunächst die Nicht-Ajax-Funktionen abschließen, die hinter ihnen stehen. Ich glaube, dass Sie dann den Ajax-Code leichter verstehen werden.

Die erste Nicht-Ajax-Funktion nach diesem Abschnitt, `editContact()`, wird aufgerufen, wenn der Benutzer einen vorhandenen Kontakt im Adressbuch anklickt, um ihn zu editieren:

```
// Einen vorhandenen Kontakt editieren/löschen
function editContact() {
  setValue("contactNameEntry", this.parentNode.cells[0].innerHTML);
  setValue("contactAddressEntry", this.parentNode.cells[1].innerHTML);
  setValue("contactNoteEntry", this.parentNode.cells[2].innerHTML);
  setDisabled("contactNameEntry", true);
  setDisabled("contactAddressEntry", false);
  setDisabled("contactNoteEntry", false);
}
```

Der Ausdruck `this.parentNode`, der hier und anderswo verwendet wird, ist wegen der Struktur der Tabellen erforderlich, die konstruiert werden, um die Nachrichten in den Views POSTEINGANG bzw. GESENDET anzuzeigen. In beiden Views enthält die erste Spalte einer Tabellenzeile ein Kontollkästchen. Ursprünglich hatte ich alle `mouseOver`- und `onClick`-Ereignisse mit den Zeilen verbunden, weil diese die Daten der Nachrichten enthalten. Außerdem interessieren Sie sich für die Zeilen insgesamt, nicht die einzelnen Zellen. Dabei stieß ich jedoch auf ein Problem: Wenn ich eines der Kontrollkästchen anklickte, wurde das `onClick`-Ereignis der jeweiligen Zeile ausgelöst – sicher nicht das gewünschte Verhalten! Um dieses Verhalten zu vermeiden, verband ich die `mouseOver`- und `onClick`-Ereignisse mit den einzelnen Zellen, außer denen, die das Kontrollkästchen enthielten. Deshalb wird die Zeile nicht hervorgehoben, wenn Sie mit der Maus über ein Kontrollkästchen fahren. Für mich ist das vollkommen in Ordnung, und es löst dieses Problem.

Doch wenn jetzt eine Zelle angeklickt wird, müssen die Daten der Nachricht von dem übergeordneten Element, der Zeile, und nicht der Zelle abgerufen werden. Deshalb wird mit `this.parentNode` der übergeordnete Knoten, also die Zeile, referenziert. Danach können alle benötigten Daten einer Nachricht abgerufen werden. In dieser Funktion werden die Werte der Eingabefelder auf die Werte des Kontaktes gesetzt, den der Benutzer anklickt. (Die ADRESSBUCH-View verfügt über eine so genannte Master-Detail-Anzeige der Tabelle.) Auch hier existiert dasselbe Problem: Das onClick-Ereignis wird von einer Zelle generiert, aber es werden die Daten der Zeile benötigt; also wird auch hier der übergeordnete Knoten der Zelle referenziert. In diesem Fall werden die innerHTML-Werte der drei Zellen in der Zeile benötigt. Sie werden hier als Referenzen des Zellen-Arrays des übergeordneten <tr>-Elements abgerufen.

Der Benutzer soll den Namen des Kontaktes nicht editieren können; deshalb wird das Feld deaktiviert. Bei einer Datenbanktabelle wäre der Kontaktname in gewisser Weise der eindeutige Schlüssel. Deshalb soll der Benutzer ihn nicht ändern können und deshalb ist das Feld nicht editierbar.

Bei der nächsten Funktion, gotoComposeMessage(), gibt es nur eine mögliche Komplikation: Es wird angenommen, dass der Benutzer in der ADRESSBUCH-Sicht einen Kontakt ausgewählt hat, an den er eine Nachricht senden will. In diesem Fall wird die zugehörige E-Mail-Adresse abgerufen und in das Adressfeld der VERFASSEN-View eingetragen. Anmerkung: Hier das <div>-Element BITTE WARTEN anzuzeigen, ist eigentlich überflüssig, da die Views praktisch ohne Zeitverzögerung gewechselt werden. Ich zeige dieses Element nur der Konsistenz halber an.

Die nächste Funktion, gotoComposeReply(), ähnelt gotoComposeMessage(). Doch da der ANTWORTEN-Button nur in der NACHRICHT-View eine Bedeutung hat, muss die View geprüft werden. Befindet sich der Benutzer in einer anderen View, wird die Funktion abgebrochen. Danach werden die Felder der VERFASSEN-View, wie in gotoComposeMessage(), mit Daten vorbelegt, nämlich mit der Adresse des Absenders, mit dem Betreff, dem ein »RE:« (Abkürzung für englisch *Reply* = *Antwort*) vorangestellt wird, und der Originalnachricht selbst, die in Anführungszeichen gesetzt und durch eine Trennzeile von Ihrer Antwort abgesetzt wird.

Die nächste Funktion, newContact(), stimmt fast mit editContact() überein, außer dass die Eingabefelder gelöscht werden und jetzt natürlich alle drei Eingabefelder aktiviert sind. Davon abgesehen arbeitet die Funktion auf dieselbe Weise.

Die letzte Nicht-Ajax-Funktion, gotoHelp(), wird aufgerufen, wenn der Benutzer den Hilfe-Link am unteren Rand der Seite anklickt. Das Hilfesystem ist denkbar einfach: Passend zur aktuellen Sicht wird ein JavaScript-alert()-Feld mit Text angezeigt, das die jeweilige Sicht beschreibt. Vielleicht nicht die eleganteste Art der Hilfe, aber eine, die funktioniert!

Jetzt komme ich zu dem eigentlich Interessanten: den Ajax-Funktionen, die DWR nutzen. Die ersten beiden Funktionen sind gotoInbox() und dazugehörig replyGetInboxContents(). Viele der Funktionen bilden ein solches Paar. Sie werden schnell verstehen, warum. Listing 5.3 zeigt ihren gesamten Code.

```
// Die 'Posteingang'-View anzeigen; eingegangene Nachrichten anzeigen
function gotoInbox() {
  showPleaseWait();
  MailRetriever.getInboxContents(replyGetInboxContents);
}

// Die Callback-Funktion
var replyGetInboxContents = function(data) {
  DWRUtil.removeAllRows("inboxTBody");
  checkboxNumber = 0;
```

```
  var altRow = true;
  var getFrom = function(data) { return data.from; };
  var getReceived = function(data) { return data.received; };
  var getSubject = function(data) { return data.subject; };
  var getCheckbox = function(data) {
    var cb = document.createElement("input");
    cb.type = "checkbox";
    cb.id = "cb_received_" + checkboxNumber;
    cb.msgID = data.msgID;
    checkboxNumber++;
    return cb;
  };
  var count = 0;
  DWRUtil.addRows("inboxTBody", data,
    [ getCheckbox, getFrom, getReceived, getSubject ], {
    rowCreator:function(options) {
      count++;
      var row = document.createElement("tr");
      if (altRow) {
        row.rowClass = "msgListRow1";
        row.className = "msgListRow1";
        altRow = false;
      } else {
        row.rowClass = "msgListRow2";
        row.className = "msgListRow2";
        altRow = true;
      }
      row.msgType = data[options.rowIndex].msgType;
      row.msgID = data[options.rowIndex].msgID;
      return row;
    },
    cellCreator:function(options) {
      var cell = document.createElement("td");
      if (options.cellNum != 0) {
        cell.onclick = gotoViewMessage;
        cell.onmouseover = rowMouseOver;
        cell.onmouseout = rowMouseOut;
      }
      return cell;
    }
  });
  setInnerHTML("inboxCount", count + " Nachrichten insgesamt");
  currentView = "divInbox";
  showView(currentView);
  hidePleaseWait();
}
```

Listing 5.3:   Das Funktionenpaar gotoInbox() und replyGetInboxContents()

Diese Funktion wird aufgerufen, wenn der Benutzer den POSTEINGANG-Button anklickt. Alle
Ajax-Funktionen folgen einem ähnlichen Muster: Als Reaktion auf ein (normalerweise vom
Benutzer ausgelöstes) Ereignis werden zunächst eine Funktion und dann eine zugeordnete
Funktion aufgerufen. Die zugeordnete Funktion entspricht der Ajax-Callback-Funktion, die
einem XMLHttpRequest-Objekt zugewiesen wird. DWR verbirgt alle Details von Ajax vor
Ihnen, aber das zugrunde liegende Prizip bleibt gleich.

Hier werden einfach das BITTE WARTEN-Feld angezeigt und die folgende Anweisung ausgeführt:

```
MailRetriever.getInboxContents(replyGetInboxContents);
```

Wie bereits erwähnt, generiert DWR für jedes Objekt, das Sie von fern nutzen wollen, eine JavaScript-Datei. Sie enthält im Wesentlichen »Stub«-Objekte (Objekte, die als Mittler auftreten), die Sie aufrufen, während DWR im Hintergrund das serverseitige Remote-Objekt aufruft. Dies vermittelt Ihnen die Illusion, Remote-Objekte direkt aufzurufen. Dies ist genau das, was diese Zeile tut. Sie ruft die getInboxContents()-Methode des MailRetriever-Objekts oder – genauer gesagt – eines *neuen* MailRetriever-Objekts auf, weil bei jedem Aufruf ein neues Objekt erstellt wird und es deshalb nicht nur ein Objekt gibt, das aufgerufen werden kann. Hier wird als einziger Parameter die JavaScript-Callback-Funktion übergeben, die die Rückgabe des Methodenaufrufs verarbeitet. Dieser Parameter ist im gesamten Ajax-Code vorhanden und steht immer an letzter Stelle.

Wenn der Aufruf zurückkehrt, wird die Funktion replyGetInboxContents() aufgerufen. Diese Funktion ist etwas ungewöhnlich definiert: Sie wird einer Variablen zugewiesen! So kann man die Funktion leicht referenzieren. Alternativ könnten Sie die Callback-Funktion etwa wie folgt inline in einem Methodenaufruf definieren:

```
MailRetriever.getInboxContents(function replyGetInboxContents(str) {alert(str)
  ;});
```

Die meisten Entwickler (mich eingeschlossen) halten diesen Stil für schwerer lesbar und versuchen, ihn möglichst zu vermeiden. Es gibt mit diesem Stil noch ein zweites Problem: Inline-Funktionen sind anonym. Wenn Sie eine Callback-Funktion auch noch in einem anderen Ajax-Aufruf verwenden wollen, ist dies bei einer Inline-Funktion nicht möglich.

Die Callback-Funktion beginnt mit folgender Zeile:

```
DWRUtil.removeAllRows("inboxTBody");
```

Das Objekt DWRUtil wird von DWR zur Verfügung gestellt; es ist vollkommen optional und für die Funktion von DWR nicht erforderlich. Doch es enthält einige sehr praktische Funktionen, darunter removeAllRows(), mit der man alle Zeilen einer Tabelle (genauer gesagt; von <tbody>) löschen (entfernen) kann. Sie kommt hier gerade recht. Die Aktualisierung der POSTEINGANG-View beginnt mit einer leeren Tabelle. Dafür sorgt diese einzige Zeile mit dem Befehl removeAllRows(). Dann wird für jede neue E-Mail im POSTEINGANG eine Zeile angelegt.

Danach steht folgender Code-Block:

```
checkboxNumber = 0;
var altRow = true;
var getFrom = function(data) { return data.from; };
var getReceived = function(data) { return data.received; };
var getSubject = function(data) { return data.subject; };
var getCheckbox = function(data) {
  var cb = document.createElement("input");
  cb.type = "checkbox";
  cb.id = "cb_received_" + checkboxNumber;
  cb.msgID = data.msgID;
```

```
      checkboxNumber++;
      return cb;
    };
    var count = 0;
```

Weiter vorne habe ich beschrieben, wie mit der Variablen checkboxNumber eine eindeutige ID für die Kontrollkästchen der Zeilen erstellt wird. Die Nummerierung beginnt mit 0. Die Variable altRow ist ein einfacher boolescher Schalter, mit dessen Hilfe die Zeilen abwechselnd in einer anderen Farbe dargestellt werden, um die Tabelle lesbarer zu machen.

Die nächsten vier Funktionen werden von DWR benötigt. Sie entsprechen den Getter-Methoden einer JavaBean. DWR ruft diese Funktionen auf und übergibt in dem Parameter data eine Referenz auf ein Objekt. Die Funktionen greifen auf eine Eigenschaft des Objekts zu und geben es zurück. Jede Funktion entspricht einer Zelle in der Tabelle. Mit der letzten Funktion, getCheckbox(), erstellt DWR das LÖSCHEN-Kontrollkästchen der jeweiligen Zeile. Hier wird klar, warum die Variable checkboxNumber global sein muss. Diese Funktionen haben nur einen einzigen Parameter: die Variable data, die von DWR erstellt wird. Es gibt keine andere Methode, die Variable checkboxNumber in diese Funktionen zu bringen! Da ihr Wert über die Funktionsaufrufe hinweg erhalten bleiben muss, muss sie außerhalb der Funktionen existieren.

Es folgt eine weitere nützliche Funktion des DWRUtil-Objekts:

```
var count = 0;
DWRUtil.addRows("inboxTBody", data,
   [ getCheckbox, getFrom, getReceived, getSubject ], {
   rowCreator:function(options) {
     count++;
     var row = document.createElement("tr");
     row.rowClass = (altRow) ? "msgListRow1" : "msgListRow2";
     row.className = (altRow) ? "msgListRow1" : "msgListRow2";
     altRow = !altRow;
     row.msgType = data[options.rowIndex].msgType;
     row.msgID = data[options.rowIndex].msgID;
     return row;
   },
   cellCreator:function(options) {
     var cell = document.createElement("td");
     if (options.cellNum != 0) {
       cell.onclick = gotoViewMessage;
       cell.onmouseover = rowMouseOver;
       cell.onmouseout = rowMouseOut;
     }
     return cell;
   }
});
```

Mit der Funktion addRows() können Sie Zeilen in eine Tabelle einfügen. Ihr erstes Argument ist die ID des mit Daten zu füllenden <tbody>-Elements. Das zweite Argument ist das data-Objekt, das an die Callback-Funktion übergeben wird. Es wird von dem Methodenaufruf des serverseitigen Objekts zurückgegeben. Da es hier um eine Tabelle geht, handelt es sich um eine Collection, deren Elemente jeweils einer Zeile entsprechen. Danach steht ein Array mit Funktionsnamen, die Sie bereits kennen.

Wie bereits erwähnt, entspricht jede dieser Funktionen einer Zelle in der Tabelle. DWR verarbeitet sie wie folgt:

1. Es iteriert über die Daten-Collection und erstellt für jedes ein `<tr>`-Element.

2. Es iteriert über die Collection der genannten Funktionen, erstellt für jede ein `<td>`-Element, ruft die Funktion auf und füllt das `<td>`-Element mit dem Rückgabewert der Funktion.

3. Es fügt das `<td>`-Element zu dem `<tr>`-Element hinzu.

4. Es fügt das `<tr>`-Element zu der Tabelle hinzu.

5. Es wiederholt diesen Prozess, bis die Daten-Collection erschöpft ist.

Der nächste Parameter der addRows()-Funktion ist optional. Er besteht aus einem Array von Funktionen, die DWR verwenden soll, um die `<tr>`- und `<td>`-Elemente zu erzeugen. Die Standardimplementierungen generieren nur einfache `<tr>`- und `<td>`-Elemente und geben sie zurück, doch die DWR-Designer haben vorausschauend erkannt, dass manchmal mehr erforderlich ist, und die Möglichkeit geschaffen, anwendungsspezifische Funktionen zur Erstellung dieser Elemente zu definieren. In diesem Fall habe ich gegen meine Regel verstoßen und anonyme Inline-Funktionen definiert – auch um Ihnen zu zeigen, wie dies aussieht.

Mit der ersten Inline-Funktion wird eine Zeile erstellt. Dabei müssen Sie einige Dinge beachten. Erstens: Die Zeilen müssen gezählt werden, damit Sie dem Benutzer anzeigen können, wie viele neue E-Mails er empfangen hat. Deshalb wird die Variable count bei jedem Aufruf inkrementiert. Zweitens: Um die Zeilen abwechselnd anders darzustellen, muss ihnen mit Hilfe der booleschen Variablen altRow die jeweils passende Stilklasse zugewiesen werden; und natürlich muss der Wert von altRow umgekehrt werden. Drittens: Das `<tr>`-Element muss einige anwendungsspezifische Attribute erhalten, mit denen die E-Mails identifiziert werden können. Zu diesem Zweck werden hier der msgType, der vom Server zurückgegeben wird und der immer im POSTEINGANG steht, und die msgID, die ebenfalls vom Server zurückgegeben wird und einfach der Nummer der Nachricht im POSTEINGANG entspricht, den gleichnamigen Eigenschaften von row zugewiesen. Diese Daten werden mit Hilfe einer Array-Notation abgerufen. DWR gibt ein options-Objekt zurück, das das data-Objekt enthält, das ursprünglich der Callback-Funktion übergeben wurde. Es scheint keine Möglichkeit zu geben, direkt auf die aktuelle Zeile zuzugreifen (etwa über ein options.currentRow-Attribut). Der Zugriff ist jedoch über den Index des Datenarrays möglich, das gerade dargestellt wird.

Mit der zweiten Inline-Funktion wird eine Zelle erstellt. Ich habe weiter vorne die möglichen Probleme mit den Eventhandlern einer Zeile beschrieben, die beim Anklicken des LÖSCHEN-Kontrollkästchens entstehen können. Ich habe dort auch geschrieben, dass die Eventhandler deshalb den einzelnen Zellen zugewiesen werden. Diese Zuweisung erfolgt hier. Die Funktion prüft zunächst, welche Zelle gerade bearbeitet wird. Handelt es sich um die erste (das Kontrollkästchen), werden keine Eventhandler zugewiesen. Die anderen Zellen werden mit den onClick-, onMouseOver- und onMouseOut-Ereignissen verbunden.

Schließlich endet die gotoInbox()-Funktion mit folgenden Zeilen:

```
setInnerHTML("inboxCount", count + " Nachrichten insgesamt");
currentView = "divInbox";
showView(currentView);
hidePleaseWait();
```

In der ersten Zeile wird mit einer unserer Hilfsfunktionen die Anzahl der E-Mails im POSTEINGANG angezeigt, wobei wieder die count-Variable verwendet wird. In der zweiten Zeile wird die aktuelle View auf den POSTEINGANG gesetzt (auch wenn diese View bereits angezeigt wird). In der dritten Zeile wird die View angezeigt und schließlich wird das BITTE WAR-TEN-Feld verborgen.

DWR vereinfacht nicht nur Ajax und RPC, sondern auch die Tabellenmanipulation! Da mit Ajax häufig Tabellen bearbeitet werden, ist dies tatsächlich eine sehr nützliche Funktion.

Nun zu den gesendeten Nachrichten. Die Funktion gotoSentMessage() wird aufgerufen, wenn der Benutzer den GESENDET-Button anklickt. Ich gehe hier nicht im Detail auf diese Funktion ein, weil sie praktisch mit der gotoInbox()-Funktion identisch ist. Der einzige wirkliche Unterschied besteht darin, dass die gesendeten Nachrichten durch ihren Dateina-men und nicht wie die Nachrichten im POSTEINGANG durch ihre msgID-Eigenschaft identifi-ziert werden. Abgesehen davon ist der Code fast identisch. Sie sollten den Code dennoch studieren, um sich selbst davon zu überzeugen und Ihr Verständnis von DWR zu vertiefen.

Danach steht folgende Funktion:

```
// Die 'Nachricht'-View anzeigen; eine einzelne Nachricht anzeigen
function gotoViewMessage() {
  var _msgID = null;
  var _msgType = null;
  var _filename = null;
  showPleaseWait();
  if (currentView == "divInbox") {
    _msgID = this.parentNode.msgID;
    _filename = null;
  }
  if (currentView == "divSentMessages") {
    _filename  = this.parentNode.filename;
    _msgID = null;
  }
  _msgType = this.parentNode.msgType;
  MailRetriever.retrieveMessage(_msgType, _filename, _msgID, replyRetrieveMess
    age);
}


// Die Callback-Funktion
var replyRetrieveMessage = function(data) {
  setInnerHTML("msgSubject", data.subject);
  setInnerHTML("msgText", data.msgText);
  setInnerHTML("msgType", data.msgType);
  if (data.msgType == "received") {
    setInnerHTML("msgID", data.msgID);
    setInnerHTML("msgFromToLabel", "Von: ");
    setInnerHTML("msgFromTo", data.from);
    setInnerHTML("viewTitle", "Empfangene Nachricht");
    setInnerHTML("msgSentReceivedLabel", "Empfangen: ");
    setInnerHTML("msgSentReceived", data.received);
  }
  if (data.msgType == "sent") {
    setInnerHTML("msgFilename", data.filename);
    setInnerHTML("msgFromToLabel", "An: ");
    setInnerHTML("msgFromTo", data.to);
    setInnerHTML("viewTitle", "Gesendete Nachricht");
    setInnerHTML("msgSentReceivedLabel", "Gesendet: ");
    setInnerHTML("msgSentReceived", data.sent);
```

```
    }
    currentView = "divMessage";
    showView(currentView);
    hidePleaseWait();
}
```

Die Funktion gotoViewMessage() ist der onClick-Handler, der in den Callbacks der Funktionen gotoInbox() oder gotoSentMessages() den einzelnen Zellen zugewiesen wird. Sie ruft einfach die Details ab, mit denen eine E-Mail identifiziert wird: den Nachrichtentyp (sent = gesendet oder received = empfangen) und entweder die msgID (Nachrichten-ID) bzw. den filename (Dateinamen). Ich habe beschrieben, warum die Zellen das Ereignis auslösen müssen und wie mit der parentNode-Eigenschaft die benötigten Daten abgerufen werden. Nachdem die Informationen abgerufen worden sind, wird die Methode retrieveMethod() des MailRetriever-Objekts auf dem Server abgerufen.

Die Callback-Funktion füllt anhand der Nachrichtendaten des Servers diverse Felder des Dialogfeldes und zeigt dann die NACHRICHT-View an. Je nachdem, ob es sich um eine gesendete oder empfangene Nachricht handelt (zur Erinnerung: Diese Funktion bedient sowohl die POSTEINGANG- als auch die GESENDET-View), müssen nicht nur die Daten angezeigt, sondern auch diverse Labels des Dialogfeldes aktualisiert werden. Diese Callback-Funktion ist wirklich recht unkompliziert.

Die folgende doDelete()-Funktion wird aufgerufen, wenn der Benutzer den LÖSCHEN-Button anklickt. Sie prüft zunächst den Wert der Variablen currentView, die die aktuelle View enthält. Falls es sich nicht um die NACHRICHT-, die POSTEINGANG- oder die GESENDET-View handelt, teilt sie dem Benutzer mit, dass sie nicht anwendbar ist.

Bei einer NACHRICHT-View ist die Operation recht unkompliziert. Dann muss die Funktion doDelete() nur die Werte von msgType, filename und msgID aus den <div>-Elementen abrufen, die diese Daten enthalten. Es wird entweder nur filename für die GESENDET-View oder msgID für die POSTEINGANG-View benötigt. Es schadet aber nicht, beide Variablen zu senden, da der serverseitige Code msgType verwendet und den anderen Wert nur bei Bedarf benutzt. Danach wird deleteMessages() des MailDeleter-Objekts aufgerufen. Der Response Handler aktualisiert einfach die aktuelle Sicht. Bei der POSTEINGANG-View wird zu diesem Zweck einfach gotoInbox() aufgerufen; bei der GESENDET-View wird gotoSentMessages() aufgerufen. In beiden Fällen wird jeweils eine neue Ajax-Anfrage ausgelöst. Wird gerade die NACHRICHT-View angezeigt, prüft die Funktion anhand des Seitentitels, ob es sich um eine empfangene oder eine gesendete Nachricht handelt, und ruft dann gotoInbox() bzw. gotoSentMessages() auf.

Hoppla, ich habe hier etwas vorgegriffen! Was passiert, wenn gerade die POSTEINGANG-View angezeigt wird? In diesem Fall könnte der Benutzer mehrere E-Mails markiert haben, um diese zu löschen. Tatsächlich akzeptiert die deleteMessages()-Methode der MailDeleter-Klasse eine CSV-Liste (CSV = Comma Separated Values; durch Kommas getrennte Werte) mit Werten – je nach View entweder filename- oder msgID-Werte. Bei der Anzeige einer einzelnen Nachricht (NACHRICHT-View) enthält diese Liste nur einen einzigen Wert. Bei den anderen beiden Views müssen Sie jedoch eine Liste mit allen markierten Einträgen konstruieren, und zwar so:

```
var obj = null;
var i = 0;
// CSV-Liste mit msgIDs für 'Posteingang' erstellen
if (currentView == "divInbox") {
```

```
    msgType = "received";
    filenames = null;
    obj = getElement("cb_received_" + i);
    while (obj != null) {
      if (obj.checked) {
        if (msgIDs != "") {
          msgIDs += ",";
        }
        msgIDs += obj.msgID;
      }
      i++;
      obj = getElement("cb_received_" + i);
    }
  }
```

Hier sehen Sie, warum jedes Kontrollkästchen beim Aufbau der Tabelle eine eindeutige ID mit einer Zahl am Ende erhielt: Sie ermöglicht es, alle Kontrollkästchen in einer Schleife zu durchlaufen, um die markierten zu suchen. Da die Anzahl der Nachrichten und damit der Kontrollkästchen unbekannt ist, wird eine while-Schleife verwendet, die durch eine Objektreferenz auf die Kontrollkästchen kontrolliert wird. Ist die Referenz null, existiert kein (weiteres) Kontrollkästchen; andernfalls wird bei jedem Schleifendurchlauf die CSV-Liste ergänzt. Danach wird die Anfrage gesendet und die entsprechende View aktualisiert, wenn die Antwort eintrifft.

Nun zu der relativ einfachen Funktion sendMessage(). Zunächst wird geprüft, ob der Benutzer eine vollständige E-Mail-Adresse mit Empfängeradresse, Betreff und Nachricht erstellt hat. Ist dies nicht der Fall, erhält er eine entsprechende Meldung. Hat er alle drei Komponenten eingegeben, wird die Methode sendMessage() der MailSender-Klasse aufgerufen. Diese Funktion enthält die Komponenten als zusätzliche Parameter:

```
MailSender.sendMessage(composeTo, composeSubject, composeText,
replySendMessage);
```

Das letzte Argument ist immer noch die Callback-Funktion, doch die davor stehenden Argumente werden von DWR als Argumente der Zielmethode interpretiert.

Der Response Handler löscht die Eingabefelder und zeigt die GESENDET-View an. Einfacher können Nachrichten nicht gesendet werden!

Danach folgt die gotoAddressBook()-Funktion. Wie gotoSentMessages() ähnelt sie der weiter vorne beschriebenen Funktion gotoInbox(). Der einzige wirkliche Unterschied besteht darin, dass in dieser View keine LÖSCHEN-Kontrollkästchen existieren und deshalb beim Erstellen der Zellen nicht geprüft werden muss, welche Nummer die betreffende Zelle hat. Weil es hier keine Kontrollkästchen gibt, hätte ich die Eventhandler den Zeilen zuordnen können; doch um die Konsistenz mit den anderen Funktionen zu wahren, habe ich dies nicht getan.

Mit der nächsten Funktion, saveContact(), wird ein Kontakt gespeichert:

```
// Einen Kontakt speichern
function saveContact() {
  contactName = getValue("contactNameEntry");
  contactAddress = getValue("contactAddressEntry");
  contactNote = getValue("contactNoteEntry");
```

```
  if (contactName == "" || contactAddress == "") {
    alert("Bitte geben Sie sowohl den Namen als auch die Adresse ein!");
    hidePleaseWait();
    return false;
  }
  showPleaseWait();
  AddressBookManager.saveContact(contactName, contactAddress, contactNote,
    replySaveContact);
}

// Die Callback-Funktion
var replySaveContact = function(data) {
  newContact();
  alert(data);
  hidePleaseWait();
  gotoAddressBook();
}
```

Auch hier gibt es das typische Paar zweier kooperierender Funktionen. Zunächst wird geprüft, ob der Benutzer alle erforderlichen Daten eingegeben hat. Dann erfolgt ein Ajax-Aufruf der saveContact()-Methode der AddressBookManager-Klasse mit Übergabe der entsprechenden Argumente. Der Server meldet den Erfolg oder Misserfolg der Operation; der Response Handler muss nur das Ergebnis anzeigen. Dies ähnelt einem System.out.println bei der Rückkehr von einer Methode auf dem Server, da saveContact() einen einfachen String zurückgibt. Bei dieser Funktion bin ich auf ein Problem gestoßen: Manchmal gibt es eine kurze Verzögerung, bevor die Adressbuchdatei tatsächlich auf die Festplatte geschrieben wird. Deswegen informiert die zurückgegebene Nachricht den Benutzer, dass er möglicherweise auf den ADRESSBUCH-Link klicken muss, um den neuen Kontakt zu sehen.

Mit der Funktion deleteContact() wird ein Kontakt gelöscht:

```
// Kontakt löschen
function deleteContact() {
  contactName = getValue("contactNameEntry");
  if (contactName == "") {
    alert("Bitte geben Sie den zu löschenden Kontakt ein!");
    hidePleaseWait();
    return false;
  }
  showPleaseWait();
  AddressBookManager.deleteContact(contactName, replyDeleteContact);
}

// Die Callback-Funktion
var replyDeleteContact = function(data) {
  newContact();
  alert(data);
  hidePleaseWait();
  gotoAddressBook();
}
```

Auch hier wird zunächst geprüft, ob die erforderlichen Informationen vorliegen; dann wird der Kontakt mit einem Ajax-Aufruf gelöscht. Der Response Handler zeigt den zurückgegebenen String und dann das (aktualisierte) Adressbuch an.

Das vorletzte Funktionenpaar des clientseitigen Codes ist für die Optionen zuständig. Die Funktion gotoOptions() wird aufgerufen, wenn der Benutzer den OPTIONEN-Button anklickt:

```
// Die 'Optionen'-View anzeigen; Optionen erfassen und bearbeiten
function gotoOptions() {
  showPleaseWait();
  OptionsManager.retrieveOptions(replyRetrieveOptions);
}


// Die Callback-Funktion
var replyRetrieveOptions = function(data) {
  setValue("pop3ServerEntry", data.pop3Server);
  if (data.pop3ServerRequiresLogin == "true") {
    setChecked("pop3ServerRequiresLoginEntry", "true");
  } else {
    setChecked("pop3ServerRequiresLoginEntry", null);
  }
  setValue("pop3UsernameEntry", data.pop3Username);
  setValue("pop3PasswordEntry", data.pop3Password);
  setValue("smtpServerEntry", data.smtpServer);
  if (data.smtpServerRequiresLogin == "true") {
    setChecked("smtpServerRequiresLoginEntry", "true");
  } else {
    setChecked("smtpServerRequiresLoginEntry", null);
  }
  setValue("smtpUsernameEntry", data.smtpUsername);
  setValue("smtpPasswordEntry", data.smtpPassword);
  setValue("fromAddressEntry", data.fromAddress);
  currentView = "divOptions";
  showView(currentView);
  hidePleaseWait();
}
```

Diese Funktionen sind unkompliziert: Der Server wird aufgerufen. Er gibt die Optionen zurück, und der Response Handler füllt die Felder der OPTIONEN-View mit den Daten.

Interessanterweise gibt retrieveOptions() ein OptionsDTO zurück, das ich später bei dem serverseitigen Code beschreiben werde. Sie erinnern sich: In der Konfigurationsdatei dwr.xml wurde DWR erlaubt, das OptionsDTO mit dem bean-Konverter zu konvertieren. Dadurch können Sie mit einer einfachen Syntax über die data-Variable clientseitig auf die Felder des OptionsDTO-Objekts zugreifen, während DWR die Daten im Hintergrund mit dem Server austauscht.

Mit dem letzten clientseitigen Funktionenpaar werden die Optionen gespeichert. Hier ist saveOptions() mit der zugehörigen Callback-Funktion:

```
// Optionen speichern
function saveOptions() {
  pop3Server = getValue("pop3ServerEntry");
  pop3ServerRequiresLogin = getChecked("pop3ServerRequiresLoginEntry");
  pop3Username = getValue("pop3UsernameEntry");
  pop3Password = getValue("pop3PasswordEntry");
  smtpServer = getValue("smtpServerEntry");
```

```
  smtpServerRequiresLogin = getChecked("smtpServerRequiresLoginEntry");
  smtpUsername = getValue("smtpUsernameEntry");
  smtpPassword = getValue("smtpPasswordEntry");
  fromAddress = getValue("fromAddressEntry");
  if (pop3Server == "") {
    alert("Sie müssen eine POP3-Server-Adresse eingeben.");
    hidePleaseWait();
    return false;
  }
  if (pop3ServerRequiresLogin == true &&
    (pop3Username == "" || pop3Password == "")) {
    alert("Wenn der POP3-Server eine Anmeldung erfordert, müssen Sie einen " +
      "POP3-Benutzernamen und ein Passwort eingeben.");
    hidePleaseWait();
    return false;
  }
  if (smtpServer == "") {
    alert("Sie müssen eine SMTP-Server-Adresse eingeben.");
    hidePleaseWait();
    return false;
  }
  if (smtpServerRequiresLogin == true &&
    (smtpUsername == "" || smtpPassword == "")) {
    alert("Wenn der SMTP-Server eine Anmeldung erfordert, müssen Sie einen " +
      "SMTP-Benutzernamen und ein Passwort eingeben.");
    hidePleaseWait();
    return false;
  }
  if (fromAddress == "") {
    alert("Sie müssen eine Absenderadresse eingeben.");
    hidePleaseWait();
    return false;
  }
  showPleaseWait();
  OptionsManager.saveOptions(pop3Server, pop3ServerRequiresLogin,
    pop3Username, pop3Password, smtpServer, smtpServerRequiresLogin,
    smtpUsername, smtpPassword, fromAddress, replySaveOptions);
}

// Die Callback-Funktion
var replySaveOptions = function(data) {
  alert(data);
  appConfigured = true;
  setClassName("divGettingStarted", "divHidden");
  showView(currentView);
  hidePleaseWait();
}
```

Zunächst werden die vom Benutzer eingegebenen Optionen abgerufen und validiert. Danach erfolgt ein Ajax-Aufruf von saveOptions() der OptionsManager-Klasse, bei dem alle eingegebenen Optionen übergeben werden. Die Callback-Funktion zeigt auch hier nur das Ergebnis an: einen einfachen String und eine aktualisierte OPTIONEN-View.

5.4.2 Der serverseitige Code

Der serverseitige Code besteht aus insgesamt acht Klassen, darunter drei einfache DTOs, die nur aus Datenfeldern und den entsprechenden Getter- und Setter-Methoden bestehen. Ich überlasse diese Klassen Ihrem Selbststudium. Abgesehen von der überschriebenen to-String()-Methode werden Sie praktisch keinen erwähnenswerten Code finden.

OptionsManager.java

Ich möchte mit der OptionsManager-Klasse beginnen (siehe Listing 5.4).

```java
package com.apress.ajaxprojects.instamail;

import java.io.File;
import java.io.FileOutputStream;
import java.io.InputStream;
import java.io.IOException;
import java.util.Properties;
import javax.servlet.ServletContext;
import org.apache.commons.logging.Log;
import org.apache.commons.logging.LogFactory;

/**
 * Diese Klasse ist für die Verwaltung der Optionen und des
 * E-Mail-Kontos zuständig.
 *
 * @author <a href="mailto:fzammetti@omnytex.com">Frank W. Zammetti</a>.
 */
public class OptionsManager {

  /**
   * Instanz protokollieren
   */
  private static Log log = LogFactory.getLog(OptionsManager.class);

  /**
   * Dateiname der Optionendatei
   */
  private static final String optionsFilename = "options.properties";

  /**
   * Diese Methode ruft die Optionen ab und gibt sie zurück. Falls
   * optionsFilename nicht existiert, wird ein 'leeres' DTO zurückgegeben.
   *
   * @param  sc ServletContext, der mit der Anfrage verbunden wird
   * @return    Ein OptionsDTO mit allen gespeicherten Optionen
   */
  public OptionsDTO retrieveOptions(ServletContext sc) {

    // Ein OptionsDTO instanzieren und standardmäßig annehmen,
    // dass es konfiguriert wird. Dies bedeutet, dass die Anwendung
    // bereits für den Einsatz konfiguriert worden ist. Dies beeinflusst,
```

```
    // was der Benutzer tun kann, wenn er die Anwendung startet.
    OptionsDTO options = new OptionsDTO();
    options.setConfigured(true);

    // Die Optionen einlesen
    InputStream isFeedFile =
      sc.getResourceAsStream("/WEB-INF/" + optionsFilename);
    Properties props = new Properties();
    try {
      if (isFeedFile == null) {
        throw new IOException(optionsFilename + " nicht gefunden");
      }
      props.load(isFeedFile);
      isFeedFile.close();
    } catch (IOException e) {
      log.info("Keine " + optionsFilename + "-Datei; " +
        "es wird ein leeres DTO zurückgegeben.");
      // Sicherstellen, dass das OptionsDTO auf 'nicht konfiguriert'
      // gesetzt wird, damit der Benutzer beim Laden der
      // index.jsp-Seite nur zu der 'Optionen'-View gehen kann.
      options.setConfigured(false);
      props.setProperty("pop3Server", "");
      props.setProperty("pop3ServerRequiresLogin", "false");
      props.setProperty("pop3Username", "");
      props.setProperty("pop3Password", "");
      props.setProperty("smtpServer", "");
      props.setProperty("smtpServerRequiresLogin", "false");
      props.setProperty("smtpUsername", "");
      props.setProperty("smtpPassword", "");
      props.setProperty("fromAddress", "");
    }

    // Populate OptionsDTO from options Properties.
    options.setPop3Server(props.getProperty("pop3Server"));
    options.setPop3ServerRequiresLogin(
      props.getProperty("pop3ServerRequiresLogin"));
    options.setPop3Username(props.getProperty("pop3Username"));
    options.setPop3Password(props.getProperty("pop3Password"));
    options.setSmtpServer(props.getProperty("smtpServer"));
    options.setSmtpServerRequiresLogin(
      props.getProperty("smtpServerRequiresLogin"));
    options.setSmtpUsername(props.getProperty("smtpUsername"));
    options.setSmtpPassword(props.getProperty("smtpPassword"));
    options.setFromAddress(props.getProperty("fromAddress"));

    return options;

  } // Ende retrieveOptions()


  /**
   * Die Optionen speichern
```

```
 *
 * @param   pop3Server              POP3-Server-Adresse
 * @param   pop3ServerRequiresLogin POP3-Server-Login erforderlich?
 * @param   pop3Username            POP3-Benutzername
 * @param   pop3Password            POP3-Passwort
 * @param   smtpServer              SMTP-Server-Adresse
 * @param   smtpServerRequiresLogin SMTP-Server-Login erforderlich?
 * @param   smtpUsername            SMTP-Benutzername
 * @param   smtpPassword            SMTP-Passwort
 * @param   fromAddress             Absenderadresse Nachrichtenausgang
 * @param   sc                      ServletContext der Anfrage
 * @return                          Nachricht über Erfolg der Operation
 */
public String saveOptions(String pop3Server,
  String pop3ServerRequiresLogin,
  String pop3Username, String pop3Password, String smtpServer,
  String smtpServerRequiresLogin, String smtpUsername,
  String smtpPassword, String fromAddress, ServletContext sc) {

    // Empfangene Daten protokollieren
    log.info("\nSpeicheroptionen:\n" +
    "pop3Server = " + pop3Server + "\n" +
      "pop3ServerRequiresLogin = " + pop3ServerRequiresLogin + "\n" +
      "pop3Username = " + pop3Username + "\n" +
      "pop3Password = " + pop3Password + "\n" +
      "smtpServer = " + smtpServer + "\n" +
      "smtpServerRequiresLogin = " + smtpServerRequiresLogin + "\n" +
      "smtpUsername = " + smtpUsername + "\n" +
      "smtpPassword = " + smtpPassword + "\n" +
      "fromAddress = " + fromAddress + "\n");

    String result = "";

    // Properties-Struktur mit Daten füllen
    Properties props = new Properties();
    props.setProperty("pop3Server", pop3Server);
    props.setProperty("pop3ServerRequiresLogin",
      pop3ServerRequiresLogin);
    props.setProperty("pop3Username", pop3Username);
    props.setProperty("pop3Password", pop3Password);
    props.setProperty("smtpServer", smtpServer);
    props.setProperty("smtpServerRequiresLogin",
      smtpServerRequiresLogin);
    props.setProperty("smtpUsername", smtpUsername);
    props.setProperty("smtpPassword", smtpPassword);
    props.setProperty("fromAddress",  fromAddress);

    // Schließlich die vorhandene Datei 'optionsFilename' in WEB-INF
    // löschen und anhand des gerade erstellten 'Properties'-Objekts
    // eine neue Version speichern. Eine Nachricht mit einer Erfolgs-
    // bzw. Misserfolgs- und Fehlermeldung zurückgeben.
    FileOutputStream fos = null;
```

```java
    try {
      new File(sc.getRealPath("WEB-INF") + "/" +
        optionsFilename).delete();
      fos = new FileOutputStream(sc.getRealPath("WEB-INF") +
        "/" + optionsFilename);
      props.store(fos, null);
      fos.flush();
      result = "Optionen wurden gespeichert.";
    } catch (IOException e) {
      log.error("Fehler beim Speichern des Kontaktes:");
      e.printStackTrace();
      result = "Optionen konnten nicht gespeichert werden. " +
        "Details finden Sie in den Protokollen.";
    } finally {
      try {
        if (fos != null) {
          fos.close();
        }
      } catch (IOException e) {
        log.error("Fehler beim Schließen von fos: " + e);
      }
    }

    return result;

  } // Ende saveOptions()

} // Ende class
```

Listing 5.4:   Die `OptionsManager`-Klasse

Diese Klasse verfügt über zwei statische Elemente: eine `Commons Logging`-Instanz namens `Log` und einen `String` mit dem Namen der Datei, in der die Optionen gespeichert werden.

In der ersten Methode, `retrieveOptions()`, wird die Optionendatei eingelesen. Zunächst wird eine `OptionsDTO`-Instanz für die Optionen erstellt. Falls die Optionendatei nicht gefunden wird, arbeitet der Benutzer höchstwahrscheinlich zum ersten Mal mit InstaMail. In diesem Fall wird eine `IOException` ausgelöst und sofort abgefangen. Dann wird die `OptionsDTO` gelöscht und leer zurückgegeben. Vielleicht fragen Sie sich, warum die Ausnahme ausgelöst und sofort abgefangen wird. Kurz gesagt: Dadurch kann der Code, um das DTO zu löschen, an einer einzigen Stelle stehen; und es kann nicht nur die bekannte Situation gehandhabt werden, in der die Datei nicht vorhanden ist (was nicht per se eine Ausnahme auslösen würde), sondern es können auch mögliche unerwartete Ausnahmen abgefangen werden. Normalerweise kontrolliere ich den Programmablauf ungerne mit Ausnahmen, weil diese einen relativ großen zusätzlichen Verwaltungsaufwand in der JVM verursachen. Hier hielt ich jedoch eine Ausnahme für akzeptabel, weil diese Situation nicht mehr als einmal auftreten sollte und der Code knapper und übersichtlicher ist.

Die Optionen sind in einer standardmäßigen Java-Eigenschaftendatei gespeichert. Falls diese Datei existiert, liefert sie ein `Properties`-Objekt mit Daten. Der Code überträgt die Werte aus der Struktur in das `OptionsDTO` und gibt dieses zurück.

Die Funktion `saveOptions()` ist noch einfacher! Die Optionen werden den Parametern der eingehenden Anfrage entnommen, in ein `Properties`-Objekt eingefügt und dann mit recht typischem Code in einer Eigenschaftendatei gespeichert. Erfolg oder Misserfolg werden in einem String zurückgemeldet.

AddressBookManager.java

Als Nächstes möchte ich die AddressBookManager-Klasse behandeln (siehe Listing 5.5).

```java
package com.apress.ajaxprojects.instamail;

import java.io.File;
import java.io.FileOutputStream;
import java.io.InputStream;
import java.io.IOException;
import java.util.ArrayList;
import java.util.Collection;
import java.util.Iterator;
import java.util.Properties;
import javax.servlet.ServletContext;
import org.apache.commons.logging.Log;
import org.apache.commons.logging.LogFactory;

/**
 * Diese Klasse ist für die Verwaltung des Adressbuches zuständig.
 *
 * @author <a href="mailto:fzammetti@omnytex.com">Frank W. Zammetti</a>.
 */
public class AddressBookManager {

  /**
   * Instanz protokollieren
   */
  private static Log log = LogFactory.getLog(AddressBookManager.class);

  /**
   * Dateiname des Adressbuches
   */
  private static final String addrBookFilename = "addrbook.properties";

  /**
   * Diese Methode ruft den Inhalt des Adressbuches ab.
   *
   * @param  sc ServletContext, der mit der Anfrage verbunden wird
   * @return    Eine Collection mit ContactDTOs
   */
  public Collection retrieveContacts(ServletContext sc) {

    // Das Adressbuch einlesen
    InputStream isFeedFile =
      sc.getResourceAsStream("/WEB-INF/" + addrBookFilename);
    Properties props      = new Properties();
    int        numContacts = 0;
    try {
```

```java
      if (isFeedFile == null) {
        throw new IOException(addrBookFilename + " nicht gefunden");
      }
      props.load(isFeedFile);
      isFeedFile.close();
      // Anzahl der Kontakte bestimmen. Zu diesem Zweck wird die
      // Gesamtzahl der eingelesenen Eigenschaften durch drei dividiert,
      // da jeder Kontakt aus drei Elementen besteht.
      if (props.size() != 0) {
        numContacts = props.size() / 3;
      }
    } catch (IOException e) {
      log.info("Keine" + addrBookFilename + " Datei; " +
        "es wird ein leeres Adressbuch zurückgegeben.");
    }

    // Die Eigenschaften bis zu der berechneten Anzahl durchlaufen;
    // für jeden Kontakt ein ContactDTO konstruieren und zu der
    // Collection hinzufügen, die zurückgegeben wird.
    log.info("numContacts = " + numContacts);
    Collection contacts = new ArrayList();
    for (int i = 1; i < numContacts + 1; i++) {
      ContactDTO contact = new ContactDTO();
      contact.setName(props.getProperty("name" + i));
      contact.setAddress(props.getProperty("address" + i));
      contact.setNote(props.getProperty("note" + i));
      contacts.add(contact);
    }

    return contacts;

  } // Ende retrieveContacts()

  /**
   * Einen Kontakt zu dem Adressbuch hinzufügen
   *
   * @param  inName    Der Name des Kontaktes
   * @param  inAddress Die E-Mail-Adresse des Kontaktes
   * @param  inNote    Eine beliebige Notiz über den Kontakt
   * @param  sc        ServletContext der Anfrage
   * @return           Nachricht über den Erfolg der Operation
   */
  public String saveContact(String inName, String inAddress,
    String inNote, ServletContext sc) {

    // Empfangene Daten protokollieren
    log.info("\nKontakt hinzufügen:\n" +
      "inName = " + inName + "\n" +
      "inAddress = " + inAddress + "\n" +
      "inNote = " + inNote + "\n");

    String result = "";
```

```
// Um einen Kontakt zu speichern, muss das gesamte Adressbuch neu
// geschrieben werden; deshalb wird es zunächst eingelesen.
Collection contacts = retrieveContacts(sc);

// Das Adressbuch durchlaufen und jeden Kontakt zu einem
// Properties-Objekt hinzufügen. Pro Kontakt werden drei
// Eigenschaften (Name, Adresse und Notiz) gespeichert. Mit
// einem angehängten Zähler werden ihre Namen eindeutig gemacht.
Properties props = new Properties();
int i = 1;
for (Iterator it = contacts.iterator(); it.hasNext();) {
  ContactDTO contact = (ContactDTO)it.next();
  props.setProperty("name"    + i, contact.getName());
  props.setProperty("address" + i, contact.getAddress());
  props.setProperty("note"    + i, contact.getNote());
  i++;
}


// Den neuen Kontakt hinzufügen
props.setProperty("name"    + i, inName);
props.setProperty("address" + i, inAddress);
props.setProperty("note"    + i, inNote);


// Schließlich die vorhandene Datei 'addrBookFilename' in WEB-INF
// löschen und anhand des gerade erstellten 'Properties'-Objekts
// eine neue Version speichern. Eine Nachricht mit einer Erfolgs-
// bzw. Misserfolgs- und Fehlermeldung zurückgeben.
FileOutputStream fos = null;
try {
  new File(sc.getRealPath("WEB-INF") + "/" + addrBookFilename).delete();
  fos = new FileOutputStream(sc.getRealPath("WEB-INF") +
    "/" + addrBookFilename);
  props.store(fos, null);
  fos.flush();
  fos.close();
  result = "Der Kontakt wurde hinzugefügt.\n\n" +
    "Falls der Kontakt nicht sofort angezeigt wird, " +
    "müssen Sie möglicherweise ein- oder zweimal " +
    "auf den 'Adressbuch'-Link klicken.";
} catch (IOException e) {
  log.error("Fehler beim Speichern des Kontaktes:");
  e.printStackTrace();
  result = "Der Kontakt konnte nicht hinzugefügt werden. " +
    "Details finden Sie in den Protokollen.";
} finally {
  try {
    if (fos != null) {
      fos.close();
    }
  } catch (IOException e) {
    log.error("Fehler beim Schließen von fos: " + e);
```

```
      }
    }

    return result;

} // Ende saveContact().

/**
 * Einen Kontakt aus dem Adressbuch löschen
 *
 * @param  inName Der Name des zu löschenden Kontaktes
 * @param  sc     ServletContext der Anfrage
 * @return        Nachricht über den Erfolg der Operation
 */
public String deleteContact(String inName, ServletContext sc) {

    log.info("\nLöschen von Kontakt:\n" + inName + "\n");

    String result = "";

    // Um einen Kontakt zu speichern, muss das gesamte Adressbuch
    // OHNE den zu löschenden Kontakt neu geschrieben werden;
    // deshalb wird es zunächst eingelesen.
    ArrayList contacts = (ArrayList)retrieveContacts(sc);

    // Die Adressliste nach dem zu löschenden Kontakt durchlaufen
    // und diesen löschen
    for (int i = 0; i < contacts.size(); i++) {
      ContactDTO contact = (ContactDTO)contacts.get(i);
      if (contact.getName().equalsIgnoreCase(inName)) {
        contacts.remove(i);
        break;
      }
    }

    // Schließlich ein Properties-Objekt mit den restlichen
    // Kontakten des Adressbuches konstruieren und speichern
    Properties props = new Properties();
    int i = 1;
    for (Iterator it = contacts.iterator(); it.hasNext();) {
      ContactDTO contact = (ContactDTO)it.next();
      props.setProperty("name"    + i, contact.getName());
      props.setProperty("address" + i, contact.getAddress());
      props.setProperty("note"    + i, contact.getNote());
      i++;
    }
    FileOutputStream fos = null;
    try {
      new File(sc.getRealPath("WEB-INF") + "/" + addrBookFilename).delete();
      fos = new FileOutputStream(sc.getRealPath("WEB-INF") +
        "/" + addrBookFilename);
      props.store(fos, null);
```

```
      fos.flush();
      result = "Der Kontakt wurde gelöscht.\n\n" +
        "Falls der Kontakt noch immer angezeigt wird, " +
        "müssen Sie möglicherweise ein- oder zweimal " +
        "auf den 'Adressbuch'-Link klicken.";
    } catch (IOException e) {
      log.error("Fehler beim Löschen des Kontaktes:");
      e.printStackTrace();
      result = "Der Kontakt konnte nicht gelöscht werden. " +
        "Details finden Sie in den Protokollen.";
    } finally {
      try {
        if (fos != null) {
          fos.close();
        }
      } catch (IOException e) {
        log.error("Fehler beim Schließen von fos: " + e);
      }
    }

    return result;

  } // Ende deleteContact()

} // Ende class
```

Listing 5.5:   Die AddressBookManager-Klasse

Die Klasse enthält recht typischen Java-Code, auf den ich deshalb hier nicht im Detail eingehen möchte. Doch ich möchte auf zwei Dinge hinweisen. Erstens enthalten alle Methodensignaturen den `ServletContext` als Argument. Tatsächlich gilt dies für alle serverseitigen
Klassenmethoden außer denen der DTOs. Der `ServletContext` wird aus verschiedenen
Gründen überall benötigt, normalerweise etwa um einen Speicherort für die Optionendatei
oder die Adressbuchdatei zu referenzieren. Doch in dem clientseitigen Code, der diese Methoden aufruft, kommt `ServletContext` nicht vor!

Dies ist ein weiteres wirklich raffiniertes DWR-Feature. Ich zitiere direkt aus dem DWR-
Handbuch:

> *Sie können auf HTTP-Servlet-Objekte zugreifen, ohne Code zu schreiben, der von DWR
> abhängt. Sie müssen für Ihre Methode nur die erforderlichen Parameter (z.B.* `Http-`
> `ServletRequest`, `HttpServletResponse`, `HttpSession`, `ServletContext` *oder*
> `ServletConfig`*) deklarieren. DWR fügt die Methode nicht in das generierte Stub ein;
> und bei einem Aufruf dieser Methode wird sie automatisch ergänzt.*

Im Grunde bedeutet dies: Falls Ihre serverseitige Methodensignatur eines der Objekte enthält,
die DWR kennt, fügt DWR es ein, ohne dass Sie etwas tun müssen. Dies ist fantastischer, als
es auf den ersten Blick aussieht; denn der serverseitige Code dieser InstaMail-Klassen hat
(abgesehen von `ServletContext`) nichts mit dem Web zu tun; es handelt sich um POJOs
(Plain Old Java Objects; einfache alte Java-Objekte). Praktisch, wenn vielleicht auch nicht im
theoretisch reinen Sinn, führt DWR eine grundlegende Form der Dependency Injection
durch.

Anmerkung

Laut Wikipedia (http://en.wikipedia.org/wiki/Dependency_injection) ist »Dependency Injection (DI) ein Entwurfsmuster der Programmierung und ein Architekturmodell, das manchmal auch als *Inversion of Control* (IoC, Kontrollumkehr) bezeichnet wird, obwohl *Dependency Injection*, technisch gesehen, eine spezielle Implementierung einer besonderen Form der IoC ist. Das Muster versucht, über eine öffentliche Schnittstelle eine höhere Abstraktion zu erreichen und die Abhängigkeit von Komponenten zu verringern, indem es (beispielsweise) eine Plugin-Architektur zur Verfügung stellt. Die Architektur führt eher zu einer Vereinigung als zu einer Verknüpfung der Komponenten. Dependency Injection ist ein Entwurfsmuster, bei dem die Verantwortung für die Erstellung von Objekten und ihrer Verknüpfung den Objekten entzogen und auf eine Factory übertragen wird. Dependency Injection kehrt deshalb offensichtlich die Kontrolle über die Erstellung und Verknüpfung von Objekten um und kann deshalb als eine Form der IoC betrachtet werden«.

Zweitens möchte ich die Division durch drei in der `retrieveContact()`-Methode erklären: Jeder Kontakt besteht aus drei Datenelementen (Name, Adresse und Notiz). Deshalb müssen beim Einlesen des Adressbuches für jeden Kontakt drei Elemente in das `Properties`-Objekt eingefügt werden. Die Anzahl der Kontakte ist also die Anzahl der Elemente geteilt durch drei.

MailSender.java

Die Hauptarbeit von InstaMail wird von den letzten drei Klassen geleistet: `MailSender`, `MailRetriever` und `MailDeleter`; denn schließlich handelt es sich um einen E-Mail-Client. Ich möchte mit `MailSender` beginnen (siehe Listing 5.6).

```java
package com.apress.ajaxprojects.instamail;

import org.apache.commons.logging.Log;
import org.apache.commons.logging.LogFactory;
import javax.mail.Session;
import javax.mail.Message;
import java.util.Date;
import java.text.SimpleDateFormat;
import javax.mail.internet.MimeMessage;
import java.io.FileOutputStream;
import java.io.ObjectOutputStream;
import javax.mail.Transport;
import javax.mail.internet.InternetAddress;
import java.util.Properties;
import javax.servlet.ServletContext;

/**
 * Diese Klasse ist für das Senden von E-Mails zuständig.
 *
 * @author <a href="mailto:fzammetti@omnytex.com">Frank W. Zammetti</a>.
 */
public class MailSender {

  /**
   * Instanz protokollieren
```

```
      */
    private static Log log = LogFactory.getLog(MailSender.class);


    /**
     * Eine Nachricht senden
     *
     * @param  inTo      Der Empfänger der Nachricht
     * @param  inSubject Der Betreff der Nachricht
     * @param  inText    Der Text der Nachricht
     * @return           Nachricht über den Erfolg der Operation
     */
    public String sendMessage(String inTo, String inSubject, String inText,
      ServletContext sc) {

      Transport          transport = null;
      FileOutputStream   fos = null;
      ObjectOutputStream oos = null;
      String             result = "";

      try {
        // Die Optionen, das Datum und die Uhrzeit abrufen.
        // Dies erfolgt hier, damit sichergestellt ist,
        // dass Dateiname und Sendezeit funktionieren,
        // falls sie ein zweites Mal benötigt werden.
        OptionsDTO options = new OptionsManager().retrieveOptions(sc);
        Date       d       = new Date();
        log.info("options = " + options + "\n\n");
        // Die benötigten Properties konstruieren
        Properties props = new Properties();
        props.setProperty("mail.transport.protocol", "smtp");
        props.setProperty("mail.host",                  options.getSmtpServer());
        if (options.getSmtpServerRequiresLogin().equalsIgnoreCase("true")) {
          props.setProperty("mail.user",     options.getSmtpUsername());
          props.setProperty("mail.password", options.getSmtpPassword());
        }
        log.info("props = " + props + "\n\n");
        // Eine Nachricht erstellen
        Session session = Session.getDefaultInstance(props, null);
        log.info("session = " + session + "\n\n");
        transport = session.getTransport();
        log.info("transport = " + transport + "\n\n");
        MimeMessage message = new MimeMessage(session);
        // Die Daten der Nachricht eintragen
        message.addRecipient(Message.RecipientType.TO, new InternetAddress(inTo)
);
        message.setFrom(new InternetAddress(options.getFromAddress()));
        message.setSubject(inSubject);
        message.setContent(inText, "text/plain");
        // Die Nachricht senden!
        transport.connect();
        transport.sendMessage(message,
          message.getRecipients(Message.RecipientType.TO));
```

```
        // Die Nachricht zusätzlich lokal in WEB-INF speichern.
        // Der Dateiname besteht aus dem Datum und der Uhrzeit mit dem
        // Präfix "msg_". Auf diese Weise können die Nachrichten später
        // leicht gelistet werden. Es wird einfach ein MessageDTO
        // erstellt und serialisiert.
        MessageDTO mDTO = new MessageDTO();
        mDTO.setFrom(options.getFromAddress());
        mDTO.setTo(inTo);
        mDTO.setSent(d.toString());
        mDTO.setReceived(null);
        mDTO.setSubject(inSubject);
        mDTO.setMsgText(inText);
        mDTO.setMsgType("sent");
        String filename = new SimpleDateFormat("yyyy-mm-dd-hh-mm-ss-a").for-
mat(d);
        filename = "msg_" + filename.toLowerCase();
        mDTO.setFilename(filename);
        fos = new FileOutputStream(sc.getRealPath("/WEB-INF") + "/" + filename);
        oos = new ObjectOutputStream(fos);
        oos.writeObject(mDTO);
        oos.flush();
        fos.flush();

        result = "Die Nachricht wurde gesendet.";

    } catch (Exception e) {
        e.printStackTrace();
        log.error("Fehler beim Senden der Nachricht");
        result = "Fehler beim Senden der Nachricht: " + e;
    } finally {
        try {
            if (transport != null) {
                transport.close();
            }
            if (oos != null) {
                oos.close();
            }
            if (fos != null) {
                fos.close();
            }
        } catch (Exception e) {
            log.error("Ausnahme beim Schließen von transport, oos oder fos: " + e)
;
        }
    }

    return result;

  } // Ende sendMessage()

} // Ende class
```

Listing 5.6:   Die MailSender-Klasse

Der einzige Zweck von `MailSender` besteht darin, eine Nachricht per SMTP zu versenden. Deshalb verfügt die Klasse über eine einzige Methode: `sendMessage()`. Gesendete Nachrichten sollen auch auf die Festplatte geschrieben werden, um sie lokal zu archivieren.

Zunächst muss ein `Properties`-Objekt für JavaMail, das Standard-Java-API für das Arbeiten mit E-Mail, mit Daten gefüllt werden. Dieses Objekt enthält Details wie die SMTP-Server-Adresse, den Benutzernamen, das Passwort usw. Diese Daten werden von dem JavaMail-API gefordert. Nachdem das Objekt fertig ist, wird eine Server-Sitzung geöffnet und ein `MimeMessage`-Objekt konstruiert, das den Text der Nachricht, die Empfängeradresse, den Betreff und anderes enthält. Schließlich wird der Server aufgefordert, die Nachricht zu senden.

Danach wird die lokale Kopie gespeichert. Zu diesem Zweck wird ein `MessageDTO`-Objekt erstellt und mit den Daten gefüllt. Der Dateiname besteht aus einem String, der mit `msg_` beginnt und dann Datum und Uhrzeit bis auf die Sekunde genau enthält. Dies sollte für alle praktischen Belange ausreichen, um den Dateinamen eindeutig zu machen. Da alle Nachrichten mit dem Präfix `msg_` beginnen, können sie später leicht als Liste abgerufen werden. Schließlich wird die Nachricht per Java-Serialisierung gespeichert. Anmerkung: Fehler werden recht minimalistisch behandelt. Tritt ein Fehler auf, können Sie wahrscheinlich nicht viel dagegen tun; deshalb wird der Benutzer nur über den Fehler unterrichtet und die Details werden protokolliert. Außerdem gewährleistet die `finally`-Klausel, dass die Verbindung zum Server auf jeden Fall geschlossen wird, weil andernfalls kein anderer Mail-Client auf die Mailbox zugreifen könnte. (Ich habe dies auf die harte Tour lernen müssen, als ich beim Testen mein Haupt-E-Mail-Konto sperrte! Erst als ich erkannte, dass ich meine Tomcat-Instanz stoppen musste, um die Verbindung zu schließen, konnte ich wieder auf das Konto zugreifen.)

MailRetriever.java

Das Gegenstück zu der `MailSender`-Klasse ist die `MailRetriever`-Klasse zum Empfang von Nachrichten (siehe Listing 5.7).

```
package com.apress.ajaxprojects.instamail;

import java.util.Properties;
import java.util.ArrayList;
import java.util.Collection;
import java.util.Date;
import java.io.File;
import java.io.FileInputStream;
import java.io.ObjectInputStream;
import java.io.FileFilter;
import javax.servlet.ServletContext;
import org.apache.commons.logging.Log;
import org.apache.commons.logging.LogFactory;
import javax.mail.Store;
import javax.mail.Session;
import javax.mail.Folder;
import javax.mail.Message;

/**
 * Diese Klasse ist für den Abruf von Nachrichtenlisten und
 * einzelnen Nachrichten zuständig.
 *
```

```java
 * @author <a href="mailto:fzammetti@omnytex.com">Frank W. Zammetti</a>.
 */
public class MailRetriever {

  /**
   * Instanz protokollieren
   */
  private static Log log = LogFactory.getLog(MailRetriever.class);


  /**
   * Diese Methode ruft den Inhalt des Posteingangs ab.
   *
   * @param  sc  ServletContext, der mit der Anfrage verbunden wird
   * @return      Eine Collection von MessageDTO-Objekten
   */
  public Collection getInboxContents(ServletContext sc) {

    Collection messages = new ArrayList();
    Folder     folder   = null;
    Store      store    = null;

    try {

      // fromAddress aus den Optionen abrufen
      OptionsDTO options = new OptionsManager().retrieveOptions(sc);
      log.info("options = " + options);
      String fromAddress = options.getFromAddress();

      Properties props = new Properties();
      props.setProperty("mail.transport.protocol", "pop3");
      props.setProperty("mail.host", options.getPop3Server());
      if (options.getPop3ServerRequiresLogin().equalsIgnoreCase("true")) {
        props.setProperty("mail.user",     options.getPop3Username());
        props.setProperty("mail.password", options.getPop3Password());
      }
      log.info("props = " + props);

      Session session = Session.getDefaultInstance(new Properties());
      log.info("session = " + session);
      store = session.getStore("pop3");
      store.connect(options.getPop3Server(), options.getPop3Username(),
        options.getPop3Password());
      log.info("store = " + store);
      folder = store.getFolder("INBOX");
      folder.open(Folder.READ_ONLY);
      log.info("folder = " + folder);
      int count = folder.getMessageCount();
      for(int i = 1; i <= count; i++) {
        Message message = folder.getMessage(i);
        MessageDTO mDTO = new MessageDTO();
        // Die Absenderadresse abrufen. Sie ist in Anführungszeichen
        // eingeschlossen, die entfernt werden müssen.
```

```
        String from = message.getFrom()[0].toString();
        from = from.replaceAll("\"", "");
        mDTO.setFrom(from);
        mDTO.setTo(fromAddress);
        mDTO.setReceived(message.getSentDate().toString());
        mDTO.setSubject(message.getSubject());
        mDTO.setSent(null);
        mDTO.setMsgID(new Integer(i).toString());
        mDTO.setMsgType("received");
        mDTO.setFilename(null);
        messages.add(mDTO);
      }

   } catch (Exception e) {
     e.printStackTrace();
     log.error("Inhalt des Posteingangs konnte nicht abgerufen werden: " + e)
;
   } finally {
     try {
       if (folder != null) {
         folder.close(false);
       }
       if (store != null) {
         store.close();
       }
     } catch (Exception e) {
       log.error("Fehler beim Schließen von folder oder store: " + e);
     }
   }

   return messages;

} // Ende getInboxContents()

/**
 * Den Inhalt des Ordners der gesendeten Nachrichten abrufen
 *
 * @param  sc  ServletContext der eingehenden Anfrage
 * @return     Eine Collection von MessageDTO-Objekten
 */
public Collection getSentMessagesContents(ServletContext sc) {

   Collection messages = new ArrayList();

   try {

     // Zunächst eine Liste der Dateiobjekte aller
     // in WEB-INF gespeicherten Nachrichten abrufen
     String path = sc.getRealPath("WEB-INF");
     File   dir = new File(path);
     FileFilter fileFilter = new FileFilter() {
       public boolean accept(File file) {
```

```
          if (file.isDirectory()) {
            return false;
          }
          if (!file.getName().startsWith("msg_")) {
            return false;
          }
          return true;
        }
      };
      File[] files = dir.listFiles(fileFilter);
      if (files == null) {
        log.info("Verzeichnis nicht vorhanden oder leer");
      } else {
        // Es gibt eine Liste mit Nachrichten;
        // die Liste durchlaufen und das serialisierte MessageDTO jedes
        // Elements wiederherstellen und zu der Collection hinzufügen
        for (int i = 0; i < files.length; i++){
          log.info("Abruf von '" + files[i] + "'...");
          FileInputStream   fis = new FileInputStream(files[i]);
          ObjectInputStream oos = new ObjectInputStream(fis);
          MessageDTO message = (MessageDTO)oos.readObject();
          oos.close();
          fis.close();
          messages.add(message);
        }
      }

  } catch (Exception e) {
    e.printStackTrace();
    log.error("Fehler beim Abruf der Liste der gesendeten Nachrichten: " + e
);
  }

  return messages;

} // Ende getSentMessagesContents()

/**
 * Eine einzelne Nachricht mit allen Details abrufen
 *
 * @param  msgType  Der Typ der abzurufenden Nachricht
 *                  ('sent' oder 'retrieved')
 * @param  filename Der Dateiname der Nachricht auf der Festplatte
 *                  beim Abruf einer gesendeten Nachricht, sonst null
 * @param  msgID    Die ID der Nachricht beim Abruf der Nachricht aus
 *                  Posteingang, sonst null
 * @param  sc       ServletContext der eingehenden Anfrage
 * @return          Die angeforderte Nachricht
 */
public MessageDTO retrieveMessage(String msgType, String filename,
  String msgID, ServletContext sc) {

  MessageDTO message = null;
```

```
try {
  log.info("msgType = " + msgType);
  log.info("filename = " + filename);
  log.info("msgID = " + msgID);
  if (msgType.equalsIgnoreCase("sent")) {
    // Nachricht aus den gesendeten Nachrichten
    String path = sc.getRealPath("WEB-INF");
    filename = path + File.separatorChar + filename;
    log.info("Abruf von '" + filename + "'...");
    File    dir = new File(filename);
    FileInputStream   fis = new FileInputStream(filename);
    ObjectInputStream oos = new ObjectInputStream(fis);
    message = (MessageDTO)oos.readObject();
    oos.close();
    fis.close();
  }
  if (msgType.equalsIgnoreCase("received")) {
    // Nachricht aus dem Posteingang
    OptionsDTO options = new OptionsManager().retrieveOptions(sc);
    log.info("options = " + options);
    String fromAddress = options.getFromAddress();
    Properties props = new Properties();
    props.setProperty("mail.transport.protocol", "pop3");
    props.setProperty("mail.host", options.getPop3Server());
    if (options.getPop3ServerRequiresLogin().equalsIgnoreCase("true")) {
      props.setProperty("mail.user",     options.getPop3Username());
      props.setProperty("mail.password", options.getPop3Password());
    }
    log.info("props = " + props);
    Session session = Session.getDefaultInstance(new Properties());
    log.info("session = " + session);
    Store store = session.getStore("pop3");
    store.connect(options.getPop3Server(), options.getPop3Username(),
      options.getPop3Password());
    log.info("store = " + store);
    Folder folder = store.getFolder("INBOX");
    folder.open(Folder.READ_ONLY);
    log.info("folder = " + folder);
    int count = folder.getMessageCount();
    int i = Integer.parseInt(msgID);
    Message msg = folder.getMessage(i);
    message = new MessageDTO();
    // Die Absenderadresse abrufen. Sie ist in Anführungszeichen
    // eingeschlossen, die entfernt werden müssen.
    String from = msg.getFrom()[0].toString();
    from = from.replaceAll("\"", "");
    message.setFrom(from);
    message.setTo(fromAddress);
    message.setReceived(msg.getSentDate().toString());
    message.setSubject(msg.getSubject());
    message.setSent(null);
```

```
            message.setMsgID(new Integer(i).toString());
            message.setMsgType("received");
            message.setFilename(null);
            message.setMsgText(msg.getContent().toString());
            folder.close(false);
            store.close();
        }
    } catch (Exception e) {
        e.printStackTrace();
        log.error("Fehler beim Abruf der Nachricht: " + e);
    }

    return message;

} // Ende retrieveMessage()

} // Ende class
```

Listing 5.7:   Die MailRetriever-Klasse

Die erste Methode in dieser Klasse ist getInboxContents(). Ähnlich wie bei der sendMessage()-Methode wird zunächst ein Properties-Objekt mit Daten gefüllt. Mit diesem Objekt wird dann eine Verbindung zu dem POP3-Server hergestellt und der Inhalt des INBOX-Verzeichnisses abgerufen. Dies ist einer der Standardverzeichnisnamen, die jeder POP3-Server versteht. Mit dem JavaMail-API können Sie die Anzahl der Nachrichten in diesem Verzeichnis abrufen. Jede E-Mail in einem POP3-Verzeichnis hat eine Nummer. Die Zählung beginnt mit eins. Deshalb können die Nachrichten mit einer einfachen Schleife abgerufen werden. Bei jedem Durchlauf wird für die jeweilige Nachricht ein MessageDTO-Objekt mit den einschlägigen Details (from, subject, receive time, usw.) konstruiert. Dieses Objekt wird zu einer Liste hinzugefügt, die an den Aufrufer zurückgegeben wird. DWR kann von Haus aus mit Listen umgehen, weshalb hier keine zusätzliche Arbeit erforderlich ist.

Die nächste Methode, getSentMessagesContents(), enthält wieder typischen Java-Code. Zunächst wird eine Liste aller Dateien in dem WEB-INF-Verzeichnis abgerufen, die mit msg_ beginnen. Dann wird der standardmäßige Serialisierungsmechanismus von Java auf jedes Element angewendet, um das MessageDTO-Objekt zu rekonstruieren. Jedes Element wird in eine Liste eingefügt, die zurückgegeben wird. Das war's! Sicher gibt es bessere Methoden als die Objektserialisierung, um Nachrichten zu persistieren, aber ich möchte behaupten, dass der Code ohne ein echtes Persistenz-Framework wahrscheinlich kaum knapper und einfacher sein kann.

Schließlich bedient die Funktion retrieveMessage() Anfragen nach einzelnen Nachrichten aus der POSTEINGANG- oder der GESENDET-View. Deshalb enthält ihr Code einige Verzweigungen. Ich dachte daran, diese in separate Methoden auszulagern, aber bei der jetzigen Lösung ist der clientseitige Code einfacher, was für mich wichtiger als der serverseitige Code ist. Außerdem: Wie schwierig ist eine einfache if-Verzweigung?

Mit dem ersten Zweig wird eine gesendete Nachricht abgerufen. Der Code ist praktisch mit dem entsprechenden Code aus der vorangegangenen Methode identisch, außer dass hier ein spezieller Dateiname gesucht wird, der von dem clientseitigen Code übergeben wurde. Die Datei wird geladen; dann wird das Objekt rekonstruiert und zurückgegeben.

Mit dem anderen Zweig wird eine Nachricht aus dem POSTEINGANG abgerufen. Hier entspricht der Code weitgehend dem aus der getInboxContents()-Methode. Natürlich muss hier keine Schleife durchlaufen werden; anhand der übergebenen `msgID` (einfach der Index der Nachricht im POSTEINGANG) wird die gewünschte Nachricht abgerufen; dann wird daraus ein `MessageDTO`-Objekt konstruiert und zurückgegeben.

MailDeleter.java

Mit der `MailDeleter`-Klasse werden schließlich Nachrichten gelöscht (siehe Listing 5.8).

```
package com.apress.ajaxprojects.instamail;

import org.apache.commons.logging.Log;
import org.apache.commons.logging.LogFactory;
import javax.mail.Session;
import javax.mail.Flags;
import javax.mail.Message;
import java.util.Date;
import java.text.SimpleDateFormat;
import java.util.StringTokenizer;
import javax.mail.internet.MimeMessage;
import java.io.FileOutputStream;
import java.io.File;
import java.io.ObjectOutputStream;
import javax.mail.Transport;
import javax.mail.internet.InternetAddress;
import javax.mail.Store;
import javax.mail.Folder;
import java.util.Properties;
import javax.servlet.ServletContext;

/**
 * Diese Klasse ist für das Löschen von E-Mails zuständig.
 *
 * @author <a href="mailto:fzammetti@omnytex.com">Frank W. Zammetti</a>.
 */
public class MailDeleter {

  /**
   * Instanz protokollieren
   */
  private static Log log = LogFactory.getLog(MailDeleter.class);

  /**
   * Eine Nachricht löschen
   *
   * @param  msgType   Der Typ der abzurufenden Nachricht
   *                   ('sent' oder 'retrieved')
   * @param  filenames Die Dateinamen der Nachrichten auf der Festplatte
   *                   beim Löschen gesendeter Nachrichten, sonst null;
   *                   ein einzelner Wert oder eine CSV-Liste mit Werten
   * @param  msgIDs    Die IDs der Nachrichten beim Löschen aus dem
   *                   Posteingang, sonst null;
   *                   ein einzelner Wert oder eine CSV-Liste mit Werten
```

```
 *  @param  sc          ServletContext der eingehenden Anfrage
 *  @return             Meldung über Erfolg oder Misserfolg der Operation
 */
public String deleteMessages(String msgType, String filenames, String msgIDs
,
    ServletContext sc) {

    log.info("\nLöschen der Nachrichten:\n" +
        "msgType = " + msgType + "\n" +
        "filenames = " + filenames + "\n" +
        "msgIDs = " + msgIDs + "\n");

    String result = "Nachricht(en) gelöscht.";
    Store  store  = null;
    Folder folder = null;

    try {
      if (msgType.equalsIgnoreCase("sent")) {
        // Aus den gesendeten Nachrichten löschen
        StringTokenizer st = new StringTokenizer(filenames, ",");
        String errs = "";
        String path = sc.getRealPath("WEB-INF");
        while (st.hasMoreTokens()) {
          String fn = st.nextToken();
          fn = path + File.separatorChar + fn;
          boolean success = (new File(fn)).delete();
          if (!success) {
            if (!errs.equalsIgnoreCase("")) {
              errs += ", ";
            }
            errs += "Nachricht '" + fn + " kann nicht gelöscht werden.'";
          }
        }
        if (!errs.equalsIgnoreCase("")) {
          result = errs;
        }
      }
      if (msgType.equalsIgnoreCase("received")) {
        // Löschen aus dem Posteingang
        OptionsDTO options = new OptionsManager().retrieveOptions(sc);
        log.info("options = " + options);
        StringTokenizer st = new StringTokenizer(msgIDs, ",");
        Properties props = new Properties();
        props.setProperty("mail.transport.protocol", "pop3");
        props.setProperty("mail.host", options.getPop3Server());
        if (options.getPop3ServerRequiresLogin().equalsIgnoreCase("true")) {
          props.setProperty("mail.user",     options.getPop3Username());
          props.setProperty("mail.password", options.getPop3Password());
        }
        log.info("props = " + props);
        Session session = Session.getDefaultInstance(new Properties());
        log.info("session = " + session);
        store = session.getStore("pop3");
```

```
        store.connect(options.getPop3Server(), options.getPop3Username(),
            options.getPop3Password());
        log.info("store = " + store);
        folder = store.getFolder("INBOX");
        folder.open(Folder.READ_WRITE);
        log.info("folder = " + folder);
        while (st.hasMoreTokens()) {
            String msgID = st.nextToken();
            int i = Integer.parseInt(msgID);
            Message message = folder.getMessage(i);
            message.setFlag(Flags.Flag.DELETED, true);
        }
    }
} catch (Exception e) {
    log.error("Ausnahme beim Löschen der POP3-Nachricht(en): " + e);
    e.printStackTrace();
    result = "Beim Löschen der Nachricht(en) trat ein Fehler auf. " +
        "Details finden Sie in den Protokollen.";
} finally {
    try {
        if (folder != null) {
            folder.close(true);
        }
        if (store != null) {
            store.close();
        }
    } catch (Exception e) {
        log.error("Fehler beim Schließen von folder oder store: " + e);
    }
}

return result;

} // Ende deleteMessages()

} // Ende class
```

Listing 5.8:   Die `MailDeleter`-Klasse

Auch diese Klasse verfügt nur über eine einzige Methode: `deleteMessages()`. Bei der Beschreibung des clientseitigen Codes haben Sie gelesen, dass diese Methode eine CSV-Liste erwartet, die bei gesendeten Nachrichten die Dateinamen und beim Posteingang die Nachrichten-IDs der zu löschenden Nachricht(en) enthält. Deshalb muss der String in beiden Verzweigungen zunächst in Tokens zerlegt werden, die danach in einer Schleife bearbeitet werden. Bei den gesendeten Nachrichten wird jeweils eine Referenz auf die Datei abgerufen und diese mit der Standardmethode `File.delete()` gelöscht. Etwaige Fehler werden in einem String festgehalten, der am Ende an den Aufrufer zurückgegeben wird. Doch die Schleife wird weiter durchlaufen, bis alle Tokens verarbeitet worden sind.

Bei empfangenen Nachrichten ist es etwas schwieriger, da ein `Properties`-Objekt konstruiert und eine Sitzung mit dem POP3-Server geöffnet wird. Dann wird für jedes Token (d.h. Nachrichtennummer) die entsprechende Nachricht vom Server abgerufen. Achtung: Mit dem Java-Mail-API werden Nachrichten gelöscht, indem sie abgerufen und dann zum Löschen markiert werden. Die Nachricht wird erst gelöscht, wenn der Ordner mit der `close()`-Methode geschlossen und dieser das Argument `true` übergeben wird.

Auch hier werden Fehler nur minimalistisch behandelt. Das Ergebnis der Operation wird dem Aufrufer zur Anzeige zurückgegeben.

Damit habe ich alle Komponenten von InstaMail beschrieben. Ich hoffe, Sie stimmen meiner Einschätzung zu, dass man mit DWR wirklich übersichtlichen kompakten Code schreiben kann.

5.5 Übungsvorschläge

Ich habe absichtlich einige Aspekte ausgelassen, um Ihnen Gelegenheit zu geben, InstaMail weiter zu verbessern und Ihre Erfahrung im Umgang mit DWR zu vertiefen. Keiner dieser Aspekte sollte besonders schwierig zu realisieren sein.

- Ermöglichen Sie die Einrichtung mehrerer E-Mail-Konten. Dies bedeutet auch, die Möglichkeit zu schaffen, dass sich mehrere Benutzer einloggen und ein spezielles Konto nutzen können.

- Ermöglichen Sie Dateianhänge. Ich empfehle Ihnen nachdrücklich, dafür die *Commons-FileUpload*-Komponente (`http://jakarta.apache.org/commons/fileupload/`) zu studieren. Sie kann Ihnen sehr viel Zeit und Mühe sparen und diese Erweiterung fast zu einem Kinderspiel machen!

- Ermöglichen Sie einen »Rich«-E-Mail-Inhalt. Googeln Sie nach Rich-Edit-Komponenten, die Sie integrieren könnten. Es gibt mehrere Produkte; viele sind bereits Ajax-fähig.

- Ermöglichen Sie anwendungsspezifische Ordner, etwa einen Ablageordner, in den der Benutzer E-Mails verschieben kann.

- Verwenden Sie anstelle des Dateisystems eine Datenbank, um alles zu speichern. Ich habe in diesem Buch in allen Anwendungen das Dateisystem gewählt, weil ich Sie nicht zusätzlich mit der Einrichtung und Konfiguration einer Datenbank belasten wollte. Dabei könnten viele Anwendungen, insbesondere auch InstaMail, von einer Datenbank profitieren. Die Anwendung würde dadurch skalierbarer und robuster werden und könnte durch zusätzliche Funktionen erweitert werden, darunter:
    - Suchmöglichkeiten: jede Nachricht sollte schnell und leicht auffindbar sein.
    - Ordner-Views seitenweise anzeigen: Die POSTEINGANG- und GESENDET-Views zeigen immer ihren gesamten Inhalt. Diesen seitenweise, etwa 25 Nachrichten auf einmal, anzeigen zu können, wäre sehr hilfreich, wenn die Zahl der Nachrichten größer wird.

Diese Erweiterungen zu realisieren, sollte Spaß machen. Ich hoffe, Sie nehmen sie in Angriff.

5.6 Zusammenfassung

In diesem Kapitel haben Sie eine Webmail-Client-Anwendung mit den Ajax-Techniken erstellt, die von der DWR Library zur Verfügung gestellt werden. Mit DWR können Sie serverseitige Klassen im Wesentlichen wie clientseitige Komponenten behandeln, ihre Methoden aufrufen, auf ihre Eigenschaften zugreifen usw. Dieses Beispiel zeigt, wie man mit geeigneten Libraries eine nützliche Anwendung mit einem wirklich geringen Code-Umfang schreiben kann. Außerdem haben Sie einige weitere fortgeschrittenere clientseitige Präsentationstechniken kennen gelernt, die auf DOM Scripting und CSS basieren.

AjaxReader: Unverzichtbarer Teil jedes Ajax-Buches!

In diesem Kapitel werden Sie eine Ajax-basierte RSS-Anwendung konstruieren. Diese Art von Anwendung hat sich ziemlich schnell zum De-facto-Standard für Ajax-Beispiele entwickelt; und es scheint, dass kein Ajax-Buch ohne sie vollständig wäre! In dieser speziellen Implementierung werde ich die Anwendung von *AjaxTags* aus Java Web Parts (JWP) zeigen – meiner Meinung nach eine fantastisch einfache Methode, um Ajax zu implementieren. Außerdem glaube ich, dass gerade diese Implementierung besonders leicht nachzuvollziehen ist, weshalb Sie sehr leicht verstehen werden, wie alle Teile zusammenpassen.

6.1 Anforderungen und Ziele

RSS (Really Simple Syndication) ist ein leichtgewichtiges XML-Standardformat, mit dem Informationen in der Form von Schlagzeilen und Links zu den Artikelinhalten verbreitet werden. Eine Website veröffentlicht einen so genannten *RSS-Feed*, einen URL in einem XML-Dokument, der auf Anforderung eine Liste mit Schlagzeilen und einige andere nützliche Informationen liefert – darunter als wichtigste einen Link zu einem anderen URL, unter dem der zu der jeweiligen Schlagzeile gehörige Inhalt abgerufen werden kann.

Ein RSS-Reader (RSS-Leser) ist eine Anwendung, die diese RSS-Feeds abruft, ihre Inhalte anzeigt und dann dem Benutzer die Möglichkeit gibt, den zu einer Schlagzeile gehörigen Inhalt abzurufen. Es gibt zahlreiche Reader; einige sind in Webbrowser eingebaut, andere eigenständig. Einige verfügen über ausgefeilte Features, darunter etwa die Möglichkeit, Feeds in einem Dialogfeld zu »aggregieren« (zusammenzufassen) oder Feeds zu gruppieren und ganze Gruppen auf einmal zu öffnen. Doch die Grundfunktion aller RSS-Reader ist gleich: Sie parsen einen Feed und zeigen ihn an.

Weil seine Funktion relativ einfach ist, ist ein RSS-Reader ein guter Kandidat für eine webbasierte Anwendung und bietet eine ausgezeichnete Gelegenheit, Ajax in Aktion zu zeigen, da ein RSS-Reader eine klassische Zusammenfassung-Detail-Anwendung ist. Die Feeds selbst repräsentieren Zusammenfassungen und die Schlagzeilen repräsentieren Details und die Inhalte unter den Schlagzeilen repräsentieren noch weitere Details (Drill-down). Eine wünschenswerte Eigenschaft einer solchen Anwendung besteht darin, die Zusammenfassung bei der Anzeige von Details *nicht* zu aktualisieren. Ajax ist ideal dafür geeignet, diese Eigenschaft zu realisieren.

Insgesamt sind die Anforderungen an den RSS-Reader relativ einfach:

- Wie bei den meisten Projekten in diesem Buch soll die Arbeit so gering wie möglich sein. Insbesondere bei einer solch einfachen Anwendung ist Komplexität schwer zu rechtfertigen!

- Die Anwendung soll eine Liste mit Feeds anzeigen, die der Benutzer anklicken kann, um die zugehörigen Schlagzeilen zu lesen. Er sollte dann eine Schlagzeile anklicken können, um den zugehörigen Inhalt zu lesen. Gleichzeitig sollte die Feed-Liste sichtbar bleiben, falls der Benutzer zu einem anderen Feed springen möchte.

- Der Benutzer soll beliebige Feeds hinzufügen und löschen können.

- Der Benutzer soll die Feed-Liste und den Bereich, in dem die Feeds bearbeitet werden, verbergen können, um mehr Schlagzeilen und/oder Inhalte anzuzeigen. Dabei soll jedoch ein kleiner Bereich mit einem Button sichtbar bleiben, den der Benutzer anklicken kann, um zu den Schlagzeilen zurückzugehen und die Feed-Liste wieder zu erweitern.

- Der Benutzer soll Artikel drucken können und auf Wunsch unabhängig vom Reader browsen können. Zu diesem Zweck soll er einen Artikel in einem neuen Fenster öffnen können.

- Diese Funktionen sollen mit dem geringstmöglichen serverseitigen Code realisiert werden.

Mit den richtigen Werkzeugen lassen sich diese Ziele recht leicht realisieren. Sie erhalten eine nützliche kleine Anwendung, die problemlos in praktisch jedem Servlet Container läuft.

6.2 Der Lösungsansatz

Zunächst müssen Sie entscheiden, womit Sie die Ajax-Funktionen realisieren wollen. Wie bei allen Ajax-Projekten gibt es zahlreiche Alternativen. Hier habe ich erneut AjaxTags aus Java Web Parts ausgewählt. Dieses Projekt bietet Gelegenheit, einige weitere Fähigkeiten von Ajax-Tags zu zeigen. Außerdem hat der clientseitige Code einen geringen Umfang.

Serverseitig reichen diesmal einfache Servlets, weil der Java-Code wirklich sehr simpel ist und ein ausgewachsenes Framework nur eine Last wäre. Das gewählte Werkzeug sollte möglichst dem Schwierigkeitsgrad der Aufgabe entsprechen.

Nur die RSS-Feeds zu parsen, ist etwas komplizierter. RSS-Feeds zu parsen, ist nicht besonders schwierig, weshalb ich leicht einen eigenen Parser hätte schreiben können. Doch ich erfinde nicht gerne das Rad neu.

Es werden einige RSS-Parser-Libraries angeboten; die vielleicht beliebteste ist ROME. Der Name steht für *RSS and ATOM Utilities for Java* (https://rome.dev.java.net/). ROME kann nicht nur RSS, sondern auch andere Feed-Formate wie Atom parsen. Es kann auch Feeds generieren, weshalb Sie die Zeit sparen können, den entsprechenden XML-Code zu schreiben.

ROME anzuwenden, ist sehr einfach. Ein Beispiel:

```
String feedURL = "http://www.domain.com/someFeed";
URL feedURL = new URL(feedURL);
SyndFeedInput input = new SyndFeedInput();
SyndFeed feed = input.build(new XmlReader(feedUrl));
```

Mit diesem Code wird der Feed unter dem URL in `feedURL` abgerufen und geparst. Danach können Sie mit der `feed`-Variablen auf diverse Daten des Feeds zugreifen:

```
// Die Liste der Schlagzeilen des Feeds abrufen
List headlines = feed.getEntries();
```

Sie können über diese Liste iterieren und die Schlagzeilen verarbeiten:

```
for (Iterator it = headlines.iterator(); it.hasNext();) {
  SyndEntryImpl entry = (SyndEntryImpl)it.next();
  String uri = entry.getUri();      // URI des Inhalts abrufen
  String title = entry.getTitle(); // Titel der Schlagzeile abrufen
  String desc = entry.getDescription().getValue(); // Beschreibung
}
```

Wie Sie sehen, kommen Sie ganz leicht an die Elemente heran!

Sie kennen AjaxTags bereits aus dem Karnak-Projekt. Hier werden einige neue Komponenten dieser Toolbox verwendet. Abgesehen von den Tags <ajax:event> und <ajax:enable>, die Sie aus dem Karnak-Projekt kennen, enthält AjaxTags zwei weitere Tags: <ajax:manual> und <ajax:timer>.

Mit dem Tag <ajax:timer> können Sie ein Ajax-Ereignis einrichten, das wiederholt in gewissen Zeitabständen ausgelöst wird. Es wird wie andere Ereignisse in ajax_config.xml mit denselben Handlern usw. konfiguriert. In der JSP wird es wie folgt deklariert:

```
<ajax:timer ajaxRef="page/
  listFeeds" startOnLoad="true" frequency="1000" />
```

Damit richten Sie einen Timer ein, der im Sekundentakt ausgelöst wird. (Die Frequenz wird in Millisekunden gemessen.) Das startOnLoad-Attribut weist AjaxTags an, den Timer sofort beim Laden der Seite zu starten. Hätte dieses Attribut den Wert false, müssten Sie den Timer selbst starten. Dies kann nützlich sein, wenn Sie etwa den Timer nur nach einem speziellen Ereignis starten wollen, um beispielsweise eine Datentabelle erst dann kontinuierlich zu aktualisieren, nachdem der Benutzer einige Anzeigekriterien eingegeben hat.

Mit dem Tag <ajax:manual> können Sie eine JavaScript-Funktion generieren, die ein Ajax-Ereignis auslöst. Es wird ebenfalls in ajax_config.xml konfiguriert.

Beispielsweise generieren Sie mit dem Tag

```
<ajax:manual ajaxRef="page/showHeadlines"
  manualFunction="doRefreshHeadlines" />
```

die folgende JavaScript-Funktion:

```
<script>
  function doRefreshHeadlines(){
    StdSimpleXML(document.forms["feedForm"],
      "/listHeadlines",
      "feed,feedTitle=feedTitle",
      StdIFrameDisplay,
      "ifContent",
      "POST",
      "doRefreshHeadlines",
      null,
      "page/showHeadlines");
    }
</script>
```

Diese Funktion ist keinem Seitenelement zugeordnet. Sie können vollständig kontrollieren, wann und wo doRefreshHeadlines() aufgerufen oder ob es überhaupt ausgeführt wird. Der Code in dieser Funktion entspricht dem Code, der mit dem Tag

```
<ajax:event ajaxRef="page/showHeadlines" />
```

generiert werden würde. Der einzige Unterschied besteht darin, dass das <ajax:event>-Tag diesen Code dem spezifizierten Eventhandler des vorhergehenden Elements zuordnen würde. In ajax_config.xml wird ein manuelles Ereignis mit dem Ereignistyp manual spezifiziert, ähnlich wie das Timer-Tag mit timer festgelegt wird. AjaxTags weiß dann, dass der Code nicht mit einem Seitenelement verbunden werden soll, sondern eigenständig vom Entwickler verwendet werden kann.

Das Tag manual wurde aus zwei Gründen eingeführt:

- Erstens: Oft wollen Sie als Ergebnis eines Ajax-Ereignisses Auszeichnungen zurückgeben, die selbst AjaxTags enthalten. Dies kann aus diversen Gründen Probleme verursachen. Doch letztlich sind Sie nur daran interessiert, den spezifizierten Request Handler aufzurufen. Mit dem Tag manual können Sie die problematischen Teile umgehen und bekommen dieselbe Funktionalität unter Ihrer vollständigen Kontrolle.

- Zweitens: Trotz der größeren Kontrolle sollen Sie im Wesentlichen deklarativ arbeiten können (wenn auch nur abgeschwächt, da Sie etwa JavaScript-Code schreiben müssen).

Wie Sie bald sehen werden, macht das Tag manual AjaxReader möglich!

6.3 Die geplante Lösung

Ich möchte die geplante Lösung zunächst wieder anhand eines Screenshots darstellen.

Abbildung 6.1 zeigt die Seite, die nach dem Start von AjaxReader angezeigt wird. Hier wurden bereits zwei RSS-Feeds eingefügt, einer für MSNBC (www.msnbc.com) und für das ehrwürdige Slashdot (www.slashdot.org).

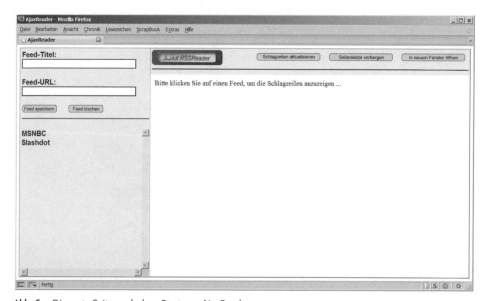

Abb. 6.1: Die erste Seite nach dem Start von AjaxReader

Abbildung 6.2 zeigt einige Schlagzeilen eines Feeds. Textfelder werden hervorgehoben, wenn sie den Fokus erhalten, um einen Feed hinzuzufügen oder zu ändern. Wenn der Mauszeiger über einem Feed steht, ändert sich seine Form in eine Hand.

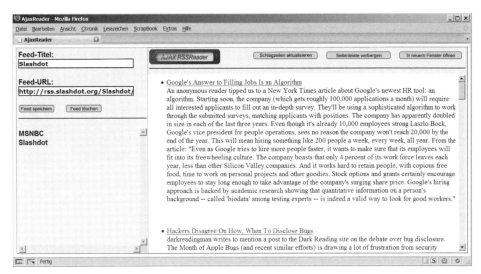

Abb. 6.2: Die Schlagzeilen eines ausgewählten Feeds anzeigen

Abbildung 6.3 zeigt AjaxReader nach der Auswahl einer Schlagzeile.

Abb. 6.3: Eine ausgewählte Schlagzeile anzeigen

Abbildung 6.4 zeigt ebenfalls eine Schlagzeile, allerdings nachdem der Button SEITENLEISTE VERBERGEN angeklickt worden ist, um mehr Platz für den Artikel zu schaffen.

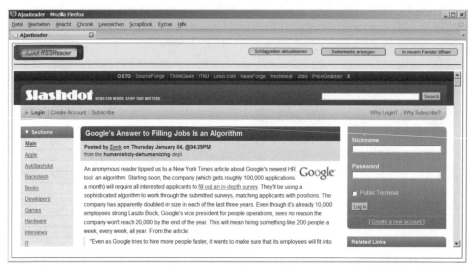

Abb. 6.4: Ansicht mit verborgener Seitenleiste, um dem Artikel mehr Platz zu geben

Schließlich zeigt Abbildung 6.5 ein neues Fenster, das geöffnet wird, wenn der Benutzer den Button IN NEUEM FENSTER ÖFFNEN anklickt. Dies ist nützlich, um einen Artikel zu drucken, da es wegen der Sicherheitsvorkehrungen des Browsers aus dem Hauptfenster heraus schwierig ist. (Ich werde später auf dieses Problem eingehen.)

Abb. 6.5: Eine Schlagzeile, die in einem neuen Fenster geöffnet wurde

6.4 Analyse der Lösung

Die AjaxReader-Anwendung benötigt erstaunlich wenig Code. Bevor ich darauf eingehe, sollten Sie Abbildung 6.6 studieren, die Ihnen die Verzeichnisstruktur der Anwendung zeigt.

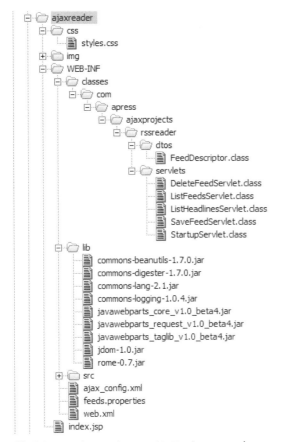

Abb. 6.6: Verzeichnisstruktur von AjaxReader unter webapps

Die Anwendung hat natürlich eine typische Webanwendungsstruktur mit Verzeichnissen für Stylesheets (css) und Bildern (img). Die einzige JSP (index.jsp) befindet sich im Root-Verzeichnis. Diese JSP importiert styles.css und lädt alle Bilder in dem Verzeichnis img. Die Namen der meisten Bilder enden entweder mit _0 oder mit _1; sie sind für die Buttons bestimmt. Die Endung _0 kennzeichnet den Normalzustand, die Endung _1 den Hover-Zustand (in dem sich der Mauszeiger über dem Bild befindet). Alle Java-Klassen stehen wie üblich in dem Verzeichnis WEB-INF/classes. Das Verzeichnis dtos enthält die einzige Feed-Descriptor-Klasse und das Verzeichnis servlets alle Servlets von AjaxReader. Zusätzlich zu der üblichen Konfigurationsdatei web.xml enthält das Verzeichnis WEB-INF zwei weitere Dateien: ajax_config.xml ist die Konfigurationsdatei für AjaxTags und feeds.properties ist die Datei, in der die Feeds gespeichert werden, die der Benutzer erstellt. Das Verzeichnis lib enthält wie üblich alle JAR-Dateien, von denen die Anwendung (AjaxReader) abhängt (siehe Tabelle 6.1).

JAR	Beschreibung
commons-beanutils-1.7.0.jar	Die Jakarta Commons BeanUtils Library, die von Digester benötigt wird
commons-digester-1.7.0.jar	Jakarta Commons Digester ist eine Library, mit der XML geparst und daraus Objekte generiert werden. Mit ihr werden einige Nachrichten des Clients an den Server geparst.
commons-lang-2.1.jar	Jakarta Commons Lang enthält Utility-Funktionen, die Java erweitern und von Digester benötigt werden.
commons-logging-1.0.4.jar	Jakarta Commons Logging ist eine Abstraktionsschicht über einer echten Logging-Implementierung (wie etwa *log4J*); sie ermöglicht es Ihnen, die zugrunde liegende Logging-Implementierung auszutauschen, ohne ihren Anwendungscode zu ändern. Sie stellt auch einen einfachen Logger zur Verfügung, der über System.out ausgibt und in dieser Anwendung verwendet wird.
javawebparts_core_v1.0_beta4.jar	Das Kernpaket von Java Web Parts (JWP), das von allen anderen JWP-Packages benötigt wird
javawebparts_request_v1.0_beta4.jar	Das JWP Request Package; es enthält einige nützliche Utility-Klassen für die Verarbeitung von HTTP-Anfragen.
javawebparts_taglib_v1.0_beta4.jar	Das Taglib-Paket von Java Web Parts (JWP); es enthält AjaxTags, die für die Anwendung verwendet werden.
jdom-1.0.jar	Ein XML-Parser, der für ROME benötigt wird.
rome-0.7.jar	ROME ist ein RSS-Feed-Parser, mit dem diese Anwendung RSS-Feeds abruft und verarbeitet.

Tabelle 6.1:   Die JAR-Dateien in WEB-INF.lib, von denen AjaxReader abhängt

Das Verzeichnis WEB-INF/src enthält den gesamten Quellcode dieses Projekts, einschließlich des Ant-Buildskripts.

6.4.1 Der clientseitige Code

Der clientseitige Code umfasst die Dateien web.xml, ajax_config.xml, index.jsp und style.css.

web.xml

Listing 6.1 zeigt den Code der Konfigurationsdatei web.xml:

```xml
<?xml version="1.0" encoding="ISO-8859-1"?>

<!DOCTYPE web-app PUBLIC
  "-//Sun Microsystems, Inc.//DTD Web Application 2.3//EN"
  "http://java.sun.com/dtd/web-app_2_3.dtd">

<web-app>

  <display-name>AjaxReader</display-name>

  <!-- Falls Sie einen Proxy in Ihrem Netzwerk benötigen, -->
  <!-- geben Sie hier die entsprechenden Einstellungen ein. -->
  <!-- Falls nicht, lassen Sie diese Elemente leer. -->
  <context-param>
    <param-name>proxyHost</param-name>
    <param-value></param-value>
  </context-param>
  <context-param>
    <param-name>proxyPort</param-name>
    <param-value></param-value>
  </context-param>

  <!-- Der Parameter wird zur Initialisierung der AjaxTags benötigt. -->
  <!-- Er verweist auf die kontextrelative Konfigurationsdatei. -->
  <context-param>
    <param-name>ajaxTagsConfig</param-name>
    <param-value>/WEB-INF/ajax_config.xml</param-value>
  </context-param>

  <!-- Der Listener wird zur Initialisierung der AjaxTags benötigt. -->
  <!-- Er verwendet den obigen Parameter. -->
  <listener>
    <listener-class>javawebparts.taglib.ajaxtags.AjaxInit</listener-class>
  </listener>

  <!-- Servlet: die Anwendung einrichten -->
  <servlet>
    <servlet-name>StartupServlet</servlet-name>
    <servlet-class>
      com.apress.ajaxprojects.rssreader.servlets.StartupServlet
    </servlet-class>
    <load-on-startup>1</load-on-startup>
  </servlet>
```

```xml
<!-- Servlet: die Feeds auflisten -->
<servlet>
  <servlet-name>ListFeedsServlet</servlet-name>
  <servlet-class>
    com.apress.ajaxprojects.rssreader.servlets.ListFeedsServlet
  </servlet-class>
</servlet>
<!-- Servlet: die Schlagzeilen eines ausgewählten Feeds auflisten -->
<servlet>
  <servlet-name>ListHeadlinesServlet</servlet-name>
  <servlet-class>
    com.apress.ajaxprojects.rssreader.servlets.ListHeadlinesServlet
  </servlet-class>
</servlet>
<!-- Servlet: einen Feed speichern -->
<servlet>
  <servlet-name>SaveFeedServlet</servlet-name>
  <servlet-class>
    com.apress.ajaxprojects.rssreader.servlets.SaveFeedServlet
  </servlet-class>
</servlet>
<!-- Servlet: einen Feed löschen -->
<servlet>
  <servlet-name>DeleteFeedServlet</servlet-name>
  <servlet-class>
    com.apress.ajaxprojects.rssreader.servlets.DeleteFeedServlet
  </servlet-class>
</servlet>

<!-- Servlet: Mappings -->
<servlet-mapping>
  <servlet-name>ListFeedsServlet</servlet-name>
  <url-pattern>/listFeeds</url-pattern>
</servlet-mapping>
<servlet-mapping>
  <servlet-name>ListHeadlinesServlet</servlet-name>
  <url-pattern>/listHeadlines</url-pattern>
</servlet-mapping>
<servlet-mapping>
  <servlet-name>SaveFeedServlet</servlet-name>
  <url-pattern>/saveFeed</url-pattern>
</servlet-mapping>
<servlet-mapping>
  <servlet-name>DeleteFeedServlet</servlet-name>
  <url-pattern>/deleteFeed</url-pattern>
</servlet-mapping>

<!-- Sitzungs-Timeout konfigurieren -->
<session-config>
  <session-timeout>15</session-timeout>
</session-config>
```

```
<!-- Startseite konfigurieren -->
<welcome-file-list>
  <welcome-file>index.jsp</welcome-file>
</welcome-file-list>

</web-app>
```

Listing 6.1: Die Konfigurationsdatei web.xml von AjaxReader

AjaxReader verfügt über ein Servlet (das später behandelt wird), das einen RSS-Feed abruft. Es handelt sich um eine einfache HTTP-Transaktion. Doch weil einige Netzwerke einen Proxy für den Zugriff auf das Internet benötigen, werden zwei Kontextparameter namens proxy-Host und proxyPort bereitgestellt, die Sie den Anforderungen Ihres Netzwerkes gemäß setzen oder leer lassen können, wenn Sie keinen Proxy verwenden.

Es folgen der übliche Kontextparameter ajaxTagsConfig, der auf die Konfigurationsdatei ajax_config.xml verweist, und der Listener, mit dem diese Konfigurationsdatei eingelesen wird. Danach ist AjaxTags einsatzbereit.

Es folgen diverse Servlet-Deklarationen und -Mappings. Beachten Sie, dass das Startup-Servlet das einzige Servlet mit einem <load-on-startup>-Element ist. Dieses Servlet soll die Anwendung initialisieren. Dies bedeutet hier, die Datei feeds.properties einzulesen und im Anwendungsbereich zu speichern. Die Servlets werden später ausführlicher beschrieben; hier sollten Sie sich mit den Mappings dieser Servlets vertraut machen.

Danach folgt eine typische Sitzungs-Timeout-Einstellung, hier 15 Minuten. Am Ende wird die welcome-file-list konfiguriert. Da AjaxReader nur eine einzige JSP enthält, ist diese zugleich die Startseite!

ajax_config.xml

Listing 6.2 zeigt die Konfigurationsdatei ajax_config.xml.

```
<?xml version="1.0" encoding="UTF-8"?>

<ajaxConfig>

  <!-- Ereignisse in feedForm -->
  <form ajaxRef="feedForm" isPage="false">

    <!-- onClick-Ereignis für den Button 'Feed hinzufügen' -->
    <element ajaxRef="saveFeed">
      <event type="onclick">
        <requestHandler type="std:SimpleXML" method="post">
          <target>/saveFeed</target>
          <parameter>
            feed,feedTitle=feedTitleEdit,feedURL=feedURLEdit
          </parameter>
        </requestHandler>
        <responseHandler type="std:CodeExecuter">
          <parameter />
        </responseHandler>
      </event>
    </element>
```

```
    <!-- onClick-Ereignis für den Button 'Löschen' -->
    <element ajaxRef="deleteFeed">
      <event type="onclick">
        <requestHandler type="std:SimpleXML" method="post">
          <target>/deleteFeed</target>
          <parameter>feed,feedTitle=feedTitle</parameter>
        </requestHandler>
        <responseHandler type="std:CodeExecuter">
          <parameter />
        </responseHandler>
      </event>
    </element>

</form>

<!-- Ereignisse außerhalb eines 'echten' HTML-Formulars -->
<form ajaxRef="page" isPage="true">

  <!-- Mit dieser Konfiguration wird eine manuelle Ajax-Funktion -->
  <!-- eingerichtet, die beim Anklicken eines Feeds in der Feed- -->
  <!-- Liste sowie beim Anklicken des Buttons 'Schlagzeilen -->
  <!-- aktualisieren' aufgerufen wird. -->
  <element ajaxRef="showHeadlines">
    <event type="manual" form="feedForm">
      <requestHandler type="std:SimpleXML" method="post">
        <target>/listHeadlines</target>
        <parameter>feed,feedTitle=feedTitle</parameter>
      </requestHandler>
      <responseHandler type="std:IFrameDisplay">
        <parameter>ifContent</parameter>
      </responseHandler>
    </event>
  </element>
  <!-- Timer-Ereignis für die Aktualisierung der Feeds-Liste -->
  <element ajaxRef="listFeeds">
    <event type="timer" form="not_applicable">
      <requestHandler type="std:SimpleRequest" method="get">
        <target>/listFeeds</target>
        <parameter />
      </requestHandler>
      <responseHandler type="std:InnerHTML">
        <parameter>divFeedList</parameter>
      </responseHandler>
    </event>
  </element>

</form>

</ajaxConfig>
```

Listing 6.2:   Die AjaxTags-Konfigurationsdatei von AjaxReader

Es gibt im Wesentlichen vier verschiedene Ajax-Anfragen, die AjaxReader an den Server richten kann. Die erste wird ausgelöst, wenn der Benutzer den Button FEED SPEICHERN anklickt. Damit wird einfach XML-Code in der folgenden Form weitergegeben:

```
<feed>
  <feedTitle>xxx</feedTitle>
  <feedURL>yyy</feedURL>
</feed>
```

Zuständig dafür ist der Request Handler `std:SimpleXML`. Bei der Rückkehr wird der Response Handler `std:CodeExecutor` verwendet, der hier zum ersten Mal erscheint. Er geht davon aus, dass der Server JavaScript-Code zurückgibt, und führt diesen Code aus. Dies ist sehr praktisch; denn ein Servlet kann beispielsweise den folgenden Code zurückgeben:

```
alert("Hallo!");
```

Wenn `std:CodeExecutor` diesen Code empfängt, führt er ihn auf dem Client ein; hier zeigt er also ein Nachrichtenfeld mit einer Begrüßung an. Zurückgegebenen JavaScript-Code auszuführen, ist bei Ajax durchaus üblich. Auch Google verwendet diese Technik in *Google Suggests*.

Als Nächstes wird das Ereignis konfiguriert, das mit dem Button FEED LÖSCHEN verbunden ist. Es ist fast mit dem Ereignis FEED SPEICHERN identisch, außer dass der XML-Code nur den Feed-Titel enthält. Beide Ereignisse gehören zu einem echten HTML-Formular. Dies ist erforderlich, weil der Request Handler `std:SimpleXML` davon ausgeht, dass die genannten Elemente, denen das Ereignis zugeordnet wird, zu einer übergeordneten Komponente gehören.

Dagegen gehören die nächsten beiden Elemente zu einem »virtuellen« Formular, das heißt, sie sind mit keinem Element auf der Seite verbunden. Dem ersten Element wird ein `manual`-Ereignis zugeordnet, das ausgelöst wird, wenn der Benutzer einen Feed in der Feed-Liste anklickt. Auch hier wird der Request Handler `std:SimpleXML` eingesetzt. Wie bei dem Ereignis FEED LÖSCHEN wird nur der Feed-Titel benötigt. Als Response Handler wird `std:IFrame-Display` verwendet, der wie der `std:InnerHTML`-Handler funktioniert, seine Ausgabe aber in ein iFrame schreibt.

Dem zweiten Element in dem virtuellen Formular wird ein `timer`-Ereignis zugeordnet. Hier wird nur eine einfache Anfrage ohne Parameter, XML-Code oder anderes gesendet. Das zurückgegebene Ergebnis wird in das `<div>`-Element `divFeedList` eingefügt. Mit diesem Ereignis soll die Feeds-Liste periodisch aktualisiert werden, damit Änderungen des Benutzers sehr bald auch in der Liste erscheinen. Anmerkung: Als ich dieses Buch geschrieben habe, war das `form`-Attribut beim Einrichten eines »virtuellen« Formulars erforderlich, denn weil das `<form>`-Element, also die übergeordnete Komponente, kein echtes HTML-Formular ist, verwendet AjaxTags den Wert dieses Attributs für alle Handler, die eine Referenz auf ein echtes Formular benötigen. Selbst wenn Ihr Handler dies nicht erfordert, erwartet AjaxTags, dort einen Wert zu finden. Doch wenn Sie Handler verwenden, die kein Formular referenzieren, wie dies hier mit `std:SimpleRequest` der Fall ist, wird der Wert tatsächlich nicht benutzt und kann deshalb einen beliebigen String enthalten. Der Wert `not_applicable` (nicht anwendbar) ist in diesem Fall sinnvoll, da er einem Leser der Konfigurationsdatei anzeigt, dass der verwendete Handler keine Referenz auf ein Formular benötigt.

So viel zu den Konfigurationsdateien! Das Verzeichnis `WEB-INF` enthält außerdem eine Datei namens `feeds.properties`, die dynamisch geschrieben wird, wenn der Benutzer Feeds hinzufügt, ändert oder löscht. Es handelt sich um eine gewöhnliche Java-Properties-Datei. Der Eigenschaftsname ist der Feed-Name und der Eigenschaftswert ist der Feed-URL.

index.jsp

Nun zu dem eigentlichen Anwendungscode. Listing 6.3 zeigt den ersten Teil, die Datei index.jsp, die einzige JSP von AjaxReader!

```
<%@ taglib prefix="ajax" uri="javawebparts/taglib/ajaxtags" %>

<html>

  <head>

    <link rel="stylesheet" href="css/styles.css" type="text/css">
    <title>AjaxReader</title>

    <script>

      // Diese Variable bestimmt den Zustand der Sicht.
      // Mögliche Werte sind:
      // 0 = Anfangszustand, wenn die Seite geladen wird
      // 1 = Schlagzeilen werden angezeigt
      // 2 = Artikel wird angezeigt
      var viewState = 0;

      // Diese Variable speichert den letzten Link, den der Benutzer
      // beim Lesen der Schlagzeilen eines Feeds angeklickt hat. Mit
      // dem Link wird der Artikel in einem neuen Fenster geöffnet.
      var lastClickedLink = null;

      // Bilder vorher laden
      var open_in_new_window_0 = new Image();
      open_in_new_window_0.src = "img/open_in_new_window_0.gif";
      var open_in_new_window_1 = new Image();
      open_in_new_window_1.src = "img/open_in_new_window_1.gif";
      var refresh_headlines_0 = new Image();
      refresh_headlines_0.src = "img/refresh_headlines_0.gif";
      var refresh_headlines_1 = new Image();
      refresh_headlines_1.src = "img/refresh_headlines_1.gif";
      var collapse_sidebar_0 = new Image();
      collapse_sidebar_0.src = "img/collapse_sidebar_0.gif";
      var collapse_sidebar_1 = new Image();
      collapse_sidebar_1.src = "img/collapse_sidebar_1.gif";
      var expand_sidebar_0 = new Image();
      expand_sidebar_0.src = "img/expand_sidebar_0.gif";
      var expand_sidebar_1 = new Image();
      expand_sidebar_1.src = "img/expand_sidebar_1.gif";
      var save_feed_0 = new Image();
      save_feed_0.src = "img/save_feed_0.gif";
      var save_feed_1 = new Image();
      save_feed_1.src = "img/save_feed_1.gif";
```

```
var delete_feed_0 = new Image();
delete_feed_0.src = "img/delete_feed_0.gif";
var delete_feed_1 = new Image();
delete_feed_1.src = "img/delete_feed_1.gif";

// Die Anwendung bei onLoad initialisieren
function init() {
  // Das div-Element divIFrame an die Größe des Fensters anpassen.
  // Ein Browser-Bug verhindert die Einstellung der Höhe auf 100%,
  // so dass diese per Code gesetzt werden muss. Und natürlich gibt
  // es Unterschiede zwischen IE und Firefox bei der Berechnung der
  // Größe des Dokuments, so dass Verzweigungen erforderlich sind.
  // Der Browser wird wie üblich anhand des XMLHttpRequest-Objektes
  // bestimmt.
  var dh = document.body.offsetHeight;
  if (window.XMLHttpRequest) {
    dh = dh - 84;
  } else {
    dh = dh - 120;
  }
  document.getElementById("divIFrame").style.height = dh + "px";
  window.frames["ifContent"].document.open();
  window.frames["ifContent"].document.write(
    "Bitte klicken Sie auf einen Feed, " +
    "um die Schlagzeilen anzuzeigen ...");
  window.frames["ifContent"].document.close();
  document.forms[0].feedTitle.value = "";
  document.forms[0].feedURL.value = "";
  document.forms[0].feedTitleEdit.value = "";
  document.forms[0].feedURLEdit.value = "";
  viewState = 0;

} // Ende init()

// Die Schlagzeilen anzeigen
// Die Funktion wird aufgerufen, wenn der Benutzer einen Feed in
// der Feed-Liste anklickt, um die Schlagzeilen anzuzeigen, oder
// wenn er den Button 'Schlagzeilen aktualisieren' anklickt;
// deshalb muss das Ereignis übergeben werden.
function showFeedHeadlines(inEvent, inFeedTitle, inFeedURL) {

  lastClickedLink = null;

  // Wenn die Seite erstmalig angezeigt wird und der Benutzer den
  // Button 'Schlagzeilen aktualisieren' anklickt, ist seine Aktion
  // ungültig und wird deshalb mit einer Meldung abgewiesen.
  if (viewState == 0 && inEvent == "refresh") {
    alert("Bitte wählen Sie zuerst einen Feed aus!");
    return;
  }
  // Wenn ein Artikel angezeigt wird ...
  if (viewState == 2) {
```

```
          // Das iFrame in dem div-Element 'divIFrame' muss rekonstruiert
          // werden. Damit werden die Sicherheitseinschränkungen des
          // Browsers umgangen, da das iFrame auf den meisten Wegen
          // unzugänglich ist, wenn ein externer Artikel angezeigt wird.
          // Leider funktioniert dies nicht browserübergreifend, so dass
          // eine Verzweigung je nach Browser erforderlich ist. Auch hier
          // wird XMLHttpRequest geprüft, obwohl dieses Objekt selbst
          // nicht verwendet wird, da auf diese Weise der Browser-Typ
          // (IE oder nicht) leicht festgestellt werden kann.
          if (window.XMLHttpRequest){
            var newIF = document.createElement("iframe");
            newIF.setAttribute("name", "ifContent");
            newIF.setAttribute("width", "100%");
            newIF.setAttribute("height", "100%");
            newIF.setAttribute("frameborder", "no");
            var dif = document.getElementById("divIFrame");
            dif.appendChild(newIF);
          } else {
            document.getElementById("divIFrame").innerHTML =
              "<iframe name=\"ifContent\" width=\"100" + "%" + "\" " +
              "height=\"100" + "%" + "\" frameborder=\"no\"></iframe>"
          }
        }
        // Wenn 'Aktualisieren' angeklickt wurde und
        // ein Feed angezeigt wird ...
        if (inEvent == "refresh") {
          inFeedTitle = feedForm.feedTitle.value;
          inFeedURL = feedForm.feedURL.value;
        }
        // Werte in dem Formular setzen
        feedForm.feedTitle.value = inFeedTitle;
        feedForm.feedURL.value = inFeedURL;
        feedForm.feedTitleEdit.value = inFeedTitle;
        feedForm.feedURLEdit.value = inFeedURL;
        // Den Inhalt in das iFrame schreiben
        window.frames["ifContent"].document.open();
        window.frames["ifContent"].document.write(
          "Bitte warten, die Schlagzeilen werden abgerufen ...");
        window.frames["ifContent"].document.close();
        // Die manuelle (von AjaxTags generierte) Ajax-Funktion aufrufen,
        // um die Schlagzeilen zu aktualisieren und den Status der View
        // entsprechend zu aktualisieren.
        doRefreshHeadlines();
        viewState = 1;
      } // Ende showFeedHeadlines()

      // Die Seitenleiste verbergen, um mehr Platz für Feed-Schlagzeilen
      // oder einen Artikel zu schaffen
      function collapseExpandSidebar() {

        var tds = document.getElementById("tdSidebar");
        var o = document.getElementById("btnExpandCollapseSidebar");
        if (o.getAttribute("whichButton") == "collapse") {
```

```
            tds.style.display = "none";
            o.setAttribute("whichButton", "expand");
            o.src = "img/expand_sidebar_0.gif";
        } else {
            tds.style.display = "block";
            o.setAttribute("whichButton", "collapse");
            o.src = "img/collapse_sidebar_0.gif";
        }

    } // Ende collapseExpandSidebar()

    // Den zuletzt in dem iFrame angeklickten Link setzen
    function linkClicked(inLinkUri) {

        lastClickedLink = inLinkUri;
        viewState = 2;

    } // Ende linkClicked()

    // Einen Artikel in einem neuen Fenster öffnen
    function openInNewWindow() {
        if (lastClickedLink != null) {
            var winOpts = "menubar,resizable,scrollbars,titlebar,status," +
                "toolbar,width=640px,height=480px,top=0px,left=0px";
            window.open(lastClickedLink, "Print", winOpts);
        }
    }

    </script>

</head>

<body onLoad="init();" class="cssMain">

    <!-- Ajax-Ereignis, das die Feed-Liste periodisch aktualisiert -->
    <ajax:timer ajaxRef="page/listFeeds"
        startOnLoad="true" frequency="1000" />

    <!-- Einen Klick auf einen Feed verarbeiten -->
    <ajax:manual ajaxRef="page/showHeadlines"
        manualFunction="doRefreshHeadlines" />

    <table border="1" cellpadding="0" cellspacing="0"
        bordercolor="#000000" width="100%" height="100%"
        class="cssMain" id="outerTable">
        <tr>
            <!-- Seitenleiste -->
            <td width="250" id="tdSidebar" class="cssSidebar">
                <table border="0" cellpadding="4" cellspacing="0" width="100%"
                    height="100%" class="cssMain">
                    <tr>
                        <!-- Wartung der Feeds -->
                        <td height="200" valign="top">
```

```html
                <form name="feedForm" onSubmit="return false;">
                  <input type="hidden" name="feedTitle">
                  <input type="hidden" name="feedURL">
                  Feed Title:<br>
                  <input type="text" name="feedTitleEdit" size="30"
                    maxlength="50" class="cssTextbox"
                    onFocus="this.className='cssTextboxActive';"
                    onBlur="this.className='cssTextbox';">
                  <br><br>
                  Feed-URL:<br>
                  <input type="text" name="feedURLEdit" size="30"
                    maxlength="100" class="cssTextbox"
                    onFocus="this.className='cssTextboxActive';"
                    onBlur="this.className='cssTextbox';">
                  <br><br>
                  <input type="image" src="img/save_feed_0.gif"
                    hspace="2" valign="absmiddle" border="0"
                    onMouseOver="this.src=save_feed_1.src;"
                    onMouseOut="this.src=save_feed_0.src;"
                    ><ajax:event ajaxRef="feedForm/saveFeed" />
                     
                  <input type="image" src="img/delete_feed_0.gif"
                    hspace="2" valign="absmiddle" border="0"
                    onMouseOver="this.src=delete_feed_1.src;"
                    onMouseOut="this.src=delete_feed_0.src;"
                    ><ajax:event ajaxRef="feedForm/deleteFeed" />
                </form>
                <hr width="100%" color="#000000">
              </td>
            </tr>
            <tr>
              <!-- Feed-Liste -->
              <td valign="top">
                <div class="cssFeedList" id="divFeedList">
                  Bitte warten,<br>Die Feed-Liste wird abgerufen ...
                </div>
              </td>
            </tr>
          </table>
        </td>
        <!-- Hauptinhalt -->
        <td>
          <table border="0" cellpadding="4" cellspacing="0" width="100%"
            height="100%" class="cssMain">
            <tr height="60" id="topBar">
              <!-- Steuerung und Titel -->
              <td width="100%" valign="middle" class="cssControlTitle">
                <table border="0" cellpadding="0" cellspacing="0"
                  width="100%" height="100%" class="cssMain">
                  <tr>
                    <td width="220">
                      <img src="img/rssreader_title.gif"
                        valign="absmiddle">
```

```
                            </td>
                          <td align="right">
                            <input type="image"
                              src="img/refresh_headlines_0.gif"
                              hspace="10" valign="absmiddle" border="0"
                              onMouseOver="this.src=refresh_headlines_1.src;"
                              onMouseOut="this.src=refresh_headlines_0.src;"
                              onClick="showFeedHeadlines('refresh', '', '');">
                            <input type="image"
                              src="img/collapse_sidebar_0.gif"
                              id="btnExpandCollapseSidebar" hspace="10"
                              valign="absmiddle" border="0"
                              onMouseOver="this.src=eval(this.getAttribute
                                ('whichButton')+'_sidebar_1').src;"
                              onMouseOut="this.src=eval(this.getAttribute
                                ('whichButton')+'_sidebar_0').src;"
                              onClick="collapseExpandSidebar();"
                              whichButton="collapse">
                            <input type="image"
                              src="img/open_in_new_window_0.gif"
                              hspace="10" valign="absmiddle" border="0"
                              onMouseOver="this.src=open_in_new_window_1.src;"
                              onMouseOut="this.src=open_in_new_window_0.src;"
                              onClick="openInNewWindow();">
                          </td>
                        </tr>
                        <!-- Trennungslinie -->
                        <tr height="10">
                          <td class="cssDividerRow" valign="top" colspan="2">
                            <hr width="100%" color="#000000">
                          </td>
                        </tr>
                    </table>
                  </td>
                </tr>
                <!-- Inhalt -->
                <tr>
                  <td valign="top">
                    <div id="divIFrame"><iframe name="ifContent" width="100%"
                      height="100%" frameborder="no"></iframe></div>
                  </td>
                </tr>
            </table>
          </td>
        </tr>
    </table>


  </body>

<ajax:enable debug="false" />
</html>
```

Listing 6.3:   index.jsp, die Präsentationsschicht von AjaxReader in ganzer Länge

Ich möchte mit den Auszeichnungen beginnen: Zunächst wird beim Laden einer Seite als Reaktion auf das onLoad-Ereignis eine JavaScript-Funktion namens init() aufgerufen, mit der die Anwendung initialisiert wird. Ich werde gleich auf diese Funktion eingehen. Danach folgen zwei AjaxTags:

```
<!-- Ajax-Ereignis, das die Feed-Liste periodisch aktualisiert -->
<ajax:timer ajaxRef="page/listFeeds"
  startOnLoad="true" frequency="1000" />

<!-- Einen Klick auf einen Feed verarbeiten -->
<ajax:manual ajaxRef="page/showHeadlines"
  manualFunction="doRefreshHeadlines" />
```

Wie bereits beschrieben, richtet das erste Tag, <ajax:timer>, ein Ajax-Ereignis ein, das periodisch die Feed-Liste aktualisiert, die der Benutzer sieht. Das zweite Tag, <ajax:manual>, generiert den JavaScript-Code, mit dem Sie bei Bedarf einen manuellen Ajax-Aufruf ausführen können. Er wird aufgerufen, wenn der Benutzer einen Feed in der Feed-Liste anklickt.

Danach folgt ein recht typisches tabellenbasiertes Layout. Es besteht im Wesentlichen aus drei Abschnitten: einer Seitenleiste, einer Kopfleiste und einem Hauptinhaltsbereich. Die Seitenleiste ist weiter unterteilt in einen Bereich, in dem die Feeds verwaltet werden können, und die Feed-Liste selbst. Der Abschnitt zur Feed-Verwaltung besteht aus einem HTML-Formular namens feedForm, das vier Felder enthält: zwei für den Feed-Titel und zwei für den Feed-URL; jeweils eines der Felder wird verborgen, das andere kann vom Benutzer editiert werden.

Für diese scheinbare Duplizierung gibt es folgenden Grund: Wenn der Benutzer einen Feed anklickt, sollen die Eingabefelder mit Daten versehen werden, damit er den Feed ändern kann. Doch wenn mit den Werten dieser Felder Schlagzeilen abgerufen werden sollen, könnte es Probleme geben, weil der Benutzer die Werte geändert haben könnte. Deshalb werden Schlagzeilen mit den Werten der verborgenen Felder abgerufen, während die Werte der editierbaren Felder beim Speichern des Feeds verwendet werden.

Das Formular enthält zwei Buttons: einen, um den Feed in den Eingabefeldern zu speichern, und einen, um ihn zu löschen. Mit einem typischen JavaScript-Rollover-Effekt werden die Buttons markiert, wenn der Mauszeiger auf ihnen steht. Das Bild des Buttons wird ausgetauscht, wenn der Mauszeiger auf den Button fährt, und das ursprüngliche Bild wird wieder angezeigt, wenn der Mauszeiger den Button verlässt. Zu diesem Zweck wird dem src-Attribut des Bildes (mit dem Schlüsselwort this) die src-Datei eines zuvor geladenen Bildes zugewiesen (siehe das Skript). Anmerkung: Es handelt sich bei diesen Buttons *nicht* um typische Submit-Buttons, mit denen das Formular abgesendet wird. Das Formular dient nur als Container, damit AjaxTags mit den im Formular enthaltenen Elementen arbeiten kann. Dies verursacht bei einigen Browsern Probleme, weil das Formular parallel zu dem Ajax-Ereignis abgesendet wird. Dies kann zu subtilen, sporadischen Fehlern führen. Deshalb wird dem Formular ein onSubmit-Handler zugeordnet, der verhindert, dass es abgesendet wird:

```
<form name="feedForm" onSubmit="return false;">
```

Der Handler gibt einfach false zurück, wodurch das Absenden des Formulars verhindert wird.

Beide Buttons sind mit einem Ajax-Ereignis verbunden:

```
<input type="image" src="img/save_feed_0.gif"
  hspace="2" valign="absmiddle" border="0"
  onMouseOver="this.src=save_feed_1.src;"
  onMouseOut="this.src=save_feed_0.src;"
  ><ajax:event ajaxRef="feedForm/saveFeed" />
   
<input type="image" src="img/delete_feed_0.gif"
  hspace="2" valign="absmiddle" border="0"
  onMouseOver="this.src=delete_feed_1.src;"
  onMouseOut="this.src=delete_feed_0.src;"
  ><ajax:event ajaxRef="feedForm/deleteFeed" />
```

AjaxTags generiert den erforderlichen Skriptcode für diese Buttons.

Unter dem Formular steht ein `<div>`-Element namens `divFeedList`. Bei der Feed-Liste habe ich eine einfache Lösung gewählt und schreibe einfach den gesamten Inhalt des `<div>`-Elements neu, wenn die Liste aktualisiert wird.

Als Nächstes folgt der Hauptinhaltsbereich. Er besteht aus einer Kopfleiste und dem Bereich, in dem die Schlagzeilen und Artikel angezeigt werden. Die Kopfleiste enthält drei Buttons:

```
<input type="image"
  src="img/refresh_headlines_0.gif"
  hspace="10" valign="absmiddle" border="0"
  onMouseOver="this.src=refresh_headlines_1.src;"
  onMouseOut="this.src=refresh_headlines_0.src;"
  onClick="showFeedHeadlines('refresh', '', '');">
<input type="image"
  src="img/collapse_sidebar_0.gif"
  id="btnExpandCollapseSidebar" hspace="10"
  valign="absmiddle" border="0"
  onMouseOver="this.src=eval(this.getAttribute
    ('whichButton')+'_sidebar_1').src;"
  onMouseOut="this.src=eval(this.getAttribute
    ('whichButton')+'_sidebar_0').src;"
  onClick="collapseExpandSidebar();"
  whichButton="collapse">
<input type="image"
  src="img/open_in_new_window_0.gif"
  hspace="10" valign="absmiddle" border="0"
  onMouseOver="this.src=open_in_new_window_1.src;"
  onMouseOut="this.src=open_in_new_window_0.src;"
  onClick="openInNewWindow();">
```

Auch hier zeigen die Buttons einen Rollover-Effekt, um dem Benutzer Feedback zu geben. Jeder Button ist mit einem `onClick`-Eventhandler verbunden. Mit dem ersten Button werden die Schlagzeilen aktualisiert. Der Handler ruft die JavaScript-Funktion `showFeedHead-lines()` auf (siehe weiter unten). Mit dem zweiten Button wird die Seitenleiste verborgen und wieder angezeigt. Sein Handler ruft die Funktion `collapseExpandSidebar()` auf. Mit dem dritten Button wird ein neues Fenster geöffnet, um einen Artikel zu drucken oder separat anzuzeigen. Sein Handler ruft die Funktion `openInNewWindow()` auf.

Beachten Sie das `whichButton`-Attribut des Buttons SEITENLEISTE VERBERGEN. Standardmäßig verfügt das `<input>`-Tag nicht über ein solches Attribut. In HTML können Sie einem Tag beliebige Attribute zuweisen. Moderne Browser fügen sie dem DOM dieses Elements hinzu. Dies ist praktisch, wenn Sie, wie hier, Daten über den Zustand eines speziellen Tags speichern wollen. Wird die Seitenleiste angezeigt, sollte der Button SEITENLEISTE VERBERGEN zeigen, ist sie verborgen, sollte der Button SEITENLEISTE ANZEIGEN zeigen. Man könnte diese Information auch in einer JavaScript-Variablen speichern, aber sie in dem Tag als anwendungsspezifisches Attribut selbst festzuhalten ist eleganter; und dies ist der Zweck des whichButton-Attributs. Anhand seines Wertes kann mit der JavaScript-Funktion eval() der vollständige Variablenname für den aktuellen Zustand des Buttons konstruiert werden. Die Funktion akzeptiert einen String und wertet ihn als Code aus. Hier besteht dieser String aus dem Namen eines Bildes, der dynamisch aus dem Wert des whichButton-Attributs und einem Literal konstruiert wird. Er verweist auf eines der vorher geladenen Bilder. Wenn das src-Attribut dieses Bildes dem src-Attribut des Buttons zugewiesen wird, zeigt der Button das betreffende Bild.

Das whichButton-Attribut wird auch in der Funktion collapseExpandSidebar() verwendet, die ich etwas später beschreibe.

Der dritte Button, IN NEUEM FENSTER ÖFFNEN, ist zum Drucken erforderlich. Artikel werden in einem iFrame angezeigt und das verursacht leider ein Problem: Wenn Sie in einem iFrame Daten anzeigen, die unter einem URL gespeichert sind, der außerhalb der Domain liegt, die die ursprüngliche Seite geliefert hat (das heißt, von der AjaxReader bereitgestellt wurde), können Sie die meisten Seitenfunktionen nicht mehr ausführen, um domainübergreifende Skripting-Angriffe zu verhindern. Zu den problematischen Funktionen zählt auch die print()-Methode für iFrame-Fenster. Einige Browser scheinen das Drucken standardmäßig zu erlauben; andere können wahrscheinlich durch Änderung der Sicherheitseinstellungen dazu überredet werden. Doch hier soll der Benutzer nicht mit diesen Problemen belästigt werden, wenn er einen Artikel drucken will. Deshalb wird ein Artikel in einem neuen Fenster geöffnet, aus dem heraus der Benutzer den Artikel nach Gutdünken benutzen oder drucken kann. Zu diesem Zweck wird der URL gespeichert, den er beim Lesen der Feed-Schlagzeilen angeklickt hat. Wenn der Benutzer dann diesen Button anklickt, wird das neue Fenster mit diesem URL geöffnet. Wie der URL gespeichert wird, wird später bei der Beschreibung des Skripts für AjaxReader gezeigt. Hier sollten Sie sich nur merken, dass der URL beim Anklicken einer Schlagzeile in einer JavaScript-Variablen gespeichert und diese beim Anklicken des Buttons IN NEUEM FENSTER ÖFFNEN verwendet wird.

Schließlich folgt noch der Abschnitt für die Hauptinhalte. Hier ist der wichtige Teil:

```
<div id="divIFrame"><iframe name="ifContent" width="100%"
     height="100%" frameborder="no"></iframe></div>
```

Das iFrame wird wegen der Sicherheitsvorkehrungen des Browsers in ein <div>-Element eingehüllt und nicht einfach selbst verwendet. Die Vorkehrungen betreffen das Anklicken einer Schlagzeile und die Anzeige eines Artikels. Stellen Sie sich vor, Sie klickten den Button SCHLAGZEILEN AKTUALISIEREN an. Dann müsste der Inhalt des iFrame-Elements erneut geschrieben werden. Doch welche Domain wird gegenwärtig in dem iFrame-Element angezeigt? Wahrscheinlich nicht die Domain von AjaxReader! Deshalb würde das Sicherheitsmodell des Browsers die Aktion verhindern. Doch wenn das iFrame in ein <div>-Element eingeschlossen wird, kann der Inhalt des <div>-Elements inklusive des iFrame-Elements komplett neu geschrieben werden; und da das <div>-Element immer aus der aktuellen Domain stammt, treten keine Sicherheitsprobleme auf.

So viel zu den Auszeichnungen; nun zu dem Skript im <head> der Seite.

Das Skript beginnt mit der seitenweit gültigen Variablen viewState, die den Status der aktuellen View enthält. Sie kann drei Werte annehmen:

- 0 – der Ausgangszustand, wenn die Seite erstmalig geladen wird
- 1 – die Schlagzeilen eines Feeds werden angezeigt
- 2 – ein Artikel wird angezeigt

Der Status beeinflusst die Aktionen nach dem Anklicken diverser Buttons. Eine zweite Variable namens lastClickedLink speichert den Link der zuletzt angeklickten Schlagzeile. Er wird benötigt, wenn der Button IN NEUEM FENSTER ÖFFNEN angeklickt wird. Aufgrund der bereits beschriebenen Sicherheitseinschränkungen des Browsers kann hier nicht einfach das src-Attribut des iFrame-Elements referenziert werden, um den URL für das neue Fenster abzufragen. Deshalb verfügen Schlagzeilen über ein onClick-Ereignis, das den Wert dieser Variablen aktualisiert, damit dieser zum Öffnen eines neuen Fensters zur Verfügung steht.

Danach folgt der Abschnitt, in dem die Bilder für die Rollover-Effekte vorher geladen werden. Für jedes Bild wird ein Image-Objekt erstellt. Dann wird dem src-Attribut dieses Objekts der Dateiname des Bildes zugewiesen. Dabei wird das Bild automatisch in den Hauptspeicher geladen, damit es sofort abrufbar ist. So werden bei den Rollover-Effekten Zeitverzögerungen durch Nachladen der Bilder von der Festplatte (möglicherweise über ein Netzwerk) vermieden.

Danach folgt die init()-Funktion:

```
// Die Anwendung bei onLoad initialisieren
function init() {
  // Das div-Element divIFrame an die Größe des Fensters anpassen.
  // Ein Browser-Bug verhindert die Einstellung der Höhe auf 100%,
  // so dass diese per Code gesetzt werden muss. Und natürlich gibt
  // es Unterschiede zwischen IE und Firefox bei der Berechnung der
  // Größe des Dokuments, so dass Verzweigungen erforderlich sind.
  // Der Browser wird wie üblich anhand des XMLHttpRequest-Objektes
  // bestimmt.
  var dh = document.body.offsetHeight;
  // Die folgenden Werte wurden durch Versuch und Irrtum gefunden.
  if (window.XMLHttpRequest) {
     dh = dh - 84;
  } else {
     dh = dh - 120;
  }
  document.getElementById("divIFrame").style.height = dh + "px";
  window.frames["ifContent"].document.open();
  window.frames["ifContent"].document.write(
     "Bitte klicken Sie auf einen Feed, " +
     "um die Schlagzeilen anzuzeigen ...");
  window.frames["ifContent"].document.close();
  document.forms[0].feedTitle.value = "";
  document.forms[0].feedURL.value = "";
  document.forms[0].feedTitleEdit.value = "";
  document.forms[0].feedURLEdit.value = "";
  viewState = 0;

} // Ende init()
```

Diese Funktion erfüllt mehrere Aufgaben:

■ Erstens: Sie setzt zunächst die Größe des iFrame-Elements, wodurch es das ganze Fenster ausfüllt. (In dem einleitenden Kommentar dieses Codes wird erklärt, warum dieser Code erforderlich ist.)

■ Zweitens: Sie teilt dem Benutzer mit einer Nachricht in dem iFrame-Element mit, dass er Schlagzeilen durch Anklicken eines Feeds abrufen kann.

■ Drittens: Sie setzt alle Werte von feedForm auf Leerzeichen.

■ Viertens: Sie setzt viewState auf den Wert 0.

Alle Aufgaben bis auf die erste scheinen redundant zu sein, da die feedForm-Felder standard-mäßig leer sind und viewState bereits den Wert o enthält. Doch diese Funktion erfüllt einen doppelten Zweck: Sie wird auch später öfter aufgerufen, um die View zurückzusetzen.

Die nächste Funktion, showFeedHeadlines(), wird aufgerufen, wenn der Benutzer einen Feed in der Feed-Liste oder den Button SCHLAGZEILEN AKTUALISIEREN anklickt. Da sie auf zwei Ereignisse reagieren muss, akzeptiert sie einen Parameter, inEvent, der das betreffende Ereignis bezeichnet, und verzweigt intern dementsprechend. Der Parameter hat entweder den Wert »Feed«, wenn ein Feed in der Feed-Liste angeklickt wurde, oder »refresh«, wenn der Button SCHLAGZEILEN AKTUALISIEREN angeklickt wurde. Unter Berücksichtigung der Variablen viewState kann diese Funktion dann entsprechend reagieren.

Beispielsweise führt sie zuerst die folgende Prüfung durch:

```
if (viewState == 0 && inEvent == "refresh") {
  alert("Bitte wählen Sie zuerst einen Feed aus!");
  return;
}
```

Diese Prüfung behandelt den Fall, dass der Benutzer den Button SCHLAGZEILEN AKTUALISIE-REN anklickt, bevor er einen Feed ausgewählt hat. In jeder anderen View müssen bei dem Wert »refresh« einfach die verborgenen Formularfelder gefüllt und eine Ajax-Anfrage abgesetzt werden:

```
// Wenn 'Aktualisieren' angeklickt wurde und
// ein Feed angezeigt wird ...
if (inEvent == "refresh") {
  inFeedTitle = feedForm.feedTitle.value;
  inFeedURL = feedForm.feedURL.value;
}
```

Dieser Codeausschnitt ruft den Titel und den URL des angezeigten Feeds auf und fügt sie in zwei Variablen ein, mit denen einige Zeilen später das Formular gefüllt wird, das dann in dem Aufruf der Funktion doRefreshHeadlines() verwendet wird, die das Ajax-Ereignis auslöst. (Hinweis: Der Methodenname wurde in dem manual-Tag spezifiziert.) Schließlich muss, wenn viewState den Wert 2 hat, also Artikel angezeigt werden, unabhängig von dem Wert von inEvent wieder ein leeres iFrame-Element erstellt werden:

```
// Wenn ein Artikel angezeigt wird ...
if (viewState == 2) {
  // Das iFrame in dem div-Element 'divIFrame' muss rekonstruiert
  // werden. Damit werden die Sicherheitseinschränkungen des
  // Browsers umgangen, da das iFrame auf den meisten Wegen
```

```
        // unzugänglich ist, wenn ein externer Artikel angezeigt wird.
        // Leider funktioniert dies nicht browserübergreifend, so dass
        // eine Verzweigung je nach Browser erforderlich ist. Auch hier
        // wird XMLHttpRequest geprüft, obwohl dieses Objekt selbst
        // nicht verwendet wird, da auf diese Weise der Browser-Typ
        // (IE oder nicht) leicht festgestellt werden kann.
        if (window.XMLHttpRequest){
          var newIF = document.createElement("iframe");
          newIF.setAttribute("name", "ifContent");
          newIF.setAttribute("width", "100%");
          newIF.setAttribute("height", "100%");
          newIF.setAttribute("frameborder", "no");
          var dif = document.getElementById("divIFrame");
          dif.appendChild(newIF);
        } else {
          document.getElementById("divIFrame").innerHTML =
            "<iframe name=\"ifContent\" width=\"100" + "%" + "\" " +
            "height=\"100" + "%" + "\" frameborder=\"no\"></iframe>"
        }
      }
```

Auch hier gibt es browserspezifische Verzweigungen. Bei Firefox gibt es das Problem, dass das iFrame-Element bei einer Ersetzung des innerHTML-Attributs des <div>-Elements nicht in das DOM eingefügt wird. Doch das iFrame-Element wird später gebraucht. Im Internet Explorer hingegen wird es in das DOM eingefügt. Deshalb wird für Firefox ein neues iFrame-Element erstellt, die entsprechenden Attribute werden gesetzt und dann wird das Element an das divIFrame-Element angehängt. Beim Internet Explorer reicht es aus, das innerHTML-Attribut zu setzen.

Der folgende Code setzt dann in allen Fällen die vier Formularfelder auf die eingegebenen bzw. die bei einer Aktualisierung abgerufenen Werte, schreibt die BITTE WARTEN-Nachricht in das iFrame-Element, setzt den viewState und löst natürlich das Ajax-Ereignis aus.

Die nächste Funktion, collapseExpandSidebar(), hat mit Ajax nichts zu tun, sondern dient der clientseitigen DOM-Manipulation. Sie verbirgt die Seitenleiste oder zeigt sie wieder an. Zu diesem Zweck fragt sie das whichButton-Attribut des Buttons ab, um die je nach Zustand erforderliche Aktion zu bestimmen. Beachten Sie auch die getAttribute()-Funktion. Sie dient zur DOM-Manipulation und wird in einigen Browsern zum Zugriff auf anwendungsspezifische Attribute benötigt (andere Browser können die Attribute direkt referenzieren). Mit einer entsprechenden setAttribute()-Funktion können Sie den Wert des whichButton-Attributs setzen. Je nachdem, ob die Seitenleiste verborgen oder angezeigt wird, wird dem display-Stilattribut der Seitenleiste none bzw. block zugewiesen; außerdem werden das whichButton-Attribut sowie das Bild des Buttons entsprechend gesetzt.

Die nächste Funktion, linkClicked(), wird aufgerufen, wenn der Benutzer eine Schlagzeile anklickt. Sie setzt den Statusindikator viewState auf 2 und weist der Variablen lastClickedLink den als Argument übergebenen URL der angeklickten Schlagzeile zu. Die Funktion wird von dem Code aufgerufen, der von dem ListHeadlinesServlet generiert wird, das etwas später behandelt wird. Ich erwähne dies nur, weil index.jsp keinen entsprechenden Aufruf von linkClicked() enthält!

styles.css

Die Anwendung verfügt auch über ein externes Stylesheet (siehe Listing 6.4).

```
.cssMain {
  font-family     : arial;
  font-size       : 12pt;
  font-weight     : bold;
}

.cssFeed {
  color           : #000000;
  cursor          : normal;
}

.cssFeedHover {
  color           : #ff0000;
  cursor          : pointer;
}

.cssSidebar {
  display         : block;
  background-color : #f0f0f0;
}

.cssFeedList {
  width           : 100%;
  height          : 100%;
  overflow        : scroll;
}

.cssControlTitle {
  background-color : #f0f0f0;
}

.cssDividerRow {
  background-color : #f0f0f0;
}

.cssTextbox {
  font-family     : verdana;
  font-size       : 10pt;
  font-weight     : bold;
  border          : solid 2px #000000;
  background-color : #ffffff;
}

.cssTextboxActive {
  font-family     : verdana;
  font-size       : 10pt;
  font-weight     : bold;
  border          : solid 2px #ffa0a0;
  background-color : #ffff00;
}
```

Listing 6.4:   Das externe Stylesheet von AjaxReader

Wahrscheinlich ist in diesem Stylesheet nur das cursor-Attribut in dem cssFeedHover-Selektor für die Elemente der Feed-Liste wirklich interessant. Je nach Betriebssystem nimmt der Mauszeiger die Form eines Pfeils oder einer Hand an, wenn er über einem Feed in der Liste steht. Derselbe Stilselektor ändert dann auch die Farbe des Elements in Rot. Derartige visuelle Hinweise helfen dem Benutzer, sich zu orientieren. Ähnlich stellt der cssTextbox-Active-Selektor den Hintergrund eines Textfeldes gelb und seinen Rahmen rot dar, wenn es aktiviert wird.

6.4.2 Der serverseitige Code

Der serverseitige Code von AjaxReader ist etwas umfangreicher. AjaxReader besteht insgesamt aus sechs Java-Klassen: fünf Servlets und einem DTO (Data Transfer Object = Datentransferobjekt).

FeedDescriptorDTO.java

Zunächst das DTO (siehe Listing 6.5).

```java
package com.apress.ajaxprojects.rssreader.dtos;

import java.lang.reflect.Field;

/**
 * Dies ist eine Bean, die einen Feed repräsentiert.
 */
public class FeedDescriptor {

  /**
   *
   */
  private String feedTitle;

  /**
   *
   */
  private String feedURL;

  /**
   * 'feedTitle'-Mutator
   *
   * @param inFeedTitle Neuer Wert von 'feedTitle'
   */
  public void setFeedTitle(String inFeedTitle) {

    feedTitle = inFeedTitle;

  } // Ende setFeedTitle()

  /**
   * 'feedTitle'-Accessor
   *
```

```
 * @return Aktueller Wert von 'feedTitle'
 */
public String getFeedTitle() {

  return feedTitle;

} // Ende getFeedTitle()

/**
 * 'feedURL'-Mutator
 *
 * @param inFeedURL Neuer Wert von 'feedURL'
 */
public void setFeedURL(String inFeedURL) {

  feedURL = inFeedURL;

} // Ende setFeedURL()

/**
 * 'feedURL'-Accessor
 *
 * @return Aktueller Wert von 'feedURL'
 */
public String getFeedURL() {

  return feedURL;

} // Ende getFeedURL()

/**
 * Überschriebene toString-Methode
 *
 * @return Eine reflexiv konstruierte String-Repräsentation dieser Bean
 */
public String toString() {

  String str = null;
  StringBuffer sb = new StringBuffer(1000);
  sb.append("[" + super.toString() + "]=\n{{{");
  try {
    Field[] fields = this.getClass().getDeclaredFields();
    for (int i = 0; i < fields.length; i++) {
      sb.append("\n" + fields[i].getName() + "=" + fields[i].get(this));
    }
    sb.append("\n}}}");
    str = sb.toString().trim();
  } catch (IllegalAccessException iae) {
    iae.printStackTrace();
  }
  return str;
```

```
} // Ende toString()

} // Ende class
```
Listing 6.5:   Die FeedDescriptorDTO-Klasse

Die FeedDescriptorDTO-Klasse ist eine einfache Bean, die Informationen über einen Feed
(Titel und URL) speichert.

Nun komme ich zu den Servlets, die einige interessante Dinge enthalten.

StartupServlet.java

Listing 6.6 zeigt das StartupServlet.

```
package com.apress.ajaxprojects.rssreader.servlets;

import com.apress.ajaxprojects.rssreader.dtos.FeedDescriptor;
import java.io.InputStream;
import java.util.ArrayList;
import java.util.Iterator;
import java.util.Properties;
import javax.servlet.http.HttpServlet;
import javax.servlet.ServletConfig;
import javax.servlet.ServletContext;
import javax.servlet.ServletException;
import org.apache.commons.logging.Log;
import org.apache.commons.logging.LogFactory;

/**
 * Servlet, das die Anwendung beim Start einrichtet
 *
 * @author <a href="mailto:fzammetti@omnytex.com">Frank W. Zammetti</a>.
 */
public class StartupServlet extends HttpServlet {

  /**
   * Protokoll
   */
  private static Log log = LogFactory.getLog(StartupServlet.class);

  /**
   * Initialisierung
   *
   * @throws ServletException Für den Fehlerfall
   */
  public void init() throws ServletException {

    try {
      log.info("AJAXReader StartupServlet Initialisierung...");
      ServletConfig  servletConfig  = getServletConfig();
      ServletContext servletContext = servletConfig.getServletContext();
      // Die Datei feeds.properties laden
```

```
        InputStream isFeedFile =
          servletContext.getResourceAsStream("WEB-INF/feeds.properties");
        Properties properties = new Properties();
        properties.load(isFeedFile);
        ArrayList feeds = new ArrayList();
        // Über alle Feeds iterieren,
        // für jeden Feed ein FeedDescriptorDTO erstellen,
        // und die Collection in der Anwendung speichern.
        for (Iterator it = properties.keySet().iterator(); it.hasNext();) {
          String feedTitle = (String)it.next();
          String feedURL   = properties.getProperty(feedTitle);
          FeedDescriptor feedDescriptor = new FeedDescriptor();
          feedDescriptor.setFeedTitle(feedTitle);
          feedDescriptor.setFeedURL(feedURL);
          feeds.add(feedDescriptor);
        }
        servletContext.setAttribute("feeds", feeds);
        log.info("feeds = " + feeds);
        log.info("AJAXReader StartupServlet Fertig");
      } catch (Exception e) {
        e.printStackTrace();
      }

    } // Ende init()

} // Ende class
```

Listing 6.6:   StartupServlet

Sie wissen aus der Beschreibung von web.xml, dass das StartupServlet das einzige Servlet ist, das zugleich mit dem Kontext startet; alle anderen Servlets werden initialisiert, wenn sie zum ersten Mal verwendet werden. Dieses Servlet liest die Datei feeds.properties ein, konstruiert für jeden Feed ein FeedDescriptorDTO und fügt es in eine Collection ein, die in dem Anwendungskontext gespeichert wird. Dadurch wird die Datei im Hauptspeicher verwaltet und muss nicht immer wieder eingelesen werden. Im Folgenden muss die Feed-Liste nur noch aktualisiert werden.

Der Code ist typisch für das Arbeiten mit Properties-Dateien. Es wird ein entsprechender InputStream erstellt und die Datei wird mit der load()-Methode der Properties-Klasse eingelesen. Dann werden die Eigenschaften durchlaufen; und für jede Eigenschaft wird ein FeedDescriptorDTO instanziert und mit Daten versehen. Das DTO wird in eine ArrayList eingefügt, die danach als Servlet-Kontext-Attribut gesetzt wird, das in der gesamten Anwendung (oder im gesamten Kontext) gilt. Auch wenn StartupServlet nicht viel hergibt, ist es ein wesentlicher Teil der Anwendung.

ListFeedsServlet.java

Listing 6.7 zeigt das ListFeedsServlet.

```
package com.apress.ajaxprojects.rssreader.servlets;

import com.apress.ajaxprojects.rssreader.dtos.FeedDescriptor;
import java.io.IOException;
```

```java
import java.io.PrintWriter;
import java.util.ArrayList;
import java.util.Iterator;
import javax.servlet.http.HttpServlet;
import javax.servlet.http.HttpServletRequest;
import javax.servlet.http.HttpServletResponse;
import javax.servlet.ServletException;
import org.apache.commons.logging.Log;
import org.apache.commons.logging.LogFactory;


/**
 * Servlet zur Anzeige von Feeds
 *
 * @author <a href="mailto:fzammetti@omnytex.com">Frank W. Zammetti</a>.
 */
public class ListFeedsServlet extends HttpServlet {

  /**
   * Protokoll
   */
  private static Log log = LogFactory.getLog(ListFeedsServlet.class);

  /**
   * doGet.  Ruft doPost() auf, wo die eigentliche Arbeit geleistet wird
   *
   * @param   request          HTTPServletRequest.
   * @param   response         HTTPServletResponse.
   * @throws ServletException ServletException.
   * @throws IOException       IOException.
   */
  public void doGet(HttpServletRequest request,
    HttpServletResponse response)
    throws ServletException, IOException {

    doPost(request, response);

  } // Ende doGet()

  /**
   * doPost.
   *
   * @param   request          HTTPServletRequest.
   * @param   response         HTTPServletResponse.
   * @throws ServletException ServletException.
   * @throws IOException       IOException.
   */
  public void doPost(HttpServletRequest request,
    HttpServletResponse response)
    throws ServletException, IOException {

    log.info("ListFeedsServlet.doPost()");
    response.setContentType("text/html");
```

```
      PrintWriter out = response.getWriter();
      ArrayList feeds =
        (ArrayList)getServletContext().getAttribute("feeds");
      // Die Collection der Feeds durchlaufen und für jedes
      // Element Auszeichnungen und Handler generieren, damit die
      // Schlagzeilen durch einen Klick abgerufen werden können.
      // Außerdem soll ein Element hervorgehoben werden,
      // wenn der Mauszeiger darüber steht.
      for (Iterator it = feeds.iterator(); it.hasNext();) {
        FeedDescriptor feedDescriptor = (FeedDescriptor)it.next();
        out.println("<div class=\"cssFeed\" onClick=\"" +
          "showFeedHeadlines('feed','"+feedDescriptor.getFeedTitle()+"',"+
          "'" + feedDescriptor.getFeedURL() + "');\"" +
          " onMouseOver=\"this.className='cssFeedHover';\"" +
          " onMouseOut=\"this.className='cssFeed';\"" +
          ">" + feedDescriptor.getFeedTitle() + "</div>");
      }

    } // Ende doPost()

} // Ende class
```

Listing 6.7:   Das ListFeedsServlet, mit dem die Feeds angezeigt werden

ListFeedsServlet generiert die Auszeichnungen, die in dem Abschnitt der Feed-Liste auf dem Bildschirm angezeigt werden. Es erhält die ArrayList aus dem Anwendungskontext, durchläuft sie und erstellt für jedes Element (Feed) die passenden Auszeichnungen.

Dabei wird auch der onClick-Eventhandler generiert, der die JavaScript-Funktion showFeed-Headlines() aufruft, die ich weiter vorne beschrieben habe. Hier wird das Wort »feed« als erster Parameter an die Funktion übergeben, der die Verzweigungslogik in der Funktion steuert. Außerdem werden onMouseOver- und onMouseOut-Handler generiert, mit denen die Stilklasse für die Anzeige der Elemente geändert wird. Sie ändert die Farbe und die Cursorform, wenn der Mauszeiger über einem Element steht bzw. dieses wieder verlässt.

ListHeadlinesServlet.java

Listing 6.8 zeigt das ListHeadlinesServlet.

```
package com.apress.ajaxprojects.rssreader.servlets;

import com.apress.ajaxprojects.rssreader.dtos.FeedDescriptor;
import com.sun.syndication.feed.synd.SyndEntryImpl;
import com.sun.syndication.feed.synd.SyndFeed;
import com.sun.syndication.io.SyndFeedInput;
import com.sun.syndication.io.XmlReader;
import java.io.ByteArrayInputStream;
import java.io.IOException;
import java.io.PrintWriter;
import java.net.URL;
import java.util.ArrayList;
import java.util.Iterator;
import java.util.List;
```

```java
import javawebparts.request.RequestHelpers;
import javax.servlet.http.HttpServlet;
import javax.servlet.http.HttpServletRequest;
import javax.servlet.http.HttpServletResponse;
import javax.servlet.ServletException;
import org.apache.commons.digester.Digester;
import org.apache.commons.logging.Log;
import org.apache.commons.logging.LogFactory;


/**
 * Servlet zur Anzeige der Schlagzeilen eines Feeds
 *
 * @author <a href="mailto:fzammetti@omnytex.com">Frank W. Zammetti</a>.
 */
public class ListHeadlinesServlet extends HttpServlet {

  /**
   * Protokoll
   */
  private static Log log = LogFactory.getLog(ListHeadlinesServlet.class);


  /**
   * doGet.  Ruft doPost() auf, wo die eigentliche Arbeit geleistet wird
   *
   * @param   request            HTTPServletRequest.
   * @param   response           HTTPServletResponse.
   * @throws  ServletException ServletException.
   * @throws  IOException        IOException.
   */
  public void doGet(HttpServletRequest request,
    HttpServletResponse response)
    throws ServletException, IOException {

    doPost(request, response);

  } // Ende doGet()

  /**
   * doPost.
   *
   * @param   request            HTTPServletRequest.
   * @param   response           HTTPServletResponse.
   * @throws  ServletException ServletException.
   * @throws  IOException        IOException.
   */
  public void doPost(HttpServletRequest request,
    HttpServletResponse response)
    throws ServletException, IOException {

    try {

      log.info("ListHeadlinesServlet.doPost()");
```

```
// Mit Commons Digester den gePOSTeten XML-Code parsen,
// um die Schlagzeilen für den angegebenen Feed abzurufen
Digester digester = new Digester();
digester.setValidating(false);
// Der XML-Code hat die Form:
// <feed>
//   <feedTitle />
// </feed>
// Eine FeedDescriptor-Instanz erstellen,
// wenn <feed> gefunden wird, und dann aus
// den drei untergeordneten Elementen bevölkern
digester.addObjectCreate("feed",
  "com.apress.ajaxprojects.rssreader.dtos.FeedDescriptor");
digester.addBeanPropertySetter("feed/feedTitle", "feedTitle");
String newFeedXML = RequestHelpers.getBodyContent(request);
FeedDescriptor feedDescriptor = null;
feedDescriptor = (FeedDescriptor)digester.parse(
  new ByteArrayInputStream(newFeedXML.getBytes()));

// Den gerade ausgefüllten FeedDescriptor protokollieren
log.info("Feed = " + feedDescriptor);

// Den benötigten Feed in der Collection des Anwendungskontextes
// suchen, um den URL abzurufen
String     feedURL = null;
ArrayList feeds =
  (ArrayList)getServletContext().getAttribute("feeds");
for (Iterator it = feeds.iterator(); it.hasNext();) {
  FeedDescriptor fd = (FeedDescriptor)it.next();
  if (fd.getFeedTitle().equals(feedDescriptor.getFeedTitle())) {
    feedURL = fd.getFeedURL();
    break;
  }
}

// Proxy einrichten, falls konfiguriert
String proxyHost =
  getServletContext().getInitParameter("proxyHost");
String proxyPort =
  getServletContext().getInitParameter("proxyPort");
if (proxyHost != null && !proxyHost.equalsIgnoreCase("") &&
  proxyPort != null && !proxyPort.equalsIgnoreCase("")) {
    System.getProperties().put("proxySet", "true");
    System.getProperties().put("proxyHost", proxyHost);
    System.getProperties().put("proxyPort", proxyPort);
}

// Den angeklickten Feed mit ROME abrufen
URL            feedUrl = new URL(feedURL);
SyndFeedInput input    = new SyndFeedInput();
SyndFeed       feed    = input.build(new XmlReader(feedUrl));
```

```
    // Die Schlagzeilen durchlaufen und den HTML-Code generieren
    List headlines = feed.getEntries();
    StringBuffer sb = new StringBuffer(4096);
    sb.append("<html><head><title></title></head><body>\n<ul>\n");
    for (Iterator it = headlines.iterator(); it.hasNext();) {
      SyndEntryImpl entry = (SyndEntryImpl)it.next();
      sb.append("<li><a href=\"" + entry.getUri() + "\" " +
        "onClick=\"window.parent.lastClickedLink='" +
        entry.getUri() + "';\"" +
        ">" + entry.getTitle() + "</a><br>" +
        entry.getDescription().getValue() +
        "<br><br></li>\n");
    }
    sb.append("</ul></body></html>");

    // Den HTML-Code ausgeben
    response.setContentType("text/html");
    PrintWriter out = response.getWriter();
    out.println(sb.toString());

  } catch (Exception e) {
    // Bei Ausnahmen wird im Allgemeinen Inhalt zurückgegeben, der
    // sagt, dass der Feed nicht abgerufen werden konnte. Vorher
    // erfolgt jedoch die typische "minimale" Ausnahmebehandlung.
    // Beachten Sie, dass die Ausnahme im Gegensatz zu den anderen
    // Servlets am Ende NICHT erneut ausgelöst wird. Was immer
    // passiert, soll hier endgültig abgehandelt werden!
    System.err.println(
      "ListHeadlinesServlet.doPost(): Ausnahme: " + e);
    e.printStackTrace();
    response.setContentType("text/html");
    PrintWriter out = response.getWriter();
    out.println("<html><head><title>Fehler</title></head><body>" +
      "<font color=\"#ff0000\">Der Feed kann leider nicht abgerufen " +
      "und geparst werden! Bitte versuchen Sie es noch einmal." +
      "</font><br><br>Prüfen Sie folgende Dinge:<br><br>" +
      "* Ist der URL des Feeds korrekt?<br>" +
      "* Sind proxyHost und proxyPort korrekt eingerichtet?");
  }

  } // Ende doPost()

} // Ende class
```

Listing 6.8:   ListHeadlinesServlet

Zunächst möchte ich folgenden Codeabschnitt hervorheben:

```
    // Mit Commons Digester den gePOSTeten XML-Code parsen,
    // um die Schlagzeilen für den angegebenen Feed abzurufen
    Digester digester = new Digester();
    digester.setValidating(false);
```

```
// Der XML-Code hat die Form:
// <feed>
//    <feedTitle />
// </feed>
// Eine FeedDescriptor-Instanz erstellen,
// wenn <feed> gefunden wird, und dann aus
// den drei untergeordneten Elementen bevölkern
digester.addObjectCreate("feed",
  "com.apress.ajaxprojects.rssreader.dtos.FeedDescriptor");
digester.addBeanPropertySetter("feed/feedTitle", "feedTitle");
String newFeedXML = RequestHelpers.getBodyContent(request);
FeedDescriptor feedDescriptor = null;
feedDescriptor = (FeedDescriptor)digester.parse(
  new ByteArrayInputStream(newFeedXML.getBytes()));
```

Der eingehende XML-Code wird wieder mit Commons Digester geparst. Das Ergebnis ist hier ein FeedDescriptorDTO mit einem ausgefüllten feedTitle (ein feedURL wird nicht übergeben). Danach wird die Collection der FeedDescriptorDTOs des Anwendungskontextes nach dem entsprechenden Eintrag durchsucht; existiert dieser, wird der zugehörige URL abgerufen. Ich habe diese Lösung gewählt, statt auch den URL zu übergeben, weil Digester zwar sehr praktisch, aber etwas schwergewichtig ist und einen größeren Overhead benötigt.

Weil Digester intern Commons Beanutils benutzt und weil Beanutils seine Arbeit mit einer gesunden (oder, je nach Standpunkt, ungesunden) Dosis Reflection leistet und weil Reflection auch heute noch eine eher teure Operation ist (obwohl nicht annähernd so schlimm wie früher – moderne JVMs arbeiten erheblich effizienter!), sollten Sie Digester wohl besser nur für kurze Nachrichten wie in diesem Fall verwenden. Außerdem können Sie die Effizienz verbessern, wenn Sie eine Instanz von Digester auf Abruf bereit halten, da ein großer Teil des Overheads mit dem Parsen und Einrichten der Regeln befasst ist. Wenn Sie eine Instanz erstellt haben und die Regeln nicht ändern, können Sie die Instanz als statisches Element einer Klasse speichern und wiederverwenden, um so einen großen Teil des Overheads einzusparen. Doch bei kleinen Nachrichten wie dieser, die nicht wirklich zeitabhängig sind (das heißt, bei denen einige Hundert Millisekunden mehr oder weniger keinen großen Unterschied bedeuten), kommen Sie auch ohne solche Tricks aus. Deshalb: Je weniger Sie parsen müssen, desto besser. Weil der Client hier nur den Feed-Titel liefern muss, da der URL aus dem Anwendungskontext abgeleitet werden kann, hielt ich den hier gezeigten Ansatz für etwas effizienter. Zweifellos würde der Vorteil bei einer größeren Anzahl von Feeds geringer werden, und wahrscheinlich gibt es einen Punkt, ab dem Digester schneller arbeiten würde als die Iteration. Betrachten Sie dies als eine Gelegenheit, den Code zu verbessern!

Im nächsten Codeabschnitt wird der Netzwerk-Proxy eingerichtet, falls er in web.xml definiert ist. Wenn die beiden Parameter proxyPort und proxyHost nicht leer sind, werden die Systemeigenschaften anhand ihrer Werte gesetzt. Danach benutzen alle Java-Netzwerkoperationen diese Proxy-Einstellungen.

Danach wird der Feed mit ROME geparst:

```
// Den angeklickten Feed mit ROME abrufen
URL           feedUrl = new URL(feedURL);
SyndFeedInput input   = new SyndFeedInput();
SyndFeed      feed    = input.build(new XmlReader(feedUrl));
```

Dieser Code sollte Ihnen nach der Beschreibung von ROME weiter vorne vertraut vorkommen. Nachdem die SyndFeed-Instanz bevölkert wurde, muss die Antwort nur generiert und ausgegeben werden:

```
// Die Schlagzeilen durchlaufen und den HTML-Code generieren
List headlines = feed.getEntries();
StringBuffer sb = new StringBuffer(4096);
sb.append("<html><head><title></title></head><body>\n<ul>\n");
for (Iterator it = headlines.iterator(); it.hasNext();) {
  SyndEntryImpl entry = (SyndEntryImpl)it.next();
  sb.append("<li><a href=\"" + entry.getUri() + "\" " +
    "onClick=\"window.parent.lastClickedLink='" +
    entry.getUri() + "';\"" +
    ">" + entry.getTitle() + "</a><br>" +
    entry.getDescription().getValue() +
    "<br><br></li>\n");
}
sb.append("</ul></body></html>");

// Den HTML-Code ausgeben
response.setContentType("text/html");
PrintWriter out = response.getWriter();
out.println(sb.toString());
```

Die SyndFeed-Instanz liefert die Collection der Schlagzeilen. Hier wird für jedes Element dieser Collection HTML-Code generiert. Beachten Sie auch window.parent.lastClickedLink. Zur Erinnerung: Die JSP index.jsp enthält eine JavaScript-Funktion namens linkClicked(), in der der zuletzt angeklickte Link gesetzt wird. In der DOM-Hierarchie des Browsers ist index.jsp die übergeordnete Komponente des iFrame-Elements, in dem dieser HTML-Code angezeigt wird; deshalb muss die Hierarchie durchlaufen werden, um diese Funktion abzurufen. Glücklicherweise gibt es eine leichte Abkürzung. Jedes Fensterobjekt im Browser, also auch ein iFrame-Element, verfügt über ein parent-Attribut, das eine Referenz auf die übergeordnete Komponente im Dokument enthält. Deshalb kann die Funktion über eine Referenz dieser Komponente direkt aufgerufen werden. Abgesehen davon werden unkomplizierte Auszeichnungen mit den entsprechenden Handlern generiert, um eine Schlagzeile anzuzeigen und anklicken zu können.

Auf einen Punkt möchte ich besonders hinweisen: Sie können immer eine JSP verwenden, um Ihre Antwort zu generieren. Das heißt, Sie müssen praktisch nie Java-Code wie den hier gezeigten verwenden. Bei anderen Projekten in diesem Buch habe ich den JSP-Ansatz gewählt, doch hier wollte ich diese Alternative zeigen. Vielleicht wissen Sie auch, dass es heute nicht als Best Practice gilt, Antworten mit Code wie diesem zu generieren. Ich kann dem nur beipflichten. Doch Sie sollten immer daran denken, dass Sie eine Wahl haben; und manchmal gibt es gute Gründe, nicht den JSP-Weg zu gehen. Sie müssen auch keine JSP, sondern können eine beliebige andere Präsentationstechnologie (Velocity, FreeMarker usw.) wählen. Meiner Erfahrung nach wissen viele Entwickler, die mit Ajax arbeiten, gar nicht, dass sie JSPs oder andere Darstellungstechniken benutzen können. Ich möchte Sie deshalb ausdrücklich auf diese Alternativen hinweisen! Außerdem gelten nach wie vor alle Gründe, überhaupt JSPs zu verwenden, nämlich dass Sie nach Änderungen den Code nicht neu kompilieren müssen, dass die Verantwortlichkeiten besser getrennt sind usw. Ich glaube nicht, dass es die eine richtige Antwort gibt, sondern dass es sich einfach um zwei verschiedene Ansätze handelt, die Sie als Entwickler kennen sollten und die Ihren Handlungsspielraum vergrößern.

Schließlich ist anzumerken, dass der gesamte Code in einen `try...catch`-Block eingeschlossen ist. Bei jeder Ausnahme soll der Code auf die gleiche Weise reagieren: Er soll die Nachricht ausgeben, dass der Feed nicht abgerufen werden konnte, und sogar die beiden wahrscheinlichsten Gründe für den Fehler nennen.

Natürlich hätte ich den Fehler auch näher analysieren und speziellere Abhilfen ersinnen können; doch in der Praxis kann ich mir nicht sehr viele Fehlerbedingungen vorstellen, nach denen eine Weiterarbeit möglich wäre. Deshalb gäbe es wahrscheinlich sowieso nichts anderes zu tun. Diese Lösung vereinfacht den Code und dieser bleibt dennoch so benutzerfreundlich wie möglich.

SaveFeedsServlet.java

Listing 6.9 zeigt das `SaveFeedsServlet`, mit dem die eingegebenen Feeds gespeichert werden.

```
package com.apress.ajaxprojects.rssreader.servlets;

import com.apress.ajaxprojects.rssreader.dtos.FeedDescriptor;
import java.io.ByteArrayInputStream;
import java.io.File;
import java.io.FileOutputStream;
import java.io.IOException;
import java.io.PrintWriter;
import java.util.ArrayList;
import java.util.Iterator;
import java.util.Properties;
import javawebparts.request.RequestHelpers;
import javax.servlet.http.HttpServlet;
import javax.servlet.http.HttpServletRequest;
import javax.servlet.http.HttpServletResponse;
import javax.servlet.ServletException;
import org.apache.commons.digester.Digester;
import org.apache.commons.logging.Log;
import org.apache.commons.logging.LogFactory;


/**
 * Servlet zum Speichern eines Feeds
 *
 * @author <a href="mailto:fzammetti@omnytex.com">Frank W. Zammetti</a>.
 */
public class SaveFeedServlet extends HttpServlet {

  /**
   * Protokoll
   */
  private static Log log = LogFactory.getLog(SaveFeedServlet.class);

  /**
   * doGet.  Ruft doPost() auf, wo die eigentliche Arbeit geleistet wird
   *
   * @param  request          HTTPServletRequest.
   * @param  response         HTTPServletResponse.
```

```
 * @throws ServletException ServletException.
 * @throws IOException      IOException.
 */
public void doGet(HttpServletRequest request, HttpServletResponse response)
  throws ServletException, IOException {

  doPost(request, response);

} // Ende doGet()

/**
 * doPost.
 *
 * @param  request          HTTPServletRequest.
 * @param  response         HTTPServletResponse.
 * @throws ServletException ServletException.
 * @throws IOException      IOException.
 */
public void doPost(HttpServletRequest request, HttpServletResponse response)
  throws ServletException, IOException {

  try {

    log.info("AddFeedServlet.doPost()");

    // Mit Commons Digester den gePOSTeten XML-Code parsen,
    // um den Feed hinzuzufügen
    Digester digester = new Digester();
    digester.setValidating(false);
    // Der XML-Code hat die Form:
    // <feed>
    //   <feedTitle />
    //   <feedURL />
    // </feed>
    // Eine FeedDescriptor-Instanz erstellen,
    // wenn <feed> gefunden wird,
    // und dann aus den drei untergeordneten Elementen bevölkern
    digester.addObjectCreate("feed",
      "com.apress.ajaxprojects.rssreader.dtos.FeedDescriptor");
    digester.addBeanPropertySetter("feed/feedTitle", "feedTitle");
    digester.addBeanPropertySetter("feed/feedURL", "feedURL");
    String newFeedXML = RequestHelpers.getBodyContent(request);
    FeedDescriptor feedDescriptor = null;
    feedDescriptor = (FeedDescriptor)digester.parse(
      new ByteArrayInputStream(newFeedXML.getBytes()));

    // Den gerade ausgefüllten FeedDescriptor protokollieren
    log.info("Feed = " + feedDescriptor);

    // Prüfen, ob sowohl der Titel als auch der URL vorliegen;
    // Falls nicht: Fehler
    if (feedDescriptor.getFeedTitle() == null ||
```

```
      feedDescriptor.getFeedTitle().equalsIgnoreCase("") ||
      feedDescriptor.getFeedURL() == null ||
      feedDescriptor.getFeedURL().equalsIgnoreCase("")) {

      log.info("Kein Titel und/oder URL, Hinzufügen nicht möglich.");
      // Nachricht an den Benutzer: Feed wurde NICHT hinzugefügt.
      PrintWriter out = response.getWriter();
      out.print("alert(\"Der Feed wurde nicht gespeichert, weil der
        Titel und/oder der URL leer war.\");");
      out.flush();
      out.close();

  // Titel und URL sind vorhanden;
  // Hinzufügen oder Aktualisieren ist möglich.
  } else {

      log.info("Titel und URL sind vorhanden, Existenzprüfung ...");

      // Prüfen, ob ein Feed dieses Namens bereits existiert.
      // Falls ja, den URL mit den empfangenen Daten aktualisieren.
      boolean isAdd = true;
      ArrayList feeds =
        (ArrayList)getServletContext().getAttribute("feeds");
      for (Iterator it1 = feeds.iterator(); it1.hasNext();) {
        FeedDescriptor feed = (FeedDescriptor)it1.next();
        if (feedDescriptor.getFeedTitle().equalsIgnoreCase(
          feed.getFeedTitle())) {
          log.info("Feed schon vorhanden, URL aktualisieren ...");
          // 'isAdd' auf 'false' setzen, um anzugeben,
          // dass es sich um eine Aktualisierung handelt
          isAdd = false;
          feed.setFeedURL(feedDescriptor.getFeedURL());
        }
      }

      // Neuen Feed hinzufügen (isAdd=true);
      if (isAdd) {
        log.info("Neuen Feed hinzufügen ...");
        feeds.add(feedDescriptor);
        getServletContext().setAttribute("feeds", feeds);
      }

      // Alle Feeds in der Collection einschließlich des neuen
      // in ein Properties-Objekt einfügen
      Properties properties = new Properties();
      for (Iterator it = feeds.iterator(); it.hasNext();) {
        FeedDescriptor feed = (FeedDescriptor)it.next();
        properties.setProperty(feed.getFeedTitle(),
          (String)feed.getFeedURL());
      }

      // Eine möglicherweise vorhandene feed.properties-Datei
```

```
        // in WEB-INF löschen und anhand des gerade erstellten
        // Properties-Objektes eine neue Version erstellen;
        // damit wurde der neue Feed hinzugefügt.
        new File(getServletContext().getRealPath("WEB-INF") +
          "/feeds.properties").delete();
        FileOutputStream fos =
          new FileOutputStream(getServletContext().getRealPath("WEB-INF")
          + "/feeds.properties");
        properties.store(fos, null);
        fos.close();

        // Bestätigungsmeldung für den Benutzer erstellen
        // und Anzeige aktualisieren
        log.info("Outputting response success response");
        PrintWriter out = response.getWriter();
        out.println("init();");
        out.println("alert(\"Der Feed '" + feedDescriptor.getFeedTitle()
          + "' wurde gespeichert. Ihre Feed-Liste sollte gleich "
          + "aktualisiert werden.\");");
        out.flush();
        out.close();

      }

    } catch (Exception e) {
      // Keine echte Fehlerbehandlung, aber alle Ausnahmen anzeigen
      System.err.println("AddFeedServlet.doPost(): Ausnahme: " + e);
      e.printStackTrace();
      throw new ServletException(e.getMessage());
    }

  } // Ende doPost()

} // Ende class
```

Listing 6.9: Das SaveFeedServlet, mit dem die eingegebenen Feeds gespeichert werden

Dieses Servlet beginnt mit der Funktion doPost(), die den eingehenden XML-Code ähnlich wie die gleichnamige Funktion in ListHeadlinesServlet mit Digester parst. Der einzige Unterschied besteht darin, dass dieses Servlet sowohl den Feed-Titel als auch den Feed-URL erhält. Das Ergebnis ist ein bevölkertes FeedDescriptorDTO. Danach wird geprüft, ob Titel und URL vorhanden und korrekt sind; andernfalls wird eine entsprechende Antwort in Form eines JavaScript-alert generiert. Laut ajax-config.xml ist std:CodeExecutor der Response Handler für dieses Ereignis. Er geht davon aus, dass die Rückgabe aus JavaScript-Code besteht, und führt sie sofort aus.

Nach der Validierung des FeedDescriptorDTO wird geprüft, ob bereits ein gleichnamiger Feed im Anwendungsbereich existiert:

```
        // Prüfen, ob ein Feed dieses Namens bereits existiert.
        // Falls ja, den URL mit den empfangenen Daten aktualisieren.
        boolean isAdd = true;
        ArrayList feeds =
```

```
        (ArrayList)getServletContext().getAttribute("feeds");
    for (Iterator it1 = feeds.iterator(); it1.hasNext();) {
      FeedDescriptor feed = (FeedDescriptor)it1.next();
      if (feedDescriptor.getFeedTitle().equalsIgnoreCase(
        feed.getFeedTitle())) {
        log.info("Feed schon vorhanden, URL aktualisieren ...");
        // 'isAdd' auf 'false' setzen, um anzugeben,
        // dass es sich um eine Aktualisierung handelt
        isAdd = false;
        feed.setFeedURL(feedDescriptor.getFeedURL());
      }
    }
```

Falls kein gleichnamiger Feed existiert, wird einfach ein neuer Feed hinzugefügt. Die Variable isAdd wird entsprechend gesetzt, damit später die richtigen Aktionen ausgeführt werden. Falls bereits ein gleichnamiger Feed existiert, wird nur dessen URL anhand der neuen Daten aktualisiert. Der Titel eines Feeds kann nicht geändert werden, da er als Schlüssel einer Datenbanktabelle dient.

Falls isAdd den Wert true hat, wird dann ein neuer Feed hinzugefügt. Zu diesem Zweck wird erstens das DTO zu der Feed-Collection hinzugefügt und zweitens anhand dieser Collection eine neue feeds.properties-Datei mit dem neuen Feed geschrieben. Schließlich wird die Antwort, wieder in Form von JavaScript-Code, generiert. Der Code ruft zunächst die init()-Funktion auf und zeigt dann eine entsprechende Bestätigungsmeldung für den Benutzer an. Mit dem Aufruf von init() wird die Seite in ihren Ausgangszustand zurückversetzt, damit sie in einem gültigen Zustand ist, wenn der neue Feed bei der nächsten Aktualisierung in der Feed-Liste erscheint.

DeleteFeedServlet.java

Schließlich zeigt Listing 6.10 das DeleteFeedServlet, mit dem ein Feed gelöscht wird.

```
package com.apress.ajaxprojects.rssreader.servlets;

import com.apress.ajaxprojects.rssreader.dtos.FeedDescriptor;
import java.io.ByteArrayInputStream;
import java.io.File;
import java.io.FileOutputStream;
import java.io.IOException;
import java.io.PrintWriter;
import java.util.ArrayList;
import java.util.Iterator;
import java.util.Properties;
import javawebparts.request.RequestHelpers;
import javax.servlet.http.HttpServlet;
import javax.servlet.http.HttpServletRequest;
import javax.servlet.http.HttpServletResponse;
import javax.servlet.ServletException;
import org.apache.commons.digester.Digester;
import org.apache.commons.logging.Log;
import org.apache.commons.logging.LogFactory;

/**
```

```
 * Servlet zum Löschen eines Feeds
 *
 * @author <a href="mailto:fzammetti@omnytex.com">Frank W. Zammetti</a>.
 */
public class DeleteFeedServlet extends HttpServlet {

  /**
   * Protokoll
   */
  private static Log log = LogFactory.getLog(DeleteFeedServlet.class);

  /**
   * doGet.  Ruft doPost() auf, wo die eigentliche Arbeit geleistet wird
   *
   * @param  request           HTTPServletRequest.
   * @param  response          HTTPServletResponse.
   * @throws ServletException ServletException.
   * @throws IOException       IOException.
   */
  public void doGet(HttpServletRequest request,
    HttpServletResponse response)
    throws ServletException, IOException {

    doPost(request, response);

  } // Ende doGet()

  /**
   * doPost.
   *
   * @param  request           HTTPServletRequest.
   * @param  response          HTTPServletResponse.
   * @throws ServletException ServletException.
   * @throws IOException       IOException.
   */
  public void doPost(HttpServletRequest request,
    HttpServletResponse response)
    throws ServletException, IOException {

    try {

      log.info("DeleteFeedServlet.doPost()");

      // Mit Commons Digester den gePOSTeten XML-Code parsen,
      // um den Feed hinzuzufügen
      Digester digester = new Digester();
      digester.setValidating(false);
      // Der XML-Code hat die Form:
      // <feed>
      //    <feedTitle />
      // </feed>
      // Ein FeedDescriptor-Objekt erstellen, wenn <feed> gefunden wird,
```

```java
// und dann aus den drei untergeordneten Elementen bevölkern
digester.addObjectCreate("feed",
  "com.apress.ajaxprojects.rssreader.dtos.FeedDescriptor");
digester.addBeanPropertySetter("feed/feedTitle", "feedTitle");
String newFeedXML = RequestHelpers.getBodyContent(request);
FeedDescriptor feedDescriptor = null;
feedDescriptor = (FeedDescriptor)digester.parse(
  new ByteArrayInputStream(newFeedXML.getBytes()));


// Den gerade ausgefüllten FeedDescriptor protokollieren
log.info("Feed = " + feedDescriptor);

if (feedDescriptor.getFeedTitle() == null ||
  feedDescriptor.getFeedTitle().equalsIgnoreCase("")) {
  // Nachricht, dass kein Feed ausgewählt wurde
  PrintWriter out = response.getWriter();
  out.print("alert(\"Sie haben keinen Feed zum Löschen " +
    "ausgewählt.\");");
} else {

  // Feed in der Feed-Collection suchen und löschen
  ArrayList feeds =
    (ArrayList)getServletContext().getAttribute("feeds");
  int indexToDelete = -1;
  int i            = 0;
  for (Iterator it = feeds.iterator(); it.hasNext();) {
    FeedDescriptor fd = (FeedDescriptor)it.next();
    if (fd.getFeedTitle().equals(feedDescriptor.getFeedTitle())) {
      indexToDelete = i;
      break;
    }
    i++;
  }
  if (indexToDelete != -1) {
    feeds.remove(indexToDelete);
  }
  getServletContext().setAttribute("feeds", feeds);

  // Neues Properties-Objekt ohne den gelöschten Feed erstellen
  Properties properties = new Properties();
  for (Iterator it = feeds.iterator(); it.hasNext();) {
    FeedDescriptor feed = (FeedDescriptor)it.next();
    properties.setProperty(feed.getFeedTitle(), feed.getFeedURL());
  }

  // Neue feed.properties-Datei in WEB-INF erstellen;
  // damit ist der Feed gelöscht.
  new File(getServletContext().getRealPath("WEB-INF") +
    "/feeds.properties").delete();
  FileOutputStream fos =
    new FileOutputStream(getServletContext().getRealPath("WEB-INF")
    + "/feeds.properties");
```

```
        properties.store(fos, null);
        fos.close();

        // Bestätigungsmeldung für den Benutzer erstellen
        // und Anzeige aktualisieren
        PrintWriter out = response.getWriter();
        out.println("init();");
        out.println("alert(\"Der Feed '" + feedDescriptor.getFeedTitle()
          + "' wurde gelöscht. Ihre Feed-Liste sollte gleich " +
          "aktualisiert werden.\");");
    }

  } catch (Exception e) {
      // Keine echte Fehlerbehandlung, aber alle Ausnahmen anzeigen
      System.err.println("DeleteFeedServlet.doPost(): Exception: " + e);
      e.printStackTrace();
      throw new ServletException(e.getMessage());
  }

  } // Ende doPost()

} // Ende class
```

Listing 6.10: `DeleteFeedServlet`

Dieses Servlet ähnelt `SaveFeedServlet` aus dem vorherigen Abschnitt. Die Unterschiede sind:

- Erstens enthält der eingehende XML-Code nur den Feed-Titel; der URL wird nicht benötigt.
- Zweitens wird nur verifiziert, ob ein Feed-Titel übergeben wurde. Ist dies nicht der Fall, wird eine einschlägige Nachricht an den Benutzer zurückgegeben, wiederum als Java-Script-Code, der von dem AjaxTags Response Handler `std:CodeExecutor` ausgeführt werden kann.
- Drittens wird natürlich der Feed aus der Feed-Collection entfernt, bevor eine neue Properties-Datei geschrieben wird.

Sonst sind Grundstruktur und Arbeitsablauf ähnlich. Der nach dem Löschen des Feeds zurückgegebene JavaScript-Code enthält auch hier einen Aufruf der `init()`-Funktion.

Dieses Beispiel hat hoffentlich gezeigt, dass die Programmierung eines RSS-Readers keine größeren Probleme aufwirft. Mit Ajax zu arbeiten ist fast trivial, insbesondere wenn eine Library wie AjaxTags bereits Lösungen für die schwierigen Aufgaben bereitstellt.

6.5 Übungsvorschläge

Ein RSS-Reader ist selbst in seiner fortgeschrittensten Form recht einfach. Abgesehen von kosmetischen Feinheiten ist die Aufgabe nicht wirklich schwierig! Dennoch können Sie diese Anwendung in einigen Aspekten erheblich verbessern:

- Ermöglichen Sie die Aktualisierung der Feed-Schlagzeilen. Mit einem zusätzlichen Ajax-Tags Timer können Sie diese Aufgabe ohne größeren Aufwand lösen.

■ Beseitigen Sie das Flackern in Firefox, wenn die Feed-Liste aktualisiert wird. Dafür müssen Sie einen anwendungsspezifischen AjaxTags Handler schreiben, der im Wesentlichen die Aufgabe des `std:InnerHTML`-Handlers dupliziert, aber das `<div>`-Element nur aktualisiert, wenn sich die Inhalte tatsächlich geändert haben (wie dies gemacht wird, können Sie in dem AjaxChat-Projekt nachlesen).

■ Ermöglichen Sie die Gruppierung von Feeds zwecks Vereinfachung der Verwaltung.

6.6   Zusammenfassung

In diesem Kapitel haben Sie einen recht einfachen RSS-Feed-Reader kennen gelernt. Sie haben erfahren, wie Sie mit AjaxTags viel Arbeit sparen und einen RSS-Reader mit minimalem Aufwand schreiben können.

Kapitel 7

PhotoShare: Freunde optisch an Ihrem Leben teilhaben lassen

In diesem Kapitel werden Sie eine Anwendung namens *PhotoShare* kennen lernen, mit der Sie Fotos für Ihre Familie und Freunde öffentlich ins Internet stellen können. Diese Anwendung realisiert ihre Ajax-Funktionalität und einige andere Dinge mit der *Dojo Library*. Dieses Projekt ist etwas ausgefeilter als die anderen; es verwendet DOM-Scripting und CSS, um einige spezielle Effekte der Benutzeroberfläche zu erzielen. Es zeigt Ihnen auch, wie Sie clientseitig ein einfaches Anwendungsframework erstellen können, statt Servlets oder ein ausgewachsenes Anwendungsframework wie Struts zu verwenden.

7.1   Anforderungen und Ziele

Kennen Sie *Flickr* (www.flickr.com)? Wenn ja, dann wissen Sie, dass das Veröffentlichen von privaten Fotos im Web heute eine ganz große Sache ist. Und Flickr ist nur der berühmteste und beliebteste dieser Services, aber sicher nicht der einzige. *Fotki* (www.fotki.com), *PBase* (www.pbase.com) und *Webshots* (www.webshots.com) sind einige der zahlreichen anderen Websites, die ähnliche Dienste anbieten. Wenn Sie in Google nach »Foto Sharing« suchen, erhalten Sie über 66 Millionen Treffer; niemand kann dies alles erforschen!

Diese Zahl zeigt, dass dieser Service auf ein echtes Interesse vieler Menschen stößt. Deshalb lag es nahe, Ajax auch anhand einer solchen Anwendung zu demonstrieren. Außerdem fallen Fotos unter den Oberbegriff »Multimedia«, der oft mit coolen Spezialeffekten und Ähnlichem verbunden wird und deshalb eine gute Gelegenheit bietet, DOM-Scripting und CSS auszuprobieren.

Hier ist die Liste der Anforderungen, die *PhotoShare* erfüllen soll:

- Der Benutzer soll beliebig gruppierbare Fotosammlungen erstellen können: Kinderfotos, Urlaubsfotos, Werbefotos usw. usw. Natürlich sollen Sammlungen auch gelöscht werden können.

- Der Benutzer soll natürlich Fotos in die Sammlungen einfügen und aus ihnen löschen können.

- Zu jedem Foto sollen bestimmte Informationen gespeichert werden können: Wer hat es hinzugefügt? Welches Motiv zeigt es? Denn wer will schon so etwas Wichtiges vergessen, wie Schröders Bruder heißt...

- Fotos sollen für die Nachwelt heruntergeladen werden.

- Fotos sollen gedruckt werden, damit jemand die treuen Augen seines Hundes in seiner Brieftasche herumtragen kann.

- Weil Bilder oft im falschen Format aufgenommen werden (quer statt hoch oder umgekehrt), sollen sie in 90-Grad-Schritten in Uhrzeigerrichtung gedreht werden können, um die korrekte Ansicht herzustellen.

- Die Fotosammlung soll in Form eines Filmstreifens dargestellt werden können, der nach oben und unten verschoben werden kann. Wenn der Benutzer ein Foto dieses Filmstreifens anklickt, soll das Bild in einer Größe von 640x480 Pixel (VGA-Auflösung) dargestellt werden.

- Die Buttons der Anwendung sollen Rollover-Effekte zeigen.

- Die Anwendung soll keinen Sicherheitseinschränkungen unterliegen; schließlich geht es darum, Bilder unters Volk zu bringen; jemanden auszusperren, wäre kontraproduktiv.

7.2 Der Lösungsansatz

Bis jetzt haben Sie in diesem Buch mehrere Optionen kennen gelernt, Ajax zu realisieren: die AjaxTags-Komponente von Java Web Parts, DWR und purer Ajax-Code. Für dieses Projekt habe ich eine Library ausgewählt, die in jüngerer Zeit eine größere Anhängerschaft gefunden hat: Dojo. (Der Begriff »Dojo« stammt aus den asiatischen Kampfkünsten und bezeichnet einen Trainingsraum.)

Dojo stellt sich auf seiner Website (`http://dojotoolkit.org`) wie folgt dar:

> *Dojo ist das Open Source JavaScript Toolkit, das Ihnen hilft, professionelle Anwendungen in weniger Zeit zu erstellen. Es schließt die Lücken an Stellen, an denen JavaScript und Browser nicht weit genug gehen, und stellt Ihnen leistungsstarke, portable, leichtgewichtige und getestete Tools zur Verfügung, um dynamische Schnittstellen zu konstruieren. Mit Dojo können Sie schnell Prototypen interaktiver Steuerelemente erstellen, Übergänge animieren und Ajax-Anfragen mit den leistungsstärksten und entwicklerfreundlichsten Abstraktionen überhaupt ausführen.*

> *Diese Fähigkeiten bauen auf einem leichtgewichtigen Packaging-System auf, damit Sie nie wieder herausfinden müssen, in welcher Reihenfolge Skriptdateien angefordert werden müssen. Das Dojo-Package-System und seine optionalen Build Tools helfen Ihnen, Anwendungen schnell zu entwickeln und transparent zu optimieren.*

> *Dojo stellt auch ein entwicklerfreundliches System von Steuerelementen (engl. widgets) zur Verfügung. Vom Prototyp bis zum Deployment arbeiten alle Dojo-Steuerelemente mit HTML und CSS. Und was am besten ist: Da Dojo bis zu seinem Kern aus portablem JavaScript besteht, können Sie ihre Steuerelemente zwischen HTML, SVG und ähnlichen Formaten portieren. Das Web ändert sich laufend, und Dojo kann Ihnen helfen mitzuhalten.*

> *Dojo macht die professionelle Webentwicklung besser, leichter und schneller. In dieser Reihenfolge.*

Diese Beschreibung ist angemessen! Wie bereits erwähnt, hat Dojo in jüngerer Zeit immer mehr Zuspruch erfahren und ist in einige beliebte Frameworks integriert worden, beispielsweise WebWork von OpenSymphony (`www.opensymphony.com/webwork`).

Dojo ist eine ziemlich umfangreiche Library, die zahlreiche Packages und Features enthält. Es stellt nicht nur Ajax-Funktionalität bereit, sondern auch Funktionen, die JavaScript selbst erweitern oder allgemeine Dienste für JavaScript-Anwendungen zur Verfügung stellen. Doch Dojo hat auch einen Nachteil: Es steckt wirklich noch in seinen Anfängen. Ein Blick auf die

Online-Dokumentation zeigt, dass Sie an vielen Stellen noch auf sich allein gestellt sind. Viele Packages sind kaum oder noch gar nicht dokumentiert. Die Beispiele sind etwas dünn und geplante Features noch nicht voll ausgereift.

Dennoch: *PhotoShare* verwendet zwei Komponenten von Dojo, die bereits heute ziemlich ausgereift sind: die Ajax-Funktionalität und die Ereignisverarbeitung.

Wenn Sie mit Dojo arbeiten, haben Sie verschiedene Optionen. Es gibt mehrere »Ausgaben« von Dojo. Wenn Sie beispielsweise nur die Ajax-Funktionalität benötigen, können Sie `dojo-x.y.z.-ajax.zip` herunterladen. Interessieren Sie sich für die grafische Benutzerschnittstelle, laden Sie die Ausgabe `dojo-x.y.z.-widget.zip` herunter. Es gibt auch eine so genannte »kitchen sink«-Variante, die alle Features von Dojo umfasst. Für *PhotoShare* habe ich `dojo-x.y.z.-event and io.zip` heruntergeladen.

Nachdem Sie die passende Ausgabe heruntergeladen haben, müssen Sie nur noch die JavaScript-Datei `dojo.js` auf die übliche Weise importieren:

```
<script src="js/dojo.js"></script>
```

Danach ist Dojo einsatzbereit. Dojo verfügt selbst ebenfalls über eine Importfunktion, mit der Sie später andere Ausgaben nachladen können. Wenn Sie beispielsweise die IO-Ausgabe heruntergeladen haben und später auch die Ereignisverwaltung nutzen möchten, können Sie diese wie folgt nachladen:

```
<script type="text/javascript">
  dojo.require("dojo.event.*");
</script>
```

Dojo sorgt dafür, dass alle Abhängigkeiten automatisch geladen werden. Sie können auf diese Weise jederzeit beliebige andere Features nachladen. Anders ausgedrückt: Sie müssen nicht am Anfang der Seite jedes gewünschte Package importieren, sondern können es wie einen Java-Import handhaben und Dojo die Details überlassen. Nur die Hauptdatei `dojo.js` müssen Sie am Anfang importieren.

Dojo stellt die Ajax-Funktionalität in Form des `dojo.io`-Packages zur Verfügung. »Package« bedeutet hier kein Package im Sinne von Java, sondern ein Objekt in Dojo. Praktisch bedeutet dies eine Nachahmung von Packaging-Namensräumen, wodurch Namenskonflikte zwischen Dojo und Ihren eigenen Objekten vermieden werden. Das `dojo.io`-Package enthält eine Funktion namens `dojo.io.bind()`, mit der eine Ajax-Anfrage gesendet wird. Ihre Anwendung ist recht einfach:

```
// Eine asynchrone Anfrage an foo.php, die ein JavaScript-Literal
// zurückgibt, das mit alert() angezeigt wird
var bindArgs = {
  url: "foo.php",
  mimetype: "text/plain",
  error: function(type, errObj){
    alert("Es ist ein Fehler aufgetreten!");
  },
  load: function(type, data, evt){
    alert(data);
  }
};
```

```
// Die Anfrage absenden
var requestObj = dojo.io.bind(bindArgs);
```

Hier wird ein assoziatives JavaScript-Array definiert. Die Variable `bindArgs` zeigt auf ein Array von Objekten unterschiedlichen Typs (zwei Strings und zwei Funktionen) und verbindet sie mit speziellen Namen (`url`, `mimetype`, `error` und `load`), über die das betreffende Element mit der üblichen Array-Syntax abgerufen werden kann, etwa `bindargs["mimetype"]`. Mit solchen Arrays können Sie auf einfache Weise mehrere Daten in einem einzigen Objekt an eine Funktion übergeben. In Dojo wird diese Technik häufig verwendet.

In *PhotoShare* wird eine Variante dieser Technik verwendet, bei der keine Variable `bindArgs` definiert werden muss, sondern die dieselben Daten inline in dem Funktionsaufruf übergibt. Die Syntax ist ein bisschen unübersichtlich, aber etwas kompakter:

```
dojo.io.bind({
  url: "foo.php",
  error: function(type, errObj) {
    alert("Es ist ein Fehler aufgetreten!");
  },
  load: function(type, data, evt) {
    alert(data);
  },
  mimetype: "text/plain"
});
```

Hier sind die Argumente:

- `url` ist natürlich der URL, an den die Anfrage gerichtet wird,
- `error` zeigt auf eine Funktion, die im Fehlerfall ausgeführt werden soll,
- `load` ist die Ajax-Callback-Funktion, die Sie bereits mehrfach gesehen haben,
- `mimetype` ist der Multipurpose Internet Mail Extensions(MIME)-Typ, der bei der Interpretation der Antwort zugrunde gelegt wird. Es handelt sich nicht um den MIME-Typ der ausgehenden Anfrage!

In *PhotoShare* werden noch zwei weitere Argumente verwendet:

- `transport` definiert einfach den Mechanismus der Anfrage. Dojo stellt mehrere Mechanismen zur Verfügung, hier ist aber nur `XMLHTTPTransport` interessant.
- `content` gibt an, wie Anfrageparameter an den URL übergeben werden. Dieses Argument besteht aus einem weiteren assoziativen Array mit den Parameternamen und -werten.

Ein Beispiel aus *PhotoShare* zeigt, wie diese Dojo-Komponenten praktisch zusammenarbeiten. Es geht um eine Anfrage, mit der ein Foto gelöscht wird:

```
dojo.io.bind({
  url: "deletePhoto.action",
  content: {
    collection: collectionName, filename: photoFilename
  },
  error: function(type, errObj) {
    alert("AJAX-Fehler!");
  },
  load: function(type, data, evt) {
    alert(data);
```

```
    hidePleaseWait();
    loadCollection();
  },
  mimetype: "text/plain",
  transport: "XMLHTTPTransport"
});
```

Lassen Sie im Moment die load-Funktion beiseite und konzentrieren Sie sich auf das content-Argument, mit dem der Name der Sammlung und der Dateiname des zu löschenden Fotos angegeben werden. Die Variablen collectionName und photoFilename wurden vorher definiert. Dies ist wirklich einfach.

Die Ereignisverwaltung ist die andere Komponente von Dojo, die in *PhotoShare* verwendet wird. Einfach ausgedrückt, handelt es sich um eine simple Methode, um beliebige Elemente einer Seite mit Eventhandlern zu verbinden. Sie haben bereits mehrfach gesehen, wie JavaScript-Code definiert wird, der ausgeführt wird, wenn der Benutzer mit dem Mauszeiger über ein bestimmtes Element fährt:

```
<div id="myDiv" onMouseOver="alert('over');">Fahre über mich!</div>
```

Sie können das Ereignis auch separat von der Auszeichnung definieren:

```
<div id="myDiv">Fahre über mich!</div>
<script>
  document.getElementById("myDiv").onmouseover = function() {
  alert("over"); };
</script>
```

Normalerweise würde dieses Skript wahrscheinlich aufgerufen, wenn die Seite geladen wird, und nicht unmittelbar nach der Auszeichnung stehen, aber das Ergebnis ist genau dasselbe. Dojo fasst dies etwas einfacher in der Funktion dojo.event.connect() zusammen:

```
dojo.event.connect(document.getElementById("myDiv"), "onclick",
  "handleOnClick");
```

Das erste Argument gibt den Knoten an, der mit einem Ereignis verbunden werden soll; das zweite Argument ist das zu verarbeitende Ereignis und das dritte der Name der Funktion, die das Ereignis verarbeitet. Diese Variante sieht auf den ersten Blick nicht sehr viel besser aus als die Skriptform; doch Sie dürfen eine wichtige Tatsache nicht vergessen. Ereignisse werden im Internet Explorer und in Firefox unterschiedlich gehandhabt:

- In Firefox wird der Funktion, die beim Auslösen eines Ereignisses aufgerufen wird, ein Ereignisobjekt übergeben, das alle Informationen über das Ereignis enthält, darunter beispielsweise auch das Element, das das Ereignis ausgelöst hat.

- Der Internet Explorer verwendet jedoch ein System, das als »Event Bubbling« bezeichnet wird: Wird ein Ereignis ausgelöst, dann wird ein Ereignisobjekt erstellt, das wie ein Blase in einer Hierarchie von Elementen bis zu dem Element nach oben steigt, von dem es verarbeitet wird. Zuerst erhält das Element, das das Ereignis ausgelöst hat, Gelegenheit, dieses zu verarbeiten, dann die übergeordnete Komponente dieses Elements, dann die übergeordnete Komponente dieses Elements usw., schließlich das Dokument und dann das Fenster. Das Wichtige dabei ist: Das Ereignisobjekt wird nicht an eine Eventhandler-Funktion übergeben, sondern Sie müssen das Objekt abrufen, indem Sie window.event aufrufen.

Mit der `connect()`-Funktion von Dojo werden diese beiden Browser-Varianten transparent gehandhabt. Sie übergibt das Ereignisobjekt an die Handler-Funktion. Allein weil sie die Ereignisverarbeitung browserübergreifend vereinheitlicht, lohnt sich der Einsatz dieser Funktion!

Die Funktion `dojo.connect()` verfügt noch über eine weitere wichtige Eigenschaft, die allerdings in *PhotoShare* nicht verwendet wird: Sie können ein einziges Element mit mehreren Handler-Funktionen für ein einzelnes Ereignis verbinden; Dojo garantiert, dass die Handler in der Reihenfolge aufgerufen werden, in der sie mit dem Element verbunden wurden. Dies bedeutet, dass Sie einen Button mit zwei Handler-Funktionen `doOnClick1()` und `doOnClick2()` verbinden können, wenn Sie `dojo.connect()` zweimal in dieser Reihenfolge aufrufen. Dojo garantiert dann, dass immer erst `doOnClick1()` und dann `doOnClick2()` ausgeführt wird. Der Aufwand, um dies selbst zu implementieren, wäre recht groß, doch mit Dojo ist es leicht.

Wie bereits erwähnt, ist Dojo eine recht umfangreiche Library mit vielen weiteren Packages; Tabelle 7.1 zeigt eine Auswahl.

Dojo Package	Beschreibung
`dojo.lang`	Utility-Routinen, die das Arbeiten mit JavaScript vereinfachen. Enthält diverse Funktionen zur Manipulation von JavaScript-Objekten, zum Testen von Datentypen usw.
`dojo.string`	Funktionen zur Stringmanipulation wie `trim()`, `trimStart()`, `escape()` usw.
`dojo.logging`	JavaScript-Protokollierung
`dojo.profile`	JavaScript Code Profiling
`dojo.validate`	Funktionen zur Datenvalidierung wie `isNumber()`, `isText()`, `isValidDate()` usw.
`dojo.crypto`	Kryptografische Routinen
`dojo.storage`	Code, der einen dauerhaften clientseitigen Cache mit dem Cookie-Mechanismus von Flash implementiert. Dadurch wird praktisch eine clientseitige Analogie zu dem `HttpSession`-Objekt auf dem Server erstellt.
`dojo.Collections`	Diverse Datenstrukturen wie `Dictionary`, `ArrayList`, `Set` usw.

Tabelle 7.1:   Einige andere Packages von Dojo

Dojo stellt außerdem mehrere, zum Teil beeindruckende GUI-Steuerelemente zur Verfügung. Doch weil ich leider sehr wenig Dokumentation über diese Elemente fand, habe ich sie in *PhotoShare* nicht verwendet. Wenn Sie Anwendungsbeispiele für diese Elemente sehen, werden Sie wahrscheinlich beeindruckt sein.

Ich halte es für notwendig, meine frühere Warnung über den aktuellen Stand von Dojo noch einmal zu wiederholen. Dojo ist eine fantastische Software, aber noch keine voll ausgereifte Library, die komplett dokumentiert ist und hinreichende Beispiele enthält. Falls Sie sich für Dojo entscheiden, müssen Sie sich darauf einstellen, noch einige Zeit damit zu leben. Als dieses Buch übersetzt wurde, war Dojo 0.4.1 die aktuelle Version. Wenn Sie dieses Buch lesen, gibt es möglicherweise schon neuere Versionen. Die Dojo Foundation (`http://dojotool-`

`kit.org/foundation/`) wird von einigen namhaften Firmen unterstützt; wenn es überhaupt erforderlich ist, sollte ein Blick auf deren Namen Sie überzeugen, dass es sich lohnt, Dojo genauer zu studieren.

7.3 Die geplante Lösung

Wie immer sollten Sie sich zunächst ein wenig mit der Anwendung vertraut machen.

Abbildung 7.1 zeigt das Begrüßungsdialogfenster nach dem Starten von *PhotoShare*. *Photo-Share* wird in einem neuen Fenster geöffnet. Falls Sie in Ihrem Browser die Anzeige von Popup-Fenstern blockiert haben, müssen Sie für *PhotoShare* eine Ausnahme machen oder die Blockierung komplett abschalten.

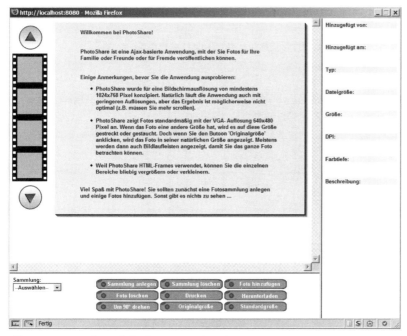

Abb. 7.1: Das Begrüßungsdialogfenster von *PhotoShare*

Interessant ist auch, dass *PhotoShare* Frames verwendet. Der Einsatz von Frames ist meines Erachtens in den letzten Jahren etwas in Verruf geraten, weil viele Entwickler anfangs viele Fehler begangen und daraus die Überzeugung gewonnen haben, mit Frames zu arbeiten wäre problematisch. Einige dieser Probleme liegen in der Natur der Sache, etwa die Synchronisierung zwischen einem Menü-Frame und einem Inhalts-Frame. Ein anderes echtes Problem sind Lesezeichen für Frame-Seiten. Dieses Problem ist normalerweise nur schwer zu lösen, insbesondere für fremde Websites in einem Frame. (Ohne speziellen Scriptcode erfasst das Lesezeichen meistens nur das erste Frameset-Dokument, nicht aber die fremde Webseite.)

Doch meiner Meinung nach werden Frames mit Ajax an Bedeutung gewinnen. Der Vorteil, eine Seite in separate Unterseiten aufteilen zu können, ist einfach zu groß; und weil Ajax-Anwendungen normalerweise nicht wie alte einfache Websites von Seite zu Seite navigieren, treten viele der älteren Frame-Probleme einfach nicht auf. Beispielsweise stellen Lesezeichen normalerweise kein Problem dar, da der zuerst aufgerufene URL nicht verlassen wird; denn in einer Ajax-Anwendung aktualisieren Sie normalerweise nur Teile einer Seite und navigieren nicht zu einer neuen Seite. Die Synchronisierung kann immer noch ein Problem darstellen; dies ist aber nicht schwieriger, als mehrere <div>-Elemente in einem einzigen HTML-Dokument zu synchronisieren – weshalb die Situation nicht schlimmer als in anderen Ajax-Anwendungen ohne Frames ist.

Auf jeden Fall wollte ich in diesem Buch eine Anwendung mit Frames zeigen, nur um zu demonstrieren, dass auch das mit Ajax möglich ist und dass eine solche Anwendung nicht spezieller oder schwieriger ist als eine ohne Frames.

Abbildung 7.2 zeigt *PhotoShare* nach der Auswahl einer Fotosammlung beim Verschieben des Filmstreifens. Ein ausgewähltes Foto »wächst« auf seine volle Größe heran. Ich habe diesen Screenshot gemacht, während das Foto auf dem Weg zu seiner endgültigen Anzeigeposition war, nachdem ich es auf dem Filmstreifen angeklickt hatte.

Abb. 7.2: Ein »wachsendes« Foto

Abbildung 7.3 seigt das Foto in seiner endgültigen Standardgröße. Alle Fotos werden zunächst in der VGA-Standardgröße 640x480 Pixel angezeigt, die für Fotos recht verbreitet ist. Fotos in dieser Größe werden normal dargestellt. Sind sie größer oder kleiner, werden sie gestreckt bzw. gestaucht. Mit Hilfe des Buttons ORIGINALGRÖSSE können sie in ihrer ursprünglichen Größe angezeigt werden (siehe unten). Ich habe diese Lösung gewählt, weil viele große Fotos für den E-Mail-Versand verkleinert werden; außerdem machen die meisten Digitalkameras ohne spezielle Einstellung keine kleineren Fotos.

Abb. 7.3: Ein Foto in der Standardgröße

Abbildung 7.4 zeigt das Foto nach einer Drehung um 90 Grad. Beachten Sie, dass das Foto kleiner als in Abbildung 7.3 ist. Es wird in seiner Originalgröße angezeigt.

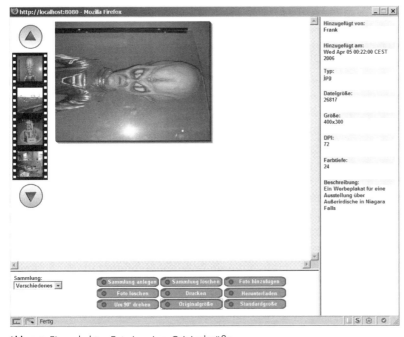

Abb. 7.4: Ein gedrehtes Foto in seiner Originalgröße

Eine neue Sammlung wird mit einem Popup-Dialogfeld hinzugefügt (siehe Abbildung 7.5).

Abb. 7.5: Eine Sammlung anlegen

Ein neues Foto wird ebenfalls mit einem Popup-Dialogfeld hinzugefügt (siehe Abbildung 7.6).

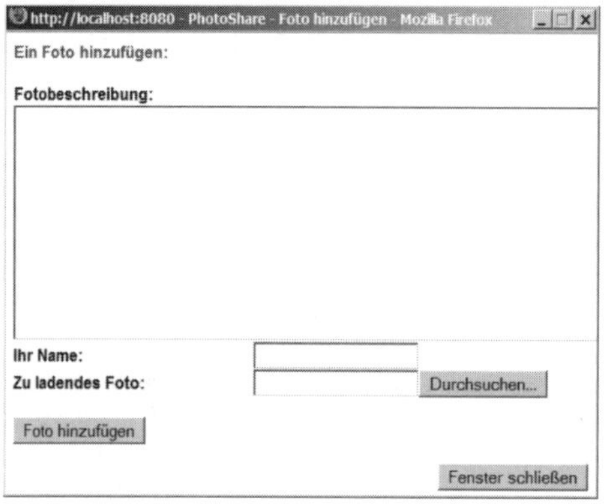

Abb. 7.6: Ein Foto hinzufügen

7.4 Analyse der Lösung

Zunächst wieder das Verzeichnislayout von *PhotoShare* (siehe Abbildung 7.7).

PhotoShare hat die typische Verzeichnisstruktur einer Webanwendung. Die Startseite ist `index.htm`. Sie öffnet ein neues Fenster, in das sie `index1.htm` lädt. `index1.htm` ist ein Frameset-Dokument, mit dem das Frame-basierte Layout der Anwendung definiert wird. In diese Frames werden die Dokumente `main.jsp`, `info.jsp` und `control.jsp` geladen. Die JSP-Seiten `addCollection.jsp`, `addPhoto.jsp` und `printPhoto.jsp` für die entsprechenden Benutzerfunktionen werden in Popup-Fenster geladen. Schließlich stellen `loadCollection.jsp` und `listCollections.jsp` die Ergebnisse von Ajax-Anfragen dar.

Das Verzeichnis `/css` enthält das einzige Stylesheet, `styles.css`, das in die meisten der oben genannten Seiten importiert wird. Im Verzeichnis `/img`, das in Abbildung 7.7 aus Platzgründen nicht erweitert ist, befinden sich mehrere Bilder für die Buttons und ihre Rollover-Effekte sowie die Bilder des Filmstreifens. Das Verzeichnis `/photos` nimmt die Fotos auf, die der Benutzer zu *PhotoShare* hinzufügt.

Abb. 7.7: Verzeichnisstruktur von *PhotoShare*

Das Verzeichnis /js enthält alle JavaScript-Dateien der Anwendung. Sie werden nur in die Seite main.jsp importiert. Alle anderen Frames referenzieren die von ihnen benötigten Funktionen in dem Frame, in dem die JSP dargestellt wird. Die Datei Collection.js enthält das Collection-Objekt, das als Container der Fotos dient. In der Datei ControlEvents.js sind alle UI-Eventhandler der Buttons und Dropdowns in dem Steuerungs-Frame. dojo.js ist natürlich die Dojo Library selbst. Filmstrip.js enthält den Code für den Filmstreifen: verschieben, mit Bildern füllen usw. Globals.js enthält globale JavaScript-Variablen von *PhotoShare*. In ImageGrowing.js steht der Code, um Bilder langsam zu vergrößern und im Hauptbereich anzuzeigen. misc.js beinhaltet diverse andere Funktionen, etwa zur Initialisierung. Photo.js enthält den Code für die Photo-Objekte, die die Fotos in einer Sammlung repräsentieren. Schließlich steht in PleaseWait.js der Code für das BITTE WARTEN-Feld, das an mehreren Stellen von *PhotoShare* angezeigt wird.

Das Verzeichnis WEB-INF/lib umfasst alle JAR-Dateien, von denen *PhotoShare* abhängt (siehe Tabelle 7.2).

JAR	Beschreibung
commons-beanutils-1.7.0.jar	Die Jakarta Commons BeanUtils Library, die von Digester benötigt wird
commons-digester-1.7.0.jar	Jakarta Commons Digester ist eine Library, mit der XML geparst und daraus Objekte generiert werden. Mit ihr werden einige Nachrichten des Clients an den Server geparst.
commons-fileupload.jar	Jakarta Commons FileUpload ist eine Library, um Dateien hinaufladen und die resultierende Datei per HTTP verarbeiten zu können.
commons-io.jar	Jakarta Commons IO ist eine Library mit diversen Input/Output-(I/O-)Funktionen. Sie wird von FileUpload benötigt.
commons-logging-1.0.4.jar	Jakarta Commons Logging ist eine Abstraktionsschicht über einer echten Logging-Implementierung (wie etwa *log4J*); sie ermöglicht es Ihnen, die zugrunde liegende Logging-Implementierung austzutauschen, ohne Ihren Anwendungscode zu ändern. Sie stellt auch einen einfachen Logger zur Verfügung, der über System.out ausgibt und in dieser Anwendung verwendet wird.
ImageTools.jar	Diese JAR-Datei enthält einige Klassen für die Bildmanipulationen in *PhotoShare*, etwa das Drehen der Bilder.

Tabelle 7.2:   Die JAR-Dateien in WEB-INF/lib, von denen *PhotoShare* abhängt

JAR	Beschreibung
javawebparts_core_v1.0_beta3.jar	Das Kernpaket von Java Web Parts (JWP), das von allen anderen JWP-Packages benötigt wird.
javawebparts_taglib_v1.0_beta3.jar	Das Taglib-Paket von Java Web Parts (JWP); es enthält AjaxTags, die für die Anwendung verwendet werden.
jstl.jar	Die JAR-Kerndatei, die zur Unterstützung der JSP Standard Tag Library (JSTL) benötigt wird.
standard.jar	Der Standardsatz der Tags, die die JSTL zur Verfügung stellt.

Tabelle 7.2:   Die JAR-Dateien in WEB-INF/lib, von denen *PhotoShare* abhängt (Forts.)

Das Verzeichnis WEB-INF/src enthält den gesamten Quellcode des Projekts, einschließlich des Ant-Buildskripts.

7.4.1   Der clientseitige Code

Nun zu dem clientseitigen Code von *PhotoShare*.

web.xml

PhotoShare verfügt nur über die standardmäßige Konfigurationsdatei web.xml (siehe Listing 7.1).

```xml
<?xml version="1.0" encoding="UTF-8"?>

<!DOCTYPE web-app PUBLIC  "-//Sun Microsystems, Inc.//DTD Web Application 2.3/
/EN" "http://java.sun.com/dtd/web-app_2_3.dtd">

<web-app>

  <display-name>PhotoShare</display-name>

  <!-- Startup-Konfiguration von PhotoShare -->
  <listener>
    <listener-class>
      com.apress.ajaxprojects.photoshare.listener.StartupConfigurator
    </listener-class>
  </listener>

  <!-- Das Haupt-Servlet, über das alle Anfragen laufen. -->
  <!-- Es ähnelt einem MVC Controller und entspricht in etwa -->
  <!-- einem sehr abgespeckten Struts ActionServlet -->
  <!-- (falls Sie mit Struts vertraut sind). -->
  <servlet>
    <servlet-name>ActionDispatcher</servlet-name>
```

```
    <servlet-class>
      com.apress.ajaxprojects.photoshare.ActionDispatcher
    </servlet-class>
    <load-on-startup>1</load-on-startup>
  </servlet>
  <servlet-mapping>
    <servlet-name>ActionDispatcher</servlet-name>
    <url-pattern>*.action</url-pattern>
  </servlet-mapping>

  <!-- Sitzungs-Timeout konfigurieren -->
  <session-config>
    <session-timeout>30</session-timeout>
  </session-config>

  <!-- Startseite konfigurieren -->
  <welcome-file-list>
    <welcome-file>index.htm</welcome-file>
  </welcome-file-list>

</web-app>
```

Listing 7.1:   Die Konfigurationsdatei web.xml von *PhotoShare*

Die Datei enthält nichts Ungewöhnliches. Es gibt einen einzigen ContextListener, StartupConfigurator, der *PhotoShare* serverseitig initialisiert. Die Klasse wird weiter unten näher vorgestellt. Außerdem gibt es ein einziges Servlet, das *.action zugeordnet wird, damit jeder URI mit der Endung .action von diesem Servlet verarbeitet wird. Dieses Servlet, das später ausführlich behandelt wird, instanziert eine gegebene Action-Klasse, führt sie aus und verarbeitet dann deren Rückgabe (die einen Weitergabebefehl, die Adresse einer anderen Seite oder auch null enthält, falls die Action eine komplette Antwort generiert).

Danach folgt ein typischer Sitzungs-Timeout-Wert. Tatsächlich verwendet *PhotoShare* session überhaupt nicht, wodurch der Sitzungs-Timeout hier irrelevant ist. Dennoch setze ich den Wert explizit nur für den Fall, dass ich mich später doch entscheide, session zu verwenden. Schließlich wird die Startseite der Anwendung auf index.htm voreingestellt (siehe den folgenden Abschnitt). Dies ist buchstäblich die komplette Konfiguration von *PhotoShare*!

index.htm

Der HTML-Code von *PhotoShare* ist auf mehrere Dateien verteilt. Ich möchte mit der Startseite, index.htm, beginnen (siehe Listing 7.2).

```
<html>
<head>
<title>PhotoShare</title>
<script>
  function openWindow() {
    // Ein Fenster öffnen, in dem PhotoShare angezeigt wird
    var winWidth = 1000;
    var winHeight = 750;
    var winLeft = (screen.width) ? (screen.width - winWidth) / 2 : 0;
    var winTop = (screen.height) ? (screen.height - winHeight) / 2 : 0;
```

```
    winOpts = "resizeable,width=" + winWidth + ",height=" + winHeight +
      ",top=" + winTop + ",left=" + winLeft;
    window.open("index1.htm", "PhotoShare", winOpts);
  }
</script>
</head>
<body onload="openWindow();">
Das Hautptfenster von PhotoShare sollte jetzt geöffnet worden sein.
Falls nicht, prüfen Sie bitte, ob Sie das Skripting in Ihrem Browser
aktiviert haben und kein Popup-Blocker das Öffnen von Popup-Fenstern
verhindert. Möglicherweise müssen Sie für PhotoShare eine Ausnahme machen
oder den Popup-Blocker komplett abschalten.
<br><br>
Bitte beachten Sie, dass PhotoShare für eine Bildschirmauflösung von
1024x768 konzipiert wurde. Natürlich funktioniert die Anwendung auch
mit geringeren Auflösungen, aber dann wird sie nicht optimal dargestellt.
</body>
</html>
```

Listing 7.2: Die Startseite index.htm von *PhotoShare*

PhotoShare wird in einem neuen Fenster ohne *Staffage* (engl. *chrome*) geöffnet. Das bedeutet, es hat keine Menüs, Toolbars oder ähnliche Komponenten, die normalerweise in einem Browserfenster verwendet werden. Ich habe diese Lösung gewählt, weil ich für *PhotoShare* den größtmöglichen Platz brauchte und die Staffage bei einem typischen Browser allein vertikal 170 oder mehr Pixel beanspruchen kann, die Statusleiste am unteren Rand noch gar nicht eingerechnet. Deshalb ruft dieses Dokument beim Laden die Funktion openWindow() auf, die auf die Methode window.open() zugreift. Diese Methode akzeptiert das zu ladende HTML-Dokument, einen Fenstertitel und diverse optionale Parameter. Hier werden folgende Optionen verwendet: resizable (zeigt an, dass der Benutzer die Größe des Fensters ändern kann); width/height (setzen die Größe des Fensters auf 1000x750 Pixel, damit es bei einer Auflösung von 1024x768 gerade auf den Bildschirm passt); und top/left (setzen die Position des Fensters). Die Werte top und left werden unter Berücksichtigung der Bildschirmauflösung so berechnet, dass das Fenster auf dem Bildschirm zentriert wird. Die entsprechende Formel benutzt die Eigenschaften screen.height und screen.width; screen ist ein intrinsisches Objekt des Browsers, auf das das Skript zugreifen kann.

index1.htm

Die Datei index1.htm wird von der Datei index.htm in dem neuen Fenster geöffnet; index1.htm wird in Listing 7.3 angezeigt.

```
<html>
  <frameset cols="*,200">
    <frameset rows="*,68">
      <frame name="fraMain" scrolling="yes" src="main.jsp">
      <frame name="fraControl" scrolling="no" src="control.jsp">
    </frameset>
    <frame name="fraInfo" scrolling="auto" src="info.jsp">
    <noframes>
      <body>
        Ihr Browser unterstützt keine Frames.
```

```
        Bitte aktualisieren Sie den Browser!
      </body>
    </noframes>
  </frameset>
</html>
```

Listing 7.3: Das Frameset-Dokument index1.htm

Falls Sie bereits mit Frames gearbeitet haben, bedarf diese Datei keiner Erklärung. Falls Frames für Sie neu sind: Ein Frameset ist ein Mittel, eine Webseite in Bereiche zu unterteilen. Im Wesentlichen wird jeder Unterbereich als vollkommen separate Seite behandelt. Sie können in jeden Unterbereich ein neues HTML-Dokument laden und es individuell manipulieren.

Jede Frame-Seite beginnt, wie hier index1.htm, mit einem Frameset-Dokument, mit dem die Unterteilung der Seite in Frames (Unterbereiche) definiert wird. Hier wird das Frameset in zwei Spalten unterteilt. Die zweite Spalte, der Bereich mit den Daten über ein Foto, ist standardmäßig 200 Pixel breit. Die andere Spalte füllt den Rest der Breite des Browser-Inhaltsbereiches aus, in dem der Filmstreifen und jeweils ein Foto sowie der Steuerbereich angezeigt werden. Die erste Spalte ist selbst wieder in zwei Zeilen unterteilt: Die zweite Zeile, der Steuerbereich, ist standardmäßig 68 Pixel hoch; und die andere Zeile füllt den Rest des Browser-Inhaltsbereiches aus, in dem der Filmstreifen und jeweils ein Foto angezeigt werden. Außerdem können Sie in einem Frameset-Dokument einen <noframes>-Abschnitt definieren, der angezeigt wird, wenn der Browser keine Frames unterstützt. Auf Desktop-PCs gibt es solche Browser praktisch kaum noch, doch einige mobile Browser unterstützen Frames immer noch nicht.

Wenn Sie sich die Abbildungen 7.2 bis 7.4 der *PhotoShare*-Anwendung anschauen, können Sie die drei Teilbereiche bzw. Frames aus Listing 7.3 relativ leicht identifizieren.

info.jsp

Nachdem ich gezeigt habe, wie das *PhotoShare*-Fenster geöffnet und das Frameset definiert wird, kann ich die HTML-Dokumente darstellen, mit denen die Frames bevölkert werden. Das einfachste Dokument ist info.jsp (siehe Listing 7.4).

```
<html>
  <head>
    <title>PhotoShare - Info</title>
    <!-- Das Stylesheet einbinden -->
    <link rel="stylesheet" href="css/styles.css" type="text/css">
  </head>
  <body class="cssMain">
    <table width="100%" border="0" cellpadding="0" cellspacing="0"
      class="cssMain">
      <tr class="cssInfoRowHeader"><td>Added By:</td></tr>
      <tr><td valign="top" height="24" id="addedBy"> </td></tr>
      <tr><td valign="top" height="10"> </td></tr>
      <tr class="cssInfoRowHeader"><td>Added On:</td></tr>
      <tr><td valign="top" height="24" id="addedOn"> </td></tr>
      <tr><td valign="top" height="10"> </td></tr>
      <tr class="cssInfoRowHeader"><td>Type:</td></tr>
      <tr><td valign="top" height="24" id="type"> </td></tr>
      <tr><td valign="top" height="10"> </td></tr>
```

```
      <tr class="cssInfoRowHeader"><td>File Size:</td></tr>
      <tr><td valign="top" height="24" id="fileSize"> </td></tr>
      <tr><td valign="top" height="10"> </td></tr>
      <tr class="cssInfoRowHeader"><td>Dimensions:</td></tr>
      <tr><td valign="top" height="24" id="dimensions"> </td></tr>
      <tr><td valign="top" height="10"> </td></tr>
      <tr class="cssInfoRowHeader"><td>DPI:</td></tr>
      <tr><td valign="top" height="24" id="dpi"> </td></tr>
      <tr><td valign="top" height="10"> </td></tr>
      <tr class="cssInfoRowHeader"><td>Color Depth:</td></tr>
      <tr><td valign="top" height="24" id="colorDepth"> </td></tr>
      <tr><td valign="top" height="10"> </td></tr>
      <tr class="cssInfoRowHeader"><td>Description:</td></tr>
      <tr><td valign="top" height="24" id="description"> </td></tr>
    </table>
  </body>
</html>
```

Listing 7.4: Die relativ einfache Seite info.jsp, auf der die Foto-Daten angezeigt werden

Die Seite info.jsp zeigt in dem Frame auf der rechten Seite die Daten über das Foto im Hauptbereich an. Dieses Dokument enthält keinen JavaScript-Code, sondern nur HTML-Auszeichnungen. Es ist im Wesentlichen nur eine Tabelle; eine Zeile dient als Überschrift und zeigt den Namen des Fotos an, eine zweite Zeile enthält die Detaildaten über das Foto und eine dritte Zeile enthält ein nicht umbrechendes Leerzeichen-Entity ( ), das die Datenfelder räumlich etwas trennt. Die Tabelle selbst wird mit dem Stil cssMain dargestellt, der deswegen auch automatisch auf den gesamten Text in der Tabelle angewendet wird. Dieser Stil wird in Zeilen mit den Überschriften überschrieben; auf diese wird stattdessen der Stil cssInfoRowHeader angewendet.

control.jsp

Listing 7.5 zeigt den Inhalt des Steuerungs-Frames control.jsp.

```
<html>
  <head>
    <title>PhotoShare - Steuerung</title>
    <!-- Das Stylesheet einbinden -->
    <link rel="stylesheet" href="css/styles.css" type="text/css">
    <script>
      // Alle Bilder für die Buttons in diesem Frame vorher laden
      var add_coll_0 = new Image();
      add_coll_0.src = "img/add_coll_0.gif";
      var add_coll_1 = new Image();
      add_coll_1.src = "img/add_coll_1.gif";
      var delete_coll_0 = new Image();
      delete_coll_0.src = "img/delete_coll_0.gif";
      var delete_coll_1 = new Image();
      delete_coll_1.src = "img/delete_coll_1.gif";
      var add_photo_0 = new Image();
      add_photo_0.src = "img/add_photo_0.gif";
      var add_photo_1 = new Image();
```

```
            add_photo_1.src = "img/add_photo_1.gif";
            var delete_photo_0 = new Image();
            delete_photo_0.src = "img/delete_photo_0.gif";
            var delete_photo_1 = new Image();
            delete_photo_1.src = "img/delete_photo_1.gif";
            var print_0 = new Image();
            print_0.src = "img/print_0.gif";
            var print_1 = new Image();
            print_1.src = "img/print_1.gif";
            var download_0 = new Image();
            download_0.src = "img/download_0.gif";
            var download_1 = new Image();
            download_1.src = "img/download_1.gif";
            var rotate_0 = new Image();
            rotate_0.src = "img/rotate_0.gif";
            var rotate_1 = new Image();
            rotate_1.src = "img/rotate_1.gif";
            var actual_size_0 = new Image();
            actual_size_0.src = "img/actual_size_0.gif";
            var actual_size_1 = new Image();
            actual_size_1.src = "img/actual_size_1.gif";
            var default_size_0 = new Image();
            default_size_0.src = "img/default_size_0.gif";
            var default_size_1 = new Image();
            default_size_1.src = "img/default_size_1.gif";
        </script>
    </head>
    <body class="cssMain">
        <table width="100%" height="100%" cellpadding="0" cellspacing="0"
            border="0" class="cssMain"><tr>
            <td width="140" align="left" valign="top">
                Sammlung:<br>
                <span id="spnCollectionsList">
                    <select id="collectionsList" class="cssMain"></select>
                </span>
            </td>
            <td align="center" valign="middle">
                <input type="image" src="img/add_coll_0.gif"
                    id="btnAddCollection"
                    onMouseOver=
                        "this.src=add_coll_1.src;this.style.cursor='pointer';"
                    onMouseOut=
                        "this.src=add_coll_0.src;this.style.cursor='normal';">
                <input type="image" src="img/delete_coll_0.gif"
                    id="btnDeleteCollection"
                    onMouseOver=
                        "this.src=delete_coll_1.src;this.style.cursor='pointer';"
                    onMouseOut=
                        "this.src=delete_coll_0.src;this.style.cursor='normal';">
                <input type="image" src="img/add_photo_0.gif"
                    id="btnAddPhoto"
                    onMouseOver=
```

```
              "this.src=add_photo_1.src;this.style.cursor='pointer';"
          onMouseOut=
              "this.src=add_photo_0.src;this.style.cursor='normal';">
      <input type="image" src="img/delete_photo_0.gif"
          id="btnDeletePhoto"
          onMouseOver=
              "this.src=delete_photo_1.src;this.style.cursor='pointer';"
          onMouseOut=
              "this.src=delete_photo_0.src;this.style.cursor='normal';">
      <input type="image" src="img/print_0.gif"
          id="btnPrintPhoto"
          onMouseOver=
              "this.src=print_1.src;this.style.cursor='pointer';"
          onMouseOut=
              "this.src=print_0.src;this.style.cursor='normal';">
      <input type="image" src="img/download_0.gif"
          id="btnDownloadPhoto"
          onMouseOver=
              "this.src=download_1.src;this.style.cursor='pointer';"
          onMouseOut=
              "this.src=download_0.src;this.style.cursor='normal';">
      <input type="image" src="img/rotate_0.gif"
          id="btnRotatePhoto"
          onMouseOver=
              "this.src=rotate_1.src;this.style.cursor='pointer';"
          onMouseOut=
              "this.src=rotate_0.src;this.style.cursor='normal';">
      <input type="image" src="img/actual_size_0.gif"
          id="btnActualSize"
          onMouseOver=
              "this.src=actual_size_1.src;this.style.cursor='pointer';"
          onMouseOut=
              "this.src=actual_size_0.src;this.style.cursor='normal';">
      <input type="image" src="img/default_size_0.gif"
          id="btnDefaultSize"
          onMouseOver=
              "this.src=default_size_1.src;this.style.cursor='pointer';"
          onMouseOut=
              "this.src=default_size_0.src;this.style.cursor='normal';">
    </td>
  </tr></table>
 </body>
</html>
```

Listing 7.5:   Der Ausgangspunkt aller Aktionen: `control.jsp`

Im <head>-Element dieses Dokuments werden, wie in anderen Projekten in diesem Buch, die Bilder für die Buttons des Steuerbereiches am unteren Rand vorher geladen. Die Auszeichnungen selbst bestehen aus einer einzigen Tabelle mit einer einzigen Zeile, die zwei Spalten enthält. In der ersten Spalte steht das Dropdown-Feld zur Auswahl der Fotosammlung. Das entsprechende <select>-Element ist in ein <span>-Element eingeschlossen, damit es, wie später erklärt wird, leicht aktualisiert werden kann. Anmerkung: Ein <div>- und ein <span>-Element unterscheiden sich u.a. dadurch, dass nach einem <div>-Element ein Zeilenumbruch erfolgt, nach einem <span>-Element jedoch nicht. Ein <div>-Element dient zur logischen Unterteilung eines Dokuments, während ein <span>-Element einfach einen Abschnitt einschließt, dem beispeilsweise ein einheitlicher Stil zugewiesen werden soll. Doch in den meisten Fällen können diese Elemente gegeneinander ausgetauscht werden. Doch manchmal stellt ein Zeilenumbruch (genauer gesagt: ein Absatzumbruch) nach einem <div>-Element, wie hier, ein Problem dar, weil dadurch der vertikale Platzbedarf vergrößert und möglicherweise eine Bildlaufleiste in dem Frame angezeigt wird, was ich gerne vermeiden wollte.

Die zweite Spalte enthält alle Buttons. Sie werden einfach nebeneinander dargestellt und in der Spalte zentriert, was praktisch einem Flow-Layout einer typischen AWT/Swing-Anwendung entspricht. Jeder Button verfügt über onMouseOver- und onMouseOut-Eventhandler, die für den Rollover-Effekt der Buttons sorgen, wenn der Benutzer mit dem Mauszeiger über einen Button fährt. Diese Handler ändern auch das cursor-Stilattribut, damit der Zeiger über dem Button je nach Betriebssystem die Form einer Hand oder eines Zeigers annimmt. Vielleicht ist Ihnen aufgefallen, dass die Buttons keinen onClick-Handler haben. Wie tun sie etwas? Hier kommt Dojo ins Spiel; bitte gedulden Sie sich noch ein wenig...

main.jsp

Die Datei main.jsp enthält den größten Teil der Aktionen. Wegen ihrer Größe zeige ich hier nur die relevanten Abschnitte. Doch Sie sollten sich die Datei komplett anschauen, bevor Sie fortfahren.

Am Anfang werden zahlreiche JavaScript-Dateien importiert, darunter natürlich Dojo sowie der gesamte Code von *PhotoShare*. Wenn dieses Dokument geladen wird, wird die Clientseite von *PhotoShare* mit der init()-Funktion initialisiert (siehe weiter unten).

Wie in InstaMail gibt es ein BITTE WARTEN-Feld, das anfänglich verborgen ist.

Danach wird der Anzeigebereich mit einer Tabelle in zwei Unterbereiche unterteilt, einen für den Filmstreifen und einen für die Anzeige des jeweils ausgewählten Fotos.

Danach stehen die folgenden Auszeichnungen:

```html
<!-- 'Aufwärts'-Button -->
<img src="img/up_button_0.gif" id="up_button"
  class="cssUpButton"
  onMouseOver="buttonOver(this);this.style.cursor='pointer';"
  onMouseOut="buttonOut(this);this.style.cursor='normal';">

<!-- Bereich für oberen Teil des Filmstreifens verbergen -->
<img src="img/film_tile_hide.gif" class="cssFilmstripTopHide">
<br>

<!-- Rahmen für die Einzelbilder auf dem Filmstreifen -->
<img src="img/film_tile.gif" id="filmTile0" class="cssFilmTile0">
<img src="img/film_tile.gif" id="filmTile1" class="cssFilmTile1">
<img src="img/film_tile.gif" id="filmTile2" class="cssFilmTile2">
<img src="img/film_tile.gif" id="filmTile3" class="cssFilmTile3">
<img src="img/film_tile.gif" id="filmTile4" class="cssFilmTile4">

<!-- Platzhalter für die Bilder auf dem Filmstreifen -->
<img onClick="imgClick(0);" arrayIndex=""
  src="img/film_placeholder.gif"
  width="64" height="64" id="pic0"
```

```
        onMouseOver="this.style.cursor='pointer';"
        onMouseOut="this.style.cursor='normal';"
        style="position:absolute;top:16px;left:19px;z-index:200;">
<img onClick="imgClick(1);" arrayIndex=""
     src="img/film_placeholder.gif"
     width="64" height="64" id="pic1"
     onMouseOver="this.style.cursor='pointer';"
     onMouseOut="this.style.cursor='normal';"
     style="position:absolute;top:96px;left:19px;z-index:200;">
<img onClick="imgClick(2);" arrayIndex=""
     src="img/film_placeholder.gif"
     width="64" height="64" id="pic2"
     onMouseOver="this.style.cursor='pointer';"
     onMouseOut="this.style.cursor='normal';"
     style="position:absolute;top:176px;left:19px;z-index:200;">
<img onClick="imgClick(3);" arrayIndex=""
     src="img/film_placeholder.gif"
     width="64" height="64" id="pic3"
     onMouseOver="this.style.cursor='pointer';"
     onMouseOut="this.style.cursor='normal';"
     style="position:absolute;top:256px;left:19px;z-index:200;">
<img onClick="imgClick(4);" arrayIndex=""
     src="img/film_placeholder.gif"
     width="64" height="64" id="pic4"
     onMouseOver="this.style.cursor='pointer';"
     onMouseOut="this.style.cursor='normal';"
     style="position:absolute;top:336px;left:19px;z-index:200;">

<!-- Bereich für unteren Teil des Filmstreifens verbergen -->
<img src="img/film_tile_hide.gif"
     style="position:absolute;top:408px;left:6px;z-index:300;">

<!-- 'Abwärts'-Button -->
<img src="img/down_button_0.gif" id="down_button"
     style="position:absolute;top:418px;left:23px;z-index:400;"
     onMouseOver="buttonOver(this);this.style.cursor='pointer';"
     onMouseOut="buttonOut(this);this.style.cursor='normal';">
```

Ich habe einen kleinen Abschnitt weggelassen, in dem das `<div>`-Element `imgGrowing` definiert wird, weil ich nur die Auszeichnungen für den Filmstreifen anzeigen wollte. Der Filmstreifen funktioniert wie ein typischer »Scroller«, das heißt, Sie können die Technik, die ich hier beschreibe, auch in anderen Projekten verwenden.

Der Filmstreifen besteht aus mehreren »Kacheln« (Einzelbildern, siehe Abbildung 7.8).

Abb. 7.8: Ein »Kachelbild« des Filmstreifens

Um den Filmstreifen zu erzeugen, werden fünf dieser Kacheln untereinander angeordnet. Der Streifen kann also fünf Einzelbilder anzeigen. Über und unter dieser Kachelreihe befinden sich zwei rechteckige leere Bilder, die denselben Hintergrund wie die Seite haben und genauso groß wie eine Filmstreifenkachel (90x80 Pixel) sind. Sie dienen dazu, echte Kacheln abzudecken. Eine Abdeckkachel überlagert die erste (obere) Filmstreifenkachel, wodurch nur vier Filmstreifenkacheln sichtbar sind. Die andere Abdeckkachel wird unter dem Filmstreifen direkt nach der letzten Filmstreifenkachel positioniert.

Wird eine Sammlung ausgewählt, werden deren Fotos in einem Array gespeichert. Die Kacheln des Filmstreifens werden mit Fotos aus dem Array überlagert, indem dem z-index-Stilattribut der Fotos ein etwas größerer Wert als dem z-index-Stilattribut der Filmstreifenkachel zugewiesen wird. Entsprechende Positionsangaben sorgen dafür, dass das Foto genau den grauen Bereich einer Kachel abdeckt, der 64x64 Pixel groß ist.

Der Trick mit den Abdeckkacheln besteht nun darin, dass ihrem z-index-Stilattribut ein Wert zugewiesen wird, der ebenfalls größer als das z-index-Stilattribut der Filmstreifenkacheln und außerdem größer als das z-index-Stilattribut der Fotos auf den Kacheln ist. Folglich überdeckt die Abdeckkachel alle Bereiche, in denen sie sich mit dem Foto und der Kachel überlappt.

Wenn nun alle fünf Kacheln des Filmstreifens und die Fotos gleichzeitig um zehn Pixel nach oben oder unten versetzt werden, wird der Teil des Filmstreifen sichtbar, der von der Abdeckkachel verborgen war, und die Abdeckkachel am entgegengesetzten Rand verbirgt nun zehn Pixel der betreffenden Kachel. Genau dies passiert, wenn der Benutzer mit dem Mauszeiger auf dem AUFWÄRTS- oder ABWÄRTS-Button stehenbleibt: Alle Kacheln werden jeweilse um ein Pixel verschoben.

Natürlich ist das noch nicht alles. Was passiert, wenn alle Kacheln mit den Buttons um 80 Pixel in eine Richtung verschoben wurden? Hier kommt das Scrollen ins Spiel. Das Array, das das Foto enthält, wird in die entsprechende Richtung rotiert. Dann werden die Positionen der Kacheln und Fotos angepasst, damit je nach Laufrichtung entweder die obere oder die untere Kachel verborgen wird. Dann werden die Fotos auf den Kacheln aktualisiert. Damit ist der Scroller fertig!

Ich weiß, dass diese Erklärung etwas verwirrend sein kann; dies gehört zu den Dingen, die man besser versteht, wenn man sie sieht. Glücklicherweise zeigt der Code genau, was passiert.

Entfernen Sie probeweise in main.jsp die folgenden beiden Code-Abschnitte:

```
<!-- Bereich für oberen Teil des Filmstreifens verbergen -->
<img src="img/film_tile_hide.gif" class="cssFilmstripTopHide">
<br>
```

und

```
<!-- Bereich für unteren Teil des Filmstreifens verbergen -->
<img src="img/film_tile_hide.gif"
     style="position:absolute;top:408px;left:6px;z-index:300;">
```

Damit werden die Abdeckkacheln entfernt. Sie können deutlich sehen, wie die vorher verdeckten Bilder verschoben werden und dann »zurückspringen«, wenn der Filmstreifen um 80 Pixel nach oben oder unten verschoben wurde. Wie das Array rotiert, sollte jetzt auch klar sein.

Anmerkung: Die Bilder der Buttons sind noch über den Abdeckkacheln positioniert, damit die Buttons immer noch angezeigt werden. Da der Hintergrund dieser Bilder durchsichtig ist, sollten Sie genau sehen können, was passiert.

Danach steht folgender Abschnitt:

```
<!-- Platzhalter für die Bilder auf dem Filmstreifen -->
<img onClick="imgClick(0);" arrayIndex=""
  src="img/film_placeholder.gif"
  width="64" height="64" id="pic0"
  onMouseOver="this.style.cursor='pointer';"
  onMouseOut="this.style.cursor='normal';"
  style="position:absolute;top:16px;left:19px;z-index:200;">
<img onClick="imgClick(1);" arrayIndex=""
  src="img/film_placeholder.gif"
  width="64" height="64" id="pic1"
  onMouseOver="this.style.cursor='pointer';"
  onMouseOut="this.style.cursor='normal';"
  style="position:absolute;top:96px;left:19px;z-index:200;">
<img onClick="imgClick(2);" arrayIndex=""
  src="img/film_placeholder.gif"
  width="64" height="64" id="pic2"
  onMouseOver="this.style.cursor='pointer';"
  onMouseOut="this.style.cursor='normal';"
  style="position:absolute;top:176px;left:19px;z-index:200;">
<img onClick="imgClick(3);" arrayIndex=""
  src="img/film_placeholder.gif"
  width="64" height="64" id="pic3"
  onMouseOver="this.style.cursor='pointer';"
  onMouseOut="this.style.cursor='normal';"
  style="position:absolute;top:256px;left:19px;z-index:200;">
<img onClick="imgClick(4);" arrayIndex=""
  src="img/film_placeholder.gif"
  width="64" height="64" id="pic4"
  onMouseOver="this.style.cursor='pointer';"
  onMouseOut="this.style.cursor='normal';"
  style="position:absolute;top:336px;left:19px;z-index:200;">
```

Diese sind die `img`-Elemente für die Fotos. Anfänglich zeigen sie aber nur einen Platzhalter an, der aus einem transparenten 1x1 Pixel großen Bild besteht. Das anwendungsspezifische `arrayIndex`-Attribut gibt den Array-Index des Fotos in der Fotosammlung an, das an der betreffenden Stelle angezeigt werden soll.

Danach folgen die Auszeichnungen für den Anzeigebereich. Er besteht aus einem großen `<div>`-Element. Ein internes `<div>`-Element mit der ID `landingPadText` zeigt einen einführenden Text an, der verborgen wird, wenn der Benutzer eine Sammlung ausgewählt hat. Der Anzeigebereich verfügt über die voreingestellte Fotogröße von 640x480 Pixel.

Schließlich ist noch interessant, wie der Schatten des Anzeigebereiches erzeugt wird:

```
<!-- Schatten für den Anzeigebereich -->
<div id="shadow1" style="position:absolute;left:117px;top:11px;
  width:640px;height:480px;background-color:#000000;
  z-index:8;"></div>
```

```
<div id="shadow2" style="position:absolute;left:118px;top:12px;
    width:640px;height:480px;background-color:#202020;
    z-index:7;"></div>
<div id="shadow3" style="position:absolute;left:119px;top:13px;
    width:640px;height:480px;background-color:#404040;
    z-index:6;"></div>
<div id="shadow4" style="position:absolute;left:120px;top:14px;
    width:640px;height:480px;background-color:#606060;
    z-index:5;"></div>
<div id="shadow5" style="position:absolute;left:121px;top:15px;
    width:640px;height:480px;background-color:#808080;
    z-index:4;"></div>
<div id="shadow6" style="position:absolute;left:122px;top:16px;
    width:640px;height:480px;background-color:#a0a0a0;
    z-index:3;"></div>
<div id="shadow7" style="position:absolute;left:123px;top:17px;
    width:640px;height:480px;background-color:#c0c0c0;
    z-index:2;"></div>
<div id="shadow8" style="position:absolute;left:124px;top:18px;
    width:640px;height:480px;background-color:#e0e0e0;
    z-index:1;"></div>
<div id="shadow9" style="position:absolute;left:124px;top:18px;
    width:640px;height:480px;background-color:#fafafa;
    z-index:0;"></div>
```

Leider kann nur der Internet Explorer auf DirectX-Filter (einschließlich Dropdown-Schatten) zugreifen, Firefox und die meisten anderen Browser dagegen nicht. (Nebenbei bemerkt: Diese Filter werden zwar in diesem Buch nicht verwendet, aber wenn Sie Näheres darüber wissen wollen, finden Sie unter `http://msdn.microsoft.com/library/default.asp?url=/workshop/author/filter/reference/reference.asp` eine brauchbare Referenz.) Ich kenne keine browserübergreifende gängige Methode, um beliebige Seitenelemente mit einem Schatten zu versehen. Deshalb müssen sie entweder an einen Browser gebunden werden oder Sie müssen, wie hier, einen Schatten simulieren. Der gebräuchlichste Schatten fällt nach rechts unten. Er besteht einfach aus mehreren Zeilen, deren Farbe zunehmend heller wird, bis die Farbe des Hintergrunds erreicht ist, und die schrittweise nach rechts bzw. unten versetzt werden. Diverse `<div>`-Elemente mit den entsprechenden Eigenschaften erfüllen diesen Zweck.

addCollection.jsp

Die JSP `addCollection.jsp` enthält das Dialogfeld SAMMLUNG ANLEGEN (siehe Listing 7.6).

```
<%@ taglib prefix="c" uri="http://java.sun.com/jstl/core" %>
<html>
  <head>
    <title>PhotoShare - Sammlung anlegen</title>
    <!-- Das Stylesheet einbinden -->
    <link rel="stylesheet" href="css/styles.css" type="text/css">
    <script>
      function init() {
         // Wenn dieses Dokument nach einer erfolgreichen Ergänzung
         // der Sammlungsliste geladen wurde, muss das Dropdown-
         // Listenfeld mit den Sammlungen aktualisiert werden.
```

```
        if ("<c:out value='${message}'/>".indexOf("added") != -1) {
            opener.window.top.fraMain.updateCollectionsList();
        }
      }
    </script>
  </head>
  <body onLoad="init();" class="cssMain">
  <div class="cssMessage"><c:out value="${message}"/><br><br></div>
  <form name="addCollectionForm" method="post"
    action="addCollection.action">
    <table border="0" cellpadding="0" cellspacing="0" class="cssMain">
      <tr>
        <td>Name der Sammlung: </td>
        <td>
          <input type="text" size="24" name="name"
            value="<c:out value="${param.name}"/>">
        </td>
      </tr>
      <tr>
        <td>Ihr Name: </td>
        <td>
          <input type="text" size="24" name="creator"
            value="<c:out value="${param.creator}"/>">
        </td>
      </tr>
      <tr><td colspan="2"> </td></tr>
      <tr>
        <td colspan="2">
          <input type="submit" value="Sammlung anlegen">
        </td>
      </tr>
    </table>
  <form>
  <br>
  <p align="right">
    <input type="button" value="Fenster schließen"
      onClick="window.close();">
  </p>
  </body>
</html>
```

Listing 7.6: Die Datei addCollection.jsp für das Dialogfeld SAMMLUNG ANLEGEN

Dieser Code ist relativ unkompliziert, weshalb ich nicht ausführlich auf ihn eingehe. Interessant ist, dass die Werte der Eingabefelder mit JSTL gesetzt werden, so dass die Werte im Falle eines Fehlers nicht verloren gehen. JSTL ist hier einem einfachen Scriptlet (etwa <%=request.getParameter("creator")%>) vorzuziehen, weil diese Parameter beim ersten Anzeigen des Dialogfelds nicht in der Anfrage enthalten sind und das Scriptlet den Wert null ausgeben würde. Dann müsste man zusätzlichen Code schreiben, um diesen Fall zu behandeln. JSTL behandelt diesen Fall bereits, wodurch der Seitencode etwas übersichtlicher bleibt.

JSTL wird auch in der init()-Funktion verwendet. Diese Funktion, die beim Laden der Seite aufgerufen wird, aktualisiert die Sammlungsliste, wenn eine Sammlung hinzugefügt wird. Zu diesem Zweck durchsucht sie die Antwort des Servers nach dem Wort »added«, mit dem dieser anzeigt, dass die Hinzufügen-Operation erfolgreich war. Ist dies der Fall, wird die Funktion updateCollectionsList() in main.jsp aufgerufen, das der opener für dieses Dialogfeld und so der Benutzer opener in opener.window.top.fraMain.updateCollectionsList(); ist. Weil opener ein Frameset-Dokument ist, muss, ausgehend von top, der komplette Pfad des DOM-Baumes referenziert werden, um die Funktion von fraMain zu referenzieren.

addPhoto.jsp

Im selben Sinne zeigt die Datei addPhoto.jsp den Inhalt des Dialogfelds FOTO HINZUFÜGEN an (siehe Listing 7.7).

```
<%@ taglib prefix="c" uri="http://java.sun.com/jstl/core" %>
<html>
  <head>
    <title>PhotoShare - Foto hinzufügen</title>
    <!-- Das Stylesheet einbinden -->
    <link rel="stylesheet" href="css/styles.css" type="text/css">
    <script>
      function init() {
        // Den Wert des verborgenen Formularfeldes, das den
        // Namen der Sammlung enthält, auf den Namen der
        // ausgewählten Sammlung in dem Dropdown setzen
        document.getElementById("hiddenCollection").value =
          opener.window.top.fraControl.document.getElementById(
            "collectionsList").value;
        // Falls dieses Dokument nach dem erfolgreichen Hinzufügen eines
        // Fotos geladen wurde, muss die Sammlung neu geladen werden.
        if ("<c:out value='${message}'/>".indexOf("added") != -1) {
          opener.window.top.fraMain.loadCollection();
        }
      }
    </script>
  </head>
  <body onLoad="init();" class="cssMain">
  <div class="cssMessage"><c:out value="${message}"/><br><br></div>
  <form name="addPhotoForm" enctype="multipart/form-data" method="post"
    action="addPhoto.action">
    <input type="hidden" id="hiddenCollection" name="collection">
    <table border="0" cellpadding="0" cellspacing="0" width="100%"
      class="cssMain">
      <tr>
        <td colspan="2">Fotobeschreibung: </td>
      </td>
      <tr>
        <td colspan="2">
          <textarea name="description" cols="69" rows="10">
            <c:out value="${param.description}"/>
          </textarea>
        </td>
      </tr>
```

```
        <tr>
          <td>Ihr Name: </td>
            <td align="left">
              <input type="text" name="adder"
                value="<c:out value="${param.adder}"/>">
            </td>
        </tr>
        <tr>
          <td>Zu ladendes Foto: </td>
          <td align="left"><input type="file" name="photo"></td>
        </tr>
        <tr><td colspan="2"> </td></tr>
        <tr>
          <td colspan="2"><input type="submit"
            value="Foto hinzufügen"></td>
        </tr>
      </table>
  <form>
  <p align="right">
    <input type="button" value="Fenster schließen"
      onClick="window.close();">
  </p>
  </body>
</html>
```

Listing 7.7:   Die Datei addPhoto.jsp für das Dialogfeld FOTO HINZUFÜGEN

Diese Datei enthält fast den gleichen Code wie addCollection.jsp aus dem vorigen Abschnitt; deshalb werde ich nicht weiter darauf eingehen. Bemerkenswert ist nur, dass diese Funktion auf dem Server den Namen der Sammlung benötigt, zu der das Foto hinzugefügt werden soll. Deshalb ruft die init()-Funktion den Namen aus dem Dropdown in dem fra-Control-Frame ab (wobei derselbe DOM-Pfad wie im vorigen Abschnitt verwendet wird) und weist den Wert einem verborgenen Formularfeld zu, das mit den anderen Formulardaten übergeben wird. Der einzige andere Unterschied besteht darin, dass die Sammlung, wenn ein Foto hinzugefügt wird, offensichtlich aktualisiert werden muss. Zu diesem Zweck wird sie einfach erneut geladen, so als hätte der Benutzer die Auswahl in dem Dropdown geändert.

listCollections.jsp

Mit der Datei listCollections.jsp wird ein Ajax-Ergebnis angezeigt (siehe Listing 7.8).

```
<% /*
      Diese JSP generiert die Auszeichnungen für das Dropdown-Feld
      zur Auswahl der Sammlung in dem Steuerungs-Frame.  Sie
      verwendet das Anfrageattribut 'collections', das
      von der 'ListCollections'-Aktion gesetzt wird.
   */
%>
<%@ page language="java" import="java.util.*" %>
<select id="collectionsList" class="cssMain"
  onChange="parent.fraMain.loadCollection();">
  <option value="none">--Auswählen--</option>
```

```
<%
    HashMap collections = (HashMap)request.getAttribute("collections");
    for (Iterator it = collections.keySet().iterator(); it.hasNext();) {
      String name = (String)it.next();
%>
    <option value="<%=name%>"><%=name%></option>
<%
    }
%>
</select>
```

Listing 7.8: Eine Seite, die ein Ajax-Ergebnis darstellt: `listCollections.jsp`

In der Beschreibung von `control.jsp` habe ich erwähnt, dass das `<select>`-Element in ein `<span>`-Element eingehüllt war. Hier sehen Sie, warum. Die `updateCollections()`-Funktion setzt eine Ajax-Anfrage ab, deren Antwort in dieser JSP landet. Die JSP generiert die Auszeichnungen für das `<select>`-Element, die bei der Rückkehr zum clientseitigen JavaScript-Code dem `innerHTML`-Attribut dieses `<div>`-Elements zugewiesen werden.

Es gibt noch andere Methoden, ein `<select>`-Element zu aktualisieren, als das `<div>`-Element zu manipulieren. Sie können auch Code schreiben, der das Element mit DOM-Methoden manipuliert, um Einträge zu löschen oder einzufügen. Doch dieses DOM-Scripting wäre wesentlich umfangreicher als die eine Codezeile, mit der das `<div>`-Element aktualisiert wird. Deshalb habe ich den weniger codeaufwändigen Ansatz vorgezogen.

loadCollection.jsp

Die Datei `loadCollection.jsp` leistet Ähnliches wie `listCollections.jsp` (siehe Listing 7.9. A.d.Ü.: Bitte schauen Sie sich die Datei wegen der Zeilenumbrüche im Original an!).

```
<% /*
      Diese JSP generiert den XML-Code, der eine Sammlung beschreibt,
      wenn eine von dem Benutzer ausgewählt wird. Der XML-Code wird mit
      dem Anfrageattribut 'collection', einem CollectionDTO, generiert.
   */
%>
<%@ page language="java" import="java.util.*,com.apress.ajaxprojects.photoshar
e.dtos.*" %>
<% CollectionDTO collection = (CollectionDTO)request.getAttribute("collection"
); %>
<collection name="<%=collection.getName()%>" createdBy="<%=collection.getCreat
edBy()%>" createdOn="<%=collection.getCreatedOn()%>">
    <%
    ArrayList photos = collection.getPhotos();
    for (Iterator it = photos.iterator(); it.hasNext();) {
      PhotoDTO photo = (PhotoDTO)it.next();
%>
      <photo addedBy="<%=photo.getAddedBy()%>" addedOn="<%=photo.getAddedOn()%
>" type="<%=photo.getType()%>" fileSize="<%=photo.getFileSize()%>" dimensions=
"<%=photo.getDimensions()%>" dpi="<%=photo.getDpi()%>" filename="<%=photo.getF
ilename()%>" colorDepth="<%=photo.getColorDepth()%>">
      <%=photo.getDescription()%>
      </photo>
```

```
   <%
     }
   %>
</collection>
```

Listing 7.9: Eine JSP, die clientseitigen XML-Code generiert: `loadCollection.jsp`

Dieser Code ähnelt `listCollections.jsp`. Doch hier wird kein HTML-Code generiert, der in ein `<div>`-Element eingefügt werden soll, sondern XML-Code. Doch die Methode der Generierung ist dieselbe. Außerdem könnten Sie beliebigen Text in einer Form Ihrer Wahl generieren, eine Tatsache, die viele Ajax-Entwickler meiner Erfahrung nach vergessen. Sie glauben, die Antwort müsse als Code in einem Servlet (oder einer Struts-`Action` oder in einer anderen speziellen Form) generiert werden. Dies ist natürlich nicht wahr und führt immer dazu, dass sie mehr Code schreiben, als erforderlich ist. Insbesondere wenn Sie JSTL in einer JSP verwenden können, gibt es kaum einen Grund, die Antworten auf Ajax-Aufrufe nicht mit JSPs zu generieren. Hier habe ich auf JSTL verzichtet, weil der Code nur einfache Aufrufe von Gettern in einer Bean enthält, wodurch der Vorteil der JSTL nicht so offensichtlich wie in anderen Fällen ist. Außerdem ist es immer gut, sich daran zu erinnern, dass Sie, so gut die JSTL und andere Taglibs auch sein mögen, immer noch auf die Grundlagen zurückgreifen können.

Collection.js

Nach den Auszeichnungen nun zum Code selbst. Ich beginne mit `Collection.js` (siehe Listing 7.10).

```
// Collection-Objekt
function Collection() {
  this.name = null;
  this.createdBy = null;
  this.createdOn = null;
  this.photos = new Array();
  this.currentArrayIndex = null;
}
Collection.prototype.setName = function(inName) {
  this.name = inName;
}
Collection.prototype.getName = function() {
  return this.name;
}
Collection.prototype.setCreatedBy = function(inCreatedBy) {
  this.createdBy = inCreatedBy;
}
Collection.prototype.getCreatedBy = function() {
  return this.createdBy;
}
Collection.prototype.setCreatedOn = function(inCreatedOn) {
  this.createdOn = inCreatedOn;
}
Collection.prototype.getCreatedOn = function() {
  return this.createdOn;
}
```

```
Collection.prototype.addPhoto = function(inPhoto) {
  this.photos.push(inPhoto);
}
Collection.prototype.getPhoto = function(inIndex) {
  return this.photos[inIndex];
}
// Die Fotos der Sammlung vom Server laden
Collection.prototype.loadPhotoImages = function() {
  for (var i = 0; i < this.photos.length; i++) {
    this.photos[i].loadImage();
  }
}
// Die Elemente im Array umsortieren,
// um den Filmstreifen "unten" zu verschieben
Collection.prototype.rotateArrayDown = function() {
  var l = this.photos.length - 1;
  var o1 = this.photos[0];
  for (var i = 0; i < l; i++) {
    this.photos[i] = this.photos[i + 1];
  }
  this.photos[l] = o1;
}
// Die Elemente im Array umsortieren,
// um den Filmstreifen "oben" zu verschieben
Collection.prototype.rotateArrayUp = function() {
  var l = this.photos.length - 1;
  var o1 = this.photos[l];
  for (var i = l; i > 0; i--) {
    this.photos[i] = this.photos[i - 1];
  }
  this.photos[0] = o1;
}
Collection.prototype.toString = function() {
  return "Collection=[name=" + this.name +
    ",createdBy=" + this.createdBy +
    ",createdOn=" + this.createdOn + ",photos={" + this.photos + "}]";
}
```

Listing 7.10: `Collection.js` – der JavaScript-Code für das `Collection`-Objekt

Die `Collection`-Klasse ist das JavaScript-Gegenstück einer einfachen JavaBean. Substanziell sind nur die Funktionen `loadPhotoImages()`, `rotateArrayDown()` und `rotateArrayUp()`. Sie arbeiten mit einem Array namens `photos`, einer Sammlung von `Photo`-Objekten (siehe den nächsten Abschnitt). `LoadPhotoImages()` durchläuft einfach dieses Array und ruft für jedes Element (`Photo`-Objekt) die `loadImage()`-Funktion, mit der das Bild vom Server geladen wird. Die Funktionen `rotateArrayDown()` und `rotateArrayUp()` werden aufgerufen, wenn der Filmstreifen um 80 Pixel nach oben oder unten verschoben wurde. Sie ordnen die Elemente im Array entsprechend um und implementieren damit die Beschreibung der Arbeitsweise des Filmstreifens aus dem Abschnitt *main.jsp* weiter vorne. Es *sieht so aus*, als bewegten sich die Fotos selbst nach oben oder unten; tatsächlich werden nur die Daten in dem Array umsortiert und die Bildquellen entsprechend aktualisiert.

Photo.js

Die Datei Photo.js beschreibt das Photo-Objekt, das in dem Collection-Objekt verwendet wird (siehe Listing 7.11).

```javascript
// Photo-Objekt
function Photo() {
  this.type = null;
  this.addedBy = null;
  this.addedOn = null;
  this.fileSize = null;
  this.dimensions = null;
  this.width = null;
  this.height = null;
  this.dpi = null;
  this.filename = null;
  this.colorDepth = null;
  this.description = null;
  this.image = null;
}
Photo.prototype.setType = function(inType) {
  this.type = inType;
}
Photo.prototype.getType = function() {
  return this.type;
}
Photo.prototype.setAddedBy = function(inAddedBy) {
  this.addedBy = inAddedBy;
}
Photo.prototype.getAddedBy = function() {
  return this.addedBy;
}
Photo.prototype.setAddedOn = function(inAddedOn) {
  this.addedOn = inAddedOn;
}
Photo.prototype.getAddedOn = function() {
  return this.addedOn;
}
Photo.prototype.setFileSize = function(inFileSize) {
  this.fileSize = inFileSize;
}
Photo.prototype.getFileSize = function() {
  return this.fileSize;
}
// Die Abmessungen des Fotos setzen;
// das Argument muss die Form 'Breite x Höhe' haben.
Photo.prototype.setDimensions = function(inDimensions) {
  this.dimensions = inDimensions;
  var a = inDimensions.split("x");
  this.width = a[0];
  this.height = a[1];
}
```

```
Photo.prototype.getDimensions = function() {
  return this.dimensions;
}
Photo.prototype.getWidth = function() {
  return this.width;
}
Photo.prototype.getHeight = function() {
  return this.height;
}
Photo.prototype.setDpi = function(inDpi) {
  this.dpi = inDpi;
}
Photo.prototype.getDpi = function() {
  return this.dpi;
}
Photo.prototype.setFilename = function(inFilename) {
  this.filename = inFilename;
}
Photo.prototype.getFilename = function() {
  return this.filename;
}
Photo.prototype.setColorDepth = function(inColorDepth) {
  this.colorDepth = inColorDepth;
}
Photo.prototype.getColorDepth = function() {
  return this.colorDepth;
}
Photo.prototype.setDescription = function(inDescription) {
  this.description = inDescription;
}
Photo.prototype.getDescription = function() {
  return this.description;
}
// Das Bild vom Server laden
Photo.prototype.loadImage = function() {
  this.image = new Image();
  this.image.src = "photos/" + this.filename;
}
Photo.prototype.getImage = function() {
  return this.image;
}
Photo.prototype.toString = function() {
  return "Photo=[type=" + this.type + ",addedBy=" + this.addedBy +
    ",addedOn=" + this.addedOn + ",fileSize=" + this.fileSize +
    ",dimensions=" + this.dimensions + ",dpi=" + this.dpi +
    ",filename=" + this.filename + ",colorDepth=" + this.colorDepth +
    "]";
}
```

Listing 7.11:   Photo.js – der JavaScript-Code für das Photo-Objekt

Auch Photo ist im Wesentlichen eine einfache Bean, hauptsächlich eine Reihe von Settern und Gettern. Die Datei enthält auch eine loadImage()-Funktion, die das Bild vom Server (oder aus dem lokalen Browser-Cache, wenn das Foto bereits vorhanden ist) abruft. Die Abmessungen des Fotos werden in der Form »Breite x Höhe« an den Server übergeben. Die Funktion `setDimensions()` zerlegt es in seine Bestandteile, damit Breite und Höhe separat zur Verfügung stehen.

Globals.js

Die Datei `Globals.js` enthält einige globale Variablen, die in der gesamten Anwendung verwendet werden (siehe Listing 7.12). Die Datei ist ausreichend kommentiert, weshalb ich den Text hier nicht wiederholen muss.

```javascript
// Dieses Flag wird auf 'true' gesetzt, wenn der Server aufgerufen wird,
// um bestimmte Funktionen während dieser Zeit zu blockieren.
var processing = false;

// Koordinaten der oben linken Ecke des Fotoanzeigebereiches
var landingPadLeft = 116;
var landingPadTop = 10;

// Das gegenwärtig aktive Collection-Objekt
var currentCollection = null;

// Das gegenwärtig angezeigte Foto
var currentPhoto = null;

// Array-Index des gegenwärtig angezeigten Fotos
var currentArrayIndex = null;

// Drehung des gegenwärtig angezeigten Fotos in Grad
var rotationAmount = null;

// *** Variable für die Vergößerung eines Fotos ***
var growKoordinaten = null; // Array mit den Koordinaten, die eine
                            // gerade Linie vom Ausgangspunkt einer
                            // Miniatur zum fertigen Bild definieren
var growTimer = null;        // Timer
var growIndex = null;        // Index für 'growKoordinaten'
var growWidthStep = null;    // Horizontaler Wachstumsschritt
var growHeightStep = null;   // Vertikaler Wachstumsschritt
var growWidth = null;        // Aktuelle Breite des wachsenden Bildes
var growHeight = null;       // Aktuelle Höhe des wachsenden Bildes
var growWidthFinal = null;   // Zielbreite des wachsenden Bildes
var growWidthHeight = null;  // Zielhöhe des wachsenden Bildes

// *** Variable für die Verschiebung des Filmstreifens ***
var scrollTimer = null;      // Timer
var y_offset = null;         // Größe der aktuellen Verschiebung

// Platzhalter für die Fotos
var img_film_placeholder = new Image();
img_film_placeholder.src = "img/film_placeholder.gif";
```

```
// Bilder für Rollover des 'Aufwärts'-Buttons
var img_up_button_0 = new Image();
img_up_button_0.src = "img/up_button_0.gif";
var img_up_button_1 = new Image();
img_up_button_1.src = "img/up_button_1.gif";

// Bilder für Rollover des 'Abwärts'-Buttons
var img_down_button_0 = new Image();
img_down_button_0.src = "img/down_button_0.gif";
var img_down_button_1 = new Image();
img_down_button_1.src = "img/down_button_1.gif";
```

Listing 7.12:   Global.js – der JavaScript-Code mit den globalen Variablen

misc.js

Die Datei misc.js enthält diverse andere Methoden der Anwendung (siehe Listing 7.13).

```
// PhotoShare beim Start initialisieren
function init() {
  // Mit Dojo Ereignisse an Buttons und das Dropdown-Feld binden
  var evNode = null;
  evNode =
    parent.fraControl.document.getElementById("btnAddCollection");
  dojo.event.connect(evNode, "onclick", "addCollection");
  evNode =
    parent.fraControl.document.getElementById("btnDeleteCollection");
  dojo.event.connect(evNode, "onclick", "deleteCollection");
  evNode = parent.fraControl.document.getElementById("btnAddPhoto");
  dojo.event.connect(evNode, "onclick", "addPhoto");
  evNode = parent.fraControl.document.getElementById("btnDeletePhoto");
  dojo.event.connect(evNode, "onclick", "deletePhoto");
  evNode = parent.fraControl.document.getElementById("btnPrintPhoto");
  dojo.event.connect(evNode, "onclick", "printPhoto");
  evNode = parent.fraControl.document.getElementById("btnDownloadPhoto");
  dojo.event.connect(evNode, "onclick", "downloadPhoto");
  evNode = parent.fraControl.document.getElementById("btnRotatePhoto");
  dojo.event.connect(evNode, "onclick", "rotatePhoto");
  evNode = parent.fraControl.document.getElementById("btnActualSize");
  dojo.event.connect(evNode, "onclick", "setActualSize");
  evNode = parent.fraControl.document.getElementById("btnDefaultSize");
  dojo.event.connect(evNode, "onclick", "setDefaultSize");
  // Alle globalen Variablen in den Anfangszustand zurücksetzen
  resetVars();
  // Die Positionen der Bilder auf dem Filmstreifen setzen
  setPicLocations();
  // Die Sammlungsliste vom Server abrufen
  // und das Dropdown-Feld aktualisieren
  updateCollectionsList();
}

// Alle Variablen beim Start oder bei der Auswahl einer Sammlung
// in den Anfangszustand zurücksetzen
```

```
function resetVars() {
  // Möglicherweise laufenden Timer abbrechen
  if (growTimer != null) {
    window.clearTimeout(growTimer);
    growTimer = null;
  }
  // Möglicherweise laufenden Scroll-Timer abbrechen
  if (scrollTimer != null) {
    window.clearTimeout(scrollTimer);
    scrollTimer = null;
  }
  // Möglicherweise laufende Bildvergrößerung abbrechen
  var o = document.getElementById("imgGrowing");
  o.style.display = "none";
  o.style.top = "0px";
  o.style.left = "0px";
  // Die Verbindung zwischen den Fotos auf dem Filmstreifen lösen
  // und die Fotos entfernen
  document.getElementById("pic0").arrayIndex = null;
  document.getElementById("pic0").src = img_film_placeholder.src;
  document.getElementById("pic1").arrayIndex = null;
  document.getElementById("pic1").src = img_film_placeholder.src;
  document.getElementById("pic2").arrayIndex = null;
  document.getElementById("pic2").src = img_film_placeholder.src;
  document.getElementById("pic3").arrayIndex = null;
  document.getElementById("pic3").src = img_film_placeholder.src;
  document.getElementById("pic4").arrayIndex = null;
  document.getElementById("pic4").src = img_film_placeholder.src;
  // Alle anderen Variablen zurücksetzen
  currentCollection = null;
  currentPhoto = null;
  growIndex = null;
  growKoordinaten = null;
  growWidthStep = null;
  growHeightStep = null;
  growWidth = null;
  growHeight = null;
  growWidthFinal = null;
  growWidthHeight = null;
  y_offset = 0;
  rotationAmount = 0;
}


// Die Sammlungsliste in dem Dropdown-Feld aktualisieren
function updateCollectionsList() {
  // Abbrechen, falls der Server läuft
  if (processing) { return false; }
  // Wachsendes Foto im Anzeigebereich fixieren
  snapImageToLandingPad();
  // 'Bitte warten' anzeigen
  showPleaseWait()
  // Ajax-Aufruf absetzen
```

```
    dojo.io.bind({
      url: "listCollections.action",
      error: function(type, errObj) { alert("Ajax-Fehler!"); },
      load: function(type, data, evt) {
        parent.fraControl.document.getElementById(
          "spnCollectionsList").innerHTML = data;
        hidePleaseWait();
      },
      mimetype: "text/html",
      transport: "XMLHTTPTransport"
    });
  }


// Den Anzeigebereich auf Standardgröße setzen
function resetLandingPad() {
  o = document.getElementById("landingPad")
  o.style.width = "640px";
  o.style.height = "480px";
}


// Den Schatten des Anzeigebereiches auf die passende Größe setzen,
// wenn ein Foto in echter Größe angezeigt wird
function setShadowActualSize() {
  w = currentPhoto.getWidth();
  h = currentPhoto.getHeight();
  for (var i = 1; i < 10; i++) {
    o = document.getElementById("shadow" + i)
    o.style.width = w;
    o.style.height = h;
  }
}


// Den Schatten des Anzeigebereiches auf die passende Größe setzen,
// wenn ein Foto in der Standardgröße angezeigt wird
function setShadowDefaultSize() {
  for (var i = 1; i < 10; i++) {
    o = document.getElementById("shadow" + i)
    o.style.width = 640;
    o.style.height = 480;
  }
}
```

Listing 7.13:   misc.js – diverse andere Methoden der Anwendung

Bei der Beschreibung von control.jsp hatte ich erwähnt, dass die Buttons keine onClick-Handler haben. Hier sehen Sie, warum. In der init()-Funktion wird das Dojo-Ereignissystem über die Funktion dojo.event.connect() aktiviert, um die Buttons mit onClick-Handlern zu verbinden. Die Vorteile dieser Vorgehensweise habe ich bereits im Abschnitt 7.2 *Der Lösungsansatz* weiter vorne dargelegt.

Mit der resetVars()-Funktion werden die globalen Variablen zurückgesetzt und möglicherweise laufende Timer abgebrochen. Sie wird beim Start und während der Ausführung von

PhotoShare aufgerufen, etwa wenn eine Sammlung ausgewählt wird, wodurch aktive Timer ihre Aufgabe verlieren und angehalten werden müssen.

Als Nächstes folgt die Funktion updateCollection(). Sie beginnt wie die meisten Funktionen von *PhotoShare* mit folgenden Zeilen:

```
// Abbrechen, falls der Server läuft
if (processing) { return false; }
```

Falls der Server bereits eine Ajax-Anfrage bearbeitet, deren Antwort noch aussteht, soll in fast allen Fällen keine neue Anfrage gestartet werden. Deshalb wird der Wert der Variablen processing geprüft und die Funktion gegebenenfalls abgebrochen.

In der folgenden Zeile

```
// Wachsendes Foto im Anzeigebereich fixieren
snapImageToLandingPad();
```

wird ein möglicherweise laufender Vergrößerungsprozess abgebrochen, und das Foto wird direkt in der Standardgröße im Anzeigebereich angezeigt.

Die Funktion listCollections() ruft die Sammlungsliste mit einer Ajax-Anfrage an den Server ab. Die Antwort wird von listCollections.jsp generiert (siehe weiter vorne) und dann in das <div>-Element eingefügt, das das <select>-Element enthält:

```
parent.fraControl.document.getElementById(
    "spnCollectionsList").innerHTML = data;
```

Auch hier ist der komplette DOM-Pfad erforderlich, um auf ein Element in einem anderen Frame zuzugreifen. Schließlich wird mit hidePleaseWait(); das BITTE WARTEN-Dialogfeld verborgen, das am Anfang der Anfrage mit showPleaseWait() angezeigt wurde.

Die folgende Funktion resetLandingPad() setzt einfach den Anzeigebereich auf seine Standardgröße von 640x480 Pixel zurück.

Schließlich wird der Schatten des Anzeigebereiches mit den Funktionen setShadowActual-Size() bzw. setShadowDefaultSize() an die Größe des Anzeigebereiches angepasst. Da der Schatten mit zehn Linien simuliert wird, müssen zu diesem Zweck alle zehn Linien angepasst werden.

PleaseWait.js

Die Datei PleaseWait.js enthält den Code für das Dialogfeld BITTE WARTEN (siehe Listing 7.14).

```
// Das 'Bitte warten'-Dialogfeld am Anfang einer Operation anzeigen
function showPleaseWait() {
  processing = true;
  // Das Dialogfeld zentrieren
  var pleaseWaitDIV = document.getElementById("divPleaseWait");
  var lca;
  if (window.innerWidth) {
    lca = window.innerWidth;
  } else {
```

```
    lca = document.body.clientWidth;
  }
  var lcb = pleaseWaitDIV.offsetWidth;
  var lcx = (Math.round(lca / 2)) - (Math.round(lcb / 2));
  var iebody = (document.compatMode &&
    document.compatMode != "BackCompat") ?
    document.documentElement : document.body;
  var dsoleft = document.all ? iebody.scrollLeft : window.pageXOffset;
  pleaseWaitDIV.style.left = (lcx + dsoleft - 120) + "px";
  if (window.innerHeight) {
    lca = window.innerHeight;
  } else {
    lca = document.body.clientHeight;
  }
  lcb = pleaseWaitDIV.offsetHeight;
  lcy = (Math.round(lca / 2)) - (Math.round(lcb / 2));
  iebody = (document.compatMode &&
    document.compatMode != "BackCompat") ?
    document.documentElement : document.body;
  var dsoctop = document.all ? iebody.scrollTop : window.pageYOffset;
  pleaseWaitDIV.style.top = (lcy + dsoctop - 40) + "px";
  // Das Dialogfeld anzeigen
  pleaseWaitDIV.style.display = "block";
}

// Das 'Bitte warten'-Dialogfeld verbergen
function hidePleaseWait() {
  pleaseWaitDIV =
    document.getElementById("divPleaseWait").style.display = "none";
  processing = false;
}
```

Listing 7.14: PleaseWait.js

In der Datei `script.js` von *InstaMail* finden Sie eine Erklärung dieses Codes.

ImageGrowing.js

Die Datei `ImageGrowing.js` enthält den Code zur Vergrößerung eines Fotos. Ich zeige hier wieder nur die interessanten Codeabschnitte; deshalb sollten Sie sich den Quelltext anschauen, bevor Sie weiterlesen.

Die erste Funktion, `calcLine()`, ist eine JavaScript-Implementierung des Bresenham-Algorithmus zum Zeichnen von Linien, den vielleicht gebräuchlichsten Grafik-Algorithmus. Sein theoretischer Hintergrund übersteigt das Thema dieses Buches. Wenn Sie interessiert sind, finden Sie in der Wikipedia Näheres (http://de.wikipedia.org/wiki/Bresenham-Algorithmus). Dabei soll keine Linie gezeichnet, sondern eine Liste von Koordinaten generiert werden, die auf einer geraden Linie von einem Ausgangspunkt des angeklickten Fotos auf Filmstreifen bis zu seinem Endpunkt im Anzeigebereich liegen. Die Position eines Fotos wird timergesteuert aktualisiert, wobei das Foto auf die jeweils nächsten Koordinaten in dieser Liste positioniert wird. Dadurch entsteht der Effekt, als würde das Foto zum Anzeigebereich »fliegen«.

Die nächste Funktion, `growImage()`, ist für die Bewegung und Vergrößerung des angeklickten Fotos zuständig. Bei jedem Schritt des Timers verschiebt sie das Foto entlang der Linie, die mit `calcLine()` berechnet wurde, und vergrößert es gleichzeitig schrittweise von der ursprünglichen Miniaturgröße von 64x64 Pixel bis zu der Standardgröße von 640x480 Pixel, wobei Bewegung und Vergrößerung so koordiniert werden, dass das Foto mit dem letzten Schritt die Zielgröße erreicht und auf dem Anzeigebereich »landet«.

Der entsprechende Code beginnt mit folgenden Zeilen:

```
function growImage() {
  var o = document.getElementById("imgGrowing");
  // Falls das Foto seinen Endpunkt noch nicht erreicht hat ...
  if (growIndex < growKoordinaten.length) {
    // Seine Position auf die nächsten Koordinaten des Pfades setzen
    o.style.left = growKoordinaten[growIndex][0] + "px";
    o.style.top = growKoordinaten[growIndex][1] + "px";
```

Wenn der Benutzer ein Foto anklickt, wird u.a. dieses Foto dem `src`-Attribut des Bildes `img-Growing` zugewiesen. Von diesem Moment an wird das Bild `imgGrowing` manipuliert. Zunächst wird geprüft, ob alle Koordinaten in dem Array durchlaufen wurden, das mit `calc-Line()` berechnet wurde. Falls nicht, muss das Bild weiter verschoben und vergrößert werden. Zu diesem Zweck wird zuerst die Position von `imgGrowing` auf die nächsten Koordinaten in dem Array gesetzt. Beachten Sie dabei, dass die Stilattribute `left` und `top` aus einem numerischen Wert und einer Einheit (hier `px`) bestehen müssen.

Dann wird das Bild einen Schritt vergrößert:

```
    // Foto einen Schritt vergrößern
    o.width = growWidth;
    o.height = growHeight;
    growWidth += growWidthStep;
    growHeight += growHeightStep;
```

Hier werden die Stilattribute `width` und `height` von `imgGrowing` auf die aktuelle Breite und Höhe gesetzt und dann um die entsprechenden Schrittwerte vergrößert. Die Variablen `grow-WidthStep` und `growHeightStep` werden berechnet, wenn das Foto zum ersten Mal angeklickt wird. Zuerst wird das Array mit den Linienkoordinaten berechnet. Dann wird die Differenz zwischen der Start- und der Endgröße des Fotos berechnet. Für die Breite ist dies immer 640 – 64 und für die Höhe 480 – 64. Die Werte ergeben sich aus der Standardgröße eines Fotos (640x480 Pixel) minus der Größe eines Miniaturbildes (64x64 Pixel).

Dann werden die beiden Werte, 576 und 416, durch die Anzahl der Elemente in dem Array dividiert. Bei der Berechnung der Linienkoordinaten wurden diverse Faktoren berücksichtigt, die die Ausgangsposition beeinflussen, darunter das angeklickte Foto und die Position des Filmstreifens beim Anklicken. Die Division ergibt die Anzahl der Pixel, um die das Bild bei jedem Schritt in der Breite bzw. Höhe wachsen muss, um im Anzeigebereich die Standardgröße zu erreichen. Aufgrund von Rundungsfehlern erreicht das Bild beim letzten Schritt nicht die volle Standardgröße; aber dies ist kein Problem, da die Funktion `snapImageToLan-dingPad()` die Unterschiede beseitigt.

Diese Funktion stoppt zunächst den Timer (falls dieser lief). Dann setzt sie die Koordinaten des Bildes `imgGrowing` auf die des Anzeigebereiches und weist dem Bild die Standardgröße zu. Schließlich ruft sie die Funktion `setShadowDefaultSize()` auf, um den Schatten des Anzeigebereiches korrekt anzuzeigen.

ControlEvents.js

Die längste und inhaltsreichste Datei, `ControlEvents.js`, kommt zum Schluss. Sie enthält den Code für die Ereignisbehandlung der Buttons und des Dropdown-Feldes. Weil die Datei so lang ist, zeige ich hier nur die wichtigsten Teile.

Alle Funktionen beginnen mit folgenden Zeilen:

```
// Abbrechen, falls der Server läuft
if (processing) { return false; }
```

Wie bereits erwähnt, sollten die Buttons nichts tun, wenn gerade eine aktive Ajax-Anfrage verarbeitet wird. Diese Zeile sorgt dafür.

Danach führen die meisten Funktionen einige Input-Validierungen durch, bevor sie fortfahren. Beispielsweise prüft die Funktion `addPhoto()`, ob die Variable `currentCollection` den Wert `null` enthält, der anzeigen würde, dass noch keine Sammlung ausgewählt worden ist. Dann kann natürlich kein Foto hinzugefügt werden.

Nach den Validierungen folgt häufiger

```
// Etwaigen Vergrößerungsprozess abbrechen
snapImageToLandingPad();
```

Bevor die angeforderte Funktion ausgeführt wird, soll ein möglicherweise laufender Vergrößerungsprozess abgebrochen und das Foto direkt in den Anzeigebereich eingefügt werden. Dies ist Aufgabe der Funktion `snapImageToLandingPad()`.

In `addCollection()` bzw. `addPhoto()` wird ein neues Dialogfenster geöffnet, um eine Sammlung bzw. ein Foto hinzuzufügen. Die Zeile, mit der das Fenster geöffnet wird, ähnelt dem, was Sie aus `index.htm` kennen:

```
window.open("showAddCollection.action", "", "width=340,height=240");
```

Das angeforderte Dokument hat die Namensendung `.action`, was bedeutet, dass es von dem Servlet verarbeitet werden soll. Der entsprechende Code wird etwas später erläutert, doch kurz gesagt wird dadurch eine `Action` ausgeführt, die nichts tut, sondern sofort zurückkehrt und die zurückzugebende JSP anzeigt. Es gilt als Best Practice, alle Anfragen in einer Webanwendung durch das jeweils verwendete serverseitige Framework zu leiten. Ich habe davon bei der Bevölkerung des Framesets in `index1.htm` eine, allerdings relativ unbedeutende, Ausnahme gemacht. Dennoch sollten eigentlich alle Anfragen über das Servlet laufen, um Sicherheitsvorkehrungen durchzusetzen oder Aufgaben, die allen Anfragen gemeinsam sind, und Ähnliches auszuführen.

Die Funktionen `deleteCollection()`, `deletePhoto`, `loadCollection()` und `rotatePhoto()` führen alle Ajax-Anfragen mit Dojo aus. Sie sind sich ziemlich ähnlich; doch ich möchte `loadCollection()` hervorheben, da in dieser Funktion mehr als in den anderen passiert und sie Ihnen eine Grundvorstellung von der Arbeitsweise aller vier Funktionen vermitteln kann. Hier ist der Ajax-Aufruf mit Dojo:

```
dojo.io.bind({
  url: "loadCollection.action",
  content: {collection: collectionName},
  error: function(type, errObj) { alert("Ajax-Fehler!"); },
  load: function(type, data, evt) {
    // Den zurückgegebenen XML-Code mit der Beschreibung der Sammlung
    // mit JSDigester parsen
    var jsDigester = new JSDigester();
    jsDigester.addObjectCreate("collection", "Collection");
    jsDigester.addSetProperties("collection");
    jsDigester.addObjectCreate("collection/photo", "Photo");
    jsDigester.addSetProperties("collection/photo");
    jsDigester.addBeanPropertySetter("collection/photo",
      "setDescription");
    jsDigester.addSetNext("collection/photo", "addPhoto");
    currentCollection = jsDigester.parse(data);
    // Nach dem Parsen des XML-Codes steht eine bevölkerte Sammlung
    // zur Verfügung. Jetzt soll das 'collection'-Objekt
    // alle zugehörigen Fotos laden.
    currentCollection.loadPhotoImages();
    // Den Filmstreifen aktualisieren
    updatePics();
    hidePleaseWait();
  },
  mimetype: "text/plain",
  transport: "XMLHTTPTransport"
});
```

Zur Erinnerung: Die Funktion `dojo.io.bind()` wird von Dojo zur Verfügung gestellt, um Ajax-Anfragen an den Server zu senden. Sie verwendet eine Reihe von Argumenten, die in einem assoziativen Array übergeben werden. Das erste ist `url`, der URL, an den die Anfrage gerichtet ist. Dann folgt `content`, in dem die Anfrageparameter definiert werden. Hier wird ein Parameter namens `collection` übertragen; er hat den Wert der Variablen `collection-Name`, der einige Zeilen vorher aus dem Dropdown-Feld des Frames `fraControl` abgerufen wurde. Danach folgt `error`, die Funktion, die mögliche Fehler handhabt. Hier wird bei allen Ajax-Anfragen einfach ein Nachrichtenfeld aufbereitet, das dem Benutzer anzeigt, dass ein Fehler eingetreten ist. Die Anfragen haben alle entweder Erfolg oder nicht; dies bedeutet, dass es im Allgemeinen nicht sinnvoll wäre, eine gescheiterte Anfrage automatisch zu wiederholen, weshalb eine einfache Fehlernachricht ausreichen sollte. Auf den `load`-Parameter werde ich gleich eingehen. Hinter ihm steht `mimetype`, der MIME-Typ der Antwort des Servers, nicht der Typ der Anfrage. Warum wird hier der MIME-Typ `text/plain` und nicht der intuitivere Typ `text/xml` verwendet? Nun, beim MIME-Typ `text/xml` parst das `XMLHttpRequest`-Objekt zusätzlich die zurückgegebene Antwort, wodurch diese über die `responseXML`-Eigenschaft als DOM-Objekt abgerufen werden kann. Doch da die Antwort hier mit JSDigester geparst wird, ist das automatische Parsen mit `XMLHttpRequest` nicht erforderlich. Natürlich wäre dieser Zusatzaufwand nur minimal, aber es ist immer ratsam, alles zu unterlassen, was nicht erforderlich ist. Schließlich definiert `transport`, wie der Aufruf erfolgen soll (hier per `XMLHttpRequest`).

Zurück zu dem `load`-Parameter: Er enthält die Funktion, die ausgeführt wird, wenn die Antwort des Servers empfangen wird. Hier wird die Antwort mit JSDigester geparst. Wie bereits erwähnt, ist JSDigester eine clientseitige Implementierung der Commons-Digester-Komponente. Mit ihr können Sie Regeln für das Parsen von XML definieren. Die Komponente verwendet einen Stack-basierten Ansatz. Sie definieren eine Reihe von Regeln für das Parsen des XML-Dokuments, die jeweils ausgelöst werden, wenn bestimmte »Ereignisse« eintreten, etwa ein spezielles Element gefunden wird, oder wenn es geöffnet oder geschlossen wird usw. JSDigester basiert auf SAX, arbeitet aber auf einer abstrakteren Ebene als SAX.

JSDigester und sein größerer Verwandter, Commons Digester, werden verwendet, indem sie Regeln zu einer Digester-Instanz (bei JSDigester die JSDigester-Instanz) hinzufügen. Hier wird zuerst eine Regel namens `objectCreate` hinzugefügt, die vorschreibt, dass eine Instanz der `Collection`-Klasse erstellt werden soll, wenn ein XML-Element namens »collection« im Dokument gefunden wird. Dies ist das JavaScript-Objekt, das in `Collection.js` definiert ist. Die nächste Regel, `setProperties`, schreibt vor, dass, wenn ein XML-Element namens »collection« gefunden wird, die Attribute dieses Elements den Eigenschaften des Objekts oben auf dem Stack zugewiesen werden sollen; dies ist das zuletzt erstellte Objekt, da es bei seiner Erstellung oben auf dem Stack abgelegt wird. Folglich enthält das `Collection`-Objekt jetzt die Attribute des <collection>-Elements aus dem Dokument.

Danach folgt eine weitere `objectCreate`-Regel, die eine Instanz von `Photo` aus `Photo.js` erstellt, wenn im XML-Dokument ein Element namens »photo« gefunden wird, das dem `collection`-Element untergeordnet ist (»collection/photo«). Das neue Photo-Objekt wird ebenfalls auf dem Stack abgelegt und ist jetzt das obere Objekt. Deshalb arbeitet die nächste Regel, eine weitere `setProperties`-Regel, mit dem `Photo`-Objekt und weist dessen Eigenschaften die Attribute des <photo>-Tags zu.

Als Nächstes folgt eine `beanPropertySetter`-Regel, die einer speziellen Eigenschaft des Objekts oben auf dem Stack den Text eines XML-Elements zuweist. Wenn beispielsweise das XML-Dokument das Element <photo>Eine Beschreibung</photo> enthält, weist die Regel der `description`-Eigenschaft des Photo-Objekts oben auf dem Stack den Stringwert »Eine Beschreibung« zu.

Schließlich nimmt die `setNext`-Regel das Objekt oben auf dem Stack (hier: das Photo-Objekt) und fügt es zu dem *darunter liegenden* Objekt auf dem Stack (hier: das Collection-Objekt) hinzu, wobei sie die `addPhoto()`-Funktion des `Collection`-Objekts verwendet.

Am Ende der `loadCollection()`-Funktion liegt ein `Collection`-Objekt vor, das in seinem internen Array einige `Photo`-Objekte enthält. Das Objekt wird der Variablen `currentCollection` zugewiesen, dann werden die Bilder geladen, und ein Aufruf der Funktion `updatePics()` sorgt dafür, dass der Filmstreifen die neuen Bilder anzeigt!

Schließlich möchte ich noch die Funktion `rotatePhoto()` erklären:

```
// Nur Drehungen um 90 Grad im Uhrzeigersinn zulassen
rotationAmount += 90;
if (rotationAmount == 360) {
  rotationAmount = 0;
}
var photoFilename = currentPhoto.getFilename();
// 'Bitte warten' anzeigen
showPleaseWait();
// Ajax-Aufruf ausführen
dojo.io.bind({
  url: "rotatePhoto.action",
  content: {filename: photoFilename, degrees: rotationAmount},
  error: function(type, errObj) { alert("Ajax-Fehler!"); },
  load: function(type, data, evt) {
```

```
    document.getElementById("imgGrowing").src = null;
    document.getElementById("imgGrowing").src =
      "photos/" + data;
    hidePleaseWait();
  },
  mimetype: "text/plain",
  transport: "XMLHTTPTransport"
});
```

Der erste Teil ist recht unkompliziert. Es sind nur Drehungen um jeweils 90 Grad in Uhrzeigerrichtung zugelassen. Nach einer vollen Umdrehung wird `rotationAmount` auf 0 zurückgesetzt. Danach wird der Dateiname der aktuellen Fotos abgerufen und als Bestandteil des Abfragestrings zusammen mit `rotationAmount` in der Ajax-Anfrage übertragen. Die Originalfotos werden niemals geändert; bei einer Drehung wird eine temporäre Datei erzeugt und geschrieben. Tatsächlich liefert der Server auf diese Ajax-Anfrage als Antwort den Namen dieser temporären Datei zurück. Deshalb muss nur das `src`-Attribut des angezeigten Bildes (immer `imgGrowing`) aktualisiert werden; dann wird die gedrehte Version des Fotos abgerufen und angezeigt.

Damit ist die Beschreibung des clientseitigen Codes von *PhotoShare* komplett.

7.4.2   Der serverseitige Code

Bei der Beschreibung des serverseitigen Codes beginne ich mit den Konfigurationsdateien.

ConfigInfo.java

Die erste Klasse, `ConfigInfo`, ist eine sehr einfache JavaBean-Klasse, die hier nicht gezeigt wird. Sie enthält nur eine statische `HashMap` und Methoden, um ein Element aus dieser `HashMap` oder um die gesamte `HashMap` abzurufen. Hier werden die `Action`-Konfigurationen gespeichert, die in der Klasse `StartupConfigurator` definiert werden.

StartupConfigurator.java

Die Klasse `StartupConfigurator` wird hier ebenfalls nicht komplett gezeigt, weil ein recht großer Teil dieser Klasse aus Code besteht, der mehrfach vorkommt. Stattdessen hebe ich die relevanten Teile hervor und zeige, wo der Code wiederholt wird. Sie sollten den Quellcode der gesamten Klasse nach Bedarf studieren.

Die Ausführung beginnt mit der Methode `contextInitialized()`, die zunächst `initConfigInfo()` aufruft. Alle Operationen, die die Anwendung ausführen kann – genauer: die URLs, auf die der Server reagiert –, werden mit Hilfe einer `HashMap` konfiguriert. Ein Beispiel:

```
hm = new HashMap();
hm.put("path", "showAddCollection");
hm.put("class",
  "com.apress.ajaxprojects.photoshare.actions.AddCollection");
hm.put("method", "showScreen");
hm.put("ok", "addCollection.jsp");
ConfigInfo.addConfig(hm);
```

Dies bedeutet: Wenn der URL /showAddCollection.action aufgerufen wird, soll die Klasse AddCollection instanziert werden. Es soll die Methode showScreen() dieser Klasse aufgerufen werden, die einen String zurückgibt. Falls sie den String »ok« zurückgibt, wird die Anfrage an addCollection.jsp weitergeleitet. Die Ähnlichkeit mit Struts und vielen anderen Webanwendungsframeworks ist kein Zufall! Tatsächlich wird hier ein kleines einfaches Framework für die Anwendung erstellt. Um Code zu sparen, habe ich hier auf eine separate Konfigurationsdatei verzichtet. Da dies kein Allzweck-Framework wie Struts sein soll, sondern eine spezielle Anwendung mit speziellen Anforderungen, ist dieser Kunstgriff meiner Meinung nach vertretbar. Auf jeden Fall wird hier eine Action-Klasse instanziert.

In der Klasse werden auf ähnliche Weise mehrere Aktionen mit Hilfe der HashMap konfiguriert; dies ist also der Code, der mehrfach wiederholt wird. Einige Aktionen geben keinen Code zurück. In unserem kleinen Framework kann eine Action auch null zurückgeben, was einfach bedeutet, dass die Antwort erledigt ist und nichts mehr getan werden muss. Wird ein String zurückgegeben, der mit / beginnt, soll der so bezeichnete URL direkt aufgerufen werden. Einige Aktionen benötigen diese Art der Weiterleitung; Beispiele folgen gleich.

Wenn initConfigInfo() fertig ist, wird ein Stream für die Collections-Datei erstellt, die immer in dem Verzeichnis WEB-INF gespeichert ist. Dieser Stream wird dann an die init()-Methode des DAO weitergereicht, das ich etwas später beschreibe.

ActionDispatcher.java

Als Nächstes folgt die Klasse ActionDispatcher. Sie sollten sich den Quellcode dieser Klasse anschauen, bevor Sie weiterlesen, da sie hier nicht komplett gezeigt wird.

ActionDispatcher entspricht dem ActionServlet von Struts oder dem Front-Servlet der meisten anderen Webframeworks. Die Klasse handhabt alle Anfragen, die für *PhotoShare* an den Server gehen. Ihr Code ist recht einfach. Er beginnt mit einigen Zeilen, die den Dokumentteil des angeforderten URLs abrufen:

```
String path     = request.getServletPath();
String pathInfo = request.getPathInfo();
if (pathInfo != null) {
  path += pathInfo;
}
if (path.charAt(0) == '/') {
  path = path.substring(1);
}
int dotPos = path.lastIndexOf(".");
path = path.substring(0, dotPos);
```

Dann wird geprüft, ob der Dokumentname in dem ConfigInfo-Objekt enthalten ist. Falls nicht, wird eine Ausnahme ausgelöst; falls ja, wird die Verarbeitung fortgesetzt.

Per Reflection wird die Klasse instanziert, die durch die aus ConfigInfo abgerufene HashMap spezifiziert ist. Ein ausgewachsenes Allzweck-Framework würde prüfen, ob die Klasse von der Basisklasse Action per Vererbung abgeleitet ist, und, falls nicht, entsprechend reagieren. Doch da ich hier nicht Struts zu übertreffen versuche, habe ich auf diese Prüfung verzichtet. Nachdem die Action-Instanz vorliegt, werden Anfrage, Antwort, Sitzung und Servlet-Kontext der Anfrage als Services der Action gesetzt. Auf diese Weise können Actions als POJOs behandelt werden; es sind keine speziellen Methoden mit speziellen Signaturen erforderlich. Es ist nur erforderlich, dass eine bestimmte Methode einen String zurückgibt. Dann wird die in der HashMap genannte Methode aufgerufen und deren Rückgabestring untersucht. Ist er null, passiert nichts mehr; die Anfrage gilt als fertig bearbeitet; andernfalls wird das erste Zeichen des Rückgabestrings untersucht. Ist dieses ein Schrägstrich (»/«), wird der String als gültiger URL behandelt und aufgerufen; andernfalls wird der Rückgabestring als Schlüssel für die HashMap verwendet. Enthält diese einen dazugehörigen Wert, wird dieser als URL interpretiert und die Anfrage dorthin weitergeleitet.

Das war der ActionDispatcher in aller Kürze.

CollectionDTO.java und PhotoDTO.java

Aus Platzgründen werde ich die Klassen CollectionDTO und PhotoDTO überspringen, da es sich um typische DTOs handelt. Doch ich möchte Sie auf die getAsXML()-Methoden hinweisen.

Hier ist zunächst die Version aus CollectionDTO:

```
/**
 * Das DTO als XML-Code in Stringform abrufen
 *
 * @return Ein String mit XML-Code, der das DTO repräsentiert
 */
public String getAsXML() {

  StringBuffer sb = new StringBuffer(512);
  sb.append("<collection name=\"" + name + "\" ");
  sb.append("createdBy=\"" + createdBy + "\" ");
  sb.append("createdOn=\"" +
    new SimpleDateFormat("MM/dd/yyyy hh:mma").format(createdOn) +
    "\">\n");
  for (Iterator it = photos.iterator(); it.hasNext();) {
    PhotoDTO dto = (PhotoDTO)it.next();
    sb.append(dto.getAsXML());
  }
  sb.append("</collection>\n");
  return sb.toString();

} // Ende getAsXML()
```

Und hier ist die Version aus PhotoDTO:

```
/**
 * Das DTO als XML-Code in Stringform abrufen
 *
 * @return Ein String mit XML-Code, der das DTO repräsentiert
 */
public String getAsXML() {

  StringBuffer sb = new StringBuffer(1024);
  sb.append("<photo addedBy=\"" + addedBy + "\" ");
  sb.append("addedOn=\"" +
    new SimpleDateFormat("MM/dd/yyyy hh:mma").format(addedOn) +
    "\" ");
  sb.append("type=\"" + type + "\" ");
```

```
sb.append("fileSize=\"" + fileSize + "\" ");
sb.append("dimensions=\"" + dimensions + "\" ");
sb.append("dpi=\"" + dpi + "\" ");
sb.append("filename=\"" + filename + "\" ");
sb.append("colorDepth=\"" + colorDepth + "\">\n");
sb.append(description + "\n");
sb.append("</photo>\n");

return sb.toString();

} // Ende getAsXML()
```

Wie diese Methoden arbeiten, ist ziemlich offensichtlich, aber ich wollte darauf hinweisen, dass sie verwendet werden, wenn die `collections`-Datei geschrieben wird. Jedes Objekt weiß, wie es sich selbst als XML-Code darstellt, weshalb Sie die Objekte dazu auffordern und dann die Ergebnisse kombinieren müssen.

PhotoShareDAO.java

Die nächste Datei, `PhotoShareDAO`, ist die wahrscheinlich längste Datei von *PhotoShare*; deshalb zeige ich auch hier nur die besonders interessanten Abschnitte. Da Sie in diesem Buch bereits andere DAOs gesehen haben und diese sich in vielerlei Hinsicht sehr ähnlich sind, ist es wahrscheinlich nicht erforderlich, im Detail auf diese Datei einzugehen. Sie sollten sich allerdings die Zeit nehmen, den Quellcode zu studieren.

`PhotoShareDAO` ist ein Singleton; deshalb enthält die Klasse die für Singletons typische `getInstance()`-Methode, die ein privates statisches `PhotoShareDAO`-Feld referenziert sowie einen privaten Konstruktor ohne Argumente.

In der Klasse `StartupConfigurator` (siehe den Abschnitt weiter vorne) wird ein Stream für die Datei »collections.xml« erstellt und an die `init()`-Methode von `PhotoShareDAO` übergeben. Diese Methode parst dann den XML-Code mit Commons Digester, um `CollectionDTO`-Objekte zu generieren, die selbst `PhotoDTO`-Objekte enthalten. Ich habe JSDigester bereits beschrieben und möchte Sie auf die Ähnlichkeit dieses Codes mit dem Code in `init()` hier hinweisen. Bitte prüfen Sie, ob Sie diese Methode genau verstehen, und lesen Sie gegebenenfalls noch einmal die Beschreibung im Abschnitt *ControlEvents.js* weiter oben. Doch die Klasse enthält auch einige neue Dinge:

```
// BeanUtils konfigurieren, um das Datum zu handhaben
String pattern = "MM/dd/yyyy hh:mma";
Locale locale = Locale.getDefault();
DateLocaleConverter converter =
  new DateLocaleConverter(locale, pattern);
converter.setLenient(true);
ConvertUtils.register(converter, java.util.Date.class);
// Die 'collections'-Konfiguration einlesen und Beans erstellen
// und an das DAO übergeben
Digester digester = new Digester();
digester.setValidating(false);
digester.push(this);
```

Digester verwendet hier eine andere Commons Library, BeanUtils, um die Felder in den erstellten Objekten zu bevölkern. BeanUtils sorgt für die Umwandlung der Strings, die Digester aus der XML-Datei einliest, in diverse Java-Typen. Die meisten Typen sind eingebaut, die Umwandlung erfolgt automatisch. Einige sind problematischer. Beispielsweise führen Datumsangaben manchmal zu Problemen. Hier geht es insbesondere um das Datumsformat, für das ein spezieller Konverter erstellt wird. Ein Konverter ist einfach eine Klasse, die Daten aus einem Typ in einen anderen umwandeln kann. Hier wird die Klasse DateLocaleConverter der BeanUtils für diesen Zweck verwendet. Sie wird auf das Standard-Locale des Servers und das gewünschte Datumsformat gesetzt. Dann wird dieser Konverter bei ConvertUtils, einer Klasse aus der BeanUtils Library, registriert. Diese Klasse wird von diesem Punkt an verwendet, um den Wert eines Date-Feldes in einem Objekt zu setzen.

Außerdem wird hier zum ersten Mal die Methode setValidating() einer Digester-Instanz aufgerufen. Sie weist Digester einfach an, dass der XML-Code nicht anhand einer DTD validiert werden soll.

Zuletzt wird das PhotoShareDAO-Objekt auf dem Stack abgelegt. Wenn Digester anfängt zu arbeiten, ist dies also das erste Objekt auf dem Stack. Denn so wie die Regeln definiert sind, soll ein Collection-Objekt erstellt werden, das oben auf dem Stack liegen soll. Digester wird angewiesen, eine setNext-Regel anzuwenden, wenn er auf ein <collection>-Element stößt. Diese Regel ruft die Methode addCollectionDigester() von PhotoShareDAO auf, um die erstellte Collection hinzuzufügen, da PhotoShareDAO das Objekt ist, in dem alle Collections-Daten gespeichert werden.

Sie werden bemerkt haben, dass es eine addCollectionDigester()- und eine addCollection()-Methode gibt. Die erste Methode wird verwendet, wenn die Collections-Konfigurationsdatei bei der Initialisierung eingelesen wird. Da zu diesem Zeitpunkt nur das Collection-Objekt zu den Collections hinzugefügt werden soll, ist dies alles, was addCollectionDigester() tut. Dagegen wird addCollection() aufgerufen, wenn der Benutzer über das UI eine Sammlung hinzufügt. Dann muss die Collections-Datei neu geschrieben werden; und deshalb werden zwei verschiedene Methoden benötigt. Wahrscheinlich hätten beide Fälle auch mit einer Verzweigungslogik gelöst werden können, aber dieser Ansatz erschien mir sauberer und einfacher zu sein.

Mit der Methode writeCollectionsFile() wird schließlich die Collections-Konfigurationsdatei geschrieben. Sie ruft für jedes CollectionDTO-Objekt dessen getAsXML()-Methode auf, die ihrerseits die entsprechende getAsXML()-Methode der in ihm enthaltenen PhotoDTO-Objekte aufruft, wodurch der String letztlich die gesamte Collection mit allen Fotos enthält.

Damit bleibt nur noch eine Klasse für die Aktionen von *PhotoShare*.

Action.java

Die Klasse Action ist Basisklasse aller Aktionen. Da sie relativ einfach ist, wird sie hier nicht gezeigt. Doch bitte schauen Sie sich auch hier den Quellcode an, bevor Sie weiterlesen.

Die Action-Klasse ist nur eine einfache JavaBean mit Gettern und Settern für die Anfrage, die Antwort, die Sitzung und den Servlet-Kontext. Sie erinnern sich: Die Unterklassen müssen keine speziellen Methoden mit speziellen Signaturen zur Verfügung stellen, doch natürlich müssen sie auf diese Objekte zugreifen können. Über diese Basisklasse haben sie diesen Zugriff automatisch. Diese Klasse stellt außerdem eine Standardimplementierung der Methode execute() zur Verfügung. Dies ist nützlich, wenn Sie eine Anfrage einfach an eine JSP weiterleiten, aber dafür das Framework verwenden wollen. Man könnte eine Action-Konfiguration erstellen, die diese Action-Klasse instanziert und ihre execute()-Methode aufruft. Der Entwickler müsste keine Unterklasse der Action-Klasse implementieren. Für Struts-Kenner: Dies entspricht der ForwardAction-Metapher, außer dass nicht einmal eine spezielle

Klasse für diesen Zweck benötigt wird, weil die Basisklasse diese Aufgabe bereits zufrieden-stellend löst.

Schließlich stellt diese Basisklasse noch die Methode setMessage() zur Verfügung. Sie setzt einfach ein Anfrageattribut namens »message« auf den Wert, der ihr übergeben wird. Damit können clientseitig Nachrichten für den Benutzer angezeigt werden, etwa bei den Dialogfeldern FOTO HINZUFÜGEN oder SAMMLUNG ANLEGEN. Viele Frameworks stellen ausgefeiltere Alternativen für diesen Zweck zur Verfügung, aber für die Zwecke von *PhotoShare* reicht dies aus.

AddCollection.java

Die Klasse AddCollection Action ist die erste echte Aktion, die ich hier beschreibe (siehe Listing 7.15).

```java
package com.apress.ajaxprojects.photoshare.actions;


import com.apress.ajaxprojects.photoshare.dao.PhotoShareDAO;
import com.apress.ajaxprojects.photoshare.dtos.CollectionDTO;
import java.util.Date;
import org.apache.commons.logging.Log;
import org.apache.commons.logging.LogFactory;


/**
 * Diese Klasse fügt eine Fotosammlung hinzu.
 */
public class AddCollection extends Action {


  /**
   * Protokoll
   */
  private static Log log = LogFactory.getLog(AddCollection.class);


  /**
   * Das Dialogfeld 'Sammlung anlegen' anzeigen
   *
   * @return Result
   */
  public String showScreen() {

    log.info("Start...");

    setMessage("Eine Sammlung anlegen: ");

    log.info("Ende");

    return "ok";

  } // Ende showScreen()
```

```
/**
 * Eine Sammlung anlegen;
 * wird von ActionDispatched aufgerufen
 *
 * @return Result
 */
public String addCollection() {

  log.info("Start...");

  // Eingehende Parameter anzeigen
  String name    = (String)(getRequest().getParameter("name"));
  String creator = (String)(getRequest().getParameter("creator"));
  log.info("name = "    + name);
  log.info("creator = " + creator);

  // CollectionDTO erstellen und anhand der Eingabe bevölkern
  CollectionDTO collection = new CollectionDTO();
  collection.setName(name);
  collection.setCreatedBy(creator);
  collection.setCreatedOn(new Date());

  // DAO aufrufen, um die Sammlung hinzuzufügen
  // und die Datei 'collections.xml' zu schreiben
  PhotoShareDAO dao = PhotoShareDAO.getInstance();
  String result = dao.addCollection(getServletContext(), collection);
  setMessage(result);

  log.info("Ende");

  return "ok";

} // Ende addCollection()


} // Ende class
```

Listing 7.15:   Die Action-Klasse AddCollection, mit der Sammlungen hinzugefügt werden

Die Klasse ist unspektakulär. Sie instanziert ein CollectionDTO, bevölkert es anhand der Anfrageparameter und übergibt es zur Weiterverarbeitung an PhotoShareDAO. Schließlich wird setMessage() mit dem Ergebnis des Aufrufs von addCollection() aufgerufen, damit der Benutzer erfährt, was passiert ist.

AddPhoto.java

Die nächste Klasse, AddPhoto, wird aus Platzgründen nur ausschnittsweise gezeigt. Die Aktion AddPhoto akzeptiert ein Foto, das heraufgeladen werden kann. Zu diesem Zweck wird eine weitere Commons Library, FileUpload, verwendet. Sie löst die Aufgaben, die mit der Komplexität einer mehrteiligen Übertragung verbunden sind. Zuerst wird die eingehende Anfrage mit FileUpload geparst:

```
// Eine Factory für plattenbasierte Dateielemente erstellen
FileItemFactory factory = new DiskFileItemFactory();
// Einen neuen FileUploadHandler erstellen
ServletFileUpload upload = new ServletFileUpload(factory);

// Die Anfrage parsen
List items = null;
try {
  items = upload.parseRequest(getRequest());
} catch (FileUploadException fue) {
  fue.printStackTrace();
  log.error("Fehler beim Heraufladen der Datei: " + fue);
  setMessage("Es trat ein Fehler auf. " +
    "Details stehen im Protokoll.");
  return "ok";
}
```

Das Ergebnis besteht aus einer List von FileItem-Objekten, die entweder die heraufgeladene Datei selbst oder Formularfelder repräsentieren. Die Elemente werden bei der folgenden Iteration identifiziert und ihrem Typ entsprechend verarbeitet. Die Felder werden in einem PhotoDTO gespeichert, und die Datei wird für den späteren Gebrauch in Form einer Referenz gespeichert:

```
// Über die geparsten Elemente iterieren und diese verarbeiten;
// es handelt sich entweder um das Foto oder um Formularelemente.
// Aus den Formularfeldern ein PhotoDTO erstellen und die
// Datei zur späteren Verarbeitung festhalten.
PhotoDTO dto = new PhotoDTO();
Iterator it  = items.iterator();
FileItem theFile = null;
while (it.hasNext()) {
  FileItem item = (FileItem)it.next();
  if (item.isFormField()) {
    String name  = item.getFieldName();
    String value = item.getString();
    if (name.equalsIgnoreCase("collection")) {
      dto.setCollection(value);
    }
    if (name.equalsIgnoreCase("adder")) {
      dto.setAddedBy(value);
    }
    if (name.equalsIgnoreCase("description")) {
      dto.setDescription(value);
    }
  } else {
    theFile = item;
  }
}
```

Danach werden weitere Daten in dem DTO gespeichert. Der Typ des Fotos wird anhand der Erweiterung des Dateinamens bestimmt. Die Größe der Datei wird mit Hilfe der `getSize()`-Methode von `FileItem` abgefragt, das das heraufgeladene Foto enthält, dessen Referenz ebenfalls gespeichert wurde. Dann wird ein Dateiname konstruiert, unter dem das Foto gespeichert wird. Er besteht aus dem Namen der Sammlung, dem Namen der Person, die die Datei heraufgeladen hat, und den aktuellen Werten von Datum und Uhrzeit (bis auf die Sekunde genau) und der Erweiterung des Dateinamens. Alle Leerzeichen werden durch Unterstriche ersetzt. Dieser Name garantiert zwar keine absolute Eindeutigkeit, ist aber für die Zwecke der Anwendung gut genug.

Danach wird die Datei mit `FileUpload` geschrieben. Nach dem Speichern müssen noch einige weitere Informationen über das Foto festgehalten werden, die erst nach dem Speichern leicht abgerufen werden können: die Abmessungen, die Farbtiefe und die DPI. Die Daten werden in einer Klasse namens `ImageInfo` gespeichert, einer Public-Domain-Klasse, die vor einiger Zeit veröffentlicht wurde.

Die Arbeitsweise dieser Klasse gehört definitiv nicht zum Thema dieses Buches. Die Klasse befindet sich in der Datei `ImageTools.jar`. Der komplette Sourcecode steht auf der Apress-Website zur Verfügung. (A.d.Ü.: Sie bekommen den Sourcecode der Datei auch unter `http://schmidt.devlib.org/image-info/`.) Diese Klasse akzeptiert einen Pfad zu der zu untersuchenden Datei. Dann können mit ihrer Hilfe die benötigten Informationen abgerufen und in dem DTO gespeichert werden. Schließlich wird noch das `PhotoShareDAO` aufgerufen, um das Foto zu der Sammlung hinzuzufügen. Dabei wird auch die Datei `collections.xml` neu geschrieben. Das Ergebnis wird in `setMessage()` eingefügt. Damit ist die Anfrage abgeschlossen.

DeleteCollection.java

Listing 7.16 zeigt die Datei `DeleteCollection Action`.

```
package com.apress.ajaxprojects.photoshare.actions;


import com.apress.ajaxprojects.photoshare.dao.PhotoShareDAO;
import java.io.IOException;
import java.io.PrintWriter;
import org.apache.commons.logging.Log;
import org.apache.commons.logging.LogFactory;


/**
 * Diese Klasse löscht eine angegebene Sammlung.
 */
public class DeleteCollection extends Action {


  /**
   * Protokoll
   */
  private static Log log = LogFactory.getLog(DeleteCollection.class);
```

```java
/**
 * Eine Sammlung löschen
 *
 * @return Ergebnis
 */
public String execute() {

  log.info("Start...");

  // Eingehende Parameter anzeigen
  String name = (String)(getRequest().getParameter("name"));
  log.info("name = " + name);

  // Eine Sammlung mit DAO löschen
  // und die Datei 'collections.xml' schreiben
  PhotoShareDAO dao = PhotoShareDAO.getInstance();
  String result = dao.deleteCollection(getServletContext(), name);
  try {
    getResponse().setContentType("text/plain");
    PrintWriter out = getResponse().getWriter();
    out.println(result);
    out.flush();
  } catch (IOException ioe) {
    ioe.printStackTrace();
    log.error("Antwort kann nicht geschrieben werden. " +
      "Details stehen im Protokoll.");
  }

  log.info("Ende");

  return null;

} // Ende execute()

} // Ende class
```

Listing 7.16: Die Action-Klasse `DeleteCollection`, mit der Sammlungen gelöscht werden

Die Aktion ruft den Namen der zu löschenden Sammlung aus den Anfrageparametern ab und übergibt ihn an die `deleteCollection()`-Methode von `PhotoShareDAO`, die die Sammlung löscht. Das Ergebnis wird wieder festgehalten. Hier habe ich jedoch nicht das Anfrageattribut `message` gesetzt, sondern schreibe die Antwort manuell, um auch diese Variante als mögliche Alternative zu demonstrieren.

DeletePhoto.java

Listing 7.17 zeigt die `DeletePhoto` Action.

```java
package com.apress.ajaxprojects.photoshare.actions;


import com.apress.ajaxprojects.photoshare.dao.PhotoShareDAO;
```

```java
import java.io.IOException;
import java.io.PrintWriter;
import org.apache.commons.logging.Log;
import org.apache.commons.logging.LogFactory;


/**
 * Diese Klasse löscht ein angegebenes Foto.
 */
public class DeletePhoto extends Action {


  /**
   * Protokoll
   */
  private static Log log = LogFactory.getLog(DeletePhoto.class);


  /**
   * Ein Foto löschen;
   * wird von ActionDispatched aufgerufen
   *
   * @return Result
   */
  public String execute() {

    log.info("Start...");

    // Eingehende Parameter anzeigen
    String filename  = (String)(getRequest().getParameter("filename"));
    String collection = (String)(getRequest().getParameter("collection"));
    log.info("filename = " + filename);
    log.info("collection = " + collection);

    // Das Foto mit dem DAO löschen
    PhotoShareDAO dao = PhotoShareDAO.getInstance();
    String result = dao.deletePhoto(getServletContext(), filename, collection)
;
    try {
      getResponse().setContentType("text/plain");
      PrintWriter out = getResponse().getWriter();
      out.println(result);
      out.flush();
    } catch (IOException ioe) {
      ioe.printStackTrace();
      log.error("Die Antwort konnte nicht geschrieben werden. " +
        "Details stehen im Protokoll.");
    }

    log.info("Ende");

    return null;
```

```
    } // Ende execute()

} // Ende class
```
Listing 7.17:   Die Action-Klasse DeletePhoto zum Löschen von Fotos

DeletePhoto ist praktisch identisch mit DeleteCollection, außer dass sowohl der Dateiname des Fotos als auch der Name der Sammlung zum Löschen benötigt werden. Das DAO
leistet auch hier die eigentliche Arbeit. Die Antwort wird wieder manuell geschrieben. Bei beiden Klassen hat die Rückgabe den Wert null, der ActionDispatcher mitteilt, dass die Antwort komplett ist, so dass keine Weiterleitung erforderlich ist.

DownloadPhoto.java

Listing 7.18 zeigt die Klasse DownloadPhoto.

```
package com.apress.ajaxprojects.photoshare.actions;


import org.apache.commons.logging.Log;
import org.apache.commons.logging.LogFactory;


/**
 * Diese Klasse lädt ein Foto herunter.
 */
public class DownloadPhoto extends Action {


  /**
   * Protokoll
   */
  private static Log log = LogFactory.getLog(RotatePhoto.class);


  /**
   * Ein Foto herunterladen;
   * wird von ActionDispatched aufgerufen
   *
   * @return Result
   */
  public String execute() {

    log.info("Start...");

    // Eingehende Parameter anzeigen
    String filename = (String)(getRequest().getParameter("filename"));
    log.info("filename = " + filename);

    // Einfach 'Content-Disposition' auf 'attachment' setzen und
    // dabei den Dateinamen des gewünschten Fotos angeben;
    // dann die Fotodatei selbst übergeben. Fertig!
```

```
  getResponse().setHeader("Content-Disposition", "attachment;" +
    "filename=\"" + filename + "\"");

  log.info("Ende");

  return "/photos/" + filename;

} // Ende execute()

} // Ende class
```

Listing 7.18: Die Action-Klasse DownloadPhoto zum Herunterladen eines Fotos

Um ein Foto herunterzuladen, muss nur der `Content-Disposition`-Header auf `attach-ment` gesetzt werden. Dies veranlasst den Browser, das SPEICHERN UNTER-Dialogfeld anzuzeigen, statt zu versuchen, das zurückgegebene Objekt mit einem geeigneten Handler oder einer Anwendung zu öffnen. Danach wird einfach der Pfad zu dem Bild zurückgegeben. `ActionDispatcher` sieht den Schrägstrich (»/«) am Anfang des zurückgegebenen Wertes, behandelt diesen als URL und ruft ihn sofort auf.

ListCollections.java

Listing 7.19 zeigt die `Action`-Klasse `ListCollections`.

```
package com.apress.ajaxprojects.photoshare.actions;


import com.apress.ajaxprojects.photoshare.dao.PhotoShareDAO;
import java.util.HashMap;
import org.apache.commons.logging.Log;
import org.apache.commons.logging.LogFactory;


/**
 * Diese Klasse gibt eine Liste aller vorhandenen Sammlungen zurück.
 */
public class ListCollections extends Action {


  /**
   * Protokoll
   */
  private static Log log = LogFactory.getLog(ListCollections.class);


  /**
   * Alle Sammlungen abrufen;
   * wird von ActionDispatched aufgerufen
   *
   * @return Result
   */
  public String execute() {
```

```
    log.info("Start...");

    // Mit dem DAO eine Liste der Sammlungen abrufen und
    // diese zu der Anfrage hinzufügen
    PhotoShareDAO dao = PhotoShareDAO.getInstance();
    HashMap collections = dao.getCollectionList();
    log.info("collections = " + collections);
    getRequest().setAttribute("collections", collections);

    log.info("Ende");

    return "ok";

  } // Ende execute()


} // Ende class
```

Listing 7.19:   Die Klasse ListCollections

ListCollections ist eine weitere einfache Action. Sie ruft nur das PhotoShareDAO über
die getCollectionList()-Methode auf und fügt das Ergebnis als Attribut namens collections in die Anfrage ein. Die Anfrage wird dann an die JSP listCollections.jsp weitergeleitet, die aus dem Attribut die Antwort generiert. Die Antwort besteht aus dem HTML-Code
für das Dropdown-Feld mit der Sammlung. Clientseitig wird das <div>-Element, das das
<select>-Element einschließt, mit diesem HTML-Code (und damit zugleich die Liste der
Sammlungen) aktualisiert.

LoadCollection.java

Listing 7.20 zeigt die Klasse LoadCollection Action.

```
package com.apress.ajaxprojects.photoshare.actions;


import com.apress.ajaxprojects.photoshare.dao.PhotoShareDAO;
import com.apress.ajaxprojects.photoshare.dtos.CollectionDTO;
import org.apache.commons.logging.Log;
import org.apache.commons.logging.LogFactory;


/**
 * Diese Klasse wird aufgerufen, wenn der Benutzer eine
 * Fotosammlung auswählt. Sie gibt XML-Code zurück,
 * der clientseitig in ein JavaScript-Array umgewandelt wird.
 */
public class LoadCollection extends Action {


  /**
   * Protokoll
   */
  private static Log log = LogFactory.getLog(LoadCollection.class);
```

```
/**
 * Eine Sammlung laden;
 * wird von ActionDispatched aufgerufen
 *
 * @return Result
 */
public String execute() {

  log.info("Start...");

  // Eingehende Parameter anzeigen
  String collection =
    (String)(getRequest().getParameter("collection"));
  log.info("collection = " + collection);

  // Das CollectionDTO abrufen
  PhotoShareDAO dao = PhotoShareDAO.getInstance();
  CollectionDTO dto = dao.getCollection(collection);

  // Das DTO in die Anfrage einfügen, um damit später den XML-Code
  // in der JSP zu generieren
  getRequest().setAttribute("collection", dto);

  log.info("Ende");

  return "ok";

} // Ende execute()


} // Ende class
```

Listing 7.20:   Die Klasse LoadCollection

LoadCollection ist noch eine einfache Action. Sie extrahiert den Namen der Sammlung
aus den Anfrageparametern und ruft dann die getCollection()-Methode von PhotoShare-
DAO auf, die ein komplett bevölkertes CollectionDTO-Objekt zurückgibt. Das Objekt wird mit
dem Attribut collection in die Anfrage eingefügt. Die Anfrage wird an die JSP loadCol-
lection.jsp weitergeleitet. Dort wird der XML-Code generiert, der an den Client zurückgegeben wird. Der clientseitige Code parst den XML-Code mit JSDigester und erstellt eine
clientseitige Version des CollectionDTO in Form eines Collection-Objekts. Die Variablen
werden zurückgesetzt und die Sammlung wird aufgefordert, ihre Bilder zu laden.

RotatePhoto.java

Die letzte Klasse, RotatePhoto, wird aus Platzgründen wieder nur auszugsweise gezeigt.

Zunächst ruft die Klasse den Dateinamen des zu drehenden Fotos und die Größe der Dre-
hung (in Grad) aus den Anfrageparametern ab und lädt dann das Bild mit den standardmäßi-
gen AWT-Funktionen. Danach wird das Bild mit der toBufferedImage()-Methode der
Klasse ImageHelper in ein BufferedImage konvertiert. ImageHelper ist, wie weiter vorne
ImageInfo, eine Klasse aus der Datei ImageTools.jar und gehört nicht zum Thema dieses
Buches.

Mit einem Aufruf der `rotate()`-Methode von `ImageHelper` wird die Drehung ausgeführt. Danach wird die Datei gespeichert. Der Dateiname wird ähnlich wie bei der `AddPhoto`-Aktion konstruiert. Er besteht hier aus dem String `tempPhoto_`, dem Datum und der Uhrzeit; Leerzeichen werden wieder durch Unterstreichungszeichen ersetzt. Dann wird die Datei mit der `ImageIO`-Klasse des JDK geschrieben.

Doch vorher werden etwaige temporäre Dateien mit der Methode `deleteTempFiles()` gelöscht:

```
/**
 * Alle temporären Fotodateien löschen
 */
private void deleteTempFiles() {

  // Eine Liste aller temporären Dateien im Verzeichnis '/photos' abrufen
  String path = getServletContext().getRealPath("photos");
  File    dir  = new File(path);
  FileFilter fileFilter = new FileFilter() {
    public boolean accept(File file) {
      if (file.isDirectory()) {
        return false;
      }
      if (!file.getName().startsWith("tempPhoto_")) {
        return false;
      }
      return true;
    }
  };
  File[] files = dir.listFiles(fileFilter);
  if (files != null) {
    // Vorhandene Dateien einzeln löschen
    for (int i = 0; i < files.length; i++) {
      log.info("Deleting temp file '" + files[i] + "'...");
      files[i].delete();
    }
  }

} // Ende deleteTempFiles()
```

Diese Methode löscht alle Dateien in dem Verzeichnis /photo, die mit dem String `tempPhoto` beginnen. Es sollte zwar immer nur eine dieser Dateien geben, aber diese Funktion sorgt dafür, dass alle gelöscht werden.

Nachdem die Datei geschrieben wurde, wird die Antwort für den Client generiert. Sie enthält nur den Dateinamen der gerade generierten temporären Datei. Der Client weist dann dem `src`-Attribut des Bildes `imgGrowing` dieses temporäre Bild zu. Damit wird die gedrehte Version des Bildes angezeigt. Wenn der Benutzer ein anderes Foto auswählt, wird die JavaScript-Variable `rotationAmount` zurückgesetzt, damit das Foto im Normalzustand angezeigt wird.

Das war die ganze *PhotoShare*-Anwendung! Ich hoffe, es hat Ihnen Spaß gemacht.

7.5 Übungsvorschläge

Natürlich gibt es auch hier Verbesserungsmöglichkeiten. Hier sind einige Vorschläge:

- Implementieren Sie einige weitere Funktionen zur Manipulation der Bilder (z.B. Spiegelung, Kippung, Farbänderung usw.). Diese Erweiterungen haben nichts mit Ajax zu tun, würden die Anwendung aber abrunden.

- Ermöglichen Sie das Editieren der vorhandenen Fotobeschreibungen. Sie könnten ein Dialogfeld zur Bearbeitung der aktuellen Beschreibung öffnen und Änderungen per Ajax absenden.

- Fügen Sie eine Funktion hinzu, um Fotos per E-Mail versenden zu können. Sie müssten eine neue `Action` erstellen, die einen Sammlungsnamen und einen Fotobezeichner akzeptiert, damit Sie die Sammlung und das angeforderte Foto automatisch laden können.

- Heben Sie die Eingabefelder in den Dialogfeldern hervor, wenn sie den Fokus bekommen, um dem Benutzer eine bessere Orientierung zu bieten. Ändern Sie nicht nur die Hintergrundfarbe, sondern probieren Sie einige Spezialeffekte aus (etwa eine langsame Abblendung der Farbe).

- (A.d.Ü.: Ändern Sie das amerikanische Datumsformat der Fotos in die Form JJJJ-MM-TT. Anregungen finden Sie in Kapitel 8.)

- Schreiben Sie die Anwendung so um, dass beim Heraufladen eines Fotos ein Miniaturbild erstellt wird, und verwenden Sie dieses auf dem Filmstreifen. Laden Sie das Originalfoto nur, wenn der Benutzer es anklickt. Dadurch wird die Sammlung am Anfang schneller geladen; doch wenn ein Foto später angeklickt wird, gibt es dann eine kurze Verzögerung, bevor es zu wachsen beginnt. Deshalb müssen Sie das UI so ändern, dass der Benutzer nicht zu sehr frustriert wird. Beispielsweise könnten Sie ein zusätzliches Nachrichtenfeld anzeigen, das den Prozess erklärt.

7.6 Zusammenfassung

In diesem Kapitel haben Sie die *PhotoShare*-Anwendung erstellt und die Dojo Library kennen gelernt. Ich habe gezeigt, wie Sie in einer Anwendung per Skripting und CSS/DOM-Manipulation einige hübsche Spezialeffekte erzeugen können und wie Sie Ihr eigenes einfaches Anwendungsframework für die Serverkomponenten der Anwendung erstellen können.

Kapitel 8

The Organizer: Endlich Ordnung schaffen!

In diesem Kapitel werden Sie einen so genannten PIM (Personal Information Manager) erstellen. Die Anwendung soll *The Organizer* heißen. Sie können mit ihr Notizen erfassen, Aufgaben festhalten sowie Ihre Kontakte und Termine speichern. Dabei werden Sie ein weiteres Webanwendungsframework kennen lernen: *WebWork*. Die Ajax-Funktionalität soll mit einer sehr beliebten Ajax Library namens *Prototype* realisiert werden.

8.1 Anforderungen und Ziele

Die Anforderungen an *The Organizer* sind recht unkompliziert, da PIM-Anwendungen ziemlich weit verbreitet sind:

- Die Anwendung soll das Anlegen mehrerer Benutzerkonten ermöglichen; deshalb muss sie über die entsprechenden Funktionen zur Kontenverwaltung verfügen (u.a. Konten erstellen, bearbeiten und löschen). Jeder Benutzer soll ein eigenes Konto verwalten können; darüber hinaus soll es keine administrativen Funktionen geben (offensichtlich ein Erweiterungsvorschlag!).
- Wenn sich ein Benutzer einloggt, soll ein Dialogfeld namens HEUTE angezeigt werden, das die Aufgaben und Termine für das aktuelle Datum anzeigt.
- *The Organizer* soll aus vier grundlegenden Funktionseinheiten bestehen: Notizen, Aufgaben, Kontakte und Termine.
- Notizen sollen aus den folgenden Datenfeldern bestehen: Stichwort oder Betreff und Text der Notiz.
- Aufgaben sollen aus den folgenden Datenfeldern bestehen: Stichwort oder Betreff, Fälligkeitsdatum, Priorität (*hoch*, *normal* oder *niedrig*), Status (*erledigt* oder *nicht erledigt*) und Kommentar.
- Kontakte sollen aus mehreren Datenfeldern bestehen: Adresse, private Telefonnummer, Faxnummer, Handynummer, Ehepartner, Kinder usw. Beruflich sollen analoge Daten sowie einige zusätzliche Dinge wie Assistent, Manager, Position, Unternehmen usw. gespeichert werden. Ein Kontakt soll unter dem Begriff *other* (andere) mehrere private und/oder berufliche Adressen mit den entsprechenden Daten haben können.
- Termine sollen aus den folgenden Datenfeldern bestehen: Stichwort oder Betreff, Datum, Uhrzeit und Dauer sowie Kommentare.
- Termine sollen in vier Views angezeigt werden können: Tag, Woche, Monat und Jahr, die auf einem beliebigen, vom Benutzer wählbaren Datum basieren sollen.
- Der Benutzer soll alle Komponenten (Notizen, Aufgaben, Kontakte und Termine) anlegen, bearbeiten und löschen können.

■ Die Anwendung soll mit einem marktgängigen Framework und nicht mit einer Eigenentwicklung realisiert werden.

Obwohl diese Ziele und Anforderungen für PIM-Anwendungen typisch sind, gibt es genug interessante Aspekte.

8.2 Der Lösungsansatz

In diesem Projekt möchte ich etwas näher beschreiben, wie ich diese Anwendung entwickelt habe, weil die Zeit für ihre Entwicklung extrem kurz war.

Ich habe mich bei diesem Projekt von dem Konzept einer Service-Oriented Architecture (SOA, Serviceorientierten Architektur) leiten lassen, die die einzelnen benötigten Funktionen identifiziert und jede als separaten, unabhängigen Dienst programmiert. Diese Vorgehensweise passt besonders gut zu Ajax-Anwendungen, weil man den Code auf dem Client als die Anwendung selbst und die Funktionen auf dem Server als Dienste auffassen kann, die die Anwendung bei ihrer Ausführung anfordert.

Statt also an Seiten und einen Navigationsfluss zwischen ihnen zu denken, habe ich mir überlegt, welche Funktionen etwa für Notizen erforderlich wären. Beispielsweise müssen Notizen in einer Liste angezeigt werden können; damit hatte ich einen Dienst. Der Benutzer muss Notizen erstellen können; damit hatte ich einen weiteren Dienst. Analoges galt für das Bearbeiten und Löschen von Notizen.

Nach dieser Planung erstellte ich pro Funktion eine einfache HTML-Seite, um die Funktion zu testen. Beispielsweise sah die Testseite für die Erstellung einer Notiz folgendermaßen aus:

```html
<html>
  <head>
    <title>The Organizer</title>
  </head>
  <body>
    Notiz erstellen
    <br><br>
    <form action="noteSave.action">
      Betreff: <input type="text" name="subject"><br>
      <textarea cols="40" rows="15" name="text"></textarea>
      <input type="submit" value="Notiz erstellen">
    </form>
  </body>
<html>
```

Auf diese Weise erhielt ich etwa 30 solcher Testseiten. Sie waren im Wesentlichen unverbunden; Navigation zwischen den Seiten war nur für Dinge wie etwa die Benutzeranmeldung erforderlich. Ich wusste, dass die endgültige Anwendung diese Seiten nicht benutzen würde; tatsächlich würden die endgültigen Seiten diesen Seiten nicht einmal entfernt ähnlich sein. An diesem Punkt hatte ich noch nicht entschieden, ob der Server XML, HTML oder etwas anderes zurückgeben sollte.

Und genau das ist der wesentliche Punkt! Diese Anwendung unterscheidet sich von allen anderen in diesem Buch darin, dass jede einzelne Antwort des Servers auf eine Ajax-Anfrage per JSP dargestellt wird. Sie haben dies bereits weiter vorne in diesem Buch gesehen, aber es ist die erste Anwendung, bei der dies der einzige Mechanismus ist, um Antworten zu erstellen. Er bietet einen besonderen Vorteil: Sie können später entscheiden, wie die Antwort zurückgegeben werden soll; es handelt sich nur noch um ein Implementierungsdetail, dessen Lösung Sie aufschieben können. Kombiniert mit dem SOA-Ansatz bedeutet diese Möglichkeit, dass Sie Ihrer Anwendung sehr leicht eine andere Form geben können und nicht alles vorher entscheiden müssen – ein Arbeitsstil, den ich persönlich vorziehe (für mich ist frühes Codieren oft mit Design identisch; ich kann auf diese Weise schnell feststellen, was funktioniert und was nicht).

Nachdem ich an dem Punkt angekommen war, an dem alle einzelnen Seiten mit den serverseitigen Services zusammenarbeiteten, erstellte ich die Haupt-JSP mit dem clientseitigen Code der Anwendung. Letztlich entschied ich mich dafür, für jede der Test-JSPs einfachen HTML-Code zurückzugeben, damit ich diese Seiten in ihrer endgültigen Form codieren konnten. Dies dauerte pro JSP nur einige Minuten, da die Grundstruktur bereits vorhanden war. Danach musste ich nur noch clientseitig die separaten Services und deren Antworten zu einem Ganzen verbinden.

Ich kann Ihnen diesen Ansatz sehr empfehlen. Sie müssen anfänglich nicht einmal an Ajax denken. Bestimmen Sie einfach die separaten Funktionen, die Ihre Anwendung benötigt, sowie die Services, die der Server bereitstellen muss, und realisieren Sie diese. Erst *nachdem* Sie alle Services implementiert haben, können Sie anfangen darüber nachzudenken, wie die Anwendung aussehen soll und wie diese Services zu einem größeren Ganzen zusammengefügt werden sollen. Falls Sie mit JSPs (oder einer anderen flexiblen Darstellungstechnik wie etwa *Velocity*) arbeiten, müssen Sie anfänglich nicht einmal darüber nachdenken, was der Server bei jedem Service zurückgibt. Ich habe festgestellt, dass dieser Ansatz sehr gut funktioniert.

Nun zu den vier Hauptwerkzeugen, mit denen die Anwendung realisiert werden soll: Prototype, WebWork, HSQLDB und Spring JDBC.

8.2.1 Prototype

Prototype ist eine der beliebtesten JavaScript Libraries, die viel mehr als nur Ajax bietet. Sie bildet die Basis vieler Ajax-Libraries und ist in viele Frameworks integriert, weshalb Sie sich auf jeden Fall mit dieser Library beschäftigen sollten.

Prototype wird häufig als »gefährlich« kritisiert, weil es die grundlegenden JavaScript-Objekte erweitert und dies unerwartete Nebeneffekte auf anderen JavaScript-Code haben könnte. So werden etwa die JavaScript-Objekte `Object`, `Number`, `Function`, `String`, `Array` und `Event` von Prototype erweitert und können sich deshalb anders als normal verhalten. Doch tatsächlich benutzen viele andere Libraries Prototype ohne nachteilige Nebeneffekte, weshalb die Kritik möglicherweise überzogen ist. Doch es ist für alle Fälle besser, davon zu wissen.

Prototype führt eine Reihe von Shortcuts in JavaScript ein. Ein Beispiel:

```
$("newNote").style.display = "none";
```

Der Ausdruck `$()` ist eine Funktion, die als Abkürzung für die allgegenwärtige Funktion `document.getElementById()` verwendet wird. Es gibt mehrere Abkürzungen dieser Art: `$F()`, um den Namen eines Formularelements abzurufen; `$A()`, um ein einzelnes Argument in ein Array umzuwandeln; `$H()`, um Objekte in aufzählbare `Hash`-Objekte umzuwandeln, die assoziativen Arrays ähneln; und $R() als Abkürzung für ein neues ObjectRange(lower-Bound, upperBound, excludeBounds). (ObjectRange ist ein Objekt, das einen Wertebereich innerhalb der genannten Unter- und Obergrenze repräsentiert). Die $()-Funktion wird in diesem Projekt oft verwendet; die anderen Funktionen werden nicht benutzt.

Die andere wichtige Komponente von Prototype ist hier das Ajax-Objekt, das die Ajax-Funktionalität zur Verfügung stellt. In diesem Projekt werden zwei Funktionen dieses Objekts verwendet: Request() und Updater(). Request() sendet Ihre Anfrage und ruft dann eine von Ihnen angegebene Funktion auf, um die Antwort zu verarbeiten. Updater() ist für die vielleicht gebräuchlichste Ajax-Funktion bestimmt: ein Seitenelement (meistens ein <div>-Element) mit der Antwort des Servers zu aktualisieren. Ein Beispiel für die Request()-Funktion:

```
new Ajax.Request("myServer.action", {
  method : "post",
  postBody : Form.serialize($(myForm)),
  onSuccess : function(resp) {
    alert("Rückgabe des Servers");
  }
});
```

Das erste Argument dieser Funktion ist einfach der gewünschte URL (hier eine Ressource namens myServer.action, die möglicherweise einem Servlet zugeordnet wurde). Das zweite Argument ist ein Objektliteral. Dessen erstes Element, method, legt fest, dass eine POST-Anfrage erfolgen soll. Das zweite Element, postBody, enthält eine sehr interessante Funktion von Prototype: Form.serialize(). Diese Funktion akzeptiert eine Referenz auf ein Formular, die mit dem weiter vorne erwähnten $()-Operator abgerufen wird. Sie ruft dann dieses Formular ab und konstruiert aus dessen Elementen einen Abfragestring. Hier wird der Abfragestring zu dem Rumpf (body) der Anfrage hinzugefügt, wie es bei POST-Abfragen üblich ist. Im letzten Element des Objektliterals, onSuccess, wird die Funktion spezifiziert, die aufgerufen werden soll, wenn die Anfrage erfolgreich beendet wird (hier eine Inline-Funktion). Sie könnten genauso gut eine andere eigenständige Funktion oder eine Funktion eines Objekts referenzieren. Prototype stellt mehrere derartige Callbacks zur Verfügung, darunter onComplete und onFailure, mit denen Sie sich leicht in verschiedene Phasen einer XMLHttpRequest-Anfrage einklinken können.

Die Ajax.Updater()-Funktion arbeitet im Wesentlichen gleich. Doch vor dem URL wird ein zusätzlicher Parameter angegeben: die ID des Seitenelements, das aktualisiert werden soll. Außerdem enthält sie normalerweise keine onSuccess-Aktion, weil sie bereits über eine eigene Version dieses Callbacks verfügt.

Darüber hinaus enthält Prototype zahlreiche weitere Funktionen, die zu studieren sich lohnt. Eine andere häufig geäußerte Kritik an Prototype ist der Mangel an Dokumentation und Unterstützung; und auch der Code ist kaum kommentiert (obwohl dies auch in der Absicht begründet liegt, den JavaScript-Code so knapp wie möglich zu halten).

Tatsächlich werden Sie wohl enttäuscht sein, wenn Sie die Homepage von Prototype (http://prototype.conio.net) besuchen, weil dort so wenig Material angeboten wird. Glücklicherweise hat Sergio Pereira unter dem Titel *Developer Notes for prototype.js* (http://www.sergio-pereira.com/articles/prototype.js.html) eine lesenswerte Dokumentation von Prototype zusammengestellt.

Ich glaube, Sie werden mir zustimmen, dass Prototype trotz der Kritik einiges zu bieten hat.

8.2.2 WebWork

In diesem Buch werden mehrere Anwendungsframeworks erstellt, um die Server-Komponenten der Anwendungen etwas flexibler und konsistenter zu machen. Außerdem wird im nächsten Kapitel ein »echtes« Framework namens Struts eingeführt (von dem Sie als Java-Webentwickler wahrscheinlich zumindest schon gehört haben).

WebWork ist eine Komponente des *OpenSymphony*-Projektes (http://opensymphony.com), das ähnlich wie die Apache Foundation arbeitet. Laut Website von WebWork ist »WebWork ein Entwicklungsframework für Java-Webanwendungen, das speziell für Entwickler konzipiert wurde, um deren Arbeit zu vereinfachen und produktiver zu machen sowie die Erstellung robuster wiederverwendbarer UI-Templates wie Formular-Controls, UI-Themen, Internationalisierung, dynamische Zuordnung von Formularparametern und JavaBeans, eine robuste client- und serverseitige Validierung und vieles mehr zu unterstützen.«

WebWork ähnelt in den meisten Aspekten Struts. Tatsächlich wurden WebWork und Struts vereinigt. Das Produkt wird heute unter dem Namen *Struts 2.0* von Apache Foundation angeboten (Betaversion 2.0.1 im Oktober 2006). Falls Sie bereits Erfahrungen mit Struts gesammelt haben, wird Ihnen WebWork recht vertraut vorkommen; falls nicht, sehe ich auch keine Probleme; denn WebWork ist wirklich recht einfach!

Die grundlegende Arbeitseinheit in WebWork ist die `Action`-Klasse, die als Reaktion auf den Aufruf eines URLs durch einen Client einige Funktionen ausführt. Außerdem speichern die `Action`-Objekte von WebWork die eingehenden Anfrageparameter. Ein Beispiel:

```
package.apress.ajaxprojects.theorganizer.actions;
import webwork.action.*;
public class LogonAction {
  private String username;
  private String password;
  public void setUsername(String username) {
    this.username = username;
  }
  public void setPassword(String password) {
    this.password = password;
  }
  public String execute() {
    if (username.equals("bill") && password.equals("gates")) {
      return Action.SUCCESS;
    } else {
      return Action.ERROR;
    }
  }
}
```

Dieses Beispiel könnte eine `Action` in WebWork sein, um die Anmeldung eines Benutzers zu verarbeiten. Wie wird diese Aktion mit einem URL verbunden? Zu diesem Zweck wird in dem Verzeichnis `WEB-INF/classes` der Webanwendung eine Datei namens `xwork.xml` erstellt. Sie könnte den folgenden Inhalt haben:

```
<!DOCTYPE xwork PUBLIC "-//OpenSymphony Group//XWork 1.0//EN"
  "http://www.opensymphony.com/xwork/xwork-1.0.dtd">
<xwork>
  <include file="webwork-default.xml"/>
  <package name="default" extends="webwork-default">
    <default-interceptor-ref name="completeStack"/>
    <action name="logon"
        class="com.apress.ajaxprojects.theorganizer.actions.LogonAction">
      <result name="success">main.jsp</result>
      <result name="error">logon.jsp</result>
    </action>
  </package>
</xwork>
```

WebWork verarbeitet standardmäßig alle Anfragen, die mit .action enden. Wenn also der Benutzer den ANMELDEN-Button anklickt, wird das Formular an logon.action abgesendet. WebWork fängt es ab und sucht logon in xwork.xml. Dort findet es die gleichnamige Aktion, instanziert daraufhin die dort genannte Klasse, hier also LogonAction. Standardmäßig ruft WebWork eine Methode namens execute() auf, die einen String zurückgeben soll. Der Rückgabewert sollte einem der für Action konfigurierten Ergebnisnamen zugeordnet werden. Falls der Benutzer gültig ist, wird hier der Wert der Konstanten SUCCESS aus der Action-Klasse von WebWork zurückgegeben. Dies hat zur Folge, dass main.jsp zurückgegeben wird. Falls der Benutzer nicht gültig ist, wird stattdessen ERROR zurückgegeben. Dies hat zur Folge, dass logon.jsp zurückgegeben wird, so dass sich der Benutzer mutmaßlich erneut anmelden muss.

Eine interessante Funktion von WebWork ist die automatische Verarbeitung eingehender Anfrageparameter. Deshalb konnte hier der Benutzername und das Passwort ohne weiteren Aufwand geprüft werden. Bevor WebWork execute() aufruft, ruft es alle Anfrageparameter und entsprechende Setter-Methoden von Action auf, falls diese existieren. In diesem Fall ruft es setUsername() und setPassword() auf, wodurch die Parameter bereits alle zur Verfügung stehen, wenn schließlich execute() aufgerufen wird. Es ist nicht erforderlich, direkt auf das Anfrageobjekt zuzugreifen, wie es ohne ein solches Framework normalerweise erforderlich ist.

In WebWork können Sie auch festlegen, welche Methode in Action ausgeführt werden soll, indem Sie ein method-Attribut in das <action>-Element einfügen. Auf diese Weise können Sie eine gemeinsam genutzte Funktionalität in einer einzigen Action unterbringen und je nachdem, welches Action-Mapping aufgerufen wird, verschiedene Methoden ausführen.

Ich möchte Sie noch auf eine weitere Funktion von WebWork hinweisen, die in *The Organizer* verwendet wird: ActionContext. Dies ist ein Objekt, das pro Anfrage mit diversen Daten gefüllt wird. Beispielsweise können Sie das Anfrageobjekt über ActionContext abrufen. ActionContext ist als ThreadLocal implementiert; dies bedeutet, dass jeder Thread über eine separate Kopie seiner Variablen verfügt. Das Schöne dabei ist: Es ist nicht erforderlich, in einer Action den ActionContext an irgendeine Methode zu übergeben. Auch WebWork tut dies nicht. Der ActionContext kann jederzeit wie folgt abgerufen werden:

```
ActionContext context = ActionContext.getContext();
```

Damit können Sie die Anfrage wie folgt abrufen:

```
HttpServletRequest request =
(HttpServletRequest)context.get(ServletActionContext.HTTP_REQUEST);
```

Wesentlich ist, dass dies von *jeder Stelle aus* möglich ist. Anders ausgedrückt: Falls Ihre `Action` eine andere Klasse aufruft, die ihrerseits eine andere Klasse aufruft, können Sie immer noch mit dem voranstehenden Code Komponenten abrufen, solange alles im selben Thread ausgeführt wird. Natürlich lässt sich dies auch leicht missbrauchen: Sie könnten beispielsweise direkt das Anfrageobjekt von einer Klasse der Geschäftslogik aus abrufen und dadurch gegen die strikte Trennung der Verantwortlichkeiten verstoßen. Doch solange Sie die erforderliche Disziplin aufbringen und dieser und der allgemeinen Versuchung widerstehen, diese Fähigkeit außerhalb von Aktionen zu verwenden, erhalten Sie sehr saubere Plain Old Java Objects (POJOs) der `Action`-Klasse. Sie müssen keine Klassen erweitern oder Interfaces implementieren. An Ajax wurde häufig bemängelt, dass man gezwungen ist, eine `Action`-Basisklasse zu erweitern, und damit die einzige Möglichkeit der Vererbung (Erweiterung) verliert. Anmerkung: In WebWork ist es normalerweise nicht erforderlich, Interfaces zu implementieren oder Klassen zu erweitern, obwohl diese Möglichkeiten tatsächlich existieren, um eine Anwendung um zusätzliche Fähigkeiten und Dienste zu erweitern. Der Code dieser Anwendung liefert Beispiele dafür.

WebWork ist ein recht umfangreiches Framework, das viel mehr Funktionen abdeckt, als ich hier beschreiben kann. Tatsächlich verfügt WebWork auch über eine eingebaute Ajax-Funktionalität, einschließlich der Integration mit DWR und Dojo. Ich rate Ihnen, die WebWork-Dokumentation eine Zeit lang zu studieren, um sich mit dem Funktionsumfang vertraut zu machen. Dies ist insbesondere wichtig, wenn Sie Erfahrungen mit Struts gesammelt haben, da WebWork und Struts heute in einem Produkt aufgegangen sind. Dieses Projekt liefert Ihnen einen guten Einstieg, weil es nicht zu tief in WebWork eindringt. Abgesehen von den hier gezeigten Aspekten werden später zusätzlich nur noch einige JSP-Tags von WebWork verwendet. Deshalb sollte Ihnen *The Organizer* eine sanfte Einführung in WebWork geben können!

8.2.3   HSQLDB

HSQLDB (www.hsqldb.org; früher *Hypersonic SQL*) ist eine leichtgewichtige, rein auf Java basierende SQL-Datenbank-Engine. Sie unterstützt diverse Arbeitsmodi: einen In-Memory-Modus (für Applets und Ähnliches), einen eingebetteten Modus (der hier benutzt wird) und einen Client-Server-Modus, der im Grunde einen eigenständigen Datenbankserver bildet. HSQLDB ist die eingebettete Datenbank-Engine, die in OpenOffice verwendet wird – eine recht beeindruckende Referenz, wenn Sie mich fragen!

Mit HSQLDB zu arbeiten, ist kinderleicht. Dies beginnt bereits beim Anlegen von Datenbanken: Falls Sie versuchen, auf eine nicht existierende Datenbank zuzugreifen, wird diese automatisch angelegt. Um also eine Datenbank einzurichten, reicht folgender Code aus:

```
Class.forName(Globals.getDbDriver()).newInstance();
Connection conn = DriverManager.getConnection(
  "jdbc:hsqldb:c:\temp\myDatabase", "sa", "");
conn.close();
```

Damit werden in dem Verzeichnis `c:\temp` ein neues Unterverzeichnis namens `myDatabase` und darin eine grundlegende gleichnamige Datenbank erstellt. Sie können dann mit standardmäßigen JDBC- oder SQL-Befehlen Tabellen erstellen, Daten einfügen oder andere Operationen ausführen. Es gibt keine komplexe Startup-Prozedur und keine separate Einrichtung. Es gibt nicht einmal spezielle Klassen, die für HSQLDB importiert werden müssten!

HSQLDB befindet sich in einer einzigen JAR-Datei und hat keine externen Abhängigkeiten. Die JAR-Datei umfasst weniger als ein MB, weshalb die Bezeichnung »leichtgewichtig« durchaus gerechtfertigt ist! Dennoch umfasst HSQLDB viele Features, etwa Views, temporäre Tabellen und Sequenzen, referenzielle Integrität, Trigger, Transaktionsunterstützung, Java Stored Procedures und Funktionen und sogar `Object`-Datentypen!

Falls Sie für eine Anwendung eine Datenbank benötigen und kein ausgewachsenes Relational Database Management System (RDBMS) einsetzen wollen oder können, ist HSQLDB eine großartige Lösung. Doch selbst wenn Sie eine ausgewachsenes RDBMS wie Oracle oder SQL Server haben, könnte HSQLDB eine brauchbare Alternative darstellen.

8.2.4 Spring JDBC

Selbst wenn Sie die Entwicklungen in der Branche in letzter Zeit nur hin und wieder verfolgt haben, haben Sie fast sicher von dem *Spring Framework* gehört, und zwar höchstwahrscheinlich zuerst im Kontext der *Dependency Injection* oder *IoC (Inversion of Control)*. Dies ist wahrscheinlich der bekannteste Aspekt dieses Frameworks. Doch Spring ist viel mehr als das.

Spring ist ein so genanntes *Full-Stack Framework*, was bedeutet, dass es alle Aspekte abdeckt, die ein J2EE-Entwickler benötigen könnte. Spring arbeitet mit modularisierten Schichten, die relativ unabhängig voneinander sind. Als Entwickler müssen Sie nicht das gesamte Framework nutzen, sondern können nur die benötigte Funktionalität auswählen. Spring stellt die folgende Funktionalität zur Verfügung: die bereits erwähnte Dependency Injection, Model View Controller (MVC), diverse Allzweck-Utility-Funktionen wie String Manipulations u.a., Object Relational Mapping (ORM) und JDBC.

The Organizer nutzt JDBC direkt. WebWork selbst verwendet auch noch andere Features wie Dependency Injection, aber der Anwendungscode selbst nicht. Die JDBC-Komponente von JDBC umfasste Klassen, die das Arbeiten mit JDBC vereinfachen und – was wichtiger ist – weniger fehleranfällig machen. Bei der JDBC-Programmierung vergessen Entwickler manchmal, nach der Arbeit mit der Datenbank die entsprechenden Verbindungen zu schließen, was zu Ressourcen-Lecks, zum Absturz einer Anwendung oder – noch schlimmer – des Servers führen kann. Mit Spring JDBC sind Fehler dieser Art praktisch unmöglich.

Der Datenbankzugriff mit Spring JDBC besteht im Wesentlichen aus zwei Schritten: Erstens wird die Datenquelle definiert und zweitens werden die erforderlichen SQL-Befehle ausgeführt. Der Code für den ersten Schritt sieht folgendermaßen aus:

```
dataSource = new DriverManagerDataSource();
dataSource.setDriverClassName(Globals.dbDriver);
dataSource.setUrl(Globals.dbURL);
dataSource.setUsername(Globals.dbUsername);
dataSource.setPassword(Globals.dbPassword);
```

Die `Globals`-Klasse enthält Konstanten, die in *The Organizer* verwendet werden, einschließlich der Details der Datenbankverbindung, den zu verwendenden Treiber, den URL, den Benutzernamen und das Passwort. Der zweite Schritt besteht beispielsweise aus diesem Code:

```
JdbcTemplate jt = new JdbcTemplate(dataSource);
List notes = jt.queryForList(
  "SELECT * FROM myTable"
);
```

Die JdbcTemplate-Klasse bildet die Schnittstelle zu Spring JDBC. Sie stellt beispielsweise eine Methode namens queryForList() zur Verfügung, die das Ergebnis-Set als List-Objekt zurückgibt. Das bedeutet, dass Sie nicht mehr selbst mit ResultSet-Objekten arbeiten müssen! Eine andere Methode, queryForMap(), gibt einen einzigen Datensatz der Datenbank als Map-Objekt zurück, wodurch Sie sehr leicht auf die Felder des Datensatzes zugreifen können.

Der gesamte Code für die Verbindungsverwaltung wird von dem Framework zur Verfügung gestellt, damit Sie sich nicht um das Öffnen oder Schließen der Verbindung oder ähnliche Funktionen kümmern müssen, die für das Arbeiten mit JDBC typisch sind.

Spring JDBC schließt die SQLExceptions in anwendungsspezifische Ausnahme-Klassen ein, weshalb Sie in Ihrem Code überhaupt keine standardmäßigen JDBC-Klassen verwenden müssen. Wenn Sie beispielsweise in *The Organizer* ein neues Konto anlegen, könnten Sie einen Benutzernamen wählen, der bereits vergeben ist. In diesem Fall löst die JdbcTemplate-Klasse eine DataIntegrityViolationException-Ausnahme aus, die Sie abfangen und handhaben können.

Das JDBC-Paket ist nur ein kleiner Teil von Spring. Spring enthält zahlreiche andere Komponenten, mit denen Sie Anwendungen besser und schneller entwickeln können. Es lohnt sich, Spring eingehend zu studieren. Besuchen Sie www.springframework.org.

8.3 Die geplante Lösung

Die Benutzerschnittstelle von *The Organizer* ist dem »Aqua«-Look-and-Feel der Macintosh-Computer von Apple nachempfunden. Buttons und Reiter haben das typische gewölbte Aussehen mit einem sanften Farbgradienten. Natürlich zeigt eine Schwarz-Weiß-Abbildung in einem Buch nicht die gesamte Pracht; deshalb sollten Sie die Anwendung ausprobieren, bevor Sie weiterlesen!

Abbildung 8.1 zeigt das HEUTE-Dialogfeld. Dies ist das erste Dialogfeld, das der Benutzer nach der Anmeldung sieht. Es zeigt ihm die Aufgaben und Termine für das aktuelle Datum.

Abb. 8.1: Das HEUTE-Dialogfeld von *The Organizer* – die fälligen Aufgaben und Termine

Am oberen Rand befinden sich Reiter für die Hauptarbeitsbereiche: Notizen, Aufgaben, Termine, Kontakte und Verwaltung des Benutzerkontos. Außerdem kann der Benutzer jederzeit zu dem HEUTE-Dialogfeld zurückspringen oder sich abmelden.

Abbildung 8.2 zeigt, wie eine neue Aufgabe erstellt wird.

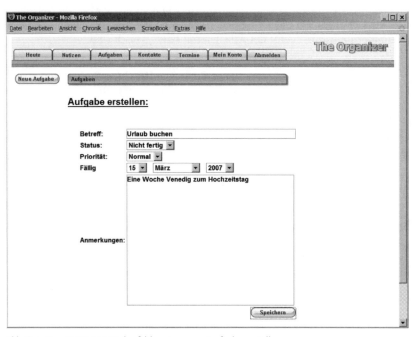

Abb. 8.2: Das AUFGABEN-Dialogfeld – eine neue Aufgabe erstellen

Abbildung 8.3 zeigt, wie eine vorhandene Notiz bearbeitet wird. Die Dialogfelder NOTIZEN und AUFGABEN unterscheiden sich praktisch nur durch ihre Überschriften und Eingabefelder.

Abb. 8.3: Das NOTIZEN-Dialogfeld – eine Notiz bearbeiten

Abbildung 8.4 zeigt als letztes Beispiel die WOCHENANSICHT mit allen Terminen für die aktuelle Woche. Alle anderen Dialogfelder sehen ähnlich aus; sie zeigen nur die verschiedenen Termine für den aktuellen Monat, Tag oder das gesamte Jahr. Der Benutzer kann in diesen Dialogfeldern ein Datum auswählen. Will er beispielsweise alle Termine für 2007 sehen, kann er ein beliebiges Datum in 2007 auswählen und dann die JAHRESANSICHT anzeigen.

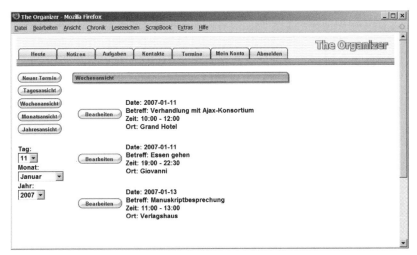

Abb. 8.4: Das WOCHENANSICHT-Dialogfeld – die Termine der Woche anzeigen

Nun zu dem Code.

8.4   Analyse der Lösung

Abbildung 8.5 zeigt die Verzeichnisstruktur von *The Organizer*.

Das Root-Verzeichnis enthält mehrere JSPs, die ich später beschreiben werde. Das Verzeichnis /css enthält das Stylesheet styles.css. Das Verzeichnis /img, das hier aus Platzgründen nicht erweitert ist, enthält alle Bild-Ressourcen, einschließlich der Bild-Rollover, Überschriften usw. Das Verzeichnis /js enthält den gesamten JavaScript-Code der Anwendung. Das Verzeichnis /WEB-INF enthält wie üblich web.xml sowie applicationContext.xml, die Konfigurationsdatei des Spring Frameworks, und taglib.tld, den Taglib-Deskriptor für die WebWork-Tags. Neu in diesem Projekt sind bestimmte Inhalte von /WEB-INF/classes, insbesondere xwork.xml und webwork.properties, zwei Konfigurationsdateien für WebWork. Sie müssen über einen Class Loader zugänglich sein; deshalb dürfen sie nicht in /WEB-INF stehen, sondern müssen in /WEB-INF/classes abgelegt werden (oder an einer anderen Stelle, die über einen Class Loader zugänglich ist, obwohl dies der typische Speicherort ist). Außerdem gibt es zwei Dateien, commons-logging.properties und simplelog.properties, mit denen zusammen das Logging der Anwendung konfiguriert wird. Die Quelldateien befinden sich wie üblich in dem Verzeichnis WEB-INF/src, das hier nicht gezeigt wird, aber im Wesentlichen wie die anderen Quellverzeichnisse in diesem Buch aufgebaut ist.

Abb. 8.5: Verzeichnisstruktur von *The Organizer*

Schließlich enthält das Verzeichnis /WEB-INF/lib alle Libraries, von denen *The Organizer* abhängt (siehe Tabelle 8.1).

JAR	Beschreibung
cglib-nodep.jar	Wird von WebWork benötigt. CGLib ist eine leistungsstarke, hochperformante und qualitativ hochwertige Library zur Codegenerierung. Sie wird verwendet, um Java-Klassen zu erweitern, und implementiert Interfaces zur Laufzeit.
commons-attributs-api.jar	Wird von WebWork benötigt. Commons Attributs stellt ein Runtime API für Metadaten-Attribute wie etwa Doclet-Tags zur Verfügung; angeregt durch die Nanning- und XRAI-Projekte sowie JSR 175 und C# Attributs.
commons-logging.jar	Wird von WebWork benötigt. Jakarta Commons Logging ist eine Abstraktionsschicht, die über einer echten Logging-Implementierung (etwa Log4J) liegt; Sie können damit die zugrunde liegende Logging-Implementierung austauschen, ohne Ihren Anwendungscode zu ändern. Sie stellt auch eine einfache Protokollierung über System.out zur Verfügung, die von dieser Anwendung verwendet wird.
freemarker.jar	Wird von WebWork benötigt. FreeMarker ist eine Template Engine, ein generisches Tool, mit dem Sie anhand von Templates (Vorlagen) beliebigen Text-Output (HTML, Quellcode u.a.) generieren können. Es ist ein Java Package (eine Klassen-Library für Java-Programmierer) und keine eigenständige Anwendung für Endbenutzer; Programmierer können dieses Package in ihre Produkte einbetten.
hsqldb.jar	HSQLDB, die eingebettete SQL-Datenbank-Engine
ognl.jar	Wird von WebWork benötigt. OGNL steht für Object-Graph Navigation Language. Es ist eine Expression Language, um Eigenschaften von Java-Objekten zu setzen und abzurufen. Der Wert einer Eigenschaft wird mit demselben Ausdruck gesetzt und abgefragt.
oscore.jar	Wird von WebWork benötigt. OSCore ist ein Satz von Utility-Klassen, die von den anderen Komponenten von OpenSymphony verwendet werden, und enthält die wesentliche Funktionalität einer J2EE-Anwendung.
rife-continuations.jar	Wird von WebWork benötigt. RIFE/continuations ist ein Unterprojekt von RIFE, das die Unterstützung von Continuations in reinem Java als Allzweck-Library zur Verfügung stellen will.
spring-aop.jar	Spring Framework AOP (Aspect-Oriented Programming) Package. Core Spring AOP Interfaces, aufbauend auf den AOP Alliance AOP Interoperability Interfaces.

Tabelle 8.1: Die JAR-Dateien in WEB-INF/lib, die von *The Organizer* benötigt werden

JAR	Beschreibung
spring-beans.jar	Spring Framework Spring Beans Package. Interfaces und Klassen für die Manipulation von JavaBeans.
spring-context.jar	Spring Framework Context Package. Baut auf dem Beans Package auf und unterstützt zusätzlich Nachrichtenquellen und das Observer Design Pattern und gibt Anwendungsobjekten die Fähigkeit, Ressourcen mit einem konsistenten API abzurufen.
spring-core.jar	Spring Framework Core Package. Die grundlegenden Klassen für Ausnahmebehandlung, Versionserkennung und andere Grundfunktionen, die nicht zu einer spezifischen Komponente des Frameworks gehören.
spring-dao.jar	Spring DAO (Data Access Objects) Package. Ausnahmehierarchie, die eine ausgefeilte Fehlerbehandlung unabhängig von dem verwendeten Datenzugriff ermöglicht.
spring-jdbc.jar	Spring JDBC Package. Die Klassen in diesem Package vereinfachen das Arbeiten mit JDBC und verringern die Wahrscheinlichkeit häufig vorkommender Fehler.
spring-mock.jar	Spring Mock Objects Package
spring-web.jar	Spring Web Package. Diverse Web-bezogene Klassen
webwork.jar	Die WebWork-JAR-Datei mit dem größten Teil von WebWork
xwork.jar	XWork ist ein Command Pattern Framework, das WebWork und anderen Anwendungen zugrunde liegt. XWork stellt einen Inversion of Control Container, eine leistungsstarke Expression Language, Datentypumwandlung, Validierung und modulare (engl. *pluggable*) Konfiguration zur Verfügung.

Tabelle 8.1:   Die JAR-Dateien in WEB-INF/lib, die von *The Organizer* benötigt werden (Forts.)

8.4.1   Der clientseitige Code

Ich möchte mit den Konfigurationsdateien beginnen.

web.xml

Die Datei web.xml enthält die folgenden vier wichtigen Elemente:

```
<!-- WebWork-Filter -->
<filter>
  <filter-name>webwork</filter-name>
  <filter-class>
    com.opensymphony.webwork.dispatcher.FilterDispatcher
  </filter-class>
</filter>
<filter-mapping>
```

```
    <filter-name>webwork</filter-name>
    <url-pattern>/*</url-pattern>
  </filter-mapping>

  <!-- Spring IoC -->
  <listener>
    <listener-class>
       org.springframework.web.context.ContextLoaderListener
    </listener-class>
  </listener>

  <!-- The Organizer initialisieren -->
  <listener>
    <listener-class>
       com.apress.ajaxprojects.theorganizer.listener.ContextListener
    </listener-class>
  </listener>

  <!-- WebWork Taglib -->
  <taglib>
    <taglib-uri>webwork</taglib-uri>
    <taglib-location>/WEB-INF/taglib.tld</taglib-location>
  </taglib>
```

Das erste `filter-mapping` stellt die Verbindung zu WebWork her. Struts und die meisten anderen MVC-Frameworks verwenden zu diesem Zweck ein Servlet; WebWork verwendet stattdessen einen Filter. Obwohl der Filter dem Ausdruck `/*` zugeordnet ist, was bedeutet, dass der Filter alle eingehenden Anfragen bearbeitet, werden faktisch nur Anfragen mit der Endung `.action` von WebWork gehandhabt. Die »echte« Filterung erfolgt in dem Filter selbst.

Das erste `listener`-Element stellt die Spring-Funktionalität zur Verfügung, ohne die Web-Work nicht funktionieren würde. Das zweite `listener`-Element wird von *The Organizer* für eine einmalige Initialisierung benötigt (siehe weiter unten, wenn diese Klasse beschrieben wird).

Schließlich wird mit dem `taglib`-Element die Datei `taglib.tld` in WEB-INF referenziert, um die WebWork Taglib zu deklarieren. Es handelt sich um eine gewöhnliche Taglib-Definitionsdatei, auf die ich hier nicht weiter eingehen muss.

applicationContext.xml

Die Datei `applicationContext.xml` in WEB-INF ist die Konfigurationsdatei von Spring. Weil *The Organizer* nicht die Dependency-Injection-Fähigkeiten von Spring verwendet, ist diese Datei im Wesentlichen leer, muss aber vorhanden sein.

webwork.properties

Die anderen Konfigurationsdateien befinden sich in in WEB-INF/classes. Die Datei webwork.properties ist eine normale Java-Properties-Datei, mit der Sie diverse Voreinstellungen von WebWork festlegen können. Hier enthält die Datei nur einen einzigen Eintrag, webwork.objectFactory = spring, der WebWork anweist, Spring zur Erstellung von Objekten zu verwenden.

commons-logging.properties, simplelog.properties

Die beiden anderen Konfigurationsdateien sind commons-logging.properties und simplelog.properties. Jakarta Commons Logging (JCL) wird von *The Organizer* für die Protokollierung verwendet; SimpleLog ist ein Logger der JCL, der seine Einträge einfach über STDOUT ausgibt.

Die Datei commons-logging.properties enthält eine einzige Zeile, die JCL anweist, SimpleLog zu verwenden:

```
org.apache.commons.logging.Log=org.apache.commons.logging.impl.SimpleLog
```

Die Datei simplelog.properties enthält einige Einstellungen für diesen Logger:

```
org.apache.commons.logging.simplelog.defaultlog=info
org.apache.commons.logging.simplelog.log.com.apress.ajaxprojects=info
```

Die erste Zeile legt fest, dass standardmäßig nur Nachrichten der Stufe info und höher protokolliert werden sollen. Die zweite Zeile sagt, für welche Klassen welche Nachrichtenstufe protokolliert werden soll; hier sind dies Nachrichten der Stufe info und höher für alle Klassen in dem Package com.apress.ajaxprojects und diesem untergeordneten Packages.

Es ist wichtig, sowohl die Standardstufe als auch die spezielle Stufe für die Klassen in *The Organizer* zu setzen, weil auch andere Klassen der Anwendung JCL verwenden können; für diesen Fall soll deren Protokollierungsstufe separat gesetzt werden können. Beispielsweise benutzt WebWork selbst JCL; und wenn etwa die Standardstufe auf debug gesetzt wird, werden sehr viel mehr Nachrichten protokolliert, die von WebWork stammen. Falls Sie mehr Nachrichten von *The Organizer* sehen wollen, müssen Sie die Stufe in der zweiten Zeile auf debug oder trace setzen. Mit diesen Stufen können Sie bei der Entwicklung mehr Informationen erhalten.

xwork.xml

Die letzte Datei in diesem Verzeichnis, xwork.xml, ist die vielleicht wichtigste. Für Struts-Kenner: Diese Datei entspricht der Datei struts-config.xml. Falls Sie Struts nicht kennen: Der wichtigste Zweck der Datei xwork.xml besteht darin, die URIs der eingehenden Anfragen speziellen Action-Klassen zuzuordnen.

Die Datei xwork.xml ist recht lang; deshalb zeige ich hier nur einen kleinen Ausschnitt:

```
<!-- Liste aller Notizen abrufen (erstes Notiz-Dialogfeld) -->
<action name="noteList" class=
  "com.apress.ajaxprojects.theorganizer.actions.NoteAction"
  method="list">
  <result name="success">noteList.jsp</result>
</action>

<!-- Dialogfeld zum Erstellen einer Notiz anzeigen -->
```

```
<action name="noteCreateShow" class=
  "com.apress.ajaxprojects.theorganizer.actions.ForwardAction">
  <result name="success">noteEdit.jsp</result>
</action>

<!-- Eine neue Notiz erstellen -->
<action name="noteCreate" class=
  "com.apress.ajaxprojects.theorganizer.actions.NoteAction"
  method="create">
  <result name="success">opResponse.jsp</result>
  <result name="error">noteEdit.jsp</result>
</action>
```

Diese drei Blöcke werden als *Action-Mappings* bezeichnet. Das erste Mapping dient dazu, eine Liste der Notizen des aktuellen Benutzers anzuzeigen. Es besagt Folgendes: Wenn eine Anfrage für die Ressource noteList.action eingeht, soll die Klasse NoteAction instanziert und die Methode list() aufgerufen werden. Diese Methode soll einen String zurückgeben, der einem der <result>-Elemente entspricht. success ist einer der typischen Rückgabestrings. Das noteCreate-Mapping enthält zwei verschiedene result-Elemente, eines für den Erfolgsfall (success) und eines für den Fehlerfall (error). Im Erfolgsfall soll opResponse.jsp, im Fehlerfall noteEdit.jsp zurückgegeben werden. Im Fehlerfall enthält die Seite normalerweise eine entsprechende Fehlermeldung für den Benutzer.

Nach den Konfigurationsdateien nun zu den clientseitigen Anwendungsdateien.

styles.css

Die Datei style.css enthält natürlich das Stylesheet von *The Organizer*. Sie enthält insgesamt neun Selektoren:

- cssTopNav formatiert den oberen Teil der Dialogfelder, in dem die Reiter angezeigt werden. Dabei wird wiederholt ein Hintergrundbild horizontal über die Breite des <div>-Elements angewendet.

- cssSideNav formatiert den Bereich links, in dem die Buttons angezeigt werden.

- cssMain formatiert den Hauptinhalt in der Mitte. Hier werden vier padding-Attribute verwendet, die an allen vier Rändern einen Leerraum schaffen, damit die Buttons und die Reiterleiste am Anfang nicht den Hauptinhalt überlappen.

- cssDAAGItem formatiert die Aufgaben und Termine in dem Dialogfeld HEUTE.

- cssDAAGHeading formatiert die Abschnittsüberschriften der Aufgaben und Termine.

- cssScrollContent formatiert ebenfalls den Hauptinhalt; es macht das <div>-Element in sich verschiebbar, um ein Scrollen der gesamten Seite zu vermeiden, falls der Inhalt vertikal zu groß wird. (Dieser Fall kann zwar immer noch eintreten, wenn Ihre Bildschirmauflösung zu gering ist, aber ohne Frames lässt sich dies nicht mit Sicherheit vermeiden.)

- cssError dient zur Anzeige von Fehlern bei der Anmeldung.

- cssInput0 und cssInput1 formatieren alle Input-Elemente der Anwendung. Der Selektor mit der 0 am Ende ist für Elemente bestimmt, die den Fokus *nicht* haben; der Selektor mit der Endung 1 wird auf Elemente angewendet, die den Fokus haben (er zeigt eine andere Hintergrundfarbe an).

index.jsp

Dies ist die in `web.xml` voreingestellte Startseite; sie dient hier als Anmeldeseite. Die Datei beginnt mit einer normalen Taglib-Deklaration für die WebWork-Tags. Danach werden das Stylesheet und die JavaScript-Datei `buttonsAndTabs.js` importiert. Letztere ist für die Rollovers der Buttons verantwortlich; ich werde sie später ausführlicher behandeln. Danach folgt ein `<script>`-Block mit zwei Variablen:

- `tabsButtonsEnabled` ist ein Schalter, der sagt, ob die Buttons aktiviert sind oder nicht.
- `rolloverImages` ist zum vorherigen Laden der Bilder für die Buttons bestimmt. Die Bilder werden beim Laden der Seite durch Aufrufe der Funktion `createRolloverImages()` geladen. Die Funktion akzeptiert den Namen eines Buttons als Argument und lädt die entsprechenden Bilder in dem Array `rolloverImages`.

Es folgt ein Block mit den ersten WebWork-Tags:

```
<ww:if test="message!=null">
  <div class="cssError"><ww:property value="message" /></div>
</ww:if>
<ww:else>
  <div class="cssError"> </div>
</ww:else>
```

Mit dem `<ww:if>`-Tag wird ein logischer Test ausgeführt. Zur Erinnerung: Wenn ein URI eingeht, der WebWork zugeordnet ist, wird eine `Action` ausgeführt. Diese `Action` kann Felder, die den eingehenden Anfrageparametern entsprechen, sowie anderen Felder Ihrer Wahl enthalten, die in der JSP verwendet werden können. Beispielsweise enthält die Aktion `Account-Action`, mit der ein neues Konto angelegt wird, ein Feld namens `message`, mit dem der Benutzer über Fehler bei seiner Anmeldung informiert wird – etwa wenn der Benutzername nicht gefunden wird. Das `<ww:if>`-Tag prüft einfach, ob das Feld den Wert `null` hat. Web-Work greift auf das entsprechende Feld der aktuellen Instanz der `AccountAction`-Klasse zu. Falls das Feld nicht `null` ist, wird sein Wert mit dem `<ww:property>`-Tag angezeigt; andernfalls wird ein nicht umbrechendes Leerzeichen als HTML-Entity ausgegeben, damit der Platz für die Nachricht reserviert wird (um zu verhindern, dass die Eingabefelder nach unten verschoben werden, wenn eine Nachricht angezeigt wird).

Nach diesem Block steht ein `<ww:form>`-Tag, die WebWork-Variante des normalen `<form>`-Tags. Es enthält den URL, an den das Formular weitergegeben werden soll, sowie die CSS-Stilklasse des Formulars. Das Formular enthält `<ww:textfield>`-Tags, mit denen normale `<input type="text">`-Tags für den Benutzernamen und das Passwort dargestellt werden. Beachten Sie, wie das `value`-Attribut dieser Tags angeben wird; so wird beispielsweise der Benutzername wie folgt referenziert: `%{username}`. Dies ist die Syntax für die Wertzuweisung von Feldern in einer `Action`.

Schließlich folgt ein `<ww:submit>`-Tag vom Typ `image`.

Dieser Block enthält keine Auszeichnungen, um die Felder bei der Darstellung auszurichten. WebWork stellt die Tags eines Formulars automatisch in einer Tabellenstruktur dar! Dabei bestimmt das `label`-Attribut der Felder den Wert in der ersten Spalte der Tabelle. Das Feld selbst steht in der zweiten Spalte.

WebWork unterstützt diverse »Themen«, mit denen Sie festlegen können, was von den Tags dargestellt wird. Das Standardthema ist das hier verwendete XHTML (schauen Sie sich den generierten Quellcode an!). Daneben wird in diesem Projekt das Thema `simple` verwendet. Es weist WebWork an, keine Tabelle, sondern nur das Formularfeld-Tag anzuzeigen. Außerdem gibt es ein `Ajax`-Thema, das ein Formular automatisch mit Ajax-Funktionalität ausstattet.

accountCreate.jsp

Die JSP `accountCreate.jsp` wird angezeigt, wenn der Benutzer den KONTO ANLEGEN-Button in dem Anmelde-Dialogfeld anklickt. Die JSP ist mit der `index.jsp` praktisch identisch; deshalb gehe ich hier nicht auf diese Seite ein.

accountCreateOK.jsp

Die JSP `accountCreateOK.jsp` stellt die Antwort des Servers dar, wenn ein Konto erfolgreich angelegt worden ist. Sie zeigt eine entsprechende Nachricht an und enthält einen Button, mit dem der Benutzer zu dem HEUTE-Dialogfeld gehen kann. Für den Button und das Rollover wird derselbe JavaScript-Code wie in `accountCreate.jsp` verwendet.

main.jsp

Die JSP `main.jsp` wird geladen, nachdem sich ein Benutzer erfolgreich angemeldet oder nach dem Anlegen eines Kontos den OK-Button angeklickt hat. Die Seite enthält die konstanten Inhalte von *The Organizer*, einschließlich der Reiter am oberen Rand und der Buttons an der Seite. Sie lädt den gesamten JavaScript-Code der Anwendung.

Nach dem Import des Stylesheets werden zehn JavaScript-Dateien importiert: neun für *The Organizer* selbst und eine für die Prototype Library.

Die Elemente im folgenden `body` bilden logisch drei Abschnitte: die Navigationsleiste am oberen Rand, die Navigationsleiste an der Seite und den Hauptbereich für die Inhalte.

Die Reiter in der oberen Navigationsleiste sind alle ähnlich ausgezeichnet:

```
<td valign="bottom"><img src="img/notes0.gif" id="notes"
  onClick="showNotes();"
  onMouseOver="rollover(this);"
  onMouseOut="rollout(this);"></td>
```

Der Reiter entspricht einer Tabellenzelle, die ein Bild enthält, das zunächst nicht aktiviert ist (Endung 0). Er hat ein `id`-Attribut, mit dem er referenziert werden kann, und verfügt über drei Eventhandler: `onClick` sowie `onMouseOver` für die `rollover()`-Funktion und `onMouseOut` für die `rollout()`-Funktion, die ich weiter unten beschreiben werde.

Danach folgt ein Abschnitt, der in seiner Struktur dem Reiterabschnitt ähnelt, aber für die Buttons auf der Seite bestimmt ist. Beachten Sie, dass am Anfang immer alle Buttons vorhanden sind. Die Buttons für das jeweilige Dialogfeld werden angezeigt, die anderen verborgen.

Dieser Abschnitt enthält einige `<select>`-Elemente zur Auswahl eines Datums für Termine. Im Gegensatz zu Buttons und Reitern verfügen diese Elemente über zusätzliche Eventhandler: Mit `onFocus` und `onBlur` wird die Hintergrundfarbe geändert, wenn ein Element den Fokus erhält bzw. verliert. Mit `onChange` wird der Inhalt aktualisiert, falls das Feld geändert wird.

Schließlich gibt es eine Tabellenzelle mit zwei `<span>`-Tags:

- `mainContent` – hier wird das Ergebnis angezeigt, das der Server bei Ajax-Aufrufen zurückgibt. Nur dieser Abschnitt wird dynamisch aktualisiert; während alles andere gleich bleibt (abgesehen von den Buttons, die je nach Dialogfeld angezeigt oder verborgen werden).
- `pleaseWait` – hier wird die BITTE WARTEN-Nachricht angezeigt.

Diese beiden `<span>`-Elemente werden alternativ je nach Bedarf angezeigt oder verborgen. Für das Layout wird hier `<span>` anstelle von `<div>` verwendet, um unerwünschte Zeilenumbrüche hinter den Elementen zu vermeiden.

dayAtAGlance.jsp

Die JSP `dayAtAGlance.jsp` enthält das Dialogfeld HEUTE, das der Benutzer nach seiner Anwendung zuerst sieht. Wenn die Seite `main.jsp` geladen wird, ruft sie die JavaScript-Funktion `init()` auf, die ihrerseits per Ajax-Anfrage dieses Dialogfeld anfordert. Diese JSP stellt die Antwort in dem `<div>`-Element `mainContent` dar. Das HEUTE-Dialogfeld zeigt die heutigen Aufgaben und Termine an.

Mit dem folgenden Code werden die heutigen Aufgaben angezeigt:

```
<div class="cssDAAGHeading">Heutige Aufgaben:</div>
<ww:if test="%{!tasks.isEmpty()}">
  <ww:iterator value="tasks">
    <form>
      <input type="hidden" name="createdDT" value="<ww:property
        value="createdDT"/>">
      <table border="0" cellpadding="0" cellspacing="0"
        class="cssDAAGItem">
        <tr>
          <td width="1">
            <input type="image" src="img/edit0.gif" id="edit"
              align="absmiddle" onmouseover="rollover(this);"
              onmouseout="rollout(this);"
              onclick="taskRetrieve(this.form);return false;">
          </td>
          <td width="10"> </td>
          <td>
            Subject: <ww:property value="subject" />
          </td>
        </tr>
      </table>
    </form>
  </ww:iterator>
</ww:if>
<ww:else>
  Für heute sind keine Aufgaben geplant.
</ww:else>
```

Dieser Code enthält ein neues WebWork-Tag, `<ww:iterator>`, das über eine Collection in der aktuellen `Action` iteriert. Hier enthält die Collection die heutigen Aufgaben. Vor der Iteration wird jedoch geprüft, ob die Collection leer ist. Ist dies der Fall, wird das <ww:else>-Tag ausgeführt, das eine entsprechende Nachricht anzeigt; andernfalls startet die Iteration über die Collection. Für jedes Element werden Auszeichnungen generiert. Auch hier wird das <ww:property>-Tag verwendet; und wieder muss nur das Feld referenziert werden. Der Name bezeichnet immer ein Feld des aktuellen Objekts aus der Collection. Es ist nicht erforderlich, dem aktuellen Objekt einen Namen zu geben, wie dies bei anderen Taglibs typisch ist. Die WebWork-Tags ordnen das in dem <ww:property>-Tag spezifizierte value-Attribut immer dem aktuellen Objekt aus der Collection zu.

Der Code für die Darstellung der Termine ist bis auf die verschiedenen Felder (Beginn, Ende oder Ort des Termins) identisch.

accountEdit.jsp

Die JSP accountEdit.jsp stellt das Ergebnis der Ajax-Anfrage dar, wenn der Benutzer den Reiter MEIN KONTO anklickt. Es handelt sich um ein einfaches Formular, mit dem der Benutzer sein Passwort ändern kann. (Der Benutzername ist der Schlüssel der Tabelle und kann deshalb nicht geändert werden.)

opResponse.jsp

Die JSP opResponse.jsp stellt die Antworten vieler verschiedener Ajax-Ereignisse dar: Speichern von Notizen, Erstellen und Löschen von Aufgaben und Terminen oder Anlegen neuer Einträge. Zu diesem Zweck werden verschiedene if-Blöcke durchlaufen, um die Seite an die jeweilige Operation anzupassen. Beispielsweise wird je nach Operation im Kopf eine andere Grafik angezeigt. WebWork stellt den angeforderten URI der Anfrage als Attribut zur Verfügung, aus dessen Wert die zugehörige Operation abgefragt werden kann.

Bei einem Termin wird beispielsweise folgender Code ausgeführt:

```
if (requestURI.indexOf("appointment") != -1) {
   headerFile = "appointments"; whatItem = "Termin";
   targetFunc = "showAppointments();";
}
```

Die Variable headerFile enthält den Namen der Kopfgrafik ohne Pfad und Erweiterung. Die Variable whatItem enthält den anzuzeigenden Text, etwa »Termin wurde erstellt«. Die Variable targetFunc enthält den Namen der JavaScript-Funktion, die ausgeführt wird, wenn der Benutzer den OK-Button anklickt.

Außerdem muss die Variable whatOp gesetzt werden, die die ausgeführte Operation enthält:

```
if (requestURI.indexOf("create") != -1) { whatOp = "erstellt"; }
if (requestURI.indexOf("update") != -1) { whatOp = "aktualisiert"; }
if (requestURI.indexOf("delete") != -1) { whatOp = "gelöscht"; }
```

Mit Hilfe dieser drei Variablenwerte kann der passende Output für die ausgeführte Operation erstellt und das entsprechende Dialogfeld nach Anklicken des OK-Buttons angezeigt werden. Aus praktischen Gründen habe ich alles in einer Datei zusammengefasst, statt für jede Antwort eine separate JSP zu erstellen. Andernfalls hätte ich jeweils drei JSPs für jede Funktion (Erstellen, Löschen und Aktualisieren), multipliziert mit den vier Eintragstypen (Notizen, Aufgaben, Kontakte und Termin), also insgesamt zwölf JSPs schreiben müssen. Deshalb habe ich eine einzige JSP mit entsprechenden Verzweigungen vorgezogen!

appointmentEdit.jsp, contactEdit.jsp, noteEdit.jsp, taskEdit.jsp

Diese vier JSPs zeigen die Formulare zur Erstellung und Bearbeitung von Terminen, Kontakten, Notizen und Aufgaben an. Ich fasse sie zusammen, weil sie dieselbe Struktur und Funktion haben und sich nur durch ihre Eingabefelder unterscheiden.

Zunächst wird die Überschrift der Seite angezeigt:

```
<div class="cssDAAGHeading">
<%
  String requestURI =
   (String)request.getAttribute("webwork.request_uri");
  requestURI = requestURI.toLowerCase();
  if (requestURI.indexOf("create") != -1) {
    out.println("Notiz erstellen:");
  } else {
    out.println("Notiz bearbeiten:");
  }
%>
</div>
<br>
```

Auch hier wird wieder der Anfrage-URI dieser JSP abgefragt, um den passenden Text, Notiz erstellen oder Notiz bearbeiten, zu generieren.

Danach folgt ein typisches WebWork-basiertes Eingabeformular. Da die Daten mit dieser Seite sowohl erstellt als auch bearbeitet werden, müssen die Werte in der Action-Instanz in die diversen Formularfelder eingetragen werden. Action enthält ein note-Objekt, in dem alle Werte einer Notiz gespeichert sind. Dieses Objekt enthält ein subject-Feld für den Betreff der Notiz. Der Wert dieses Textfeldes wird mit folgender Syntax gesetzt: %{note.subject}.

Wie bereits erwähnt, unterscheiden sich die vier JSPs nur durch ihre Eingabefelder. Sie sollten sich selbst davon überzeugen.

Ich möchte Sie jedoch auf einen interessanten Abschnitt in taskEdit.jsp hinweisen:

```
<tr>
  <td><label>Fällig</label></td>
  <td>
    <ww:select name="dueDay" theme="simple"
      list="#{'':'',
        '01':'01', '02':'02', '03':'03', '04':'04', '05':'05',
        '06':'06', '07':'07', '08':'08', '09':'09', '10':'10',
        '11':'11', '12':'12', '13':'13', '14':'14', '15':'15',
        '16':'16', '17':'17', '18':'18', '19':'19', '20':'20',
        '21':'21', '22':'22', '23':'23', '24':'24', '25':'25',
        '26':'26', '27':'27', '28':'28', '29':'29', '30':'30',
        '31':'31'}"
      cssClass="cssInput0"
```

```
         onfocus="this.className='cssInput1';"
         onblur="this.className='cssInput0';" />
       
      <ww:select name="dueMonth" theme="simple"
         list="#{'':'', '01':'Januar', '02':'Februar', '03':'März',
         '04':'April', '05':'Mai', '06':'Juni', '07':'Juli',
         '08':'August', '09':'September', '10':'Oktober',
         '11':'November', '12':'Dezember'}"
         cssClass="cssInput0"
         onfocus="this.className='cssInput1';"
         onblur="this.className='cssInput0';" />
       
      <ww:select name="dueYear" theme="simple"
         list="#{'':'', '2006':'2006', '2007':'2007', '2008':'2008',
         '2009':'2009', '2010':'2010', '2011':'2011', '2012':'2012',
         '2013':'2013', '2014':'2014', '2015':'2015', '2016':'2016',
         '2017':'2017', '2018':'2018', '2019':'2019', '2020':'2020'}"
         cssClass="cssInput0"
         onfocus="this.className='cssInput1';"
         onblur="this.className='cssInput0';" />
   </td>
</tr>
```

Weiter vorne habe ich bei der Beschreibung von WebWork erwähnt, dass die WebWork-Tags bei dem voreingestellten XHTML-Thema automatisch alle Felder untereinander in einer Tabellenstruktur anzeigen. Doch bei dem Fälligkeitsdatum einer Aufgabe möchte ich drei <select>-Dropdowns in einer Zeile anzeigen. Deshalb musste ich hier das theme-Attribut der Tags auf simple setzen, damit WebWork nur die Eingabeelemente und nicht den Tabellencode generiert. Auf diese Weise werden die drei Elemente nebeneinander angezeigt.

Mit dem <ww:select>-Tag können Sie die Optionen für ein Dropdown anhand einer Collection aus Action oder – wie hier – einer Liste mit Stringliteralen festlegen. Dadurch wird der Code meines Erachtens sauberer als bei der alternativen Liste von <option>-Tags, mit denen ein <select> normalerweise bevölkert wird und die auf separaten Zeilen ausgegeben werden. Eine Collection in Action zu referenzieren, wäre noch eleganter, ist aber nur bei dynamischen Listen sinnvoll, die beispielsweise aus einer Datenbank eingelesen werden. Bei statischen Listen mit wenigen Werten ist es meiner Meinung nach einfacher, sie in die JSP selbst einzufügen.

Mit dieser JSP können Sie nicht nur eine neue Notiz erstellen oder eine vorhandene bearbeiten, sondern auch eine Notiz löschen. Zu diesem Zweck wird einfach am Ende geprüft, ob der angeforderte URI erstellt worden ist. Falls nicht, wird ein vorhandener Eintrag bearbeitet. In diesem Fall wird der LÖSCHEN-Button dargestellt.

appointmentList.jsp, contactList.jsp, noteList.jsp, taskList.jsp

Mit diesen JSPs werden die diversen Einträge in Listen angezeigt. Auch hier sind Struktur und Funktion gleich und nur die Felder verschieden:

```
<%@ taglib prefix="ww" uri="webwork" %>
```

```
<img src="img/head_notes.gif">
<br><br>

<div class="cssScrollContent">

<ww:if test="%{!notes.isEmpty()}">
  <ww:iterator value="notes">
    <form>
      <input type="hidden" name="createdDT" value="<ww:property
        value="createdDT"/>">
      <input type="image" src="img/edit0.gif" id="edit"
        align="absmiddle"
        onmouseover="rollover(this);" onmouseout="rollout(this);"
        onclick="noteRetrieve(this.form);return false;">
       
      Betreff: <ww:property value="subject" />
    </form>
  </ww:iterator>
</ww:if>
<ww:else>
  Es gibt keine Notizen.
</ww:else>
```

Das ist alles. Der Code führt nur eine Iteration über eine List in Action aus und generiert für jeden Eintrag Auszeichnungen (bzw. die Meldung, dass keine Notizen vorhanden sind). Alles andere ist bekannt!

Ich möchte Sie noch auf den Befehl return false; am Ende des onClick-Eventhandlers hinweisen. Dieser Befehl wird im Code dieses Projekts immer wieder verwendet. Warum? Der Internet Explorer führt ein doppeltes Submit aus, wenn diese Buttons angeklickt werden. Ein Submit erfolgt manuell bei dem Aufruf von noteRetrieve() oder des jeweiligen Eventhandlers und ein zweiter für die automatische Übertragung des Formulars. Mit dem Befehl return false; wird der Browser angewiesen, das Formular nicht automatisch zu übertragen.

Interessanterweise ist dies bei Firefox nicht erforderlich.

globals.js

Die Datei globals.js enthält vier globale Variablen:

- rolloverImages speichert die vorher geladenen Bilder für alle Buttons und Reiter der Anwendung in einem assoziativen Array, damit die Bilder für ein Element leicht über seinen Namen abgerufen werden können.

- tabsButtonsEnabled legt fest, ob der Benutzer Buttons oder Reiter anklicken kann. Damit können Sie Buttons und Reiter bei einer laufenden Ajax-Anfrage temporär deaktivieren.

- currentView enthält das aktuelle Dialogfeld: taskView, noteView, accountView usw.

- subView enthält die aktuelle Sicht bei den Terminen: Tages-, Wochen-, Monats- oder Jahressicht.

init.js

Die Datei init.js enthält eine einzige Funktion, init(), die vom onLoad-Eventhandler der main.jsp-Seite aufgerufen wird und die Anwendung initialisiert. Sie führt drei grundlegende Funktionen aus.

Erstens: Sie lädt mit der Funktion createRolloverImages() aus buttonsAndTabs.js alle Bilder für Buttons und Reiter. Die Funktion akzeptiert den Namen des Buttons bzw. Reiters als Argument. Sie erstellt zwei Image-Objekte für das jeweilige Element und weist ihnen die entsprechenden GIF-Dateien zu. Dann fügt sie die Bilder in das rolloverImages-Array ein, wobei der Name als Schlüssel dient. Damit ist das Laden der Bilder ein für allemal erledigt.

Zweitens: Die Datei setzt die <select>-Dropdowns auf der linken Seite des Bildschirms auf das aktuelle Datum. Diese Dropdowns werden bei der Terminverwaltung zur Datumsauswahl verwendet. Der Code verwendet die Funktion locateDDValue() aus misc.js, die einen spezifizierten Wert eines <select>-Elements auswählt. Dieser Code verwendet die $()-Funktion von Prototype, um die Dropdowns zu referenzieren:

```
locateDDValue($("dsMonth"), month);
```

Drittens: Die Datei init() zeigt ein Begrüßungsfeld für den Benutzer an und ruft dann showDayAtAGlance() auf, die mit einer Ajax-Anfrage den HEUTE-Service anfordert.

misc.js

Die Datei misc.js enthält diverse Hilfsfunktionen.

Die Funktion showPleaseWait() wird bei einer Ajax-Anfrage aufgerufen. Sie fügt die BITTE WARTEN-Nachricht in den mainContent-Bereich ein.

Die Funktion showDayAtAGlance() löst eine Ajax-Anfrage aus, um den Inhalt des HEUTE-Dialogfeldes abzurufen:

```
function showDayAtAGlance() {

  if (tabsButtonsEnabled) {
    showPleaseWait();
    new Ajax.Updater("mainContent", "dayAtAGlance.action", {
      method : "post",
      onSuccess : function(resp) {
        currentView = "dayAtAGlance";
        setupSidebarButtons("newNote", "newTask", "newContact",
          "newAppointment");
        hidePleaseWait();
      },
      onFailure : ajaxError
    });
  }

} // Ende showDayAtAGlance()
```

Alle Ajax-Aufrufe in *The Organizer* haben dieselbe Grundform. Zunächst wird abgefragt, ob die Variable tabsButtonsEnabled den Wert true hat. Hat sie den Wert false, läuft bereits eine Ajax-Anfrage. Die Variable wird durch den Aufruf von showPleaseWait() auf false gesetzt, die den Hauptbereich verbirgt und die BITTE WARTEN-Nachricht anzeigt (das <span>-Element pleaseWait aus der main.jsp weiter vorne).

Als Nächstes wird die Funktion Ajax.Updater() aufgerufen, eine Hilfsmethode, die die wahrscheinlich gebräuchlichste Ajax-Funktion ausführt: Sie aktualisiert ein <div>-Element auf der Seite mit der Antwort des Servers. Das erste Argument dieser Funktion ist die ID des zu aktualisierenden Elements, das zweite der URL, an den die Anfrage gesendet werden soll. Danach folgen mehrere Argumente, einschließlich der anzuwendenden Anfragemethode (POST in allen Fällen dieser Anwendung), der bei einer erfolgreichen Antwort aufzurufenden Funktion (normalerweise eine anonyme Inline-Funktion wie in diesem Beispiel) und einer im Fehlerfall auszuführenden Funktion (hier ajaxError(), die sich ebenfalls in misc.js befindet; die Funktion zeigt nur an, dass ein Fehler aufgetreten ist). Außerdem wird im Erfolgsfall hidePleaseWait() aufgerufen. Diese Funktion zeigt die Rückgabe des Servers in dem <span>-Element mainContent aus main.jsp an und reaktiviert die Buttons und Reiter.

Die Funktion doLogoff() wird aufgerufen, wenn der Benutzer den ABMELDEN-Reiter anklickt. Sie setzt das Fenster auf die logoff.action, die eine Action aufruft, die die Sitzung beendet und dann index.jsp anzeigt, wo sich der Benutzer wieder anmelden kann, wenn er will.

Schließlich sucht die Funktion locateDDValue() einen Wert in einem <select>-Element. Sie iteriert einfach über die verfügbaren Optionen in dem <select>-Element. Findet sie (unabhängig von der Schreibweise) das passende Element, wählt sie dieses aus.

buttonsAndTabs.js

Die Datei buttonsAndTabs.js enthält den Code für die Buttons und Reiter, der aus vier Funktionen besteht.

Die Funktion setupSidebarButtons() wird aufgerufen, wenn sich das Dialogfeld ändert, das heißt, wenn eine Antwort auf eine Ajax-Anfrage von dem Server eingeht. Die Funktion aktiviert die entsprechenden Buttons. Sie akzeptiert eine variable Liste mit Argumenten und kann wie folgt aufgerufen werden:

```
setupSidebarButtons();
setupSidebarButtons("newNote");
setupSidebarButtons("newNote","newTask");
setupSidebarButtons("newNote","newTask","newContact");
setupSidebarButtons("newNote","newTask","newContact","newAppointment");
```

Jede JavaScript-Funktion verfügt über ein implizites Objekt namens arguments, auf das Sie mit xxxx.arguments zugreifen, wobei xxxx für den Namen der Funktion steht, hier also var args = setupSidebarButtons.arguments;. Dieses Objekt enthält ein Array der Argumente, die an die Funktion übergeben wurden. Wird kein Argument übergeben, ist das Array leer. Die Funktion iteriert über das Array und aktiviert den jeweiligen Button:

```
for (i = 0; i < args.length; i++) {
  $(args[i]).style.display = "block";
}
```

Auf diese Weise kann der Code, der diese Funktion aufruft, alle benötigten Buttons einrichten, ohne explizit ein Array übergeben oder eine Anzahl von Argumenten setzen zu müssen. Variable Argumentlisten sind ein leistungsstarkes Feature von JavaScript, das in diversen Libraries häufig genutzt wird.

Die nächste Funktion, `createRolloverImages()`, haben Sie bereits vorher in Aktion gesehen. Hier ist ihr Code:

```
function createRolloverImages(inName) {

  var img = new Image();
  img.src = "img/" + inName + "0.gif";
  rolloverImages[inName + "0"] = img;
  img = new Image();
  img.src = "img/" + inName + "1.gif";
  rolloverImages[inName + "1"] = img;

} // Ende createRollover()
```

Das Argument dieser Funktion ist der Name eines Buttons oder Reiters, für das bzw. den sie Bilder laden soll. Mit Hilfe dieses Namens werden zwei `Image`-Objekte instanziert, denen dann jeweils ein Bild zugewiesen wird. Der Name des jeweiligen Bildes wird aus dem übergebenen Argument gebildet, dem entweder eine 0 (für die normale Darstellung) oder eine 1 (für die Rollover-Version) angehängt wird. Beide `Image`-Objekte werden in das assoziative `rolloverImages`-Array aus `globals.js` eingefügt und können von dort über ihren Namen abgerufen werden.

Die letzten beiden Funktionen in dieser Datei, `rollover()` und `rollout()`, greifen auf das `rolloverImages`-Array zu, um die Ereignisse `onMouseOver` bzw. `onMouseOut` aller Buttons und Reiter zu verarbeiten. Zunächst wird geprüft, ob der Button bzw. Reiter aktiviert ist; falls nicht, wird die Funktion abgebrochen. So wird der Benutzer daran gehindert, Buttons und Reiter anzuklicken, wenn eine Ajax-Anfrage läuft. Als Nächstes wird geprüft, ob eine DOM-ID des Buttons oder Reiters als zweites Argument dieser Funktion übergeben wurde. (Das erste Argument ist eine Referenz auf das Button- oder Reiter-Objekt selbst.) Diese ID besteht aus dem Namen der Bilddatei ohne die 0 oder 1 am Ende, die den beiden Funktionen angehängt werden, um den vollständigen Dateinamen zu bilden. Wegen eines Fehlers in WebWork wird das `id`-Attribut von Buttons, die sich in den Formularen der diversen Sichten befinden, nicht ausgewertet (Stand Dezember 2006). Deshalb funktionieren Buttons, die zu einem Formular gehören – das heißt die Buttons im Hauptinhaltsbereich – mit dieser Funktion nicht. Die Funktion sollte zwar mit der Objektreferenz allein auskommen und mit deren Hilfe die ID abrufen können, was aber leider nicht funktioniert. Deshalb wird in einigen Fällen die ID manuell übergeben, in anderen nicht (sie wird bei Buttons manuell übergeben, die von WebWork generiert werden). Wenn keine ID übergeben wurde, wird sie aus dem Objekt abgerufen.

Schließlich wird mit Hilfe dieser ID das entsprechende Bild aus dem `rolloverImages`-Array abgerufen und der Button bzw. Reiter aktualisiert.

account.js

Die Datei `account.js` enthält den Code zur Kontenverwaltung. Er umfasst drei Funktionen: `showMyAccount()`, `accountUpdate()` und `accountDelete()`. Sie haben alle dieselbe

Grundform wie die weiter vorne beschriebene showDayAtAGlance()-Funktion. Die Funktion showMyAccount() wird aufgerufen, wenn der Benutzer den MEIN KONTO-Reiter anklickt. Sie gibt das Formular zur Bearbeitung des Kontos zurück. Die Funktion accountUpdate() wird aufgerufen, um ein geändertes Konto zu speichern. (Beim Bearbeiten kann der Benutzer nur sein Passwort ändern.) Schließlich wird die Funktion accountDelete() aufgerufen, wenn der Benutzer den KONTO LÖSCHEN-Button anklickt.

appointments.js, contacts.js, notes.js, tasks.js

Ich habe auch diese vier Dateien wieder zusammengefasst, weil sie im Grunde dasselbe leisten, weshalb es ausreicht, eine zu beschreiben. Jede dieser Dateien enthält sieben Funktionen. Ich werde notes.js als Beispiel verwenden.

- showNotes() wird aufgerufen, wenn der Benutzer den NOTIZEN-Reiter anklickt. Die Funktion führt wie showDayAtAGlance() einen Ajax-Aufruf über Prototype aus und zeigt das zurückgegebene Ergebnis mit der Funktion Ajax.Updater() an, hier eine Liste mit Notizen.

- doNewNote() wird aufgerufen, wenn der Benutzer den NEUE NOTIZ-Button anklickt. Die Funktion zeigt das Formular an, das von noteEdit.jsp generiert wird.

- noteCreate() wird aufgerufen, wenn der Benutzer den SPEICHERN-Button anklickt, nachdem er nach dem Anklicken des NEUE NOTIZ-Buttons eine neue Notiz erstellt hat.

- noteRetrieve() wird aufgerufen, wenn der Benutzer den BEARBEITEN-Button neben einer Notiz anklickt. Sie zeigt ebenfalls das Formular an, das von noteEdit.jsp generiert wird.

- noteUpdate() wird aufgerufen, wenn der Benutzer den SPEICHERN-Button anklickt, nachdem er nach dem Anklicken des BEARBEITEN-Buttons eine vorhandene Notiz bearbeitet hat.

- noteDelete() wird aufgerufen, wenn der Benutzer den LÖSCHEN-Button anklickt, um eine Notiz zu löschen. Beide vorhergehenden Funktionen führen dazu, dass opResponse.jsp – jeweils an die Funktion angepasst – dargestellt und zurückgegeben wird.

- validateNote() führt einige Validierungen durch, bevor eine neue oder bearbeitete Notiz abgesendet wird.

Die anderen drei Dateien haben im Wesentlichen dieselbe Struktur; dennoch sollten Sie sich selbst davon überzeugen. Dabei müssen Sie auf einige Ausnahmen achten. Erstens rufe ich in der Funktion appointmentRetrieve() in appointments.js die Funktion Ajax.Request() statt Ajax.Updater() auf, weil eine einfache Aktualisierung des <div>-Elements mainContent nicht ausreicht; denn es gibt <select>-Elemente, bei denen ein Wert ausgewählt werden muss. Mit AjaxRequest() haben Sie die komplette Kontrolle über die weiteren Aktionen nach einer erfolgreichen Antwort; hier bedeutet das, dass mit der weiter vorne beschriebenen Funktion locateDDValue() ein Wert für diese <select>-Felder ausgewählt wird. Außerdem enthält appointments.js einige zusätzliche Funktionen, nämlich doWeekView(), doMonthView() und doYearView(). Sie werden aufgerufen, wenn der entsprechende Button angeklickt wird, um die aktuelle Sicht zu ändern. Der Aufruf ist derselbe wie bei showAppointments(), bei dem showDayView() angezeigt wird. Der Name der gewünschten Sicht wird an den Server übergeben und dieser liefert die entsprechenden Daten. Außerdem gibt es eine Funktion namens dsSelectorChange(), die bei dem onChange-Ereignis des Datumsselektors auf der linken Seite aufgerufen wird. Sie ruft einfach je nach aktueller Sicht showAppointments(), doDayView(), doMonthView() oder doYearView() auf, damit die Daten anhand des ausgewählten Datums aktualisiert werden können.

Abgesehen von den Funktionen `showNotes()` und `validateNote()` bilden die genannten Funktionen unseres Beispiels das für Datenerfassungsanwendungen typische CRUD-Quartett (Create, Retrieve, Update, Delete – Erstellen, Abrufen, Aktualisieren, Löschen). Wie Sie gleich sehen werden, wiederholt sich dieses CRUD-Pattern auch auf der Serverseite.

8.4.2 Der serverseitige Code

Im Gegensatz zu dem clientseitigen Code besteht der serverseitige Code von *The Organizer* wieder aus Java-Klassen.

Globals.java

Die Klasse `Globals` enthält Konstanten, die in der gesamten Anwendung benötigt werden, etwa den Namen des Datenbanktreibers, den Datenbankbenutzernamen und das Passwort usw. Interessant ist nur dbURL, das einzige nicht-konstante Feld. Es handelt sich natürlich um den URL-String für die Datenbank. Sein Wert muss dynamisch konstruiert werden, weil es sich um einen Dateisystempfad zu dem Verzeichnis WEB-INF/db handelt. Dieser Pfad wird in `ContextListener.java` konstruiert und dann in `Globals` gesetzt, damit er für den Rest der Anwendung zugänglich ist.

ContextListener.java

Die Klasse `ContextListener.java` dient zur Initialisierung der Anwendung. Sie führt drei wichtige Aufgaben aus. Erstens konstruiert sie den im vorigen Abschnitt erwähnten dbURL-Wert:

```
String dbURL = "jdbc:hsqldb:" +
   inEvent.getServletContext().getRealPath("/WEB-INF") +
     "/db/theorganizer";
Globals.setDbURL(dbURL);
```

Dabei wird der echte Dateisystempfad inklusive des Datenbanknamens (`theorganizer`) zu dem WEB-INF/db-Verzeichnis aufgebaut.

Als Nächstes wird die Datenbank erstellt, falls diese noch nicht existiert:

```
Class.forName(Globals.getDbDriver()).newInstance();
Connection conn = DriverManager.getConnection(Globals.getDbURL(),
   Globals.getDbUsername(), Globals.getDbPassword());
conn.close();
```

Hier kommt HSQLDB ins Spiel. Es erstellt die Datenbank, falls diese noch nicht existiert; andernfalls initialisiert es einfach die Datenbank-Engine.

Zuletzt werden die Datenbanktabellen erstellt. Zu diesem Zweck wird die `createTable()`-Methode der `TableDAO`-Klasse mehrfach aufgerufen, wobei jeweils der Name der gewünschten Tabelle übergeben wird, der als Konstante in `Globals.java` deklariert wurde. Die `createTable()`-Methode ruft Metadaten über die Datenbank ab und prüft, ob die genannte Tabelle bereits existiert. Falls ja, kehrt die Methode sofort zurück, andernfalls legt sie zunächst die Tabelle an. Die gesamte Einrichtung der Datenbank ist in den Code eingekapselt und erfolgt automatisch, weshalb Sie keine SQL-Skripts oder Ähnliches schreiben müssen, um sie zu nutzen.

AccountObject.java

Die Klasse `AccountObject` repräsentiert ein Benutzerkonto. Es handelt sich um eine einfache JavaBean mit zwei Feldern: Benutzername und Passwort. Wie alle anderen Objektklassen und alle `Action`-Klassen verfügt sie über eine `toString()`-Methode, um den Inhalt von Instanzen dieser Klassen leicht anzeigen zu können.

AppointmentObject.java, ContactObject.java, NoteObject.java, TaskObject.java

Auch hier habe ich mehrere Klassen in einem Abschnitt zusammengefasst, weil sie recht ähnlich sind. Ähnlich wie bei `AccountObject` handelt es um einfache JavaBean-Klassen.

Jedem Objekt dieser Klassen ist ein entsprechender Datensatz der zugehörigen Datenbanktabelle zugeordnet: `appointments`, `contacts`, `notes` oder `tasks`.

TableDAO.java

Das `TableDAO`-Objekt ist ein Datenzugriffsobjekt, das einem einzigen Zweck dient: die Datenbanktabellen für *The Organizer* zu erstellen. Es wird genau einmal beim Start der Anwendung verwendet und von `ContextListener` aufgerufen.

Wie Sie aus der Beschreibung von HSQLDB wissen, wird in dem Konstruktor eine Datenquelle erstellt. Dies ist für alle DAOs in dieser Anwendung typisch. Danach wird eine einzige Methode, `createTable()`, verwendet, die als Argument den Namen der zu erstellenden Tabelle akzeptiert. Sie ruft zunächst Metadaten über die Datenbank ab:

```
Connection        conn  = dataSource.getConnection();
DatabaseMetaData dbmd  = conn.getMetaData();
ResultSet         rs    = dbmd.getTables(null, null, "%", null);
boolean           found = false;
while (rs.next()) {
  String s = rs.getString(3);
  if (s.equalsIgnoreCase(inTableName)) {
    found = true;
  }
}
rs.close();
```

Falls die angeforderte Tabelle gefunden wird, passiert danach nichts. Andernfalls wird je nach Name der zu erstellenden Tabelle der entsprechende SQL-Code ausgeführt, um die Tabelle zu erstellen. Beispielsweise wird die `accounts`-Tabelle wie folgt erstellt:

```
log.info("Tabelle" + inTableName + " wird erstellt ...");
JdbcTemplate jt = new JdbcTemplate(dataSource);
if (inTableName.equalsIgnoreCase(Globals.TABLE_ACCOUNTS)) {
  jt.execute(
    "CREATE TABLE accounts ( " +
    "username VARCHAR(20), " +
    "password VARCHAR(20) " +
    ");");
  jt.execute("CREATE UNIQUE INDEX username_index " +
    "ON accounts (username)");
```

Der Code führt eine standardmäßige CREATE TABLE-Abfrage aus. Dann folgt SQL-Code, um einen eindeutigen Index für das username-Feld zu erstellen. So wird verhindert, dass ein Konto erstellt wird, dessen Benutzername bereits vergeben ist.

Es gibt insgesamt fünf Tabellen: accounts, notes, tasks, contacts und appointments. Abbildung 8.6 zeigt ein einfaches Schema der Datenbank.

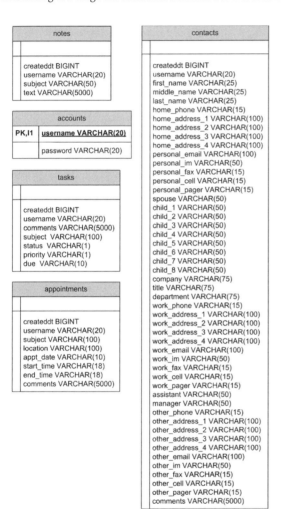

Abb. 8.6: Einfaches Datenbankschema der Datenbank von *The Organizer*

AccountDAO.java

Die Klasse AccountDAO enthält die Operationen für Benutzerkonten. Auch hier zeigt sich wieder das CRUD-Muster: Die Klasse enthält die Methoden accountCreate(), accountRetrieve(), accountUpdate() und accountDelete(). Alle außer der accountRetrieve()-Methode akzeptieren ein einziges Argument: eine Instanz von AccountObject. Die Methode accountRetrieve() akzeptiert einen Benutzernamen, um ein Konto abzurufen. Alle Methoden außer `accountRetrieve()` enthalten einfache SQL-Aufrufe, die mit der `JdbcTemplate`-Klasse von Spring ausgeführt werden.

Die Methode `accountRetrieve()` enthält etwas mehr Code:

```
public AccountObject accountRetrieve(final String inUsername) {

    log.debug("AccountDAO.accountRetrieve()...");

    log.debug("Benutzername für den Abruf : " + inUsername);
    JdbcTemplate jt = new JdbcTemplate(dataSource);
    List rows = jt.queryForList(
      "SELECT * FROM accounts WHERE username='" + inUsername + "'"
    );
    AccountObject account = null;
    if (rows != null && !rows.isEmpty()) {
      account = new AccountObject();
      Map m = (Map)rows.get(0);
      account.setUsername((String)m.get("USERNAME"));
      account.setPassword((String)m.get("PASSWORD"));
    }
    log.info("Abgerufenes AccountObject : " + account);

    log.debug("AccountDAO.accountRetrieve() Fertig");
    return account;

} // Ende accountRetrieve()
```

Um den zu dem angeforderten Benutzernamen gehörigen Datensatz abzurufen, wird hier ebenfalls `JdbcTemplate` verwendet. Mit der `queryForList()`-Methode werden alle Datensätze mit dem angeforderten Benutzernamen abgerufen. Das Ergebnis sollte höchstens einen einzigen Datensatz enthalten, nämlich den des angeforderten Benutzers. Existiert dieser, wird ein `AccountObject` erstellt und mit Hilfe einer `Map` mit dem Benutzernamen und Passwort aus diesem Datensatz gefüllt. Dann wird das erstellte Objekt zurückgegeben. Es ist `null`, falls kein Datensatz gefunden wurde.

AppointmentDAO.java, ContactDAO.java, NoteDAO.java, TaskDAO.java

Auch hier behandle ich vier Klassen zusammen, weil sie letztlich von der Struktur her identisch sind. Es handelt sich um die vier DAO-Klassen für Termine, Kontakte, Notizen und Aufgaben. Wie die `AccountDAO`-Klasse enthalten sie jeweils vier Methoden, die den CRUD-Operationen entsprechen.

Außerdem enthält jede Klasse zusätzlich eine Methode namens `xxxList()`, wobei `xxx` das jeweilige Objekt bezeichnet: `appointment`, `contact`, `note` oder `task`. Diese Methoden akzeptieren einen Benutzernamen als Argument. Sie rufen Einträge dieses Benutzers ab und geben eine Liste mit dem entsprechenden Objekttyp (`AppointmentObject`, `ContactObject`, `NoteObject` oder `TaskObject`) zurück.

Die Methode `taskList()` in der Klasse `TaskDAO` akzeptiert zusätzlich ein boolesches Argument. Hat dieses den Wert `true`, werden nur die heute fälligen Aufgaben für das HEUTE-Dialogfeld, andernfalls alle Aufgaben für das AUFGABEN-Dialogfeld zurückgegeben.

Die Methode `appointmentList()` in der Klasse `AppointmentDAO` akzeptiert zusätzlich zu dem Benutzernamen ein `Date`-Objekt sowie einen String als Argument, der die gewünschte Sicht (day, week, month oder year) angibt. Das `Date`-Objekt dient zur Berechnung der Sicht. Ich möchte diese etwas umfangreichere Methode schrittweise einführen.

Zunächst wird eine Liste aller Termine des Benutzers aus der Datenbank abgerufen:

```
// Eine Liste der Termine des angegebenen Benutzers abrufen
log.debug("Darstellung der '" + inViewType + "'-Sicht ...");
log.debug("Benutzer der abzurufenden Termine : " + inUsername);
JdbcTemplate jt = new JdbcTemplate(dataSource);
List appointments = jt.queryForList(
  "SELECT createddt,subject,location,start_time,end_time,appt_date " +
  "FROM appointments WHERE username='" + inUsername + "' order by " +
    "appt_date, start_time"
);
```

Als Nächstes werden Tag, Monat, Jahr und Woche des Monats aus dem übergebenen Datum extrahiert:

```
// Tag, Monat, Jahr und Woche des Monats aus dem
// übergebenen Datum extrahieren
GregorianCalendar gc = new GregorianCalendar();
gc.setTimeInMillis(inDate.getTime());
int day         = gc.get(Calendar.DATE);
int month       = gc.get(Calendar.MONTH) + 1;
int year        = gc.get(Calendar.YEAR);
int weekOfMonth = gc.get(Calendar.WEEK_OF_MONTH);
```

Der Monatswert wird um eins erhöht, weil der Monat von `gc.get(Calendar.MONTH)` mit den Werten 0–11 zurückgegeben wird, in der Datenbank aber mit den Werten 1–12 gespeichert ist. Für spätere Vergleiche muss der Monatswert im Bereich 1–12 liegen.

Dann wird die Ergebnisliste durchlaufen und für jedes Element das Datum des Termins abgerufen. Da das Datum in dem Datensatz als String gespeichert ist, müssen Tag, Monat und Jahr durch Stringfunktionen herausgelöst werden:

```
// Tag, Monat und Jahr aus dem Feld 'appointment_date'
// des aktuellen 'appointment'-Datensatzes extrahieren
String appointmentDate = (String)m.get("APPT_DATE");
int m_year = Integer.parseInt(appointmentDate.substring(0, 4));
int m_month = Integer.parseInt(appointmentDate.substring(5, 7));
int m_day = Integer.parseInt(appointmentDate.substring(8, 10));
int m_weekOfMonth = (new GregorianCalendar(
  m_year, m_month - 1, m_day)).get(Calendar.WEEK_OF_MONTH);
```

Die Variable m ist hier die `Map` der aktuellen Zeile des Ergebnissets. Jetzt liegen alle Daten vor, die für einen Vergleich des angeforderten Datums und des Datums in dem Datensatz benötigt werden. Wenn der Vergleich ergibt, dass das angeforderte Datum in den Datumsbereich der angeforderten Sicht fällt, wird die Variable `takeIt` auf `true` gesetzt. Für die Tagesansicht (day) sieht dies folgendermaßen aus:

```
if (inViewType.equalsIgnoreCase("day")) {
  if (day == m_day && month == m_month && year == m_year) {
    takeIt = true;
  }
}
```

Für jede der vier Sichten gibt es einen entsprechenden Codeblock. Danach folgt ein letzter Block, in dem ein neues `AppointmentObject` erstellt und mit Daten bevölkert wird, falls der Termin angezeigt werden soll:

```
if (takeIt) {
  AppointmentObject appointment = new AppointmentObject();
  appointment.setCreatedDT(((Long)m.get("CREATEDDT")).longValue());
  appointment.setUsername(inUsername);
  appointment.setAppointmentDate((String)m.get("APPT_DATE"));
  appointment.setSubject((String)m.get("SUBJECT"));
  appointment.setLocation((String)m.get("LOCATION"));
  appointment.setStartTime((String)m.get("START_TIME"));
  appointment.setEndTime((String)m.get("END_TIME"));
  appointmentsOut.add(appointment);
}
```

Der Code wird zu der `appointmentsOut`-Liste hinzugefügt und zurückgegeben, und so wird die Liste der Termine für die jeweilige Sicht generiert.

ForwardAction.java

In einigen Fällen – beispielsweise wenn der Benutzer den Button NEUES KONTO anklickt – soll eine JSP ohne weitere Aktivitäten nur dargestellt werden. Dann kann die Anfrage direkt an eine JSP weitergeleitet werden, allerdings immer noch über WebWork, da dies im Allgemeinen als Best Practice gilt. `ForwardAction` ist eine einfache `Action` für derartige Situationen. Sie gibt lediglich `Action.SUCCESS` zurück; das Ergebnis wird dann an das `<forward>`-Element `success` zurückgegeben. Da keine Arbeit geleistet wird, ist diese `Action` faktisch eine Dummy-Action, die nur dazu dient, das Framework auch für derartige Anfragen nutzen zu können. Struts verfügt über ein ähnliches Konstrukt, das ebenfalls `ForwardAction` heißt.

LogonAction.java

Die Klasse `LogonAction` handhabt die Anmeldung des Benutzers. Sie verwendet die Standardmethode `execute()`, die WebWork ohne weitere Aufforderung automatisch ausführt. Die Arbeit dieser `Action` erfolgt in dem folgenden Codeausschnitt:

```
// Den Benutzer abrufen
AccountDAO    dao     = new AccountDAO();
AccountObject account = dao.accountRetrieve(username);

// Existenz und Passwort prüfen
if (account == null) {
  log.info("Der Benutzer ist nicht vorhanden.");
  message = "Der Benutzer ist nicht vorhanden.";
```

```
    return Action.ERROR;
} else {
  if (!password.equalsIgnoreCase(account.getPassword())) {
    log.info("Das Passwort ist falsch.");
    message = "Das Passwort ist falsch.";
    return Action.ERROR;
  }
}
```

In diesem Ausschnitt geht es darum, mit einem `AccountDAO` das Konto für den `username` aus den Anfrageparametern abzurufen. (Zur Erinnerung: WebWork hat die Funktion `setUser-name()` dieser Klasse aufgerufen, bevor es `execute()` aufruft, weshalb das `username`-Feld einen Parameterwert enthält.) Falls kein Konto gefunden wird, wird eine entsprechende Nachricht in `Action` gesetzt und `Action.ERROR` zurückgegeben. Die Funktion kehrt dann zu `index.jsp` zurück, wo die Fehlermeldung im Nachrichtenfeld angezeigt wird. Falls das Konto gefunden wurde, aber das Passwort falsch ist, wird die entsprechende Nachricht ebenfalls auf diese Weise angezeigt. (Mir ist klar, dass dies von der Sicherheit her nicht die optimale Lösung ist, aber ich versuche hier auch nicht, ein zweites Fort Knox zu konstruieren!) Wenn das Konto gefunden wurde und das Passwort korrekt ist, wird `Action.SUCCESS` zurückgegeben. Außerdem wird das `AccountObject` in `session` eingefügt, von wo es später den Benutzernamen für SQL-Abfragen liefert (wodurch der Benutzername in dieser Sitzung nicht ein zweites Mal als Anfrageparameter übergeben werden muss).

LogoffAction.java

Diese Aktion handhabt die Abmeldung des Benutzers. Der einschlägige Code ist recht kurz:

```
ActionContext      context = ActionContext.getContext();
HttpServletRequest request =
  (HttpServletRequest)context.get(ServletActionContext.HTTP_REQUEST);
HttpSession        session = request.getSession();
session.invalidate();
```

Bei der Beschreibung von WebWork weiter vorne habe ich auch den `ActionContext` beschrieben – wie er als `ThreadLocal` arbeitet und wie leicht mit ihm die üblichen Funktionen, `HttpServletRequest`, `HttpSession` usw., referenziert werden können. Genau dies wird hier gemacht. Hier wird lediglich die Sitzung beendet. Danach wird der Benutzer zu `index.jsp` geleitet und ist »abgemeldet«.

AccountAction.java

Die Klasse `AccountAction` enthält alle Operationen für das Arbeiten mit Benutzerkonten. Wie bei den DAOs gibt es hier (und in den anderen Aktionsklassen `AppointmentAction`, `ContactAction`, `NoteAction` und `TaskAction`) Methoden für die typischen CRUD-Operationen. Sie heißen `create()`, `retrieve()`, `update()` und `delete()`. Ihr Code ähnelt dem, den Sie von `LogonAction` kennen. Dies ist nicht verwunderlich, da die grundlegende Struktur aller `Action`-Klassen im Wesentlichen gleich ist und alle dieselben Methoden enthalten.

Ein Unterschied befindet sich in der `create()`-Methode:

```
if (!password.equalsIgnoreCase(password_2)) {
  log.debug("Die Passwörter stimmen nicht überein.");
  message = "Die Passwörter stimmen nicht überein.";
  return Action.ERROR;
}
```

Die Anwendung arbeitet mit der üblichen Methode, ein Passwort zweimal abzufragen. Hier werden die beiden validiert.

Einen weiteren Unterschied gibt es beim Speichern eines neuen Kontos in der Datenbank mit dem `AccountDAO`. Falls der Benutzername bereits verwendet wird, wird eine Ausnahme ausgelöst. Da Spring die zugrunde liegende `SQLException` in eine generischere Hülle packt, muss dies entsprechend berücksichtigt werden:

```
AccountDAO dao = new AccountDAO();
try {
  dao.accountCreate(account);
} catch (DataIntegrityViolationException dive) {
  // Benutzername ist bereits vergeben.
  log.debug("Der Benutzername ist bereits vergeben.");
  message = "Dieser Benutzername ist bereits vergeben." +
    "Bitte wählen Sie einen anderen.";
  return Action.ERROR;
}
```

DayAtAGlanceAction.java

Die Klasse `DayAtAGlanceAction` zeigt das HEUTE-Dialogfeld an. Sie ruft zwei verschiedene DAOs auf, um die heute fälligen Aufgaben bzw. Termine abzurufen:

```
// Zuerst die Liste der heute fälligen Aufgaben abrufen
TaskDAO taskDAO = new TaskDAO();
tasks = taskDAO.taskList(username, true);

// Dann die Liste der heutigen Termine abrufen
AppointmentDAO appointmentDAO = new AppointmentDAO();
appointments = appointmentDAO.appointmentList(username,
  new Date(), "day");
```

Nichts Besonderes!

AppointmentAction.java, ContactAction.java, NoteAction.java, TaskAction.java

Die nächsten vier Aktionsklassen behandeln die Termine, Kontakte, Notizen und Aufgaben. Ich habe sie wieder zusammengefasst, weil sie sehr ähnlich sind. Sie enthalten ebenfalls die vier CRUD-Methoden. Nur ihre SQL-Abfragen und die Objekte, mit denen sie arbeiten, unterscheiden sich. In diesen Klassen erfolgen keine Validierungen. Abgesehen von der Kontenerstellung werden die Eingaben kaum validiert; falls doch, erfolgt die Validierung clientseitig. (Ich weiß, dass dies nicht die robusteste Lösung ist, aber hier reicht sie aus.)

Die Klassen enthalten alle eine list()-Methode, die eine Liste mit den entsprechenden Objekten zurückgibt. Eine weitere Methode, namens getXXXXObject(), wobei XXXX für Appointment, Contact, Note oder Task steht, soll redundanten Code einsparen. Beim Erstellen und Aktualisieren eines Eintrags muss ein entsprechendes Objekt konstruiert werden: AppointmentObject, ContactObject, NoteObject oder TaskObject. Wird beispielsweise ein neuer Termin erstellt, wird das Objekt mit den Eingaben des Benutzers bevölkert. Wird ein vorhandener Termin aktualisiert, bevölkert das DAO das Objekt mit Daten aus der Datenbank. Doch in beiden Fällen sind einige Daten wie etwa der Benutzername gleich, weshalb ich den entsprechenden Code refaktorisiert habe, um ihn nicht mehrfach zu schreiben. Beim Bearbeiten eines Eintrags schadet es nicht, wenn das Objekt mit den Eingabeparametern bevölkert wird; die Felder in der Action enthalten dann null- oder Anfangswerte und werden mit den Daten überschrieben, die das DAO aus der Datenbank abruft.

Damit es keine Überraschungen gibt, beschreibe ich jeweils ein Beispiel für jede dieser Methoden aus der NoteAction-Klasse. Zunächst create():

```
public String create() {

    log.info("\n\n------------------------------------------------");

    log.debug("NoteAction.create()...");

    // Anfrageparameter anzeigen
    log.info("NoteAction : " + this.toString());

    // Die zu erstellende und zu bevölkernde NoteObject-Instanz
    // mit dem NoteDAO speichern
    NoteObject nte = getNoteObject();
    NoteDAO    dao = new NoteDAO();
    // Das von getNoteObject() gesetzte 'createdDT' überschreiben
    nte.setCreatedDT(new Date().getTime());
    dao.noteCreate(nte);

    log.debug("NoteAction.create() Fertig");

    return Action.SUCCESS;

} // Ende create()
```

Diese Methode enthält nichts Besonderes. Es wird ein NoteObject abgerufen; dann wird eine NoteDAO-Instanz erstellt. Das createdDT-Feld des NoteObject wird auf die aktuelle Zeit gesetzt; dann wird noteCreate() des DAO aufgerufen und dabei das NoteObject übergeben. Einfach!

Nun zu der retrieve()-Methode:

```
public String retrieve() {

    log.info("\n\n------------------------------------------------");

    log.debug("NoteAction.retrieve()...");
```

```
     // Anfrageparameter anzeigen
     log.info("NoteAction : " + this.toString());

     // Die Notiz für den angegebenen Benutzer, das angegebene Datum
     // und die angegebene Zeit abrufen
     AccountObject account   = (AccountObject)session.get("account");
     String         username = account.getUsername();
     NoteDAO        dao      = new NoteDAO();
     note = dao.noteRetrieve(username, createdDT);
     log.debug("NoteAction : " + this.toString());

     log.debug("NoteAction.retrieve() Fertig");


     return Action.SUCCESS;

} // Ende retrieve()
```

Hier passiert etwas mehr. Der Benutzername wird aus dem `AccountObject` in `session` abgerufen und an die Funktion `noteRetrieve()` der `NoteDAO`-Instanz übergeben, die davor erstellt wurde. Der Rückgabewert der Funktion wird dem Feld `note` zugewiesen, einem Feld der `Action` vom Typ `NoteObject`. Auch hier sehr einfach.

Was passiert in `update()`?

```
public String update() {

   log.info("\n\n--------------------------------------------------");

   log.debug("NoteAction.update()...");

   // Anfrageparameter anzeigen
   log.info("NoteAction : " + this.toString());

   // Die zu erstellende und zu bevölkernde NoteObject-Instanz
   // mit dem NoteDAO speichern
   NoteObject nte = getNoteObject();
   NoteDAO    dao = new NoteDAO();
   dao.noteUpdate(nte);

   log.debug("NoteAction.update() Fertig");

   return Action.SUCCESS;

} // Ende update()
```

Diese Funktion ist sogar noch einfacher: Der Aufruf von `getNoteObject()` liefert ein `Note-Object`, das bereits mit allen Eingabeparametern bevölkert ist. Es muss nur noch an die `noteUpdate()`-Methode des DAO weitergegeben werden. Ein Kinderspiel!

Nun zu der delete()-Methode:

```
public String delete() {

    log.info("\n\n-------------------------------------------------------");

    log.debug("NoteAction.delete()...");

    // Anfrageparameter anzeigen
    log.info("NoteAction : " + this.toString());

    // Die zu erstellende und zu bevölkernde NoteObject-Instanz
    // mit dem NoteDAO löschen
    AccountObject account  = (AccountObject)session.get("account");
    String        username = account.getUsername();
    NoteDAO       dao      = new NoteDAO();
    NoteObject    nte      = new NoteObject();
    nte.setCreatedDT(createdDT);
    nte.setUsername(username);
    dao.noteDelete(nte);

    log.debug("NoteAction.delete() Fertig");

    return Action.SUCCESS;

} // Ende delete()
```

Um eine Notiz zu löschen, muss das DAO den Benutzernamen und den createdDT-Wert kennen, die zusammen den eindeutigen (und zusammengesetzten) Schlüssel eines Eintrags bilden. Zur Erinnerung: createdDT enthält Datum und Uhrzeit der Erstellung des Eintrags in Millisekunden. Deshalb kann ein Benutzer praktisch unmöglich zwei Einträge desselben Typs mit demselben createdDT-Wert erstellen.

Die list()-Methode ist ebenfalls sehr einfach:

```
public String list() {

    log.info("\n\n------------------------------------------------------");

    log.debug("NoteAction.list()...");

    AccountObject account  = (AccountObject)session.get("account");
    String        username = account.getUsername();
    NoteDAO       dao      = new NoteDAO();
    notes = dao.noteList(username);
    log.debug("NoteAction : " + this.toString());

    log.debug("NoteAction.list() Fertig");
```

```
    return Action.SUCCESS;

} // Ende list()
```

Der Benutzername wird aus dem `AccountObject` in `session` abgerufen und an die `note-List()`-Methode des DAO übergeben. Fertig!

Der Vollständigkeit halber zeige ich auch noch die `getNoteObject()`-Methode:

```
private NoteObject getNoteObject() {

    AccountObject account  = (AccountObject)session.get("account");
    String         username = account.getUsername();
    NoteObject     nte      = new NoteObject();
    nte.setCreatedDT(createdDT);
    nte.setUsername(username);
    nte.setSubject(subject);
    nte.setText(text);
    return nte;

} // Ende getNoteObject()
```

Hoffentlich zeigt sie genau das, was Sie zu sehen erwartet haben!

Auch hier sind wieder alle diese Methoden in allen vier Aktionen sehr ähnlich. Die Unterschiede liegen in den aktionsspezifischen Feldern, ihrer Bearbeitung und ihrer Abfrage durch die DAOs. Doch die zugrunde liegende Struktur und der Arbeitsablauf ist bis auf eine Ausnahme gleich: die `list()`-Methode der `AppointmentAction`:

```
public String list() throws ParseException {

    log.info("\n\n----------------------------------------------------");

    log.debug("AppointmentAction.list()...");

    AccountObject      account  = (AccountObject)session.get("account");
    String             username = account.getUsername();
    AppointmentDAO     dao      = new AppointmentDAO();
    Date               d        = null;
    SimpleDateFormat   sdf      = new SimpleDateFormat();
    sdf.applyPattern("yyyy-MM-dd");
    d = sdf.parse(year + "-" + month + "-" + day);
    appointments = dao.appointmentList(username, d, view);
    log.debug("AppointmentAction : " + this.toString());

    log.debug("AppointmentAction.list() Fertig");

    return Action.SUCCESS;

} // Ende list()
```

Hier ist zusätzlicher Code erforderlich, um das in dem Datumsselektor auf der linken Seite des Dialogfensters gewählte Datum (Jahr, Monat und Tag) in ein `Date`-Objekt umzusetzen. Es ist zwar nicht schwer, aber ich wollte es trotzdem zeigen.

Damit habe ich den gesamten Code von *The Organizer* beschrieben.

8.5 Übungsvorschläge

The Organizer soll nicht mit Schwergewichten wie Lotus Notes oder Microsoft Outlook konkurrieren, deren Funktionalität weit über die in diesem Buch beschriebenen hinausgeht. Doch mit einigen Erweiterungen könnte *The Organizer* sehr viel mehr als diese Grundversion leisten. Die folgenden Vorschläge sollen Ihnen zeigen, wie Sie Ihr neues Wissen über Prototype, HSQLDB, WebWork und Spring einsetzen könnten:

- Integrieren Sie *The Organizer* und *InstaMail*. Es wäre schön, ein einheitliches Adressbuch zu verwenden (das aus *The Organizer* ist robuster und wäre die natürliche Wahl); und es wäre schön, wenn man eine E-Mail mit einem Klick auf einen Button senden könnte, während man die Kontaktliste in *The Organizer* anschaut.
- Mit grafischen Sichten könnten Sie Ihre Termine für eine bestimmte Zeitspanne anzeigen.
- Mit einer geeigneten Suchfunktion könnten Sie die Datenbank nach Benutzern und Terminen in einem bestimmten Zeitraum durchsuchen.
- Ermöglichen Sie eine automatisierte Benachrichtigung per E-Mail, wenn Aufgaben fällig sind und wenn Termine unmittelbar bevorstehen. Der Code von *InstaMail* sollte für diesen Zweck wiederverwendbar sein. Außerdem könnten Sie E-Mails an die E-Mail-Adresse Ihres Handys senden, damit Sie auch unterwegs benachrichtigt werden. Die meisten Handy-Anbieter bieten diese Funktionalität heutzutage an; klären Sie die Details mit ihnen ab.

8.6 Zusammenfassung

In diesem Kapitel haben Sie etwas konstruiert, was für Menschen mit einem hektischen Lebensstil wirklich nützlich ist. Diese Anwendung auf einem zum Internet hin offenen Server zu hosten und praktisch überall Zugriff auf Ihre Kontakte, Aufgabenlisten, Notizen und Termine zu haben, wäre sehr hilfreich. In diesem Kapitel habe ich auch die Prototype Library beschrieben, die vielen Ajax-Libraries zugrunde liegt. Außerdem haben Sie das WebWork-Anwendungsframework kennen gelernt, das in Struts, Version 2.x, aufgegangen ist. Schließlich habe ich das Arbeiten mit einer Datenbank namens HSQLDB beschrieben, die in die Anwendungen eingebettet ist.

Kapitel 9

AjaxChat: Chatten auf Ajax-Art!

In diesem Kapitel stelle ich ein Projekt vor, in dem Ajax pur verwendet wird. Dies bedeutet, dass diese Anwendung keine Library und kein Toolkit, sondern nur selbst geschriebenen Java-Script-Code verwendet! In den vorangegangenen Kapiteln haben Sie einige der sehr nützlichen, heute zur Verfügung stehenden Libraries kennen gelernt. Doch Sie müssen diese Libraries nicht verwenden, sondern können auch alles in JavaScript selbst schreiben. Hier werden Sie eine kleine Multiuser-, Multiroom-Chat-Anwendung, ähnlich den Yahoo! Chatrooms, entwickeln. Und was noch interessanter ist: Serverseitig werden Sie für diese Anwendung Struts verwenden!

9.1 Anforderungen und Ziele

Chatrooms gibt es bereits seit Längerem. Tatsächlich waren es Chatrooms, Versammlungsplätze, die es ermöglichen, in Echtzeit mit anderen Computer-Benutzern zu kommunizieren, die viele Leute veranlasst haben, sich mit dem Internet zu befassen. Nur E-Mail-Anwendungen haben eine noch stärkere Anziehungskraft.

Eine Chatroom-Anwendung benötigt zunächst eine Server-Komponente, die alle Gespräche koordiniert, die Teilnehmer und Chatrooms verwaltet und ähnliche Aufgaben auf Systemebene löst. Was noch wichtiger ist: Sie agiert als Schlichter und kontrolliert, wer in welchem Raum welche Nachrichten lesen kann.

Ausgewachsene Chat-Anwendungen (etwa die von AOL) arbeiten nach einem *Push-Modell*. Der Server »schiebt« neue Nachrichten automatisch in einen Raum, das heißt, sobald ein Teilnehmer einen Beitrag veröffentlicht, kann jeder Teilnehmer die Nachricht ohne Verzögerung sehen.

Wenn Sie, wie hier, eine reine HTML-basierte Chat-Anwendung erstellen wollen, müssen Sie alle diese Punkte berücksichtigen. Doch weil das Web auf einem Pull-Modell der Client-Server-Interaktion basiert, muss der Client den Server auf neue Nachrichten abfragen – natürlich mit Ajax!

Hier sind die Anforderungen an die *AjaxChat*-Anwendung:

- Die Anwendung muss mehrere Teilnehmer und mehrere Räume unterstützen. Ohne die Skalierbarkeit genauer festzulegen, sollten etwa zehn Teilnehmer gleichzeitig chatten können.

- Nachdem in den anderen Projekten einige Lösungen mit Servlets auf dem Backend vorgestellt wurden, soll diesmal mit Struts eine etwas interessantere und robustere Lösung erstellt werden.

- Die Schriftgröße der in einem Chatroom angezeigten Nachrichten soll für sehbehinderte Teilnehmer anpassbar sein.

- Die Nachrichten der diversen Teilnehmer sollen in unterschiedlichen Farben dargestellt werden können.

■ Der Server soll die Mehrfachteilnahme eines Benutzers verhindern und mit Situationen umgehen können, in der sich Benutzer nicht abmelden. Es soll jedoch keine Anmeldung per se erfolgen – das heißt, es sollen keine dauerhaften Benutzerkonten erstellt und verwaltet werden.

■ Der »Verlauf« in einem Raum soll gelöscht werden können, damit ein Benutzer jederzeit mit einer leeren Anzeige arbeiten kann.

Dieses Projekt soll Ihnen Spaß machen! Nun zur Lösung...

9.2 Der Lösungsansatz

Da hier keine Ajax Library benutzt wird, besteht in dieser Hinsicht kein Erklärungsbedarf. Doch ich möchte ein komplettes serverseitiges Framework, *Struts*, sowie eine Tag Library, *JSTL* (Java Standard Template Library, eine standardisierte Tag Library von Sun), vorstellen. Falls Sie dieses Framework bzw. diese Library bereits kennen, können Sie diesen Abschnitt problemlos überspringen.

Kurz gesagt: Struts ist ein Java Framework zur Erstellung webbasierter Anwendungen, das das Modell-View-Controller (MVC) Design Pattern implementiert. Genauer gesagt: Es implementiert die Model-2-MVC-Architektur.

Sie besteht im Wesentlichen aus einer zentralen Komponente, dem so genannten *Controller*, an den alle Anfragen gerichtet werden. Dieser Controller bestimmt, welche Aktion ausgeführt werden soll, und delegiert die Anfrage an einen Handler. Nachdem der Handler seine Aufgabe erledigt hat, übernimmt wieder der Controller und legt fest, wohin die Anfrage als Nächstes gehen soll.

Bei einer Struts-basierten Anwendung besteht der Controller aus einem lockeren Konglomerat mehrerer Komponenten. Die erste ist das `ActionServlet`, ein typisches Servlet, das einige Aufgaben ausführt, die allen Anfragen gemein sind. Die vielleicht wichtigste Aufgabe (wenigstens in Struts) ist die Delegation der Anfrage an einen `RequestProcessor`, der eine bestimmte Anfrage bearbeitet. Er bestimmt, welche `Action` (der Struts-Terminus für einen Handler) ausgeführt werden soll. Seine Entscheidung basiert auf dem angeforderten URI und einer Konfiguration, die in einer XML-Datei gespeichert ist.

Dann wird die `Action` ausgeführt; damit beginnt die eigentliche Anwendung. Für den weiteren Ablauf gibt es einen kanonischen Ansatz: Die `Action` ruft eine oder mehrere andere Klassen auf, die die Anfrage bearbeiten. Am Ende der `Action` wird ein Objekt zurückgegeben, das dem `RequestProcessor` mitteilt, wohin es weitergeht – üblicherweise zu einer JSP.

Die JSP enthält die View, das *V* in *MVC*, einer Struts-Anwendung. Das Modell, das *M* in *MVC*, besteht im Allgemeinen aus Klassen, auf die Ihre Aktionen zugreifen. Der Controller, das *C* in *MVC*, ist die Kombination aus `ActionServlet`, `RequestProcessor` und `Action`s.

Das Arbeiten mit Struts ist erheblich einfacher, als es sich möglicherweise anhört. Ich möchte dies anhand einer sehr einfachen Struts-Anwendung zeigen, in der der Benutzer aufgefordert wird, seinen Vornamen und Nachnamen einzugeben, und dann begrüßt wird. Zu diesem Zweck müssen zwei JSPs, eine Klasse und eine Konfigurationsdatei erstellt werden.

Sie finden dieses einfache Struts-Beispiel im Sourcecode dieses Kapitels. Alternativ können Sie diese Webanwendung auch von Grund auf erstellen, indem Sie zunächst die Binärdistribution von Struts 1.2.x herunterladen (`http://struts.apache.org`). Im Allgemeinen sollten Sie auch neuere Versionen von Struts verwenden können, weil das Struts-Team normalerweise bemüht ist, die Rückwärtskompatibilität zu gewährleisten. Eine Struts-Webanwendung unterscheidet sich, abgesehen von einigen JAR-Dateien, die eingebunden werden müssen, nicht von anderen Webanwendungen. Sie verfügt auch über eine web.xml-Konfigurationsdatei und hat dieselbe vertraute Verzeichnisstruktur.

Zunächst zeigt Listing 9.1 die Konfigurationsdatei web.xml.

```xml
<?xml version="1.0" encoding="UTF-8"?>
<!DOCTYPE web-app PUBLIC "-//Sun Microsystems, Inc.//DTD Web Application 2.2//
EN" "http://java.sun.com/j2ee/dtds/web-app_2_2.dtd">
<web-app>
<context-param>
<param-name>
javax.servlet.jsp.jstl.fmt.localizationContext
</param-name>
<param-value>MessageResources</param-value>
</context-param>
<servlet>
<servlet-name>action</servlet-name>
<servlet-class>org.apache.struts.action.ActionServlet</servlet-class>
<init-param>
<param-name>config</param-name>
<param-value>/WEB-INF/struts-config.xml</param-value>
</init-param>
<init-param>
<param-name>application</param-name>
<param-value>MessageResources</param-value>
</init-param>
<load-on-startup>1</load-on-startup>
</servlet>
<servlet-mapping>
<servlet-name>action</servlet-name>
<url-pattern>*.do</url-pattern>
</servlet-mapping>
<welcome-file-list>
<welcome-file>index.jsp</welcome-file>
</welcome-file-list>
</web-app>
```

Listing 9.1: Die Konfigurationsdatei web.xml des SimpleStruts-Beispiels

Der Kontextparameter javax.servlet.jsp.jstl.fmt.localizationContext teilt JSTL mit, dass die Nachrichten internationalisiert werden sollen. Ich werde später auf dieses Thema eingeben.

Struts verwendet das FrontController Pattern. Dies bedeutet, dass alle Anfragen über ein einziges Servlet laufen, hier das ActionServlet. Der Aufbau dieses Servlets ist typisch. Der config-Parameter definiert Namen und Ort der Struts-Konfigurationsdatei, üblicherweise struts-config.xml in WEB-INF. Mit dem application-Parameter wird eine Properties-Datei für Nachrichten definiert, die in der Anwendung verwendet werden. Das Servlet wird allen URIs zugeordnet, die mit *.do enden, was für Struts-Anwendungen ebenfalls typisch ist. Das <load-on-startup>-Element ist erforderlich, weil die erste Seite eine Weiterleitung enthält, die in struts-config.xml definiert ist. Diese Datei wird nur beim Start des Servlets gelesen. Würde das Servlet nicht sofort gestartet, würde die erste Anfrage an `index.jsp` mit einer `NullPointerException` scheitern, weil die Konfigurationsdatei noch nicht gelesen worden wäre.

Listing 9.2 zeigt die nächste interessante Datei, die Ressourcendatei für die Nachrichten.

```
title=SimpleStruts-Beispiel
entryPrompt=Bitte geben Sie Ihren Vornamen und Nachnamen ein und klicken Sie d
ann auf 'Absenden':
firstNamePrompt=Vorname:
lastNamePrompt=Nachname:
returnToEntryPage=Zur Eingangsseite zurückkehren
nameNotEntered=Ich kann Sie nicht begrüßen, wenn Sie Ihren Namen nicht eingebe
n!
hello=Hallo,
```
Listing 9.2: Die Datei `MessageRessource.properties`

Diese Datei wird als *Message Ressource Bundle* bezeichnet. Es handelt sich um eine einfache Java-Properties-Datei, die Schlüsselnamen mit Nachrichten verknüpft. Die Datei heißt `MessageResources_de.properties`. Den Teil `MessageResources` kennen Sie von der `ActionServlet`-Konfiguration. Der Teil `_de` ist die Ländereinstellung. Für die Übersetzung wurde die Standarddatei `MessageResources.properties` lokalisiert. Die Schlüssel wurden beibehalten, die Nachrichten wurden übersetzt, und die Datei wurde unter dem Namen `MessageResources_de.properties` gespeichert. Struts und JSTL können je nach Ländereinstellung des Browsers automatisch die Ressourcendatei wechseln. Damit wird die i18n-Internationalisierung einer Anwendung zum Kinderspiel! Die Anwendung verfügt auch über eine Standardressourcendatei ohne Ländereinstellung (d.h. ohne ein `_en` oder `_de` im Dateinamen), die verwendet wird, wenn keine länderspezifische Version vorhanden ist. Hier hat diese Standardressourcendatei denselben Inhalt wie die englische Version.

Listing 9.3 zeigt die Struts-Konfigurationsdatei `struts-config.xml`.

```xml
<?xml version="1.0" encoding="UTF-8" ?>
<!DOCTYPE struts-config PUBLIC "-//Apache Software Foundation//
DTD Struts Configuration 1.2//EN" "http://jakarta.apache.org/struts/dtds/
struts-config_1_2.dtd">
<struts-config>
<form-beans>
<form-bean name="mainForm"
type="org.apache.struts.action.DynaActionForm">
<form-property name="firstName" type="java.lang.String" />
<form-property name="lastName" type="java.lang.String" />
</form-bean>
</form-beans>
<global-forwards>
<forward name="showMainPage" path="/main.jsp" />
</global-forwards>
<action-mappings>
<action path="/greetPerson"
type="com.apress.ajaxprojects.simplestruts.GreetPersonAction"
name="mainForm" scope="request" validate="false">
<forward name="default" path="/greeting.jsp" />
```

```
</action>
</action-mappings>
<message-resources parameter="MessageResources" />
</struts-config>
```
Listing 9.3: Die Struts-Konfigurationsdatei `struts-config.xml` des SimpleStruts-Beispiels

Die Datei `struts-config.xml` kann erheblich umfangreicher sei, aber dies ist ein einfaches Beispiel. Das erste Element, `<form-beans>`, definiert `ActionForm`-Objekte, die als *Form Beans* bezeichnet werden. In Struts ist ein Form Bean einem HTML-Formular zugeordnet. Wenn das HTML-Formular abgesendet wird, fügt Struts die Anfrageparameter in das `ActionForm` ein. Wenn umgekehrt eine Seite angezeigt wird, entnimmt Struts die Werte der Felder des HTML-Formulars dem `ActionForm`. Deshalb müssen Sie sich nicht um die Übertragung der Daten zwischen diesen beiden Komponenten kümmern. Struts beherrscht auch viele Typumwandlungen von Strings in native Typen, weil es Commons BeanUtils verwendet, um das `ActionForm` mit Daten zu füllen. Ursprünglich sollte ein `ActionForm` als Data Transfer Object (DTO) zwischen dem Browser und der Kontrollschicht der Anwendung dienen und deshalb im Allgemeinen nur `Strings` enthalten. Doch heute ist dieses Konzept etwas umstritten, aber das Beispiel folgt der ursprünglichen Intention.

In diesem speziellen Fall wird ein `DynaActionForm` verwendet. Bei einem normalen `ActionForm` müssen Sie eine Klasse schreiben, die von `ActionForm` abgeleitet ist. In der Regel enthält diese Klasse nur private `String`-Elemente und öffentliche Getter und Setter für diese Elemente. Diesen Code zu schreiben und zu warten, ist recht mühsam und langweilig. Mit einem `DynaActionForm` können Sie die Klasse per XML definieren. Hier wird eine Form Bean mit zwei Feldern, `firstName` und `lastName`, vom Typ `String` definiert. Diese Form Bean kann später über ihren hier ebenfalls definierten Namen, `mainForm`, in der Konfiguration referenziert werden.

Es folgt der `<global-forwards>`-Abschnitt. Nachdem der Code einer `Action`-Klasse ausgeführt worden ist, wird in Struts ein `forward`-Element aufgerufen, das in `strutsconfig.xml` konfiguriert ist und den Pfad bezeichnet, mit dem es weitergehen soll. Hier ist nur ein einziges `forward`-Element namens `showMainPage` deklariert, das auf die Seite `main.jsp` verweist. Damit können Sie die Ziel-JSP und die Aktionen trennen. Wenn beispielsweise eine Aktion das `forward`-Element `showMainPage` zurückgibt und Sie nach der Aktion nicht `main.jsp`, sondern `eineAndereSeite.jsp` aufrufen wollen, brauchen Sie nur den Pfad in dem `forward`-Element zu ändern; der Code in der `Action` ist davon nicht betroffen.

Der nächste Abschnitt enthält den Hauptteil der Arbeit einer `struts-config.xml`-Datei, die Action-Mappings. Ein Action-Mapping ordnet einem URI, den ein Client anfordern kann, einer Aktion zu, die ausgeführt werden soll, wenn er den URI tatsächlich anfordert. Hier wird definiert, was passieren soll, wenn der URI `greetPerson.do` angefordert wird. (Zur Erinnerung: Das Struts-`ActionServlet` reagiert nur auf URIs, die mit der konfigurierten Erweiterung enden, hier `.do`.) Wenn dieser URI angefordert wird, wird das betreffende `<action>`-Mapping abgerufen und dessen `name`-Attribut geprüft, das eine Form Bean referenziert (hier: `mainForm`). Dann wird das `scope`-Attribut geprüft. Hat es den Wert `session`, prüft Struts, ob die Form Bean in der Sitzung bereits existiert. Falls nicht, erstellt Struts eine neue Instanz dieser Form Bean. Hat `scope` den Wert `request`, erstellt Struts bei jeder Anfrage eine neue Instanz. Danach verfügt Struts über eine neue oder recycelte Instanz der Form Bean, die es mit den Anfrageparametern füllt. Danach prüft Struts das `validate`-Attribut. Ist dieses `true`, wird die `validate()`-Methode der Form Bean aufgerufen, mit der Sie die Benutzereingabe validieren könnten. Würde diese Validierung scheitern, würde Struts ein `input`-Attribut suchen, das den Namen der Seite enthielte, die die Eingabe geliefert hat, und zu dieser Seite zurückkehren.

Doch in diesem Beispiel erfolgt keine Validierung; deshalb gibt es kein input-Attribut. Danach erstellt Struts eine Instanz der in dem type-Attribut angegebenen Klasse, die von Action abgeleitet sein muss (andernfalls würde Struts eine Ausnahme auslösen), und ruft deren execute()-Methode auf. Diese Methode gibt ein ActionForward zurück, das einem forward-Element in struts-config.xml entspricht. Das forward-Element kann entweder ein globales forward-Element (siehe weiter vorn) oder ein <forward>-Element sein, das als untergeordnetes Element des <action>-Mappings konfiguriert wurde. Hier gibt es ein solches untergeordnetes forward-Element namens default. Struts leitet dann die Anfrage an den im forward-Element genannten Pfad weiter, hier also an greeting.jsp.

Das letzte Element, <message-resources>, ist dasselbe wie der init-Parameter des ActionServlet. In Struts muss diese Information an beiden Stellen angegeben werden.

Listing 9.4 zeigt den Code für die einzige Action der Beispielanwendung.

```
package com.apress.ajaxprojects.simplestruts;
import javax.servlet.http.HttpServletRequest;
import javax.servlet.http.HttpServletResponse;
import org.apache.struts.action.Action;
import org.apache.struts.action.ActionForm;
import org.apache.struts.action.ActionForward;
import org.apache.struts.action.ActionMapping;
import org.apache.struts.action.DynaActionForm;

public class GreetPersonAction extends Action {
public ActionForward execute(ActionMapping mapping, ActionForm form,
HttpServletRequest request, HttpServletResponse response)
throws Exception {
// Die beiden Parameter der Anfrage abrufen
    DynaActionForm f        = (DynaActionForm)form;
    String          firstName = (String)f.get("firstName");
    String          lastName = (String)f.get("lastName");


// Prüfen, ob Vorname und Nachname eingegeben wurden
if (firstName == null || lastName == null ||
firstName.equalsIgnoreCase("") ||
lastName.equalsIgnoreCase("") ) {
// Eingabe fehlerhaft, deshalb sanfter Tadel
request.setAttribute("greeting",
getResources(request).getMessage(getLocale(request),
"nameNotEntered"));
} else {
// Eingabe OK, deshalb Begrüßung
request.setAttribute("greeting",
getResources(request).getMessage(getLocale(request),
"hello") + " " + firstName + " " + lastName + "!");
    }


// 'ForwardConfig' zurückgeben, das den nächsten Schritt enthält
return mapping.findForward("default");
```

```
} // Ende execute()
} // Ende class
```
Listing 9.4:   Die Klasse `GreetPersonAction`

Alle Aktionen sind letztlich von der Basisklasse `Action` abgeleitet. Eine abgeleitete `Action` sollte die `execute()`-Methode überschreiben. Diese Methode akzeptiert als Argument das Action-Mapping dieser Anfrage, die `ActionForm`-Instanz (oder `null`, falls es keine gibt) sowie das Anfrage- und das Response-Objekt. Alle `ActionForm`-Objekte werden ebenfalls von einer gemeinsamen Basisklasse abgeleitet: `ActionForm`.

Die Klasse ruft zunächst über das `ActionForm` die Parameter `firstName` und `lastName` der Anfrage ab. Zu diesem Zweck erfolgt ein Cast von `ActionForm` in `DynaActionForm`; dann werden die Parameter mit der `get()`-Methode abgerufen.

Als Nächstes werden die Parameter validiert. Sind sie ungültig, wird eine entsprechende Nachricht ausgegeben:

```
getResources(request).getMessage(getLocale(request), "nameNotEntered").
```

Diese Funktion ruft die Nachricht `nameNotEntered` aus der Ressourcendatei ab, wobei die Ländereinstellung berücksichtigt wird. Die Antwort wird dem Anfrageattribut `greeting` zugewiesen. Sind die Benutzereingaben gültig, wird demselben Anfrageattribut ebenfalls aus der Ressourcendatei eine Begrüßung zugewiesen.

Am Ende wird das `forward`-Element zurückgegeben. Mit dem Aufruf von `mapping.find-Forward()` wird das Action-Mapping aufgefordert, das genannte `forward`-Element zu suchen. Wird dieses nicht, wie hier, unter dem Mapping selbst gefunden, würde es mit demselben Namen unter den globalen `forward`-Elementen gesucht werden.

Wenn diese Funktion zurückkehrt, folgt Struts dem entsprechenden Pfad und ruft hier eine JSP auf; damit ist die Anfrage abgeschlossen.

Es bleiben die drei JSPs, aus denen die View besteht (siehe die Listings 9.5, 9.6 und 9.7).

```
<%@ taglib prefix="logic" uri="http://jakarta.apache.org/struts/tags-logic" %>
<logic:redirect forward="showMainPage" />
```
Listing 9.5:   index.jsp

Es ist ziemlich typisch, dass eine Struts-Anwendung mit einer derartigen Seite startet. Sie ist laut Definition in `web.xml` auch die voreingestellte Startseite der Webanwendung. Diese Seite leitet die Anfrage nur sofort an die im `forward`-Attribut genannte Seite `showMainPage` weiter. Im Wesentlichen haben Sie damit einen »Urlader« (»bootstrap«) der Anwendung, in dem vielleicht noch einige zusätzliche Initialisierungsaufgaben ausgeführt werden könnten. Hier wird die Startseite jedoch nicht zu diesem Zweck verwendet.

Diese Seite verwendet eine der Taglibs von Struts: `logic`. Diese Taglib enthält die `redirect`-Funktion, mit der Komponenten gestartet werden.

```
<%@ taglib prefix="html" uri="http://jakarta.apache.org/struts/tags-html" %>
<%@ taglib prefix="fmt" uri="http://java.sun.com/jstl/fmt" %>
<html:html>
<head>
<title><fmt:message key="title" /></title>
```

```
    </head>
    <style>
    .cssEntryPrompt {
         font-family       : sans-serif;
         font-size         : 14pt;
         font-style        : italic;
         font-weight       : bold;
      }
    .cssLabel {
         font-family       : sans-serif;
         font-size         : 12pt;
         background-color  : #f0f0f0;
      }
    .cssText {
         font-family       : sans-serif;
         font-size         : 12pt;
         background-color  : #ffff00;
      }
    .cssBtn{
         color             : #050;
         font-family       : sans-serif;
         font-size         : 84%;
         font-weight       : bold;
         background-color  : #fed;
         border            : 1px solid;
         border-top-color  : #696;
         border-left-color : #696;
border-right-color  : #363;
border-bottom-color : #363;
      }
    </style>
    <body>
    <div class="cssEntryPrompt"><fmt:message key="entryPrompt" /></div>
    <br>
    <html:form action="/greetPerson.do">
    <table border="0" cellpadding="2" cellspacing="2">
    <tr>
    <td class="cssLabel">
    <fmt:message key="firstNamePrompt" /> 
    </td>
    <td class="cssText"><html:text property="firstName" /></td>
    </tr>
    <tr>
    <td class="cssLabel">
    <fmt:message key="lastNamePrompt" /> 
    </td>
    <td class="cssText"><html:text property="lastName" /></td>
    </tr>
    <tr>
    <td colspan="2" align="right">
    <html:submit styleClass="cssBtn"/>
    </td>
```

```
</tr>
</table>
</html:form>
</body>
</html:html>
```

Listing 9.6: `main.jsp`

Listing 9.6 zeigt die erste Seite, die der Benutzer sieht. Sie fordert ihn einfach zur Eingabe seines Vornamens und Nachnamens auf. Außerdem sehen Sie hier zum ersten Mal die JSTL in Aktion.

Doch vorher möchte ich auf eine weitere Taglib von Struts hinweisen, die hier ebenfalls verwendet wird: die HTML-Taglib, die wahrscheinlich am häufigsten benutzt wird. Praktisch verfügt jedes HTML-Tag über ein entsprechendes HTML-Tag in Struts. Die wahrscheinlich wichtigsten dieser Tags sind das <html:form>-Tag und die ihm untergeordneten Tags (z.B. <html:text> und <html:submit>).

Das <html:form>-Element hat in seiner einfachsten Version einfach ein action-Attribut, das dem Action-Mapping in der Datei struts-config.xml entspricht. Anhand dieser Information kann Struts unter Berücksichtigung der URL-Struktur das passende action-Attribut für das Formular-Tag generieren. Struts kann (falls überhaupt) auch das ActionForm mit den Daten bestimmen, die in dieses Formular eingetragen werden sollen.

Das <html:form>-Element enthält <html:text>-Unterelemente. Ihre property-Attribute stellen die Verbindung zu dem ActionForm her. Struts kann die entsprechenden Werte aus der Bean als value-Attribute in diese Elemente einfügen. Nehmen Sie beispielsweise an, der Benutzer habe nur einen Vornamen, aber keinen Nachnamen eingegeben. Wenn die Daten in der Bean validiert werden und dann aufgrund des fehlenden Nachnamens die Kontrolle an diese Seite zurückgegeben wird, könnte das Feld mit dem Vornamen des Benutzers automatisch mit dem bereits eingegebenen Wert gefüllt werden – ein Beispiel für ein benutzerfreundliches UI-Design.

Schließlich gibt es ein <html:submit>-Tag, mit dem ein typischer Button zum Absenden eines Formulars generiert wird.

Zwischen diesen Tags der HTML-Taglib von Struts befinden sich einige <fmt:message>-JSTL-Tags. JSTL (Java Standard Tag Library) ist ein Satz anwendungsspezifischer Tags von Sun zur Unterstützung generischer Aufgaben bei der JSP-Entwicklung. Die Taglibs von Struts gab es bereits vor der Veröffentlichung der JSTL, aber die JSTL verfügt heute (abgesehen von der HTML-Taglib) fast über dieselben Fähigkeiten wie die Struts Taglibs. Weil JSTL besser standardisiert ist, sollten Sie deshalb die JSTL im Allgemeinen den Struts Taglibs vorziehen. Außerdem ist die JSTL etwas einfacher und logischer aufgebaut. Allerdings enthält die JSTL keine Entsprechung zu der HTML-Taglib von Struts; deshalb müssen Sie dafür die Struts Taglib verwenden.

Das <fmt:message>-Tag fügt einfach eine Nachricht ein, hier aus der Nachrichten-Ressourcendatei. Sie geben einfach den Schlüssel der Nachricht ein, und die JSTL sorgt für den Rest, einschließlich der Auswahl der passenden Ländereinstellung. (Dies war übrigens der Zweck des Kontextparameters in web.xml: der JSTL mitzuteilen, dass die Anwendung die Internationalisierung unterstützen soll.)

```
<%@ taglib prefix="html" uri="http://jakarta.apache.org/struts/tags-html" %>
<%@ taglib prefix="fmt" uri="http://java.sun.com/jstl/fmt" %>
<%@ taglib prefix="c" uri="http://java.sun.com/jstl/core" %>
```

```
<html>
<head>
<title><fmt:message key="title" /></title>
</head>
<style>
.cssMessage {
     font-size   : 14pt;
     color       : #ff0000;
font-style  : italic;
font-weight : bold;
    }
</style>
<body>
<div class="cssMessage">
<c:out value="${requestScope.greeting}" />
</div>
</body>
<br>
<html:link forward="showMainPage">
<fmt:message key="returnToEntryPage" />
</html:link>
</html>
```

Listing 9.7:   greeting.jsp

Listing 9.7 zeigt die JSP greeting.jsp, die der Benutzer sieht, wenn er den Submit-Button des Formulars auf der Seite main.jsp anklickt. Hier wird die Code-JSTL-Taglib verwendet, die als Präfix den Buchstaben c hat. Mit dem <c:out>-Tag werden Werte von verschiedenen Stellen angezeigt. Hier soll das Anfrageattribut greeting angezeigt werden. Zu diesem Zweck wird die so genannte JSTL Expression Language (EL) verwendet. Mit der EL können Sie leicht Informationen aus verschiedenen Bereichen referenzieren, hier aus requestScope.

Es ist bemerkenswert, dass Sie laut neuester Servlet-Spezifikation nicht einmal das <c:out>-Tag benutzen müssen, sondern einfach ${requestScope.greeting} verwenden können. Dann müssten Sie auch das <web-app>-Tag in web.xml ändern, um Version 2.4 anzugeben und die richtigen Namensräume zu spezifizieren. Das komplette Tag müsste folgendermaßen lauten:

```
<web-app version="2.4" xmlns="http://java.sun.com/xml/ns/j2ee"
xmlns:xsi="http://www.w3.org/2001/XMLSchema-instance"
xsi:schemaLocation="http://java.sun.com/xml/ns/j2ee
http://java.sun.com/xml/ns/j2ee/web-app_2_4.xsd">
```

Ich habe in diesem Buch darauf verzichtet, damit die Anwendung unter mehr Anwendungsservern und Versionen läuft. Doch zweifellos ist die neue Syntax sauberer; wenn Sie wissen, dass Ihr Anwendungsserver die Servlet-Spezifikation 2.4 unterstützt, sollten Sie deshalb einige <c:out>-Tags entsprechend ändern, nur um das Ergebnis zu sehen.

Das andere hier neue Tag ist das <html:link>-Tag. Es ist der Struts Wrapper für das HTML-Tag <a>. Auch hier können Sie ein forward-Element referenzieren; Struts sorgt dann für die Konstruktion der passenden Pfade.

Wie arbeiten diese Dateien zusammen? Zunächst zeige ich die Dialogfelder, die der Benutzer nacheinander sieht (siehe die Abbildungen 9.1, 9.2 und 9.3).

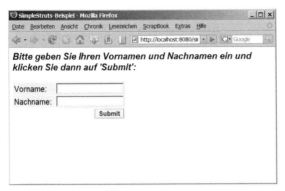

Abb. 9.1: Die erste Seite, die der Benutzer sieht

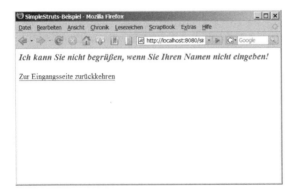

Abb. 9.2: Die zweite Seite, die der Benutzer sieht, wenn er seinen Namen unvollständig eingibt

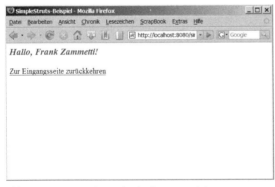

Abb. 9.3: Die zweite Seite, die der Benutzer sieht, wenn er sowohl den Vornamen als auch den Nachnamen eingibt

Die Abbildungen geben nicht viel her. Dennoch möchte ich auf einige kleinere CSS-Aspekte hinweisen: die Einstellungen der Schriftart auf der Eingangsseite, in denen die Anweisungen auf kursiv gesetzt werden, die Hintergrundfarben in der Tabelle, den Stil des Submit-Buttons und die Darstellung der Begrüßung in großen, fetten, roten Buchstaben.

Damit im Hinblick auf Struts wirklich alles klar ist, beschreibe ich die genaue Abfolge der Ereignisse:

- Der Benutzer greift auf die Anwendung zu, etwa mit dem URL `http://localhost:8080/simplestruts` (je nach Konfiguration kann Ihr URL anders lauten).
- Die Seite `index.jsp` wird generiert; sie enthält eine Umlenkung des Browsers.
- Der Browser wird zur Seite `showMainPage.do` umgelenkt, die die Seite `main.jsp` generiert.
- Die Seite wird dargestellt, und der Benutzer sieht ein Eingabeformular mit leeren Feldern, weil noch keine Form Bean erstellt worden ist (`showMainPage.do` ist ein globales `forward`-Element, das keine Form Bean referenziert).
- Der Benutzer klickt einfach auf den Submit-Button, ohne Daten einzugeben. Es wird der URI `greetPerson.do` angefordert; die Kontrolle wird von dem Struts-`ActionServlet` übernommen.
- Das `ActionServlet` stellt fest, dass das Mapping die Form Bean `mainForm` referenziert, und prüft deshalb, welchem Bereich die Bean angehört. Hier ist es »request«, weshalb Struts einfach eine neue Instanz der Form Bean erstellt und ihr die Daten aus der Anfrage zuweist.
- Dann instanziert das `ActionServlet` die `GreetPersonAction`. Tatsächlich instanziert Struts alle Aktionen, wenn es startet, wodurch die `Action` nicht bei jeder Anfrage instanziert wird. Dies ist kein Problem, außer dass Sie in einer `Action` keine Klassenmitglieder verwenden sollten, weil die `Action` andernfalls nicht Thread-sicher wäre. Auf jeden Fall ruft Struts dann jedoch die `execute()`-Methode der `Action`-Instanz auf.
- In `GreetPersonAction` werden `firstName` und `lastName` aus dem Action-Formular abgerufen, das Struts übergeben hat, und validiert.
- Falls die Eingabe nicht in Ordnung ist, wird eine entsprechende Nachricht für den Benutzer generiert und dem Anfrageattribut `greeting` zugewiesen.
- Falls die Eingabe in Ordnung ist, wird demselben Attribut eine Begrüßung zugewiesen.
- Dann wird das `forward`-Element `default` abgerufen und zurückgegeben. Hier handelt es sich um ein lokales `forward`-Element, das für das Mapping definiert ist; es veranlasst Struts, die Anfrage an `greeting.jsp` weiterzugeben.
- Die JSP `greeting.jsp` zeigt das Anfrageattribut an, das in der `Action` gesetzt wurde, und zeigt außerdem einen Link an, mit dem der Benutzer zu `main.jsp` mit dem Eingabeformular zurückkehren kann.

Dies ist kurz und knapp Struts in Aktion! Struts hat erheblich mehr zu bieten; falls Sie noch nie damit gearbeitet haben, sollten Sie sich die Zeit nehmen, es zu studieren. Doch für die Zwecke dieses Projekts wissen Sie genug, um fortfahren zu können.

9.3　Die geplante Lösung

Zurück zu AjaxChat. Damit Sie wissen, was Sie erstellen sollen, zeige ich zunächst wieder einige Bildschirmfotos und beschreibe AjaxChat. Die Anwendung besteht im Wesentlichen aus drei Dialogfeldern: dem Anmelde-Dialogfenster, der Liste der Räume (die so genannte Lobby) und dem Chatroom selbst.

Abbildung 9.4 zeigt das relativ einfache Anmelde-Dialogfenster, das durch das vertiefte Text-feld und den speziellen Look des Buttons optisch etwas aufgewertet wird. Das Dialogfenster dient nur zur Begrüßung und zur Eingabe eines Benutzernamens. Es handelt sich *nicht* um eine sichere Anmeldung, sondern nur um ein Mittel, mit dem sich der Benutzer einen Namen geben kann, unter dem er chatten kann.

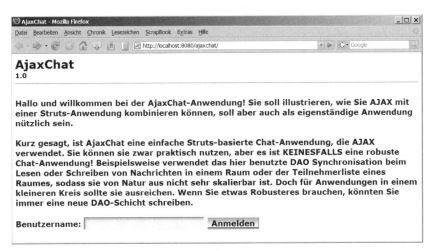

Abb. 9.4: Das Anmelde-Dialogfenster von AjaxChat

Die nächste Abbildung zeigt die Liste der Räume (siehe Abbildung 9.5). Das Dialogfeld zeigt alle verfügbaren Chatrooms und wie viele Benutzer in jedem anwesend sind. Es stellt auch einen Button zur Abmeldung zur Verfügung. Die Abmeldung soll gewährleisten, dass die Sit-zung des Benutzers geschlossen wird und er aus den Teilnehmerlisten der diversen Chat-rooms verschwindet.

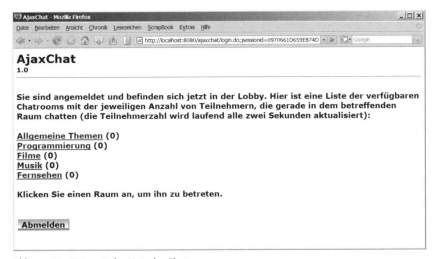

Abb. 9.5: Die Seite mit der Liste der Chatrooms

Schließlich das Hauptdialogfenster von AjaxChat: das Dialogfeld eines Chatrooms (siehe Abbildung 9.6).

Das Chatroom-Dialogfenster zeigt dem Benutzer an, in welchem Raum er gerade chattet und welche Teilnehmer sonst noch in dem Raum anwesend sind. Es stellt einen Ort zur Verfügung, an dem der Benutzer seine Nachrichten eingeben kann, sowie einen Ort, an dem alle Nachrichten angezeigt werden, die seit dem Betreten des Raums durch den Benutzer veröffentlicht wurden. Mit einigen »kosmetischen« Elementen kann der Benutzer die Schriftgröße der angezeigten Nachrichten ändern und die Farben der eigenen und die der anderen Nachrichten in dem Raum anpassen. Natürlich gibt es auch die Möglichkeit, den Raum zu verlassen, und einen Button, mit dem das Nachrichtenanzeigefeld gelöscht werden kann.

Für das Layout des Dialogfeldes habe ich Tabellen verwendet, weil mir CSS, als ich dieses Buch schrieb, noch zu ungereift und instabil zu sein schien.

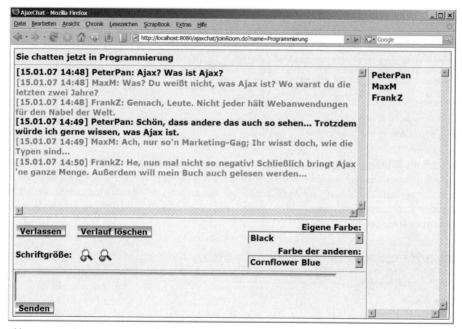

Abb. 9.6: Das Chatroom-Dialogfeld für die Hauptaktionen

Nun zum Code!

9.4 Analyse der Lösung

Wie bei den anderen Projekten in diesem Buch können Sie den kompletten Sourcecode von der Website des Verlags herunterladen. Der Code ist zu umfangreich, um hier komplett abgedruckt zu werden; aber ich werde Sie auf die interessanten Teile hinweisen; doch den Quellcode beim Lesen zu studieren, ist sehr wichtig.

Zunächst wieder die Verzeichnisstruktur des Projektes (siehe Abbildung 9.7).

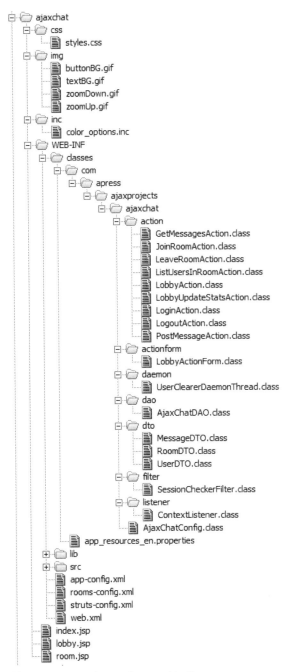

Abb. 9.7: Die Verzeichnisstruktur von AjaxChat

Auch AjaxChat hat die Verzeichnisstruktur einer typischen Webanwendung. AjaxChat besteht aus drei JSPs:

- `index.jsp` – die Startseite und zugleich die Anmeldeseite des Benutzers
- `lobby.jsp` – die Liste der Chatrooms
- `room.jsp` – die JSP eines Chatrooms

Die Reihenfolge der Seiten entspricht auch ihrer Komplexität!

Alle drei JSPs referenzieren das Stylesheet `styles.css` im Verzeichnis `css`. Alle drei verwenden auch die Bilder `buttonBG.gif` und `textBG.gif` für die Buttons. Die letzten beiden Bilder, `zoomDown.gif` und `zoomUp.gif`, werden in dem Raum verwendet, um die Textgröße zu ändern.

Das Verzeichnis `inc` enthält eine einzige Datei, `color_options.inc`, die serverseitig bei der Generierung in `room.jsp` eingebunden wird. Sie enthält alle `<option>`-Elemente für Dropdowns zur Farbauswahl. Da es so viele davon gibt, ist es sinnvoll, alle an einer Stelle zu bearbeiten.

Das Verzeichnis `WEB-INF` enthält, wie für Java-Webanwendungen üblich, die Datei `web.xml` sowie die Struts-Konfigurationsdatei `struts-config.xml`. Außerdem enthält dieses Verzeichnis eine anwendungsspezifische Konfigurationsdatei namens `app-config.xml`, in der einige Parameter für die Anwendung gespeichert werden. Schließlich enthält das Verzeichnis die Datei `rooms-config.xml`, in der die Chatrooms verzeichnet sind, die den Benutzern zur Verfügung stehen.

Mit dem Verzeichnis `WEB-INF/classes` beginnen die serverseitigen Java-Klassen. Sie sind recht zahlreich, und natürlich werde ich auf jede ausführlich eingehen. Doch in Kürze: Im Verzeichnis `action` stehen die Struts-`Action`-Klassen. Das Verzeichnis `actionform` enthält eine einzige `ActionForm`-Struts-Klasse (die beiden anderen sind `DynaActionForm`-Klassen, die in `struts-config.xml` definiert sind). Das Verzeichnis `daemon` beinhaltet eine einzige Klasse, einen Hintergrund-Thread für Aufräumarbeiten, wenn Benutzer die Anwendung verlassen. Im Verzeichnis `dao` befindet sich das einzige Datenzugriffsobjekt von AjaxChat. Das Verzeichnis `dto` enthält drei Klassen für Datentransferobjekte, mit denen AjaxChat Daten über Räume, Benutzer und Nachrichten speichert. Im Verzeichnis `filter` steht ein einziger Servlet-Filter, mit dem geprüft wird, ob eine Anfrage eine gültige Sitzung von AjaxChat referenziert. Das Verzeichnis `listener` enthält einen einzigen `ContextListener`, mit dem AjaxChat initialisiert wird. Schließlich steht im Stammverzeichnis `ajaxchat` eine einzige Klasse, in der Konfigurationsdaten gespeichert werden.

Das Verzeichnis `WEB-INF/lib` enthält alle Libraries, von den AjaxChat abhängt (siehe Tabelle 9.1).

JAR	Beschreibung
`commons-logging-1.0.4.jar`	Jakarta Commons Logging ist eine Abstraktionsschicht über einer echten Logging-Implementierung (wie etwa *log4J*); sie ermöglicht es Ihnen, die zugrunde liegende Logging-Implementierung auszutauschen, ohne Ihren Anwendungscode zu ändern. Sie stellt auch einen einfachen Logger zur Verfügung, der über `System.out` ausgibt und in dieser Anwendung verwendet wird.

Tabelle 9.1: Die JAR-Dateien in `WEB-INF/lib`, von denen AjaxChat abhängt

JAR	Beschreibung
`commons-beanutils-1.7.0.jar`	Die Jakarta Commons BeanUtils Library, die von Digester benötigt wird
`commons-digester-1.7.jar`	Jakarta Commons Digester ist eine Library, mit der XML geparst und daraus Objekte generiert werden. Mit ihr werden einige Nachrichten des Clients an den Server geparst.
`commons-lang-2.1.jar`	Die Jakarta Commons Lang Library enthält Utility-Funktionen, die Java erweitern. Sie wird von Digester benötigt.
`commons-validator-1.0.2.jar`	Das Commons Validator Package wird für die deklarative Validierung in Struts-Anwendungen verwendet.
`javawebparts_listener_v1.0_beta3.jar`	Das Java Web Parts (JWP) Listener Package, das unter anderem einen Listener für die Anwendungskonfiguration enthält
`javawebparts_core_v1.0_beta3.jar`	Das Kernpaket von Java Web Parts (JWP), das von allen anderen JWP-Packages benötigt wird.
`jstl.jar`	Die JAR-Kerndatei, die zur Unterstützung der JSP Standard Tag Library (JSTL) benötigt wird
`standard.jar`	Der Standardsatz der Tags, die die JSTL zur Verfügung stellt
`struts-1.2.7.jar`	Das Struts Framework selbst

Tabelle 9.1: Die JAR-Dateien in `WEB-INF/lib`, von denen AjaxChat abhängt (Forts.)

9.4.1 Der clientseitige Code

Ich möchte die Analyse des Codes wieder mit den Konfigurationsdateien der Anwendung beginnen.

web.xml

Der erste Kontextparameter, `javax.servlet.jsp.jstl.fmt.localizationContext`, sagt der JSTL, dass die Nachrichten internationalisiert werden sollen. Außerdem dient er als Basisdateiname für die Properties-Datei.

Mit dem `configFile`-Kontextparameter lokalisiert der `ContextListener` die Konfigurationsdatei der Anwendung. Hier soll er, relativ zum Kontext, die Datei `app-config.xml` im Verzeichnis `WEB-INF` suchen.

Der Kontextparameter `configClass` gibt die Klasse an, in der die Konfigurationsdaten gespeichert werden sollen, hier `com.apress.ajaxprojects.ajaxchat.AjaxChatConfig`.

Nach den Kontextparametern wird ein einziger Filter, `SessionChecker`, konfiguriert. Ich werde später genauer darauf eingeben. Hier müssen Sie nur wissen, dass er alle Anfragen an diesen Kontext herausfiltert, die auf `*.do` enden.

Nach dem Filter wird ein `ContextListener` konfiguriert. Hier verwende ich den `AppConfig-ContextListener` aus Java Web Parts. Mit diesem Listener können Sie eine Konfigurationsdatei einlesen und ein Konfigurationsobjekt auf verschiedene Arten bevölkern. Diese Anwendung wird sehr einfach konfiguriert, weshalb das Standardverhalten verwendet wird: Die bezeichnete Klasse wird instanziert, jedes Element in der Konfigurationsdatei wird eingelesen und der entsprechende Setter in dem instanzierten Objekt wird aufgerufen. Dieser Listener kann mit komplexeren Konfigurationsdateien umgehen und auch eine standardmäßige Bean zur Verfügung stellen, um die Konfigurationsdaten zu speichern. Eine nähere Beschäftigung mit diesem Listener lohnt sich; er ist sehr praktisch!

Danach wird das Struts `Action`-Servlet deklariert. Es sieht dem ersten Beispiel aus der Einführung in Struts weiter vorne sehr ähnlich. Beachten Sie die Parameter `detail` und `debug`. Sie legen die Protokollierungsstufe von Struts fest.

Nach dem Servlet wird der Sitzungs-Timeout konfiguriert. Der Wert wird so gesetzt, dass eine Sitzung nach einer Minute beendet wird. Eine Sitzung wird erst geöffnet, nachdem sich der Benutzer angemeldet hat. Danach erfolgt alle paar Sekunden eine Ajax-Anfrage, weshalb das Alter einer Sitzung nie in die Nähe von einer Minute kommen sollte. Falls dies doch passiert und die Sitzung geschlossen wird, hat der Benutzer wahrscheinlich die Chat-Anwendung verlassen. Diese Situation sollte so schnell wie möglich erkannt werden, um den Benutzer aus allen Teilnehmerlisten aller Räume zu löschen, die er besucht hat. Eine Minute ist normalerweise der kleinste Wert, den Sie für einen Sitzungs-Timeout setzen können, obwohl einige Container möglicherweise eine feinere Granularität anbieten. Doch eine Minute sollte hier funktionieren.

Schließlich wird `index.jsp` als Startseite definiert, damit jede eingehende Anfrage, die kein bestimmtes Dokument anfordert (oder mit `*.do` endet), an diese JSP weitergeleitet wird, mit der diese Anwendung startet.

struts-config.xml

Die nächste Konfigurationsdatei ist `struts-config.xml`. Sie enthält die weiter vorne erwähnten `DynaActionForm`-Elemente sowie »normale« `ActionForm`-Elemente, für die Sie eine von `ActionForm` abgeleitete Klasse zur Verfügung stellen. Ich habe diese Kombination gewählt, um Ihnen zu zeigen, dass beim Arbeiten mit Ajax in einer Struts-basierten Anwendung beide harmonieren. Die Elemente `LobbyActionForm` und `LoginActionForm` entsprechen den Seiten `lobby.jsp` bzw. `index.jsp`. Das Element `ajaxPostMessageActionForm` ist die Bean, mit der eine Nachricht in einem Raum veröffentlicht wird. Oft greifen Ajax-basierte Webanwendungen direkt auf das Anfrageobjekt zu, um eingehende Parameter abzurufen, aber ich wollte Ihnen zeigen, dass eine Ajax-Anfrage, die nicht auf XML basiert, ein `ActionForm` genau wie eine Nicht-Ajax-Anfrage mit Daten füllen kann.

Danach folgenden die Action-Mappings, erst die nicht mit Ajax befassten, dann die, die mit Ajax-Anfragen zu tun haben. Sie unterscheiden sich nicht. Ich habe sie nur der Klarheit halber separat angeordnet. Die Mappings werden in Tabelle 9.2 beschrieben.

Pfad	Beschreibung
/login	Dieses Mapping wird aufgerufen, wenn der Benutzer den ANMELDEN-Login auf der Startseite (index.jsp) anklickt.
/logout	Dieses Mapping wird aufgerufen, wenn der Benutzer den ABMELDEN-Button auf der Lobby-Seite (lobby.jsp) anklickt.
/lobby	Dieses Mapping wird aufgerufen, um die Lobby-Seite (lobby.jsp) anzuzeigen. Es ist im Wesentlichen eine Einrichtung dieser Seite.
/joinRoom	Dieses Mapping wird aufgerufen, wenn der Benutzer auf der Lobby-Seite (lobby.jsp) einen der Chatrooms anklickt, um ihn zu betreten.
/leaveRoom	Dieses Mapping wird aufgerufen, wenn der Benutzer den VERLASSEN-Button auf der Chatroom-Seite (room.jsp) anklickt.
/ajaxListUsersInRoom	Dieses Mapping wird über einen Ajax-Aufruf aufgerufen, um die Teilnehmerliste des Raums zu aktualisieren, wenn sich der Benutzer in einem Raum (im rechten Fensterausschnitt, room.jsp) befindet. Es wird periodisch aufgerufen, um die Teilnehmerliste auf dem Laufenden zu halten.
/ajaxPostMessage	Dieses Mapping wird über einen Ajax-Aufruf aufgerufen, um eine Nachricht in dem Raum zu veröffentlichen, in dem sich der Benutzer gegenwärtig befindet (room.jsp).
/ajaxGetMessages	Dieses Mapping wird periodisch aufgerufen, um die Liste der Nachrichten abzurufen, die in dem Raum veröffentlicht wurden, seit der Benutzer ihn zum letzten Mal besucht hat (room.jsp).
/ajaxLobbyUpdateStats	Dieses Mapping wird periodisch aufgerufen, um die Anzahl der Teilnehmer in jedem Raum auf der Lobby-Seite (lobby.jsp) zu aktualisieren.

Tabelle 9.2:   Die Action-Mappings in AjaxChat

Vom Konzept der Ajax-bezogenen Mappings her ist nur das ajaxPostMessage-Mapping ein echtes »Input«-Mapping, weil es das einzige ist, das ein ActionForm verwendet. Laut Mapping-Konfiguration werden seine Eingaben nicht validiert.

Die Deklaration der Nachrichten-Ressource ist das letzte Element in struts-config.xml. Sie haben es schon weiter vorne gesehen, weshalb ich hier nicht darauf eingehen muss.

app-config.xml

Diese Anwendung verfügt noch über zwei weitere Konfigurationsdateien: app-config.xml und room-config.xml; die erste definiert anwendungsübergreifende Einstellungen und die zweite enthält die Liste der verfügbaren Chatrooms. Zunächst `app-config.xml` (siehe Listing 9.8).

```
<config>

    <!-- maxMessages ist die maximale Anzahl der Meldungen, die in der -->
    <!-- 'messages'-Collection eines Raums gespeichert werden. -->
    <!-- Wenn eine Nachricht in einem Raum veröffentlicht wird, -->
    <!-- wird die Anzahl der Nachrichten in der Collection mit diesem -->
    <!-- Wert verglichen. Überschreitet die Anzahl diesen Wert, wird -->
    <!-- die Collection geleert, bevor die neue Nachricht gespeichert -->
    <!-- wird. Dies dient nur dazu, Speicherplatz zu sparen; -->
    <!-- und wahrscheinlich arbeitet die Anwendung dadurch auch etwas -->
    <!-- effizienter. -->
    <maxMessages>250</maxMessages>

    <!-- userInactivitySeconds ist die maximale Anzahl der Sekunden, -->
    <!-- die zwischen Ajax-Anfragen verstreichen dürfen, bevor der -->
    <!-- Benutzer als 'inaktiv' eingestuft wird. Hat ein Benutzer -->
    <!-- diesen Status, wird er automatisch aus allen Räumen gelöscht -->
    <!-- und bei der Anwendung abgemeldet. Damit wird der Fall gelöst, -->
    <!-- dass der Benutzer das Browserfenster schließt, ohne sich -->
    <!-- korrekt abzumelden, oder dass möglicherweise ein JavaScript- -->
    <!-- Fehler aufgetreten ist, der die Ajax-Anfrage-Timer gestoppt -->
    <!-- hat. Anmerkung: Dies wurde ursprünglich in einem -->
    <!-- SessionListener erledigt, aber wegen Problemen mit einigen -->
    <!-- Containern musste dies so gelöst werden. -->
    <userInactivitySeconds>15</userInactivitySeconds>

</config>
```

Listing 9.8:   `app-config.xml` von AjaxChat

Die Kommentare erläutern den Zweck der Elemente hinreichend; ich muss mich also nicht wiederholen.

rooms-config.xml

Listing 9.9 zeigt die Datei `rooms-config.xml`.

```
<rooms>
<room name="Allgemeine Themen" />
<room name="Programmierung" />
<room name="Filme" />
<room name="Musik" />
<room name="Fernsehen" />
</rooms>
```

Listing 9.9:   `rooms-config.xml` von AjaxChat

Diese Datei enthält nur eine Liste mit den verfügbaren Chatrooms im XML-Format. Jeder Eintrag besteht nur aus dem Namen des Raums.

index.jsp

Nun zu den JSPs von AjaxChat. Ich bin ein großer Verfechter der Einfachheit und arbeite mit so wenigen Quelldateien wie möglich. Deshalb gibt es insgesamt nur drei JSPs. Ich beginne mit `index.jsp`.

Die meisten Elemente haben Sie bereits in dem einfachen Struts-Beispiel kennen gelernt. Beachten Sie, wie der Seitentitel und die beiden Textblöcke am Anfang der Seite mit JSTL angezeigt werden. Dann folgt dieser Abschnitt:

```
<logic:messagesPresent>
  <font color="#ff0000">
    <html:messages id="error">
      <bean:write name="error" />
    </html:messages>
  </font>
  <br/><br/>
</logic:messagesPresent>
```

Struts enthält Funktionen, um Nachrichten an den Client zurückzugeben. Zu diesem Zweck werden die Nachrichten unter einem bekannten Anfrageattribut-Schlüssel eingefügt. Statt nun dieses Attribut selbst abzurufen, um zu prüfen, ob Nachrichten zurückgegeben wurden, können Sie das Tag `<logic:messagesPresent>` verwenden, das seinen eingeschlossen Inhalt nur darstellt, wenn Nachrichten vorliegen. `<html:messages>` durchläuft alle Nachrichten und zeigt sie an. Hier soll es Fehler anzeigen. Das Wort `error` ist in Struts bekannt. Das Tag `<bean:write>` schreibt die Fehlernachricht.

Diese Seite enthält ein einziges Formular, in dem der Benutzer seinen Benutzernamen eingeben kann. Hier wird ein hübscher Trick angewendet:

```
<html:submit styleClass="cssButton">
  <fmt:message key="labels.loginButton" />
</html:submit>
```

Da ein anwendungsspezifisches Tag nicht in ein anderes eingebettet werden kann, funktioniert der folgende Code nicht:

```
<html:submit styleClass="cssButton"
 value="<fmt:message key="labels.loginButton" />" />
```

Dieser Code wird nicht interpretiert, sondern löst eine Ausnahme aus. Die Lösung besteht darin, die Tatsache zu nutzen, dass ein `<submit>`-Tag Text einschließen kann, der als Wert (d.h. als Label des Buttons) interpretiert wird. Auf diese Weise können Sie trotzdem die Ressourcendatei zur Internationalisierung der Nachrichten verwenden.

lobby.jsp

Die nächste JSP ist `lobby.jsp`. Ich möchte zuerst die Auszeichnungen beschreiben, weil dies einfacher ist. Zunächst werden am Anfang eine Überschrift und die Version der Anwendung angezeigt. Es folgt eine Nachricht für den Benutzer. Danach steht das folgende `<div>`-Element mit der `id="roomList"`:

```
<div id="roomList">
  <c:forEach var="roomName" items="${LobbyActionForm.rooms}">
    <a href="<c:url value="joinRoom.do">
      <c:param name="name" value="${roomName}" /></c:url>">
      <c:out value="${roomName}" />
    </a>
    <br/>
  </c:forEach>
</div>
<br/>
```

Hier werden einige neue JSTL-Tags eingeführt. Das erste ist das `<c:forEach>`-Tag. Es akzeptiert in seinem `items`-Attribut einen Ausdruck der EL (Expression Language), der es anweist, über alle Bereiche (hier die Anfragebereiche) eine Bean namens `LobbyActionForm` zu suchen und über die darin enthaltene `rooms`-Collection zu iterieren (die hier aus einem einfachen Java `String` besteht) und jedes Element in dieser Sammlung unter den Namen `roomName` zurückzugeben. Falls die `rooms`-Collection stattdessen eine Sammlung von RoomDTO-Objekten enthalten würde, hätte ich das `var`-Attribut auf `room` setzen und dann später die einzelnen Eigenschaften des Objektes durch Modifikation der EL-Ausdrücke referenzieren können. Doch hier liegt nur ein `String` vor, aus dem mit `<c:url>` ein URL konstruiert wird, den der Benutzer anklicken kann, um den Raum zu betreten. An den URL muss ein Parameter namens `name` mit dem Namen des Raums als Abfragestring angehängt werden. Da die Namen von Räumen Leerzeichen oder andere (für einen URL) problematische Zeichen enthalten können, ist es sinnvoller, innerhalb des `<c:url>`-Tags das `<c:param>`-Tag zu verwenden, da es den Parameter entsprechend codiert. Mit dem `<c:out>`-Tag wird der bezeichnete Wert schließlich ausgegeben. Hier wird das Tag mit einem EL-Ausdruck angewiesen, die Variable `roomName` auszugeben, die den Namen des Raums enthält. Nur zur Verdeutlichung (insbesondere falls JSTL für Sie neu ist): Falls die Sammlung nicht einfache `Strings`, sondern RoomDTO-Objekte enthielte und `var` den Wert `room` hätte, könnte der EL-Ausdruck stattdessen `${room.roomName}` lauten, um die `roomName`-Eigenschaft des aktuellen RoomDTO-Objekts zu referenzieren, das in der Variablen `room` enthalten ist.

Bemerkenswert ist, dass dieser ganze Abschnitt nur wichtig ist, wenn die Seite zum ersten Mal angezeigt wird. Danach werden die Inhalte des `<div>`-Elements mit einem periodischen Ajax-Ereignis überschrieben. Die Ausgabe ist im Wesentlichen dieselbe und enthält zusätzlich nur die Anzahl der Teilnehmer des jeweiligen Raums; doch sie wird mit einer Struts-`Action` und nicht wie hier mit JSTL geschrieben.

Damit sind die Auszeichnungen komplett. Nun zum JavaScript-Code der Seite. Der Code beginnt mit einigen seitenweit gültigen Variablen (siehe Tabelle 9.3).

Variable	Beschreibung
assureUnique	Der Internet Explorer ist bei GET-Anfragen vielleicht ein wenig zu aggressiv, was die Zwischenspeicherung (das Caching) angeht. Falls der URL identisch ist, verwendet der IE ein zuvor zwischengespeichertes Ergebnis (falls vorhanden). Hier würde dies bedeuten, dass die Teilnehmerzahlen nach der ersten Anfrage nicht mehr aktualisiert würden. Um dies zu vermeiden, wird an den angeforderten URL ein Parameter angehängt, der ihn bei jeder Anfrage eindeutig macht, um so dieses Problem zu vermeiden.

Tabelle 9.3: Die seitenweit gültigen Variablen in `lobby.jsp`

Variable	Beschreibung
xhrLobbyUpdateStats	Eine Referenz auf das XMLHttpRequest-Objekt, das bei den periodischen Ajax-Anfragen zur Aktualisierung der Teilnehmerzahlen verwendet wird
timerLobbyUpdateStats	Eine Referenz auf den Timer, der die periodischen Ajax-Anfragen zur Aktualisierung der Teilnehmerzahlen auslöst
lobbyUpdateStatsDelay	Die Anzahl der Millisekunden zwischen Aktualisierungsanfragen. Die Voreinstellung beträgt zwei Sekunden (2.000 Millisekunden).
sendAjaxRequest	Wenn der Benutzer den ABMELDEN-Button anklickt, ist es möglich, dass ein Ajax-Ereignis ausgelöst wird, nachdem die Sitzung geschlossen wurde, was eine Ausnahme auslösen würde. Deshalb wird diese Variable beim Anklicken des ABMELDEN-Buttons auf false gesetzt, damit danach keine Ajax-Ereignisse mehr ausgelöst werden.

Tabelle 9.3: Die seitenweit gültigen Variablen in lobby.jsp (Forts.)

Beim Laden der Seite wird die init()-Funktion aufgerufen. Sie hat allein den Zweck, den Timer zu starten, der die periodischen Anfragen zur Aktualisierung der Teilnehmerzahlen auslöst. Der Timer zeigt auf die Funktion lobbyUpdateStats():

```
/**
 * Die Anzahl der Teilnehmer in einem Raum mit einer AJAX-Anfrage
 * abrufen; diese Funktion wird durch den timerLobbyUpdateStats-Timer
 * ausgelöst. Die Abfrage erfolgt periodisch, solange sich der
 * Benutzer in der Lobby befindet.
 */
function lobbyUpdateStats() {

  // Ein neues Ereignis nur auslösen, wenn das vorangegangene
  // fertig ist oder wenn das XMLHttpRequest-Objekt nicht
  // initialisiert oder noch nicht instanziert worden ist.
  if (xhrLobbyUpdateStats == null ||
    xhrLobbyUpdateStats.readyState == 0 ||
    xhrLobbyUpdateStats.readyState == 4) {
    // Das XMLHttpRequest-Objekt je nach Browser erstellen
    try {
      if (window.XMLHttpRequest){
        xhrLobbyUpdateStats = new XMLHttpRequest();
      } else {
        xhrLobbyUpdateStats =
          new ActiveXObject('Microsoft.XMLHTTP');
      }
      // Die JavaScript-Funktion setzen, die als Callback
      // für die Ereignisse dient, die die Instanz auslöst
      xhrLobbyUpdateStats.onreadystatechange =
        lobbyUpdateStatsHandler;
      // Den Ziel-URL der Anfrage setzen; an den URL wird ein Wert
```

```
      // angehängt, der ihn eindeutig macht, um Caching-Probleme
      // im IE zu vermeiden.
      target = "<html:rewrite action="ajaxLobbyUpdateStats" />" +
        "?assureUnique=" + assureUnique++;
      // Ein kleineres Problem
      if (sendAJAXRequest) {
        xhrLobbyUpdateStats.open("get", target, true);
        xhrLobbyUpdateStats.send(null);
      }
    } catch(e) {
      alert("Fehler in lobbyUpdateStats() - " + e.message);
    }
  }
  // Den Timer unabhängig von den obigen Ereignissen neu starten
  timerLobbyUpdateStats = setTimeout("lobbyUpdateStats()",
    lobbyUpdateStatsDelay);

} // Ende lobbyUpdateStats()
```

Zunächst wird der Status der vorangegangenen Ajax-Anfrage geprüft (falls vorhanden). Wenn eine Anfrage ausgelöst worden wäre, wäre xhrLobbyUpdateStats nicht null. Hier soll sichergestellt werden, dass die Anfrage abgeschlossen wurde oder dass keine Anfrage erfolgt ist. Nur dann sollte ein neues Ereignis ausgelöst werden.

Danach wird auf die bekannte Weise ein neues XMLHttpRequest-Objekt instanziert. Die Funktion lobbyUpdateStatsHandler wird ihm als Callback-Funktion zugewiesen und der URL entsprechend gesetzt, und zwar mit einem Struts-Tag aus der HTML-Taglib: <html:rewrite>. Es generiert den passenden URL anhand eines gegebenen Action-Mappings und berücksichtigt dabei den Kontext, die aktuelle Position der Seite usw. Außerdem wird der Abfragestring-Parameter assureUnique angehängt, um den URL wegen der Caching-Probleme im IE eindeutig zu machen.

Wenn die Variable sendAjaxRequest den Wert true hat, wird danach die Anfrage ausgelöst. Die Variable wird so spät wie möglich geprüft, um etwaige Konflikte mit dem Anklicken des ABMELDEN-Buttons durch den Benutzer zu vermeiden, bei dem ebenfalls ein Ajax-Ereignis ausgelöst und die Variable sendAJAXRequest auf false gesetzt wird. Liegen das Ajax-Abmelde- und das Ajax-Update-Ereignis zeitlich ungünstig dicht beisammen, könnte die Sitzung bereits geschlossen worden sein, bevor die Ajax-Update-Anfrage auf dem Server eintrifft, was eine Ausnahme auslösen würde. Technisch ist dies zwar auch hier immer noch möglich; doch wenn die Variable an diesem Punkt und nicht früher in der Funktion geprüft wird, wird die Gefahr, dass dies passiert, so weit wie möglich verringert.

Damit das nächste Ajax-Ereignis ausgelöst werden kann, wird schließlich der Timer neu gestartet, und zwar unabhängig davon, ob die Anfrage gesendet wurde, um eine kontinuierliche Schleife von (zumindest potenziellen) Anfragen zu erzeugen.

Wenn die Ajax-Anfrage zurückkehrt, übernimmt die Funktion lobbyUpdateStatsHandler() die Kontrolle:

```
/**
 * Der Ajax-Callback-Handler, der die Anzeige aktualisiert
 */
```

```
function lobbyUpdateStatsHandler() {

  if (xhrLobbyUpdateStats.readyState == 4) {
    if (xhrLobbyUpdateStats.status == 200) {
      // Den zurückgegebenen XML-Code parsen und HTML-Code generieren
      newHTML = "";
      msgDOM  = xhrLobbyUpdateStats.responseXML;
      root    = msgDOM.getElementsByTagName("rooms")[0];
      rooms   = root.getElementsByTagName("room");
      for (i = 0; i < rooms.length; i++) {
        room = rooms[i];
        roomName = room.getAttribute("name");
        users = room.getAttribute("users");
        url = "<a href=\"<c:url value="joinRoom.do?name=" />";
        newHTML += url + escape(roomName) + "\">" +
          roomName + "</a>";
        newHTML += " (" + users + ")<br/>";
      }
      // Die Anzeige aktualisieren
      objRoomList = document.getElementById("roomList");
      objRoomList.innerHTML = newHTML;
    } else {
      alert("Error in lobbyUpdateStatsHandler() - " +
        xhrLobbyUpdateStats.status);
    }
  }

} // Ende lobbyUpdateStatsHandler()
```

Zuerst wird geprüft, ob die Anfrage erfolgreich zurückgekehrt ist. Diese Funktion wird während der Anfrage mehrfach aufgerufen, aber wirklich interessant ist nur ihr erfolgreicher Abschluss. Die Antwort besteht aus XML-Code in folgender Form:

```
<rooms>
  <room name="xxx" users="yyy" />
</rooms>
```

Diesen Code zu parsen, ist einfach. Über die responseXML-Eigenschaft von XMLHttpRequest wird eine Referenz auf das XML-DOM abgerufen. Dann wird der Root-Knoten (rooms) und von dort die Sammlung der <room>-Elemente abgefragt. Eine Iteration über diese Sammlung liefert die Attribute name und users, mit denen der entsprechende HTML-Code generiert wird.

Beachten Sie, wie das <c:url>-Tag hier verwendet wird. Für den Fall, dass Cookies deaktiviert sind, wird der URL mit der Sitzungs-ID neu geschrieben. Achtung: Dieser Code wird ausgeführt, wenn die Seite generiert wird, *nicht,* wenn die Funktion auf dem Client aufgerufen wird.

Im Gegensatz zu dem <c:url>-Tag muss der Raumname hier manuell codiert werden, da auf dem Client keine anwendungsspezifischen Tags ausgeführt werden können und der Raumname an dieser Stelle (clientseitig) und nicht bei der Generierung der Seite (serverseitig) benötigt wird. Deshalb können hier keine (serverseitig ausgeführten) JSTL- und Struts-Tags verwendet werden, obwohl die Auszeichnungen ähnlich sind (der einzige Unterschied ist hier die zusätzliche Teilnehmerzahl). Stattdessen werden einfache String-Manipulationen ausgeführt, und der Raumname wird für den URL mit der eingebauten `escape()`-Funktion von JavaScript codiert. JavaScript verfügt auch über eine entsprechende `unescape()`-Funktion, um die Codierung rückgängig zu machen.

Nachdem der Auszeichnungsstring fertig ist, wird das `<div>`-Element `roomList` aktualisiert. Damit ist die Aufgabe gelöst! Falls der Server keinen Erfolg zurückmeldet, wird eine entsprechende Fehlermeldung angezeigt. Diese Fehlerbehandlung ist nicht besonders robust, aber hinreichend. Ein Nicht-200-HTTP-Ergebnis wäre wahrscheinlich sowieso nicht behebbar, weshalb es nicht notwendig ist, Fehler aufwändiger zu behandeln.

room.jsp

Schließlich komme ich zu der Seite für den Chatroom selbst, `room.jsp`. Zunächst möchte ich wieder die Auszeichnungen beschreiben. Im Wesentlichen bestehen sie aus normalem HTML-Code mit einigen eingestreuten JSTL-Tags, um Inhalte einzufügen, weshalb Sie wahrscheinlich alleine damit zurechtkommen. Insgesamt hat die Seite eine Tabellenstruktur mit vier Zeilen. Die erste Zeile erstreckt sich über das ganze Fenster und zeigt den aktuellen Raum an. Die zweite Zeile enthält die Bereiche für den Chat-Verlauf und die Teilnehmerliste. Die Benutzerliste überspannt drei Zeilen, also den Rest des Fensters unter der Titelzeile. In der dritten Zeile stehen die Steuerelemente für den Benutzer; und die vierte Zeile enthält das Textfeld für die Benutzereingaben.

Die Titelzeile enthält ein interessantes Element:

```
<c:out value="${roomName}" />
```

Es zeigt den Wert eines Objekts namens `roomName` an, das im Sitzungsbereich gültig ist und gesetzt wird, wenn der Benutzer einen Raum betritt. Es ist einfach ein `String`, der mit einem EL-Ausdruck angezeigt wird.

Vielleicht stutzen Sie bei dem folgenden Code:

```
<input type="button"
    value="<fmt:message key="labels.leaveRoomButton" />"
    class="cssButton" onClick="leaveRoom();" />
```

Stand nicht einige Seiten vorher, dass Tags nicht verschachtelt werden dürfen? Nun, dies gilt nur für *anwendungsspezifische* Tags. Hier wird jedoch ein JSTL-Tag in ein einfaches HTML-Tag eingebettet. Das funktioniert! Weiter vorne ging es um das `value`-Attribut eines `<html:submit>`-Tags von Struts, das nicht in ein JSTL-Tag eingebettet werden darf, weil es sich um zwei anwendungsspezifische Tags handelt, die der JSP-Interpreter interpretieren muss. Hier wird jedoch nur ein dynamischer Wert in einen statischen Text eingefügt, der zufällig ein HTML-Tag ist. Übrigens habe ich auch gestutzt, bevor ich mir diesen Unterschied klar machte!

Die beiden Vergrößerungsglas-Symbole sind mit Maus-Eventhandlern verbunden. Sie weisen dem Mauszeiger je nach Betriebssystem die Form einer Hand oder eines Zeigers zu, wenn er über den Symbolen steht, um dem Benutzer ein visuelles Feedback zu geben, dass diese Elemente interaktiv sind.

Schließlich möchte ich darauf hinweisen, dass die Farben für die Farbauswahl-Dropdowns eingebunden werden. Da beide `<select>`-Felder dieselben Werte enthalten, wird so redundanter Code vermieden.

Nun zu dem JavaScript-Code. Tabelle 9.4 zeigt seine seitenweit gültigen Variablen.

Variable	Beschreibung
AssureUniqueUsersInRoom	Analoge Variable zu assureUnique aus der lobby.jsp-Seite, mit der die Eindeutigkeit von Anfragen zur Aktualisierung der Teilnehmerliste eines Raums gewährleistet wird
assureUniqueGetMessages	Variable, mit der die Eindeutigkeit von Anfragen zum Abruf von Nachrichten gewährleistet wird
scrollChatFontSize	Die Schriftgröße für die Anzeige der Nachrichten im Chat-Verlauf
oldUserListHTML	Wenn eine aktualisierte Liste der Teilnehmer in einem Raum abgerufen wird, wird der HTML-Code in dieser Variablen gespeichert und mit dem HTML-Code der aktuell angezeigten Liste verglichen. Die neue Liste wird nur angezeigt, wenn die Werte verschieden sind, um das Flackern bei einigen Versionen von Firefox zu vermeiden. Die Anzeige flackert dann nur noch, wenn Teilnehmer den Raum betreten oder verlassen.
xhrListUsersInRoom	Das XMLHttpRequest-Objekt, mit dem die Teilnehmerliste eines Raums abgerufen wird
xhrGetMessages	Das XMLHttpRequest-Objekt, mit dem die Nachrichten abgerufen werden, die seit der letzten Abfrage in dem Raum veröffentlicht wurden
timerListUsersInRoom	Der Timer, mit dem die Aktualisierung der Teilnehmerliste periodisch ausgelöst wird
timerGetMessages	Der Timer, mit dem der Abruf der Nachrichten periodisch ausgelöst wird
listUsersInRoomDelay	Die Verzögerung zwischen Aktualisierungen der Teilnehmerliste (Voreinstellung: zwei Sekunden)
getMessagesDelay	Die Verzögerung zwischen Aktualisierungen der Nachrichten im Chat-Verlauf (Voreinstellung: eine Sekunde)

Tabelle 9.4: Die seitenweit gültigen Variablen in room.jsp

Das Room-Dialogfenster verfügt über zwei laufende Timer: einen zur Aktualisierung der in einem Raum veröffentlichten Nachrichten und ein zweiter zur Aktualisierung der Teilnehmerliste eines Raums. Beide Timer werden in der init()-Funktion als Reaktion auf das onLoad-Ereignis gestartet. Mehr tut die init()-Funktion nicht.

Mit der Funktion listUsersInRoom() wird die Aktualisierung der Timer der Teilnehmerliste gesteuert. Da die Funktion lobbyUpdateStats() und die Seite lobby.jsp praktisch identisch sind, werde ich hier nicht näher auf die Funktion eingehen. Dasselbe gilt für die Funktion getMessages(), die von dem anderen Timer gesteuert wird.

Die Funktion listUsersInRoomHandler() ist die Callback-Funktion für die Aktualisierung der Teilnehmerliste:

```
/**
 * Der Handler zur Aktualisierung der Teilnehmerliste eines Raums
 */
function listUsersInRoomHandler() {

  if (xhrListUsersInRoom.readyState == 4) {
    if (xhrListUsersInRoom.status == 200) {
      // Den zurückgegebenen XML-Code parsen und HTML-Code generieren
      newHTML = "";
      msgDOM  = xhrListUsersInRoom.responseXML;
      root    = msgDOM.getElementsByTagName("users")[0];
      users   = root.getElementsByTagName("user");
      for (i = 0; i < users.length; i++) {
        newHTML += users[i].getAttribute("name") + "<br/>";
      }
      // Die Anzeige aktualisieren
      if (oldUserListHTML != newHTML) {
        oldUserListHTML = newHTML;
        document.getElementById("userList").innerHTML = newHTML;
      }
    } else {
      alert("Fehler in listUsersInRoomHandler() - " +
        xhrListUsersInRoom.status);
    }
  }

} // Ende listUsersInRoomHandler()
```

Die Antwort besteht wieder aus XML-Code der Form:

```
<users>
  <user name="xxx" />
</users>
```

Um das Dokument zu parsen, werden zunächst das Root-Element und die Sammlung aller <users>-Elemente abgerufen. Dann wird über das erste Element dieses Arrays eine Sammlung aller <user>-Elemente abgerufen. Für jedes Element dieser Sammlung wird HTML-Code generiert, der hier nur aus dem Benutzernamen und einem Zeilenumbruch besteht.

Der konstruierte HTML-Code wird dann mit dem HTML-Code verglichen, der zuletzt in das <div>-Element userList eingefügt wurde und sich in der Variablen oldUserListHTML befindet, in der er bei der letzten Aktualisierung des <div>-Elements gespeichert wurde. Warum wird diese Variable benötigt und nicht einfach die innerHTML-Eigenschaft des <div>-

Elements abgerufen? Einige Browser geben für dieses Attribut einen Wert zurück, der nicht genau dem entspricht, was sie eingefügt haben. Der Browser kann den Text geringfügig ändern (was keinen Einfluss auf die Anzeige hat), etwa indem er Zeilenumbrüche einfügt oder entfernt. In diesem Fall würde der Vergleich immer den Wert `false` liefern und das `<div>`-Element häufiger aktualisiert werden, als es erforderlich wäre. Wenn `oldUser-ListHTML` mit dem neuen HTML-Code identisch ist, muss das `<div>`-Element nicht aktualisiert werden. Die Aktualisierung bewirkt, zumindest in älteren Versionen von Firefox, ein Flackern, das durch diesen Code eigentlich vermindert werden soll. Wenn der HTML-Code fertig ist und sich von dem alten unterscheidet, wird er der `innerHTML`-Eigenschaft des `<div>`-Elements `userList` zugewiesen. Damit wird die Teilnehmerliste aktualisiert!

Die Funktion `getMessagesHandler()` ist der Callback-Handler für die Aktualisierung der Nachrichten in einem Raum. Dies ist der bei weitem umfangreichste und komplexeste Java-Script-Code in dieser Anwendung. Dennoch ist sein Ablauf sehr typisch: ein XML-Dokument abrufen; eine Sammlung eines Satzes von Tags abrufen; über die Sammlung iterieren und HTML-Code für die Elemente konstruieren; und dann den HTML-Code in ein `<div>`-Element einfügen. Der XML-Code, den der Server zurückgibt, hat folgende Form:

```
<messages>
  <message>
    <postedBy>xxx</postedBy>
    <postedDateTime>yyyy</postedDateTime>
    <msgText>zzzz</msgText>
  </message>
</messages>
```

Wie üblich werden zunächst das Root-Element (`<messages>`) und dann eine Sammlung aller `<message>`-Elemente abgerufen. Dann beginnt die Iteration.

Bei der Konstruktion des HTML-Codes für die Elemente wird die `getElementsByTagName()`-Funktion verwendet. Ein Beispiel:

```
postedBy = message.getElementsByTagName("postedBy")[0].firstChild.nodeValue;
```

Die Variable `message` referenziert das `<message>`-Element, das gerade bearbeitet wird. Mit dem gezeigten Befehl wird die Sammlung aller `<postedBy>`-Elemente unter diesem `<message>`-Element abgerufen. Er gibt ein Array zurück, das (wie wir wissen) nur ein Element enthält. Der gesuchte Wert befindet sich in der `nodeValue`-Eigenschaft der `firstChild`-Eigenschaft des ersten `<postedBy>`-Elements dieses Arrays. Zugegeben – etwas umständlich, aber so ist das Parsen von XML in JavaScript ohne Library!

Auf diese Weise werden alle Elemente unter `<message>` abgearbeitet. Zur Erinnerung: Die Nachrichten des Benutzers unterscheiden sich farblich von den Nachrichten der anderen Teilnehmer. Hier ist der entsprechende Code:

```
txtColor = "";
if (postedBy == "<c:out value="${user.username}" />") {
  txtColor = document.getElementById("yourColor").value;
} else {
  txtColor = document.getElementById("theirColor").value;
```

```
        }
        newHTML += "<font color=\"" + txtColor + "\">" +
        "[" + postedDateTime + "] " + postedBy + ": " + msgText +
        "</font><br/>";
```

Hier wird ein weiteres JSTL-Tag verwendet, das nur das `username`-Feld des `user`-Objekts im Sitzungsbereich ausgibt. Wie bei dem `<c:url>`-Tag weiter vorne erfolgt die Auswertung serverseitig bei der Generierung der Seite, was bedeutet, dass bei dem clientseitigen Vergleich mit `postedBy` ein statischer String verwendet wird. Dabei wird der Benutzername der Person, die die Nachricht veröffentlicht hat, mit dem des aktuellen Benutzers verglichen und die Farbe auf den in dem Farb-Dropdown gewählten Wert gesetzt.

Schließlich möchte ich noch den folgenden Codeabschnitt dieser Funktion zeigen:

```
        // Die Anzeige aktualisieren;
        // bei der ersten Anzeige soll alles Vorhandene komplett
        // überschrieben werden (nur  ); später sollen
        // neue Nachrichten an die vorhandenen angehängt werden.
        // Damit soll verhindert werden, dass der Rahmen
        // zusammengeschoben wird.
        objChatScroll = document.getElementById("chatScroll");
        if (newHTML != "") {
          if (objChatScroll.innerHTML == " ") {
            objChatScroll.innerHTML = newHTML;
          } else {
            objChatScroll.innerHTML += newHTML;
          }
        }
        // Immer zum Ende gehen
        objChatScroll.scrollTop = 1000000;
```

Wenn die Seite zum ersten Mal angezeigt wird, enthält der Chat-Verlauf nur ein nicht umbrechendes Leerzeichen ( ), das bei der ersten Aktualisierung dieses Fensterbereiches überschrieben werden muss. Danach soll der HTML-Code jedoch immer an den bereits angezeigten angehängt werden, damit ein echter Verlauf entsteht. Deshalb wird der aktuelle Wert dieses Bereiches geprüft. Enthält er , wird er überschrieben; andernfalls wird der HTML-Code angehängt. Zuletzt wird die `scrollTop`-Eigenschaft des Verlaufsbereiches so aktualisiert, dass immer die neuesten Nachrichten am Ende der Liste sichtbar sind.

Danach folgt die Methode `leaveRoom()`, mit der der Raum verlassen wird, wenn der Benutzer den VERLASSEN-Button anklickt. Sie setzt einfach die `location`-Eigenschaft des Fensters, um den Benutzer zurück zu dem Lobby-Dialogfenster zu bringen. Mit dem Struts-Tag `<html:rewrite>` wird der entsprechende URL abgerufen; es greift auf das Action-Mapping `leaveRoom` zu. Schön, dass Sie den URL nicht selbst schreiben müssen, nicht wahr? Doch was wichtiger ist: Wenn Sie Ihre Seiten umordnen und die Action-Mappings ändern, sorgt Struts für die richtigen Zuordnungen. Solange Sie den Mapping-Namen nicht ändern, müssen Sie die JSP nicht ändern.

Die folgende Funktion, `clearHistory()`, setzt einfach die `innerHTML`-Eigenschaft des Chat-Verlaufs auf , wodurch der Ausgangszustand simuliert wird. Die Funktion wird nach dem Anklicken des VERLAUF LÖSCHEN-Buttons aufgerufen.

Die Funktion `fullTrim()` ist eine Hilfsfunktion, die alle Leerzeichen am Anfang und Ende eines Strings entfernt und das Ergebnis zurückgibt. Mit ihrer Hilfe wird beim Posten einer Nachricht geprüft, ob der Benutzer tatsächlich etwas eingegeben hat.

Die Funktion `postMessage()` wird aufgerufen, wenn der Benutzer den ABSENDEN-Button anklickt. Sie erstellt eine neue Instanz von `XMLHttpRequest` und sendet damit den Eingabetext des Benutzers als Parameter des Abfragestrings. Natürlich verwendet sie die `escape()`-Funktion, um den String für den URL korrekt zu kodieren. Nachdem die Nachricht gesendet worden ist, wird das Eingabetextfeld gelöscht und erhält dann wieder den Fokus. Dies entspricht der Arbeitsweise der meisten Chat-Clients und damit wahrscheinlich auch den Erwartungen des Benutzers. Die neue Nachricht wird nicht manuell in den Verlauf des Clients eingefügt, sondern erscheint automatisch nach der nächsten Aktualisierungsabfrage. Dadurch werden einige Synchronisationsprobleme einfach umgangen; und zugleich wird sichergestellt, dass die Nachricht tatsächlich in dem Raum veröffentlicht wird.

Mit den beiden letzten Funktionen, `increaseChatScrollFontSize()` und `decrease-ChatScrollFontSize()`, können Sie die Schriftgröße in dem Chat-Verlauf vergrößern bzw. verkleinern. Sie verändern den Wert der Variablen `scrollChatFontSize` jeweils in beide Richtungen und vergleichen dann den neuen Wert mit der Untergrenze (8) und der Obergrenze (48) der Schriftgröße. Schließlich setzen sie die `fontSize`-Eigenschaft des `style`-Objekts des `<div>`-Elements `chatScroll` auf den neuen Wert. Dabei hängen sie die Endung `pt` an den Wert an. Diese Endung ist in Firefox erforderlich, im IE nicht, obwohl sie auch dort funktioniert; deshalb arbeitet diese Funktion zur Schriftgrößenänderung browserübergreifend.

AjaxChat verwendet ein Stylesheet namens `styles.css`, das sich im Unterverzeichnis `/css` befindet. Es ist recht unkompliziert, weshalb ich hier nicht im Detail darauf eingehe. Interessant ist jedoch das `overflow`-Attribut in den Klassen `cssRoomUserList` und `cssRoomChat-Scroll`. Wird dieses Attribut auf `scroll` gesetzt, dann wird das `<div>`-Element mit Scrollbars (Bildlaufleisten) versehen, wenn sein Inhalt größer als seine Fläche ist.

Schließlich ist für die Präsentation noch eine Datei wichtig: `color_options.inc` im Unterverzeichnis `/inc`. Sie enthält die Auszeichnungen für alle Optionen in den Dropdown-Feldern zur Farbauswahl. Hier ist ein Ausschnitt:

```
<option value="#f0f8ff" style="color:#f0f8ff;">Alice Blue</option>
<option value="#faebd7" style="color:#faebd7;">Antique White</option>
<option value="#00ffff" style="color:#00ffff;">Aqua</option>
<option value="#7fffd4" style="color:#7fffd4;">Aquamarine</option>
<option value="#f0ffff" style="color:#f0ffff;">Azure</option>
```

9.4.2 Der serverseitige Code

Nachdem ich alle Dateien beschrieben habe, mit denen AjaxChat clientseitig präsentiert wird, möchte ich mit dem serverseitigen Code weitermachen. Ich beginne mit einer einfachen Klasse: `AjaxChatConfig`.

AjaxChatConfig.java

`AjaxChatConfig` ist eine typische JavaBean mit Feldern, die den möglichen Parametern in `app-config.xml` entsprechen. Sie enthält auch meine typische `toString()`-Methode, die ich in den meisten Beans verwende:

```
/**
 * Überschriebene toString-Methode
 *
 * @return Eine reflexiv konstruierte String-Repräsentation dieser Bean
 */
public String toString() {

  String str = null;
  StringBuffer sb = new StringBuffer(1000);
  sb.append("[" + super.toString() + "]={");
  boolean firstPropertyDisplayed = false;
  try {
    Field[] fields = this.getClass().getDeclaredFields();
    for (int i = 0; i < fields.length; i++) {
      if (firstPropertyDisplayed) {
        sb.append(", ");
      } else {
        firstPropertyDisplayed = true;
      }
      sb.append(fields[i].getName() + "=" + fields[i].get(this));
    }
    sb.append("}");
    str = sb.toString().trim();
  } catch (IllegalAccessException iae) {
    iae.printStackTrace();
  }
  return str;

} // Ende toString()
```

Dieser Code zeigt den Inhalt der Bean per Reflection an, was besonders beim Debuggen hilfreich ist. Beachten Sie, dass alle Felder und Accessor-Methoden statisch sind. Auf diese Weise können Sie leicht einen »globalen Speicher« einrichten. Dagegen sind die Mutator-Methoden nicht statisch, weil die Felder dieser Objekte mit Commons Digester gesetzt werden und es für Digester erforderlich ist, dass die Objekte instanziert werden können.

LobbyActionForm.java (und im Wesentlichen alle ActionForms)

AjaxChat enthält ein einziges ActionForm: LobbyActionForm. Sie erinnern sich, dass ein Struts-ActionForm eigentlich nur eine einfache JavaBean ist, die von einer speziellen Klasse (ActionForm) abgeleitet ist. Ähnlich wie das AjaxChatConfig-Objekt ist es nur eine Sammlung von Feldern, Accessor- und Mutator-Methoden. Außerdem enthält die Klasse die oben beschriebene toString()-Methode.

MessageDTO.java

In AjaxChat werden die Daten mit drei DTOs übertragen. Das erste ist MessageDTO.

Das postedBy-Datenelement ist vom Typ UserDTO (siehe unten). Das MessageDTO enthält alle Daten über eine Nachricht, die in einem Chatroom veröffentlicht wird, darunter den

Namen des Autors, Datum und Uhrzeit (Datetime) der Veröffentlichung und natürlich den Text der Nachricht. Sonst ist es eine einfache, typische JavaBean.

RoomDTO.java

Das nächste Datentransferobjekt, RoomDTO, leistet etwas mehr als die anderen DTOs, weil beim Start von AjaxChat für jeden konfigurierten Raum ein Objekt dieser Klasse instanziert und in dem AjaxChatDAO (siehe weiter unten) gespeichert wird. Es ist nicht einfach ein Container für Daten wie die meisten anderen DTOs, sondern eher ein Domain-Objekt, weil es auch funktionalen Code enthält. Beispielsweise wird die addUser()-Methode ausgeführt, wenn ein Benutzer den Raum betritt:

```
/**
 * Einen Benutzer zu der Teilnehmerliste des Raums hinzufügen;
 * Doppeleinträge SIND NICHT MÖGLICH.
 *
 * @param inUser Der hinzuzufügende Benutzer
 */
public void addUser(UserDTO inUser) {

  if (log.isDebugEnabled()) {
    log.debug("RoomDTO addUser()...");
  }
  boolean userAlreadyInRoom = false;
  for (Iterator it = users.iterator(); it.hasNext();) {
    UserDTO user = (UserDTO)it.next();
    if (user.getUsername().equalsIgnoreCase(inUser.getUsername())) {
      userAlreadyInRoom = true;
    }
  }
  if (!userAlreadyInRoom) {
    if (log.isDebugEnabled()) {
      log.info("Adding user to room: " + inUser);
    }
    users.add(inUser);
    Collections.sort(users);
  }

} // Ende addUser
```

Diese Methode prüft, ob sich der Benutzer bereits in dem Raum befindet und lässt Doppeleinträge natürlich nicht zu. Im normalen Ablauf sollte dies nicht vorkommen. Die Prüfung erfolgt dennoch, weil es unter zeitlich sehr ungewöhnlichen und unwahrscheinlichen Umständen theoretisch doch zu einem Doppeleintrag kommen könnte. Diese Methode sortiert auch die Teilnehmerliste alphabetisch neu, nachdem der Benutzer hinzugefügt worden ist, damit die Liste stets (d.h. auch bei Abfragen) sortiert ist.

Falls Sie Jakarta Commons Logging (JCL) noch nicht kennen: Die Protokollierung in JCL erfolgt mit folgendem Code:

```
if (log.isDebugEnabled()) {
  log.debug("RoomDTO addUser()...");
}
```

Die if-Prüfung am Anfang ist ein so genannter »*Code Guard*« (Codewächter). Manche Dinge sollten nur unter bestimmten Bedingungen protokolliert werden. Ein Kriterium ist die Art der Ausführung einer Anwendung. So sollen beispielsweise im »debug«-Modus andere und/oder mehr Befehle protokolliert werden als bei einer normalen Ausführung. Deshalb sollten Protokollierungsanweisungen im Allgemeinen in einen Code Guard eingehüllt werden, der prüft, auf welcher Protokollierungsstufe die Anwendung läuft.

Natürlich sind Code Guards mit einem gewissen Overhead verbunden, der bei der normalen Ausführung vermieden werden sollte. Interessanterweise gibt es dabei subtile Probleme! Die Funktion log.debug() aufzurufen, entspricht der Prüfung, die log.isDebugEnabled() ausführt. Deshalb ist die zweifache Prüfung eigentlich weniger effizient. Schauen Sie sich jedoch die folgende Logging-Anweisung an:

```
log.debug("User: " + UserDTO.getName() + ", Age: " + UserDTO.getAge());
```

Würde diese Anweisung ohne Code Guard ausgeführt, würde auch die Prüfung nur einmal erfolgen. Doch dabei gibt es folgendes Problem: Unabhängig davon, ob die Nachricht tatsächlich protokolliert wird – das heißt, ob die Prüfung true oder false ergibt –, wird die Stringverkettung, eine relativ teure Operation, immer zuerst ausgeführt. Das heißt, auch wenn die Anwendung gar nicht im Debugging-Modus läuft und die Nachricht gar nicht protokolliert wird, bleibt der Overhead der Stringverkettung; und dieser ist erheblich größer als der Overhead einer zweimaligen Prüfung der Protokollierungsstufe. Die Zeile in einen Code Guard einzuschließen, würde die Stringverkettung bei der normalen Ausführung vermeiden, das heißt, die Anwendung liefe effizienter.

Hier wäre allerdings kein Code Guard erforderlich; denn es gibt keine aufwändige Stringverkettung. Doch im Allgemeinen ist es sinnvoll, mit Code Guards zu arbeiten; der Preis ist relativ gering; und Sie können die Protokollierungsbefehle innerhalb des Code Guards leicht erweitern, ohne dass die Normalausführung darunter leiden müsste. Alternativ müssten Sie bei jedem Protokollierungsbefehl die Konsequenzen bedenken – ob sich das lohnt?

Die Methode getMessages() ist eine weitere Stelle, an der mehr passiert als in einem typischen DTO:

```
/**
 * Alle Nachrichten nach einem bestimmten Zeitpunkt abrufen
 *
 * @param  inDateTime  Der Zeitpunkt, von dem an alle Nachrichten
 *                     zurückgegeben werden sollen
 * @return             Nachrichtenliste
 */
public Vector getMessages(Date inDateTime) {

  if (log.isDebugEnabled()) {
    log.debug("RoomDTO getMessages()...");
  }
  // Die Nachrichtenliste des Raums nach Nachrichten durchsuchen,
```

```
// die nach dem angegebenen Zeitpunkt veröffentlicht wurden,
// und diese zu der Rückgabeliste hinzufügen
Vector al = new Vector();
for (Iterator it = messages.iterator(); it.hasNext();) {
  MessageDTO message = (MessageDTO)it.next();
  if (message.getPostedDateTime().after(inDateTime)) {
    if (log.isDebugEnabled()) {
      log.debug("Returning message: " + message);
    }
    al.add(message);
  }
}
return al;

} // Ende getMessages
```

Wenn der Client eine Aktualisierung des Chat-Verlaufs anfordert, wird diese Methode aufgerufen. Sie ruft Datum und Uhrzeit der letzten derartigen Anfrage ab und gibt nur die Nachrichten zurück, die nach diesem Zeitpunkt veröffentlicht wurden.

Schließlich ist noch die Methode postMessage() interessant:

```
/**
 * Eine Nachricht in dem Raum veröffentlichen
 *
 * @param inMessage Ein MessageDTO-Objekt mit allen Nachrichtendetails
 */
public void postMessage(MessageDTO inMessage) {

  if (messages.size() > AjaxChatConfig.getMaxMessages()) {
    messages.clear();
  }
  messages.add(inMessage);

} // Ende addMessage
```

Wenn eine Nachricht im Raum veröffentlicht wird, wird geprüft, ob die Größe der Nachrichtensammlung des Raums ihre kritische Grenze überschritten hat, die in der Datei app-config.xml konfiguriert worden ist. Ist dies der Fall, wird der Verlauf gelöscht, um Speicher auf dem Server zu sparen. Sie können die Nachrichtensammlung in diesem DTO als Puffer mit einer begrenzten Kapazität auffassen, die auf 250 Nachrichten voreingestellt ist. Da der Nachrichtenverlauf im Sekundentakt aktualisiert wird und der Server immer nur die neuen Nachrichten seit der letzten Anfrage liefert, schien mir dieser Wert realistisch zu sein. Es müssten über 250 Nachrichten in einer Sekunde eintreffen, bevor eine Nachricht eines Benutzers »verloren ginge« (das heißt, nicht in dem Raum veröffentlicht würde), was recht unwahrscheinlich ist. Andererseits soll die Sammlung auch nicht grenzenlos wachsen können, um den Speicher nicht zu sehr zu belasten.

UserDTO.java

Das letzte DTO ist das UserDTO. Auch hier passiert nichts Besonderes. Die Klasse implementiert das Interface Comparable und muss deshalb die Methode compareTo() implementieren, mit der die Teilnehmerliste eines Raums sortiert wird. Diese Bean speichert den Benutzernamen sowie den Zeitpunkt der Ajax-Anfrage. So können die Nachrichten aus dem Chat-Verlauf bestimmt werden, die bei einer Aktualisierungsanfrage zurückgegeben werden sollen.

GetMessagesAction.java

Es geht weiter mit dem Action Package, das alle Struts-Aktionen der Anwendung enthält. Die erste Aktion ist die GetMessagesAction.

Zuerst wird eine Referenz auf die aktuelle Sitzung abgerufen. Dann wird die Sitzung synchronisiert, weil einige Container keine Thread-Sicherheit für das session-Objekt bieten, wie es von der Servlet-Spezifikation gefordert wird. Deshalb ist die Anwendung dafür verantwortlich, dass die Daten nicht korrumpiert werden. Danach wird das UserDTO-Objekt der Sitzung abgerufen. Sein lastAjaxRequest-Feld wird auf den aktuellen Zeitpunkt gesetzt. Dieses Attribut wird von dem UserClearerDaemonThread verwendet, um »inaktive« Benutzer aus einem Raum zu entfernen.

Außerdem werden der Name des Raums, in dem der Benutzer chattet, und das Attribut lastDateTime abgerufen, das den Zeitpunkt enthält, an dem die letzte Nachricht an den Client gesendet wurde. Mit diesen beiden Daten wird die getMessages()-Methode des AjaxChat-DAO-Objekts aufgerufen, die einen Vector mit Nachrichten zurückgibt.

Die Aktion iteriert über diesen Vector, konstruiert den XML-Code und fügt ihn zu der Antwort hinzu. Der Wert von postedDateTime wird bei jeder Nachricht gespeichert. Nachdem die letzte Nachricht verarbeitet worden ist, wird dieser Wert in session im Attribut lastDateTime gespeichert. Aufgrund dieses Wertes werden beim nächsten Aufruf dieser Aktion nur die Nachrichten zurückgegeben, die nach diesem Zeitpunkt veröffentlicht wurden.

```java
// Aus der Sammlung der abgerufenen Nachrichten
// den XML-Code generieren
StringBuffer xmlOut = new StringBuffer(4096);
xmlOut.append("<messages>");
for (Iterator it = messages.iterator(); it.hasNext();) {
  MessageDTO m = (MessageDTO)it.next();
  xmlOut.append("<message>");
  xmlOut.append("<postedBy>" +
    StringEscapeUtils.escapeXml(m.getPostedBy().getUsername()) +
    "</postedBy>");
  xmlOut.append("<postedDateTime>" +
    new SimpleDateFormat().format(m.getPostedDateTime()) +
    "</postedDateTime>");
  xmlOut.append("<msgText>" +
    StringEscapeUtils.escapeXml(m.getText()) + "</msgText>");
  xmlOut.append("</message>");
  lastDateTime = m.getPostedDateTime();
}
xmlOut.append("</messages>");
```

Am Ende wird `null` zurückgegeben, um Struts anzuzeigen, dass die Antwort fertig ist und keine Weiter- oder Umleitung erfolgen soll. Dies ist für eine `Action` typisch, die eine Ajax-Anfrage bearbeitet.

JoinRoomAction.java

Die nächste Struts-Aktion, `JoinRoomAction`, ist ziemlich einfach. Sie ruft den Namen des Raums ab, den der Benutzer in dem `LobbyActionForm` angeklickt hat, speichert ihn in der Sitzung und ruft die `addUserToRoom()`-Methode des `AjaxChatDAO`-Objekts auf, das die Schwerarbeit leistet. Dann gibt sie `showRoom` zurück, um den Benutzer zum Chatten auf die Seite `room.jsp` weiterzuleiten.

LeaveRoomAction.java

Die nächste Struts-Aktion, `LeaveRoomAction`, macht das Gegenteil von `JoinRoomAction`. Sie funktioniert im Wesentlichen wie diese, ruft aber die `removeUserFromRoom()`-Methode von `AjaxChatDAO` auf, um den Benutzer aus dem Raum zu entfernen.

ListUsersInRoomAction.java

Mit der nächsten Struts-Aktion, `ListUsersInRoomAction`, werden die Teilnehmer des Chatrooms abgerufen, in der sich der Benutzer gegenwärtig befindet. Sie wird als Reaktion auf eine Ajax-Anfrage aufgerufen, weshalb das Feld `lastAjaxRequest` in dem `UserDTO`-Objekt aktualisiert werden muss, damit der `UserClearedDaemonThread` den Benutzer nicht entfernt. Danach wird einfach der Name des Raums aus der Sitzung abgerufen und an die `getUserList()`-Methode des `AjaxChatDAO`-Objekts weitergegeben.

Diese Methode gibt einen `Vector` mit `UserDTO`-Objekten zurück, aus dem dann der XML-Code generiert wird. Diese Aktion gibt `null` zurück, damit Struts weiß, dass die Antwort komplett ist.

LobbyAction.java, LobbyUpdateStatsAction.java

Die Aktion `LobbyAction` wird ausgeführt, wenn die Lobby-Seite angezeigt wird. Bevor ich diese Klasse erkläre, möchte ich beschreiben, wie Commons Logging in AjaxChat verwendet wird. Jede Klasse erstellt eine statische Instanz von `Log`, die im gesamten Code für diverse Protokollnachrichten verwendet wird:

```
/**
 * Protokoll
 */
private static Log log = LogFactory.getLog(LobbyAction.class);
```

Commons Logging ist ein Package, das zwischen Ihrem Code und dem Code einer Logging-Anwendung wie etwa Log4J sitzt. Es schirmt Ihren Code von der zugrunde liegenden Logging-Implementierung ab. Das heißt, wenn Sie später J2EE Logging statt Log4J verwenden wollen, müssen Sie nicht Ihren Code, sondern nur die Konfiguration des Logging-Paketes ändern.

In `LobbyUpdateStatsAction` wird zunächst wieder das Feld `lastAjaxRequest` im `UserDTO` aktualisiert, weil diese Aktion eine weitere Ajax-Anfrage verarbeitet. Danach wird die `getRoomsUserCounts()`-Methode des `AjaxChatDAO`-Objekts aufgerufen, die eine `LinkedHashMap` zurückgibt. Diese Sammlung wurde ausgewählt, weil sie über eine definierte Iterationsreihenfolge verfügt und Sie zugleich wahlfrei über einen Schlüssel auf ihre Elemente zugreifen können.

Als Nächstes wird der XML-Code während einer Iteration konstruiert. Dabei wird die `escapeXml()`-Methode aus `StringEscapeUtils` verwendet. Dies ist eine Methode aus dem Commons Lang Package, die einen `String` erzeugt, der sicher in XML eingefügt werden kann – das heißt, bestimmte Zeichen werden durch Entity-Strings ersetzt. Diese Vorsichtsmaßnahme ist erforderlich, weil nicht sicher ist, welches Format die Entwickler für die Namen der Räume gewählt haben. Der fertige XML-Code wird in die Antwort eingefügt. Weil die Antwort damit komplett ist, wird `null` zurückgegeben.

LoginAction.java

Listing 9.10 zeigt die `LoginAction`-Klasse. Es lohnt sich, sie hier vollständig zu zeigen.

```
package com.apress.ajaxprojects.ajaxchat.action;


import java.util.Date;
import javax.servlet.http.HttpServletRequest;
import javax.servlet.http.HttpServletResponse;
import javax.servlet.http.HttpSession;
import org.apache.commons.logging.Log;
import org.apache.commons.logging.LogFactory;
import org.apache.struts.action.Action;
import org.apache.struts.action.ActionForm;
import org.apache.struts.action.ActionForward;
import org.apache.struts.action.ActionMapping;
import org.apache.struts.action.ActionMessage;
import org.apache.struts.action.ActionMessages;
import com.apress.ajaxprojects.ajaxchat.dao.AjaxChatDAO;
import com.apress.ajaxprojects.ajaxchat.dto.UserDTO;
import com.apress.ajaxprojects.ajaxchat.filter.SessionCheckerFilter;


/**
 * Dies ist eine Struts-Aktion, die aufgerufen wird, wenn der
 * Benutzer den 'Anmelden'-Button im Startdialogfenster anklickt.
 *
 * @author <a href="mailto:fzammetti@omnytex.com">Frank W. Zammetti</a>.
 */
public class LoginAction extends Action {


  /**
   * Protokoll
   */
  private static Log log = LogFactory.getLog(LoginAction.class);


  /**
   * Execute
   *
```

```
 * @param  mapping   ActionMapping
 * @param  inForm    ActionForm
 * @param  request   HttpServletRequest
 * @param  response  HttpServletResponse
 * @return           ActionForward
 * @throws Exception Für den Fehlerfall
 */
public ActionForward execute(ActionMapping mapping, ActionForm inForm,
  HttpServletRequest request, HttpServletResponse response)
  throws Exception {

  if (log.isDebugEnabled()) {
    log.debug("execute()...");
  }

  HttpSession session = request.getSession();
  if (log.isDebugEnabled()) {
    log.debug("session = " + session);
  }
  synchronized (session) {

    // Den eingegebenen Benutzernamen abrufen
    String username = (String)request.getParameter("username");
    if (log.isDebugEnabled()) {
      log.debug("username = " + username);
    }

    ActionForward af = null;
    if (session != null &&
      session.getAttribute(SessionCheckerFilter.LOGGED_IN_FLAG)
        != null) {
      // Der Benutzer ist bereits angemeldet; wahrscheinlich hat er
      // 'Aktualisieren' (des Browsers) angeklickt, während er in der
      // Lobby war. Deshalb wird die Lobby aufgerufen.
      if (log.isDebugEnabled()) {
        log.debug("User already logged in");
      }
      // Es gibt immer noch ein kleineres Problem ...
      // Falls der Benutzer zufällig angemeldet war und die Anwendung
      // neu gestartet wurde und die Sitzungen gespeichert wurden,
      // kann das Benutzerobjekt in 'session' den Wert 'null' haben.
      // Deshalb wird dies hier geprüft und das Benutzerobjekt bei
      // Bedarf erneut erstellt.
      if (session.getAttribute("user") == null) {
        if (log.isDebugEnabled()) {
          log.debug("Benutzerobjekt in Sitzung ist 'null'; " +
            " deshalb neu erstellen");
        }
        UserDTO user = new UserDTO(username);
        user.setLastAJAXRequest(new Date());
        session.setAttribute("user", user);
      }
      af = mapping.findForward("gotoLobby");
```

```
          } else {
            if (username == null || username.equalsIgnoreCase("")) {
              // Es wurde kein Benutzername eingegeben, also kein Einlass.
              if (log.isDebugEnabled()) {
                log.debug("Es wurde kein Benutzername eingegeben.");
              }
              ActionMessages msgs = new ActionMessages();
              msgs.add(ActionMessages.GLOBAL_MESSAGE,
                new ActionMessage("messages.usernameBlank"));
              saveErrors(request, msgs);
              af = mapping.findForward("fail");
            } else {
              if (AjaxChatDAO.getInstance().isUsernameInUse(username)) {
                // Der Benutzername ist schon vergeben, also unbrauchbar.
                if (log.isDebugEnabled()) {
                  log.debug("Der Benutzername ist schon vergeben.");
                }
                ActionMessages msgs = new ActionMessages();
                msgs.add(ActionMessages.GLOBAL_MESSAGE,
                  new ActionMessage("messages.usernameInUse"));
                saveErrors(request, msgs);
                af = mapping.findForward("fail");
              } else {
              // Alles OK;
              // ein neues UserDTO erstellen und in session einfügen
              if (log.isDebugEnabled()) {
                log.debug("Benutzernamen einloggen");
              }
              UserDTO user = new UserDTO(username);
              user.setLastAJAXRequest(new Date());
              session.setAttribute("user", user);
              session.setAttribute(
                SessionCheckerFilter.LOGGED_IN_FLAG, "yes");
              // Zuletzt diesen Benutzer zu der Liste der angemeldeten
              // Benutzer hinzufügen
              AjaxChatDAO.getInstance().logUserIn(user);
              af = mapping.findForward("gotoLobby");
            }
          }
        }

      if (log.isDebugEnabled()) {
        log.debug("LoginAction fertig, Weiterleitung zu " + af);
      }
      return af;

    }

  } // Ende execute

} // End class
```

Listing 9.10:   Die Klasse LoginAction

Der Name der Klasse LoginAction ist ein wenig verfehlt, weil es keine Anmeldung per se gibt, sondern einfach festgestellt wird, ob der eingegebene Benutzername eindeutig ist und ob sich der betreffende Benutzer bereits angemeldet hat. Deshalb wird zunächst geprüft, ob session einen LOGGED_IN_FLAG-Wert enthält. Falls ja, ist der Benutzer bereits angemeldet und wird sofort zur Lobby weitergeleitet. Außerdem wird geprüft, ob session ein UserDTO enthält. Falls nicht, wird es neu erstellt. Dafür gibt es folgenden Grund: Unter einigen seltenen Umständen, in denen der Anwendungsserver Sitzungen persistiert (speichert) und erneut gestartet wird, während der Benutzer angemeldet ist, kann zwar die session, aber nicht alle in ihr enthaltenen Daten rekonstruiert werden. Dies ist möglicherweise ein Fehler in dem speziellen Anwendungsserver, in dem ich diese Anwendung ausführte (Resin), aber auf jedem Fall löste dieser Code das Problem; außerdem richtet er keinen Schaden an, wenn alles wie erwartet funktioniert.

Falls session kein LOGGED_IN_FLAG enthält, wird der Anfrageparameter username geprüft. Ist er leer, wird der Benutzer mit einer betreffenden Nachricht zu dem Startbildschirm zurückgeschickt. Hat er jedoch einen Benutzernamen eingegeben, wird das AjaxChatDAO-Objekt aufgerufen, um zu prüfen, ob der Benutzername bereits verwendet wird. Ist dies der Fall, wird der Benutzer mit der Nachricht zum Startbildschirm zurückgeschickt, er möge einen anderen Benutzernamen wählen. Wenn alle Prüfungen bestanden werden, wird ein neues UserDTO erstellt. Dann werden ihm der Benutzername und der aktuelle Zeitpunkt zugewiesen, der die letzte Ajax-Anfrage repräsentiert. Obwohl bis hierher noch keine Ajax-Anfrage erfolgt ist, soll das Feld einen definierten Zeitpunkt enthalten, damit der User-ClearerDaemonThread den Benutzer nicht sofort wieder rauswirft, bevor die erste echte Ajax-Anfrage in der Lobby erfolgt. Schließlich wird das AjaxChatDAO-Objekt aufgefordert, diesen Benutzer zu der Liste der angemeldeten Benutzer hinzuzufügen und ihn in die Lobby zu schicken.

LogoutAction.java

Zu einer LoginAction gehört natürlich auch eine LogoutAction! Die Kommentare erzählen die ganze Geschichte. Das AjaxChatDAO-Objekt wird aufgerufen, um den Benutzer aus allen Räumen zu entfernen. Dieser Aufruf ist eigentlich redundant, da der Benutzer bereits beim Verlassen eines Raums entfernt wurde; doch weil ein Client den ZURÜCK-Button oder einen anderen manuellen Navigationsmechanismus verwenden könnte, mit dem der Code zum Verlassen des Raums umgangen wird, stelle ich hier lieber sicher, dass der Benutzer in keinem Raum mehr abhängt. Außerdem wird eine freundliche Nachricht zurückgegeben, die dem Benutzer mitteilt, dass er abgemeldet ist. Die Sitzung wird ungültig gemacht; und der Benutzer wird schließlich zur Startseite (index.jsp) weitergeleitet. Die Nachricht ist ein Standard-Feature von Struts:

```
// Dem Benutzer freundlich mitteilen, dass er abgemeldet wurde
ActionMessages msgs = new ActionMessages();
msgs.add(ActionMessages.GLOBAL_MESSAGE,
  new ActionMessage("messages.loggedOut"));
saveErrors(request, msgs);
```

Die Nachricht wird aus der Ressourcendatei abgerufen und unter dem Schlüssel GLOBAL_MESSAGE abgelegt, den die Struts-Tags abrufen können, die Sie weiter vorne auf der Seite index.jsp gesehen haben. Die Methode saveErrors() ist eine Methode der Basisklasse Action, die alle Details regelt, um die Nachricht anzuzeigen.

PostMessageAction.java

Die letzte Aktion ist `PostMessageAction`, mit der eine Nachricht in einem Raum per Ajax veröffentlicht wird.

Diese Aktion verwendet das `DynaActionForm`, das in `struts-config.xml` deklariert wurde, um den Text der zu veröffentlichenden Nachricht abzurufen. Damit und mit dem Benutzernamen aus dem `UserDTO`-Objekt in `session` kann ein `MessageDTO`-Objekt konstruiert werden, das zwecks Speicherung an das `AjaxChatDAO`-Objekt übergeben wird.

Das Feld `lastAjaxRequest` wird ebenfalls aktualisiert, um zu verhindern, dass der Benutzer wegen Inaktivität rausgeworfen wird.

UserClearerDaemonThread.java

AjaxChat begeht tatsächlich einen Fauxpas der Java-Webanwendungsentwicklung, indem sie einen Hintergrund-Thread startet, der periodisch aktiv wird, und zwar mit der Klasse `UserClearerDaemonThread`.

Zusätzliche Threads in einer Webanwendung zu starten, gilt im Allgemeinen als schlechter Stil und sollte nur extrem vorsichtig erfolgen. Der Grund dafür liegt darin, dass der Container die Ressource nicht kontrolliert und ihren Lebenszyklus nicht korrekt steuern kann. Hier wird eine recht unkritische Funktion verwendet, die ohne schlimme Nebeneffekte unterbrochen werden kann. (Anders wäre es beispielsweise bei einem Thread, der eine Datenbank updatet; denn wenn der Server mitten in einem Update der Datenbank heruntergefahren wird, haben Sie danach wahrscheinlich inkonsistente Daten). Doch bei vorsichtigem Vorgehen sind Hintergrund-Threads wie dieser relativ sicher, obwohl Sie im Allgemeinen immer noch einen anderen Weg suchen sollten, um Ihre Ziele zu erreichen. Außerdem ist es praktisch niemals ratsam, einen neuen Thread zu starten, um eine Anfrage zu verarbeiten. Falls Sie daran denken, sollten Sie besser erst Ihr Design überarbeiten.

Dieser Thread hat die Aufgabe, Benutzer zu identifizieren und rauszuwerfen, die sich nicht korrekt bei der Anwendung abgemeldet haben. Wenn der Benutzer zu einer anderen Seite navigiert oder seinen Browser schließt, muss ihn die Anwendung so schnell wie möglich rauswerfen. Das Problem liegt darin, dass die offensichtliche Lösung für diese Aufgabe, ein `SessionListener`, nicht in allen Containern auf genau die gleiche Weise implementiert ist. Einige informieren Sie vor der Zerstörung der Sitzung, andere erst *hinterher*. Das Problem ist, dass ein Zugriff auf das `UserDTO`-Objekt in `session` erforderlich ist, um den Benutzernamen abzurufen und ihn dann aus den Teilnehmerlisten der Räume zu löschen. Deshalb können Sie sich nicht auf einen `SessionListener` verlassen und deshalb führt dieser Hintergrund-Thread diese Funktion aus. Er wird laut Konfiguration in `app-config.xml` im Abstand einiger Sekunden ausgelöst und ruft die `removeInactiveUsers()`-Methode des `AjaxChatDAO`-Objekts auf, die im nächsten Abschnitt behandelt wird. Damit werden die Container-Unterschiede umgangen und das Problem wird gelöst.

Erwähnenswert ist auch, dass dieser Thread als Daemon-Thread gestartet wird. Dies ist notwendig, damit der Container heruntergefahren werden kann, ohne dass ihn der Thread daran hindert, was bei einigen Containern (etwa Tomcat) der Fall ist. Ein Daemon-Thread vermeidet dieses Problem.

AjaxChatDAO.java

`AjaxChatDAO` ist die größte Einzelklasse in AjaxChat. Sie enthält den Hauptteil der serverseitigen Logik der Anwendung. Listing 9.11 zeigt den gesamten Code dieser Klasse.

```
package com.apress.ajaxprojects.ajaxchat.dao;


import java.io.InputStream;
import java.io.IOException;
import java.util.Date;
import java.util.Iterator;
import java.util.LinkedHashMap;
import java.util.Vector;
import org.apache.commons.digester.Digester;
import org.apache.commons.logging.Log;
import org.apache.commons.logging.LogFactory;
import com.apress.ajaxprojects.ajaxchat.AjaxChatConfig;
import com.apress.ajaxprojects.ajaxchat.dto.MessageDTO;
import com.apress.ajaxprojects.ajaxchat.dto.RoomDTO;
import com.apress.ajaxprojects.ajaxchat.dto.UserDTO;
import org.xml.sax.SAXException;


/**
 * Dieses Data Access Object (DAO) bildet den Kern der Anwendung.
 * Es leistet die eigentliche Arbeit und verwaltet Benutzer, Räume,
 * Nachrichten und anderes. Dies ist wahrscheinlich etwas mehr,
 * als von einem DAO im Allgemeinen erwartet wird, aber in diesem
 * Fall ist dies meiner Meinung nach kein Problem. Außerdem habe ich
 * damit eine bestimmte Absicht verfolgt: Falls Sie diese Anwendung
 * erweitern und robuster machen wollen, um beispielsweise Nachrichten
 * permanent zu speichern, sollten Sie wahrscheinlich nur diese Klasse
 * ändern müssen. Jedenfalls habe ich mir das so vorgestellt.
 *
 * @author <a href="mailto:fzammetti@omnytex.com">Frank W. Zammetti</a>.
 */
public final class AjaxChatDAO {


  /**
   * Protokoll
   */
  private static Log log = LogFactory.getLog(AjaxChatDAO.class);


  /**
   * Diese Klasse ist ein Singleton; deshalb gibt es nur eine Instanz.
   */
  private static AjaxChatDAO instance;


  /**
   * Die Collection der RoomDTO-Objekte
   */
  private LinkedHashMap rooms = new LinkedHashMap();
```

```
/**
 * Die Collection der UserDTO-Objekte der gegenwärtig
 * angemeldeten Benutzer
 */
private Vector users = new Vector();


/**
 * Dafür sorgen, dass diese Klasse nicht instanziert werden kann
 */
private AjaxChatDAO() {
} // Ende Konstruktor


/**
 * Das Singleton Pattern vervollständigen; dies ist die
 * einzige Methode, eine Instanz dieser Klasse zu erstellen.
 *
 * @return Die eine und einzige Instanz dieser Klasse
 */
public static AjaxChatDAO getInstance() {

  if (log.isDebugEnabled()) {
    log.debug("getInstance()...");
  }
  if (instance == null) {
    instance = new AjaxChatDAO();
    instance.init(null);
  }
  return instance;

} // Ende getInstance


/**
 * Initialisierung;
 * die Datei room-list.xml einlesen, für jeden Raum ein
 * RoomDTO-Objekt erstellen und in die Collection der Räume einfügen.
 * Beim ersten Aufruf von getInstance() wird 'null' als
 * 'isConfigFile'-Parameter übergeben, damit die Konfigurationsdatei
 * nicht eingelesen wird. Bevor dieses DAO wirklich einsatzfähig ist,
 * muss init() mit einem InputStream für die
 * Konfigurationsdatei aufgerufen werden.
 * Dies erledigt der ContextListener.
 *
 * @param isConfigFile InputStream für die Konfigurationsdatei
 */
public synchronized void init(InputStream isConfigFile) {

  if (log.isDebugEnabled()) {
    log.debug("init()...");
```

```
    }
    if (isConfigFile != null) {
      // Die Konfigurationsdatei der Räume einlesen,
      // Beans erstellen und an das DAO übergeben
      Digester digester = new Digester();
      digester.setValidating(false);
      digester.push(this);
      digester.addObjectCreate("rooms/room",
        "com.apress.ajaxprojects.ajaxchat.dto.RoomDTO");
      digester.addSetProperties("rooms/room");
      digester.addSetNext("rooms/room", "addRoom");
      try {
        digester.parse(isConfigFile);
        log.info("***** Räume = " + rooms);
      } catch (IOException ioe) {
        ioe.printStackTrace();
      } catch (SAXException se) {
        se.printStackTrace();
      }
    }

} // Ende init


/**
 * Einen Raum zu der Collection der Räume hinzufügen
 *
 * @param inRoom Der hinzuzufügende Raum
 */
public synchronized void addRoom(RoomDTO inRoom) {

  if (log.isDebugEnabled()) {
    log.debug("addRoom()...");
  }
  if (log.isDebugEnabled()) {
    log.debug("Raum " + inRoom + " wurde hinzugefügt.");
  }
  rooms.put(inRoom.getName(), inRoom);

} // Ende addRoom


/**
 * Einen Raum aus der Collection der Räume löschen
 *
 * @param inRoomName Der Name des zu löschenden Raums
 */
public synchronized void removeRoom(String inRoomName) {

  if (log.isDebugEnabled()) {
    log.debug("removeRoom()...");
  }
```

```
      RoomDTO room = (RoomDTO)rooms.get(inRoomName);
      if (room.getUserList().size() == 0) {
        rooms.remove(inRoomName);
        if (log.isDebugEnabled()) {
          log.debug("Raum " + inRoomName + " wurde gelöscht.");
        }
      } else {
        if (log.isDebugEnabled()) {
          log.debug("Der Raum wurde nicht gelöscht, " +
            "weil sich Benutzer in ihm aufhalten.");
        }
      }

  } // Ende removeRoom


  /**
   * Eine Nachricht in die Liste der Nachrichten
   * des genannten Raums einfügen
   *
   * @param inRoom    Der Name des Raums
   * @param inMessage Die zu veröffentlichende Nachricht
   */
  public synchronized void postMessage(String inRoom,
    MessageDTO inMessage) {

    if (log.isDebugEnabled()) {
      log.debug("postMessage(): inRoom = " + inRoom +
        " - inMessage = " + inMessage + "...");
    }
    RoomDTO room = (RoomDTO)rooms.get(inRoom);
    room.postMessage(inMessage);

  } // Ende postMessage


  /**
   * Alle nach einem bestimmten Zeitpunkt veröffentlichten Nachrichten
   * eines Raums abrufen
   *
   * @param  inRoom     Der Name des Raums
   * @param  inDateTime Der Zeitpunkt für die Auswahl der Nachrichten
   *                    (Alle neueren Nachrichten werden abgerufen.)
   * @return            Liste der Nachrichten des genannten Raums
   */
  public synchronized Vector getMessages(String inRoom, Date inDateTime) {

    if (log.isDebugEnabled()) {
      log.debug("getMessages(): inRoom = " + inRoom +
        " - inDateTime = " + inDateTime + "...");
    }
    RoomDTO room = (RoomDTO)rooms.get(inRoom);
```

```
      return room.getMessages(inDateTime);

} // Ende getMessages


/**
 * Eine Liste aller Räume abrufen; es werden nur die Namen der Räume,
 * KEINE RoomDTOs zurückgegeben.
 *
 * @return Liste mit den Namen aller Räume
 */
public synchronized Vector getRoomList() {

  if (log.isDebugEnabled()) {
    log.debug("getRoomList()...");
  }
  Vector roomList = new Vector();
  for (Iterator it = rooms.keySet().iterator(); it.hasNext();) {
    roomList.add((String)it.next());
  }
  if (log.isDebugEnabled()) {
    log.debug("roomList = " + roomList);
  }
  return roomList;

} // Ende getRoomList


/**
 * Eine Map der Räume abrufen; Schlüssel ist der Name eines Raums,
 * Wert die Anzahl der Teilnehmer in dem Raum.
 *
 * @return Map mit allen Räumen und Teilnehmerzahlen
 */
public synchronized LinkedHashMap getRoomUserCounts() {

  if (log.isDebugEnabled()) {
    log.debug("getRoomUserCounts()...");
  }
  LinkedHashMap roomList = new LinkedHashMap();
  for (Iterator it = rooms.keySet().iterator(); it.hasNext();) {
    String roomName = (String)it.next();
    roomList.put(roomName,
      new Integer(((RoomDTO)rooms.get(roomName)).getUserList().size()));
  }
  if (log.isDebugEnabled()) {
    log.debug("roomList = " + roomList);
  }
  return roomList;

} // Ende getRoomUserCounts
```

```java
/**
 * Eine Liste aller Teilnehmer in einem Raum abrufen; es werden
 * nur die Benutzernamen, KEINE UserDTOs zurückgegeben.
 *
 * @param   inRoom Der Name des Raums
 * @return         Liste aller Teilnehmer in dem Raum
 */
public synchronized Vector getUserList(String inRoom) {

  if (log.isDebugEnabled()) {
    log.debug("getUserList(): inRoom = " + inRoom + "...");
  }
  Vector userList = null;
  RoomDTO room = (RoomDTO)rooms.get(inRoom);
  userList = room.getUserList();
  if (log.isDebugEnabled()) {
    log.debug("userList = " + userList);
  }
  return userList;

} // Ende getUserList


/**
 * Einen Benutzer zu einem Raum hinzufügen
 *
 * @param inRoom Der Name des Raums
 * @param inUser Der hinzuzufügende Benutzer
 */
public synchronized void addUserToRoom(String inRoom, UserDTO inUser) {

  if (log.isDebugEnabled()) {
    log.debug("addUserToRoom()...");
  }
  RoomDTO room = (RoomDTO)rooms.get(inRoom);
  room.addUser(inUser);

} // Ende addUserToRoom


/**
 * Einen Benutzer aus einem Raum entfernen
 *
 * @param inRoom Der Name des Raums
 * @param inUser Der zu entfernende Benutzer
 */
public synchronized void removeUserFromRoom(String inRoom, UserDTO inUser) {

  if (log.isDebugEnabled()) {
    log.debug("removeUserFromRoom()...");
  }
```

```
    RoomDTO room = (RoomDTO)rooms.get(inRoom);
    room.removeUser(inUser);

} // Ende removeUserFromRoom


/**
 * Einen Benutzer aus allen Räumen entfernen; dies ist eine Art
 * Sicherheitsnetz, wenn die 'session' eines Benutzers zerstört wird.
 *
 * @param inUser Der zu entfernende Benutzer
 */
public synchronized void removeUserFromAllRooms(UserDTO inUser) {

    if (log.isDebugEnabled()) {
        log.debug("removeUserFromAllRooms()...");
    }
    for (Iterator it = rooms.keySet().iterator(); it.hasNext();) {
        String   roomName = (String)it.next();
        RoomDTO room      = (RoomDTO)rooms.get(roomName);
        room.removeUser(inUser);
    }

} // Ende removeUserFromAllRooms


/**
 * Einen Benutzer in die Liste der angemeldeten Benutzer einfügen
 *
 * @param inUser Der einzufügende Benutzer
 */
public synchronized void logUserIn(UserDTO inUser) {

    if (log.isDebugEnabled()) {
        log.debug("logUserIn()...");
    }
    users.add(inUser);
    if (log.isDebugEnabled()) {
        log.debug(inUser.getUsername() + " logged in");
    }

} // Ende logUserIn


/**
 * Einen Benutzer aus der Liste der angemeldeten Benutzer löschen
 *
 * @param inUser Der zu löschende Benutzer
 */
public synchronized void logUserOut(UserDTO inUser) {

    if (log.isDebugEnabled()) {
```

```
      log.debug("logUserOut()...");
    }
    String  usernameToLogOut = inUser.getUsername();
    int     i                = 0;
    int     indexToRemove    = -1;
    for (Iterator it = users.iterator(); it.hasNext();) {
      UserDTO user = (UserDTO)it.next();
      if (usernameToLogOut.equalsIgnoreCase(user.getUsername())) {
        indexToRemove = i;
        break;
      }
      i++;
    }
    if (indexToRemove != -1) {
      users.remove(indexToRemove);
      if (log.isDebugEnabled()) {
        log.debug(usernameToLogOut + " logged out");
      }
    }

} // Ende logUserIn


/**
 * Prüfen, ob ein Benutzername in einem Raum verwendet wird
 *
 * @param  inUsername Der zu prüfende Benutzername
 * @return            'true' = der Name wird benutzt, sonst 'false'
 */
public synchronized boolean isUsernameInUse(String inUsername) {

  if (log.isDebugEnabled()) {
    log.debug("isUsernameInUse()...");
  }
  boolean retVal = false;
  for (Iterator it = users.iterator(); it.hasNext();) {
    UserDTO user = (UserDTO)it.next();
    if (inUsername.equalsIgnoreCase(user.getUsername())) {
      retVal = true;
    }
  }
  if (log.isDebugEnabled()) {
    log.debug("Rückgabewert: " + retVal);
  }
  return retVal;

} // Ende isUsernameInUse


/**
 * Die inaktiven Benutzer in der Collection der Benutzer ermitteln
 * und entfernen; wird von dem UserClearerDaemon-Thread aufgerufen.
```

```
  */
public synchronized void removeInactiveUsers() {

  if (log.isDebugEnabled()) {
    log.debug("removeInactiveUsers()...");
  }
  Vector usersToRemove = new Vector();
  for (Iterator it = users.iterator(); it.hasNext();) {
    UserDTO user            = (UserDTO)it.next();
    long    now             = new Date().getTime();
    long    lastAJAXRequest = user.getLastAJAXRequest().getTime();
    if ((now - lastAJAXRequest) >=
      (AjaxChatConfig.getUserInactivitySeconds() * 1000)) {
      if (log.isDebugEnabled()) {
        log.debug("Benutzer " + user.getUsername() +
          " wird entfernt.");
      }
      usersToRemove.add(user);
    }
  }
  for (Iterator it = usersToRemove.iterator(); it.hasNext();) {
    UserDTO user = (UserDTO)it.next();
    removeUserFromAllRooms(user);
    logUserOut(user);
  }

} // Ende removeInactiveUsers


} // End class
```

Listing 9.11:   Die Klasse AjaxChatDAO

Die erste wichtige Anmerkung: Dies ist eine Singleton-Klasse, damit die Sammlung der Räume und Benutzer eindeutig ist.

Hier wird der Stream, den der ContextListener für die Konfigurationsdatei rooms-list.xml öffnet und an die init()-Methode des AjaxChatDAO-Objekts übergibt, eingelesen, mit Commons Digester geparst und für jeden Raum ein RoomDTO-Objekt erstellt und in eine Collection von RoomDTO-Objekten eingefügt. Zu diesem Zweck wird das DAO selbst auf dem Digester-Stack abgelegt, damit die addRoom()-Methode für jedes gefundene <room>-Element aufgerufen werden kann. Die Methode addRoom() fügt das RoomDTO in die Collection der Räume ein. Anmerkung: Es gibt eine entsprechende removeRoom()-Methode, die in dieser Anwendung allerdings nicht verwendet wird. Ich hatte sie für mich geschrieben, um die Liste der Räume beim Testen manipulieren zu können.

Die nächste Methode, postMessage(), reicht den Aufruf einfach an die bereits vorgestellte postMessage()-Methode des RoomDTO-Objekts weiter, für das die Nachricht bestimmt ist. Dasselbe gilt für die Methoden getMessages(), addUserToRoom() und removeUserFromRoom(). Ich gehe hier nicht auf sie ein, da sie bereits bei der Beschreibung der DTOs behandelt wurden.

Die nächste Methode, getRoomList(), gibt einen Vector mit Strings zurück, die jeweils den Namen eines Raums enthalten.

Dann folgt `getRoomUserCounts()`. Diese Methode iteriert einfach über die Liste der Räume, ermittelt für jeden Raum die Größe der Teilnehmerliste und fügt den Namen des Raums als Schlüssel sowie die Teilnehmerzahl als Wert in eine `LinkedHashMap` ein. Dieser Typ wurde gewählt, um die Reihenfolge der Räume beizubehalten und dennoch die Teilnehmerzahlen über den Namen des Raums abrufen zu können.

Die nächste Methode, `getUserList()`, ruft die Teilnehmerliste eines Raums ab. Anmerkung: Wie die `getRoomList()`-Methode gibt sie nur einen `Vector` mit Strings zurück, die jeweils einen Benutzernamen enthalten. Sie gibt keine Collection mit `UserDTO`-Objekten zurück.

Die Methode `removeUserFromAllRooms()` wird aufgerufen, wenn sich der Benutzer abmeldet. Sie ist nur eine Sicherheitsmaßnahme, damit der Benutzer wirklich aus allen Räumen entfernt wird. Sie sollte immer redundant sein; es ist aber besser, auf der sicheren Seite zu sein. Die Methode iteriert einfach über die `rooms`-Sammlung und ruft für jeden Raum die Methode `removeUser()` auf.

Die nächste Methode, `logUserId()`, fügt einfach einen Benutzer zu der `users`-Collection hinzu. Mehr bedeutet »anmelden« in diesem Kontext nicht. Die entsprechende `logUserOut()`-Methode entfernt den Benutzer aus der Collection; sie ist allerdings etwas aufwändiger, weil der Versuch, eine Sammlung zu modifizieren, über die gerade eine Iteration erfolgt, eine Ausnahme auslöst. Deshalb wird in der Iteration zunächst nur der Index des zu löschenden Benutzers ermittelt. Danach erst wird der Benutzer entfernt.

Die Methode `isUsernameInUse()` wird bei der Anmeldung benutzt, um dafür zu sorgen, dass der Benutzer wirklich einen eindeutigen Benutzernamen eingegeben hat. Sie iteriert einfach über die `users`-Collection und sucht (unabhängig von der Schreibweise) nach einer Übereinstimmung. Falls sie den Benutzernamen findet, gibt sie `true` zurück, sonst `false`.

Die letzte Methode in diesem DAO, `removeInactiveUsers()`, wird von dem `UserClearerDaemonThread` aufgerufen. Dieser iteriert über die `users`-Collection und prüft das `lastAjaxRequest`-Attribut jedes Elements. Falls die Differenz zwischen dem aktuellen Zeitpunkt und dem Zeitpunkt der letzten Anfrage größer als der Inaktivitätsgrenzwert ist, wird der Benutzer als inaktiv gekennzeichnet. Nach dieser Iteration werden in einer zweiten Iteration über die `users`-Collection die so markierten Benutzer mit der `removeUserFromAllRooms()`-Methode entfernt und dann mit der `logUserOut()`-Methode abgemeldet.

Vielleicht haben Sie bemerkt, dass alle Methoden in `AjaxChatDAO` synchronisiert sind. Damit soll die Thread-Sicherheit beim Ändern der `rooms`- und `users`-Collections sowie der zugrunde liegenden `RoomDTO`- und `UserDTO`-Objekte gewährleistet werden. Dieser Ansatz begrenzt die Skalierbarkeit der Anwendung, da dadurch alle eingehenden Anfragen serialisiert werden. Doch ohne einen robusteren Mechanismus – etwa eine relationale Datenbank – ist eine solche Synchronisation praktisch unverzichtbar. Es wäre möglich, ein robusteres DAO zu erstellen, das nur im Hauptspeicher arbeitet und wenigstens einen Teil der Synchronisation vermeidet, aber der Overhead, der mit der Synchronisation verbunden ist, ist nicht mehr so schwerwiegend wie in früheren JVMs und deshalb auch nicht mehr so problematisch. Doch davon abgesehen wird die Skalierbarkeit von AjaxChat durch dieses DAO fraglos eingeschränkt.

SessionCheckerFilter.java

AjaxChat verwendet einen einzigen Servlet-Filter namens `SessionCheckerFilter`, der Sicherheitsaufgaben wahrnimmt. Wenn er aufgerufen wird, prüft er zunächst den Pfad der eingehenden Anfrage. Weil eine `session` für einen Benutzer erst eingerichtet wird, wenn dieser sich anmeldet, dürfen vorher keine Pfade verarbeitet werden, die von der Abmeldung abhängen. Andere Anfragen nach `index.jsp`, `styles.css`, Bilddateien (GIFs), das Login-Action-Mapping und das Logout-Action-Mapping werden nicht geprüft. (Im Wesentlichen ignoriert der Filter diese Anfragen und lässt sie einfach durch.) Alle anderen Pfade werden jedoch geprüft. Wenn einer dieser Pfade angefordert ist, wird das `session`-Objekt abgerufen. Dann wird das Attribut `LOGGED_IN_FLAG` geprüft. Ist es vorhanden, hat sich der Benutzer angemeldet, und die Anfrage kann weiterverarbeitet werden; andernfalls hat sich der Benutzer nicht angemeldet, und der Filter schickt ihn zur Seite `index.jsp` und fügt eine Struts-`ActionMessage` zu der Anfrage hinzu, die dem Benutzer angezeigt wird.

ContextListener.java

Schließlich bleibt noch eine Klasse: `ContextListener`. Dieser Listener führt zwei wichtige Funktionen aus: Erstens öffnet er einen Stream für die Datei `rooms-config.xml` und übergibt ihn zum Einlesen an das `AjaxChatDAO`-Objekt. Das DAO liest die Datei ein und erstellt für jeden konfigurierten Raum ein `RoomDTO`-Objekt. Zweitens startet der Listener den `User-ClearerDaemonThread`. Wie bereits erwähnt, wird dieser Thread als Daemon-Thread gestartet, um ein korrektes Schließen des Containers zu ermöglichen. Dieser Thread ist zwar wichtig, aber nicht zeitkritisch; deshalb ist es akzeptabel, dass er eine niedrige Priorität erhält.

```
// Schließlich im Hintergrund einen Daemon-Thread starten,
// der periodisch inaktive Benutzer aus den Räumen entfernt.
// Diese Aufgabe wurde ursprünglich mit einem SessionListener
// gelöst, aber wegen einiger Probleme in einem Container (Resin)
// wurde diese Lösung gewählt.
Thread userClearerDaemonThread = new UserClearerDaemonThread();
userClearerDaemonThread.setPriority(Thread.MIN_PRIORITY);
userClearerDaemonThread.setDaemon(true);
userClearerDaemonThread.start();
```

Puh, was für ein Akt! Dieser Code hatte es in sich – jedenfalls was seinen Umfang angeht. Aber ich hoffe, Sie stimmen mit mir darin überein, dass er nicht übermäßig komplex war. Doch was wichtiger ist: Ich habe Ihnen hoffentlich gezeigt, wie diese Anwendung mit Ajax besser als ohne erstellt werden konnte (und ohne Applets, AktiveX oder ähnliche Technologien ... Schließlich wurde nur einfacher HTML- und JavaScript-Code verwendet!).

9.5 Übungsvorschläge

Bei diesem Projekt drängen sich einige Verbesserungen fast von selbst auf:

- Implementieren Sie die Fähigkeit, private Nachrichten an bestimmte Benutzer zu senden. Beginnen Sie mit einer Kontextmenüoption für die Teilnehmerliste, um diverse Optionen anzubieten. Die Lösung könnte aus einem privaten Chatroom in einem neuen Fenster bestehen, der im Wesentlichen den Chatroom dupliziert, aber nur Sie und den ausgewählten Benutzer enthält.

- Eine weitere Kontextoption für die Teilnehmerliste wäre die Möglichkeit, bestimmte Teilnehmer auszublenden. Sie wissen, wie aufdringlich einige Leute in Chatrooms werden können; deshalb wäre es nützlich, wenn der Benutzer deren Müll herausfiltern könnte!

- Erstellen Sie eine robustere DAO-Schicht. Da das aktuelle DAO überall mit Synchronisation arbeitet, ist die Skalierbarkeit offensichtlich eingeschränkt (herauszufinden, wie weit, wäre eine weitere lohnenswerte Übung). Es gibt geschicktere Methoden, das DAO zu implementieren, die teilweise oder ganz ohne Synchronisation auskommen

- Stellen Sie die Möglichkeit zur Verfügung, ein Transkript der Chat-Sitzung zu erstellen und in die Zwischenablage des Benutzers zu kopieren.

- Verwenden Sie eine JSP, um die Namen der Räume und die Teilnehmerzahlen in der Lobby anzuzeigen. Statt die neuen <div>-Inhalte in der Aktion anzuzeigen, leiten Sie sie an die JSP weiter. Fügen Sie diese JSP in die lobby.jsp ein, damit der Code, der ursprünglich das <div>-Element bevölkert (wie jetzt in lobby.jsp), derselbe Code ist, der es später aktualisiert; am Anfang könnten die Teilnehmerzahlen beispielsweise durch Fragezeichen ersetzt werden.

- Fügen Sie grafische Smileys hinzu. Jeder liebt seine Emoticons!

9.6 Zusammenfassung

In diesem Kapitel haben Sie die AjaxChat-Anwendung erstellt, eine Ajax-basierte Version der ehrwürdigen Internet-Chat-Anwendung. Sie haben erfahren, wie Sie eine Anwendung auch ohne Library, nur mit manuellem Ajax-Code erstellen können, ohne in einem Albtraum von verwirrendem Spaghetti-Code zu landen.

Das XMLHttpRequest-Objekt

Wahrscheinlich werden Sie in der Mehrzahl der Fälle für Ihre Arbeit mit Ajax eine Library benutzen. Einige der verfügbaren Libraries, von denen ich nur wenige in diesem Buch behandelt habe, können das Arbeiten mit Ajax tatsächlich erheblich vereinfachen. Doch manchmal wollen Sie auf die Abschirmung verzichten, die diese Libraries bieten, und direkt mit der reinen Funktionalität, das heißt dem XMLHttpRequest-Objekt selbst, arbeiten. Für diese Fälle wird Ihnen dieser Anhang eine unschätzbare Hilfe sein.

A.1   Was ist das XMLHttpRequest-Objekt?

XMLHttpRequest ist ein Objekt (ein ActiveX-Objekt im Microsoft Internet Explorer, eine native Komponente in den meisten anderen Browsern), mit dem eine Webseite eine Anfrage an einen Server absetzen und eine Antwort entgegennehmen kann, ohne die gesamte Seite neu laden zu müssen. Der Benutzer bleibt auf derselben Seite und – was wichtiger ist – bekommt von der eigentlichen Verarbeitung der Seiteninhalte nichts mit – das heißt, er sieht nicht, dass eine neue Seite geladen wird (wenigstens nicht bei der Standardeinstellung). Mit dem XMLHttpRequest-Objekt kann ein Entwickler eine bereits in den Browser geladene Seite mit Daten vom Server ändern, ohne die gesamte Seite erneut vom Server anfordern zu müssen.

A.2   Welche Browser unterstützen das XMLHttpRequest-Objekt?

XMLHttpRequest steht in folgenden Browsern zur Verfügung: Internet Explorer ab Version 5.0, Apple Safari ab Version 1.2, Mozilla Firefox ab Version 1.0, Opera ab Version 7.6 und Netscape ab Version 7. Bei anderen Browsern sollten Sie vorher prüfen, ob sie diese Funktionalität unterstützen.

Erwähnenswert ist eine kleine JavaScript-Library von Andrew Gregory, die Ajax browserübergreifend unterstützt und den Entwickler von den browserspezifischen Details der Unterstützung des XMLHttpRequest-Objekts abschirmt. Die Library hat einige Einschränkungen, ist aber trotzdem interessant. Details finden Sie unter www.scss.com.au/family/andrew/webdesign/xmlhttprequest.

A.3   Ist das XMLHttpRequest-Objekt ein W3C-Standard oder anderweitig standardisiert?

Nein, das XMLHttpRequest-Objekt ist kein W3C-Standard oder anderweitig standardisiert. Die »Load and Save«-Features der W3C-DOM-Level-3-Spezifikation sollen eine ähnliche Funktionalität zur Verfügung stellen, aber gegenwärtig ist diese Spezifikation in keinem Browser implementiert. Bis dies der Fall sein wird, müssen Sie deshalb, abgesehen von dem normalen Mechanismus der Seitennavigation, das XMLHttpRequest-Objekt (oder einige heute weniger verbreitete Alternativen wie Java-Applets oder ActiveX-Controls) verwenden, wenn Sie eine HTTP-Anfrage von einem Browser senden und eine Antwort von einem Server entgegennehmen wollen.

A.4   Wie verwende ich das XMLHttpRequest-Objekt?

In Mozilla, Firefox, Safari und Netscape erstellen Sie ein XMLHttpRequest-Objekt wie folgt:

```
<script>var xhr = new XMLHttpRequest();</script>
```

Im Internet Explorer:

```
<script> var xhr = new ActiveXObject("Microsoft.XMLHTTP");</script>
```

Hier ist ein Beispiel für die Anwendung des XMLHttpRequest-Objekts:

```
<script>
var xhr = null;
if (window.XMLHttpRequest) {
  xhr = new XMLHttpRequest();
} else {
  xhr = new ActiveXObject("Microsoft.XMLHTTP");
}
if (xhr) {
  var url = "/someURI";
  xhr.onreadystatechange = xhrCallback;
  xhr.open("get", url, true)
  xhr.send()
}
function xhrCallback() {
  if (xhr.readyState == 4) {
    if (xhr.status == 200) {
      alert("Ok");
    } else {
      alert("Problem beim Abruf der Ajax-Antwort");
    }
  }
}
</script>
```

A.5   Referenz der Methoden und Eigenschaften des XMLHttpRequest-Objekts

Die Tabellen A.1 und A.2 beschreiben die Methoden und Eigenschaften des XMLHttpRequest-Objekts. Sie stellen damit die komplette API dieses Objekts dar, über die Sie mit ihm interagieren können.

Methode	Beschreibung
abort()	Bricht die gegenwärtig laufende Anfrage des Objekts ab. Achtung: Wie beim Klicken des STOP-Buttons in Ihrem Browser wird der Server nicht benachrichtigt, weshalb er mit der Verarbeitung der Anfrage fortfährt.
getAllResponseHeaders()	Diese Methode gibt alle Header mit Schlüsseln und Werten als String zurück.
getResponseHeader("key")	Diese Methode gibt den Wert des spezifizierten Headers als String zurück.
open("method", "url" [,asyncFlag [,"username" ["password"]]])	Im Gegensatz zu ihrem Namen öffnet diese Methode nichts, sondern setzt nur die Parameter für die anstehende Anfrage. Der Wert von method kann aus einer beliebigen gültigen HTTP-Methode bestehen; get und post sind die gebräuchlichsten. asyncFlag ist entweder true oder false. Wird dieser Parameter auf false gesetzt, wird die Ausführung des JavaScript-Codes auf der Seite angehalten, bis die Anfrage beantwortet ist. Dies ist im Allgemeinen nicht wünschenswert; denn wenn der Server nicht erreichbar ist oder die Operation einfach lange dauert, scheint die Benutzerschnittstelle einzufrieren. Verwenden Sie diese Methode deshalb mit Bedacht! username und password werden für Anfragen bei URLs verwendet, die durch einfache Authentifizierungsmaßnahmen geschützt sind. Achtung: Diese beiden Parameter sowie asyncFlag sind optional, während method und url erforderlich sind.
send(content)	Diese Methode überträgt die anstehende Anfrage und optional einen POST-Body oder ein serialisiertes DOM-Objekt (d.h. XML-Dokument). Einfache Parameter sollten bei einem POST zu einem String der Form »name1=wert1&name2=wert2« verkettet werden; anders ausgedrückt: ein Query-String ohne das Fragezeichen am Anfang.
setRequestHeader("key", "value")	Setzt einen HTTP-Header, der für die ausgehende Antwort gesetzt werden soll.

Tabelle A.1: Methoden des XMLHttpRequest-Objekts

Eigenschaft	Beschreibung
onReadyStateChange	Dies ist ein Zeiger auf die Funktion, die als Event-Handler für die Anfrage dient, die dieses Objekt verarbeitet. Achtung: Diese Funktion wird während des Lebenszyklus der Anfrage mehrfach aufgerufen.

Tabelle A.2: Eigenschaften des XMLHttpRequest-Objekts

Eigenschaft	Beschreibung
readyState	Dies ist eine Ganzzahl, die den Status der Anfrage repräsentiert. Mögliche Werte sind 0 (uninitialized; nicht initialisiert), 1 (loading; beim Laden), 2 (loaded; geladen), 3 (interactive; interaktiv) und 4 (complete; abgeschlossen).
responseText	Dies ist eine Textstring-Version der Antwort des Servers. Selbst wenn die Antwort in XML gegeben wurde, finden Sie hier den eigentlichen Text der Antwort.
responseXML	Falls die Antwort des Servers in XML gegeben wurde, wird sie von dem Objekt zusätzlich geparst und als DOM-kompatibles Objekt zur Verfügung gestellt, das Sie mit DOM-Methoden manipulieren können.
status	Dies ist der numerische HTTP-Ergebniscode, den der Server zurückgibt – etwa 404, falls die Ressource nicht gefunden wurde, oder 200, falls das Ergebnis in Ordnung war.
statusText	Dies ist eine Nachricht in Textform, die den Statuscode beschreibt.

Tabelle A.2: Eigenschaften des XMLHttpRequest-Objekts (Forts.)

A.6 Statuscodes des XMLHttpRequest-Objekts

Tabelle A.3 beschreibt die Statuscodes, die das readystate-Feld des XMLHttpRequest-Objekts während einer Anfrage annehmen kann, wenn Ihre Callback-Funktion wiederholt aufgerufen wird.

Numerischer Code	Beschreibung
0	*Uninitialized* (nicht initialisiert). Dies ist der Anfangswert des readystate-Felds, bevor überhaupt Operationen gestartet wurden.
1	*Loading* (beim Laden). Dies bedeutet, dass die open()-Methode erfolgreich, send() aber noch nicht aufgerufen worden ist.
2	*Loaded*, geladen. Dies bedeutet, dass send() aufgerufen worden ist und das Objekt die Anfrage abgeschlossen, aber noch keine Daten empfangen hat. Header und Status stehen jedoch an diesem Punkt zur Verfügung.
3	*Receiving* (beim Empfangen) oder *Interactive* (interaktiv). Dies bedeutet, dass die Antwort gerade an den Client übertragen wird. An diesem Punkt enthält responseText die Antwort, so weit sie bereits empfangen wurde.
4	*Loaded* (geladen) oder *Completed* (abgeschlossen). Die Anfrage ist abgeschlossen, und die Antwort wurde komplett empfangen.

Tabelle A.3: Statuscodes der readystate-Eigenschaft des XMLHttpRequest-Objekts

Libraries, Websites und Bücher, oh je!

In diesem Buch habe ich eine Reihe von Libraries, Websites und Büchern erwähnt, die Ihnen weitere Informationen oder Beispiele liefern können. Dieser Anhang enthält eine knappe zusammenfassende Liste all dieser Referenzen; es werden sogar Libraries aufgeführt, die in einer Anwendung verwendet werden, aber nicht speziell beschrieben wurden.

B.1 Libraries/Toolkits/Produkte

- *Adobe Flash* (früher *Macromedia Flash*; www.adobe.com/products/products/flash/flashpro): Flash ist nicht nur ein Animationswerkzeug für Vektorgrafiken, sondern eine ausgewachsene Entwicklungsumgebung, mit der Sie Multimedia-Websites erstellen können, die auf den meisten modernen Plattformen identisch ablaufen (falls der entsprechende Flash Player zur Verfügung steht, was heutzutage fast immer der Fall ist).

- *Adobe Flex* (früher *Macromedia Flex*; www.adobe.com/products/flex): Ein Rich-Client-Entwicklungsframework, das die Erstellung dynamischer Webanwendungen erheblich vereinfachen kann.

- *Apache Ant* (ant.apache.org): Der De-facto-Standard der Java-Build-Tools.

- *Apache Geronimo* (geronimo.apache.org): Ein Apache-Anwendungsserver.

- *Apache Jakarta Commons* (jakarta.apache.org/commons): Das *Commons*-Banner vereint einige sehr nützliche Libraries, darunter *Commons Logging*, *BeanUtils*, *FileUpload*, *Commons Chain* und vieles mehr. Kurz gesagt: Wenn Sie *Commons* heute noch nicht verwenden, sollten Sie dies auf jeden Fall morgen tun!

- *BEA WebLogic* (www.bea.com): Einer der großen Spieler im Markt der Anwendungsserver; der Server bietet in etwa dieselben Fähigkeiten wie WebSphere (wobei beide Anbieter Vor- und Nachteile haben).

- *Caucho Resin* (www.caucho.com): Ein weiterer Anwendungsserver, der bei Web-Hostern recht beliebt ist.

- *Dojo* (dojotoolkit.org): Ein beliebtes Ajax-Toolkit, das neben seiner Ajax-Funktionalität zahlreiche raffinierte clientseitige Funktionen wie Collections, eine clientseitige Sitzungsspeicherung sowie eine Reihe ausgezeichneter GUI-Widgets enthält.

- *DWR* oder *Direct Web Remoting* (getahead.ltd.uk/dwr): Eine sehr beliebte Ajax-Library, die eine spezielle JavaScript-Syntax enthält, mit der Objekte auf dem Server aufgerufen und so dargestellt werden können, als würden sie, was den JavaScript-Code angeht, lokal laufen.

- *Eclipse* (www.eclipse.org): Wahrscheinlich die beliebteste Java-IDE und zudem kostenlos!

- *FreeMarker* (freemarker.sourceforge.net): Eine Java-basierte Template-Engine, die standardmäßig von WebWork verwendet wird.

- *HSQLDB* (www.hsqldb.org): Kostenlose, leichtgewichtige (allerdings nicht, was die Funktionalität angeht!), reine Java Database Engine.

- *IBM WebSphere* (www-306.ibm.com/software/websphere): Ein ausgewachsener Java-Anwendungsserver, der zahlreiche Dienste anbietet, darunter Servlets, JSP, JNDI, EJB usw.

- *IntelliJ IDEA* (www.jetbrains.com/idea): Wenn Sie eine IDE suchen und gerne dafür auch etwas bezahlen, ist diese wahrscheinlich die beste, die es gibt.

- *Java Web Parts* (javawebparts.sourceforge.net): Eine Sammlung nützlicher Klassen und Utilities wie Servlets, Filter Taglibs, eine Chain-of-Responsibility-(CoR-)Implementierung und vieles mehr, was Webentwickler beim Arbeiten mit Java unterstützt.

- *jEdit* (www.jedit.org): Ein fantastischer kostenloser Open-Source-Texteditor, der mit zahlreichen Plugins um zusätzliche Funktionen erweitert werden kann und dadurch fast die Funktionalität einer ausgewachsenen IDE erreichen kann.

- *Jetty* (http://mortbay.org/jetty/index.html): Jetty ist ein 100-prozentiger Java-HTTP-Server und -Servlet-Container. Dies bedeutet, dass Sie keinen separaten Webserver (wie Apache) konfigurieren und ausführen müssen, um mit Java, Servlets und JSPs dynamische Inhalte zu generieren.

- *jsLib* (http://jslib.mozdev.org): Eine JavaScript-Library der Mozilla Foundation, die u.a. einen SAX XML Parser enthält.

- *JSTL* (java.sun.com/products/jsp/jstl): *JavaServer Pages Standard Tag Library*, ein Satz einfacher, gebräuchlicher Tags für JSPs, die Ihr Leben erleichtern und Ihre Seiten sauberer machen.

- *Macromedia JRun* (www.adobe.com/products/jrun): Ein weiterer Anwendungsserver.

- *Maven* (maven.apache.org): Ein zunehmend beliebtes Build Tool, das viele Dinge für Sie erledigt, ohne dass Sie dafür wie in Ant Buildskripts schreiben müssen.

- *OpenEJB* (http://sourceforge.net/projects/openejb): Ein Enterprise-JavaBeans-(EJB-)Container-System und EJB-Server, open-source, modular, konfigurierbar und erweiterbar.

- *Prototype* (prototype.conio.net): Eine JavaScript-Library für Ajax, und auch noch ein paar andere praktische Dinge.

- *ROME* (https://rome.dev.java.net): Eine Java-Library für das Arbeiten mit RSS-Feeds.

- *Sarissa* (http://sourceforge.net/projects/sarissa): Ein XML-Allzweck-Tool für JavaScript, das Funktionen zur XSLT-Verarbeitung und vieles mehr enthält.

- *Spring Framework* (www.springframework.org): Ein umfangreiches Framework, das viele Anforderungen von J2EE-Entwicklern abdeckt; es enthält u.a. einen Inversion of Control (IoC) Container, Unterstützung der aspektorientierten Programmierung (AOP) und JDBC-Utility-Klassen.

- *Struts Action Framework* (struts.apache.org): Das vielleicht beliebteste Webframework; es nutzt intensiv das Model-View-Controller-(MVC-)Pattern.

- *Tomcat* (tomcat.apache.org): Die Referenzimplementierung der Servlet- und JSP-Spezifikationen; Tomcat ist ein schneller, einfacher, standardkonformer und leistungsstarker Servlet-Container, der von vielen Entwicklern und Hosting-Umgebungen geschätzt wird.

- *UltraEdit* (www.ultraedit.com): Meiner Meinung der beste Texteditor, den es für Windows gibt.
- *Velocity* (jakarta.apache.org/velocity): Eine Java-basierte Template Engine; eine Alternative zu JSPs.
- *WebWork* (www.opensymphony.org/webwork): Ein beliebtes MVC-Framework, das (als dieses Buch geschrieben wurde) die Zukunft von Struts darstellt.
- *Xara Webstyle* (www.xara.com/products/webstyle/): Für Entwickler, die selbst einige grafische Arbeiten erledigen möchten, aber *weit* davon entfernt sind, Künstler zu sein, ist Webstyle ein fantastisches Tool, um Grafiken für das Web zu erstellen, die den *Eindruck* der künstlerischen Meisterschaft vermitteln!
- *XML4Script* (http://xmljs.sourceforge.net/website/documentation-w3cdom.html): Eine weitere JavaScript-Library zum Parsen von XML.

B.2   Websites

- *Adaptive Path* (www.adaptivepath.com): Das Unternehmen, für das Jesse James Garrett arbeitet.
- *Ajax: A New Approach to Web Applications* von Jesse James Garrett (www.adaptivepath.com/publications/essays/archives/000385.php): Der Artikel, in dem Ajax seinen Namen erhielt.
- *BackBase* (www.backbase.com): Hersteller ausgezeichneter Ajax-Anwendungen und -Toolkits.
- *CSS Zen Garden* (www.csszengarden.com): Wenn Sie sehen wollen, was mit einem CSS-Layout möglich ist, sind Sie auf dieser Website genau richtig.
- *Excite* (www.excite.com): Ein großartiges Beispiel für eine Portal-Website.
- *Flickr* (www.flickr.com): Ajax-basierte Website zum Austausch von Fotos.
- *Fotki* (www.fotki.com): Eine weitere Ajax-basierte Website zum Austausch von Fotos.
- *Google Maps* (maps.google.com): Eine der Ajax-Anwendungen, die Ajax bei Entwicklern auf der ganzen Welt bekannt gemacht hat.
- *Google Suggest* (www.google.com/webhp?complete=1&hl=en): Wahrscheinlich das berühmteste Beispiel für eine Ajax-Anwendung, die beim Eintippen Vorschläge unterbreitet.
- *Google GMail* (gmail.google.com): Eines der anderen großartigen Beispiele für die Anwendung von Ajax bei Google.
- *Google Reader* (www.google.com/reader): Ein webbasierter RSS Reader von Google, der mit Ajax arbeitet.
- *iBiblio* (www.ibiblio.org): iBiblio verfolgt ein bescheidenes Ziel: ein Backup des gesamten Internet zu erstellen! Na ja, vielleicht ist das ein bisschen übertrieben, aber iBiblio will eine öffentliche Bibliothek und ein öffentliches Archiv sein. Der wichtigste Aspekt für den Zweck dieses Buches ist das Maven Repository von iBiblio (www.ibiblio.org/maven), aus dem viele der beliebtesten Open-Source-Libraries und -Toolkits automatisch von Maven und Ant-Skripts heruntergeladen werden können.
- Die *JSON* Homepage (http://json.org): Alles über die JavaScript Object Notation (JSON).
- *Mappr* (www.mappr.com): Ein ausgezeichnetes Beispiel für eine gute Flash-Website.

- *MSNBC* (www.msnbc.com): Die Website des Nachrichtensenders MSNBC.
- *Num Sum* (www.numsum.com): Eine Ajax-basierte Tabellenkalkulation.
- *OpenSymphony* (http://opensymphony.com): Ein Unternehmen im Stil von Apache, das eine Reihe von Open-Source-Produkten veröffentlicht, darunter WebWork und XWork.
- *PBase* (www.pbase.com): Noch eine Ajax-basierte Website zum Austausch von Fotos.
- Prototype-Dokumentation von Sergio Pereira (in Englisch; www.sergiopereira.com/articles/prototype.js.html#Enumerating).
- *Shadow Gallery* (www.shadowgallery.com): Eine der Bands, die ich in diesem Buch erwähnt habe. Sie werden einen Besuch nicht bereuen!
- *Slashdot* (www.slashdot.org): Nachrichten für Computerfreaks; Dinge, die wichtig sind!
- *Sun* (http://java.sun.com): *Die* Quelle für Java.
- *W3Schools* (www.w3schools.com): Eine ausgezeichnete Allround-Referenz-Site für alles, was mit HTML zu tun hat: CSS, HTML, DOM-Scripting und sogar Ajax.
- *WebShots* (www.webshots.com): Noch eine Ajax-basierte Website zum Austausch von Fotos.
- *Wikipedia* (www.wikipedia.com): Das kostenlose Online-Lexikon, an dem jeder mitarbeiten kann!
- *Yahoo!* (www.yahoo.com): Eine der ältesten Websites für die Websuche; heute bietet sie alles Mögliche an.

B.3   Bücher

- *Beginning JavaScript with Ajax and DOM Scripting: From Novice to Professional* von Chris Heilmann. Ein großartiges Buch für JavaScript- und Ajax-Anfänger, das einen etwas anderen Themenbereich als das Buch von Jeremy Keith abdeckt (Apress, 2006).
- *Beginning XML with DOM and Ajax: From Novice to Professional* von Sas Jacobs. Ein weiteres großartiges Buch über die Webentwicklung, das zeigt, wie XML effizient für Webanwendungen eingesetzt werden kann; umfasst auch DOM-Scripting und Ajax (Apress, 2006).
- *CSS Mastery* von Andy Budd mit Simon Collison und Cameron Moll. Falls Sie CSS bereits kennen, führt Sie dieses Buch eine Stufe weiter; es beschreibt unschätzbare Techniken und Good Practices (friends of ED, 2006).
- *DOM Scripting: Web Design with JavaScript and the Document Object Model* von Jeremy Keith. Dieses Buch verschafft Ihnen eine belastbare Grundlage im DOM-Scripting (friends of ED, 2005).
- *Pro Ajax and Java: From Professional to Expert* by Nathaniel Schutta und Ryan Asleson. Ein großartiges Begleitbuch zu diesem Buch, es beschreibt auch die Verbindung von Java und Ajax, allerdings eher aus der Perspektive der Technologie und des Arbeitsablaufs als in Form kompletter Projekte. Es behandelt die Einrichtung einer perfekten Entwicklungsumgebung, das Testen und Debuggen, den Einsatz von Ajax-Libraries und die Nutzung der Ajax-Funktionen von Java-Frameworks wie Spring oder JSF (Apress, 2006).

Stichwortverzeichnis

Ralph G. Schulz

CSS – Webdesign mit Style

Praxis, standardkonforme Lösungen, Referenz

- **Grundlagen des standard-konformen CSS-Designs**

- **Fortgeschrittene Techniken und Praxis für Design und Layout**

- **Auf CD: Zahlreiche Beispiele, Workshops und Musterlösungen**

Mit diesem Buch gibt der BIENE-erprobte Autor dem Leser seine geballte CSS-Erfahrung an die Hand. Ob Sie sich einarbeiten möchten, nach Beispielen und Musterlösungen suchen oder einzelne Eigenschaften nachschlagen möchten, in diesem Buch finden Sie alles, was Sie zur Präsentation Ihrer Webseiten mit CSS benötigen. Sie erhalten ein Praxisbuch und eine Referenz in einem – und Sie werden von den Möglichkeiten begeistert sein, die Sie mit CSS realisieren können.

Der Weg zum gelungenen Webdesign mit CSS ist nach wie vor steinig, doch dieses Buch hilft dem Leser mit unzähligen Tipps und Tricks, die vielfältigen Hürden zu meistern. Dabei wird nicht einfach nur die Syntax von CSS vermittelt – Sie lernen insbesondere an zahlreichen Praxisbeispielen, wie man CSS konkret einsetzt und damit wartungsfreundliche Webseiten aufbaut, die von allen Internet-

Anwendern genutzt werden können. So legen Sie gleichzeitig den Grundstein für Barrierefreiheit und gewährleisten gute Zugänglichkeit und Bedienbarkeit für alle Anwendergruppen, Geräte und Suchmaschinen.

Aus dem Inhalt:
- CSS-Grundlagen: Syntax, Selektoren, Eigenschaften und Werte, Kaskade und Vererbung
- CSS-Konzepte: Boxen und ihre Eigenschaften
- Aufbau von Webseiten: vom HTML-Gerüst zu variablen Stylesheets
- Browser: Bugs, Fehleranalysen, Workarounds
- Layout von Seiten: Formate, Skalierung, Spalten
- Seitenelemente: Listen, Menüs, Formulare, Tabellen
- CSS-Praxis: Tipps, Tricks und Lösungen für das Design von Content-Elementen
- Referenz aller CSS-Eigenschaften

Probekapitel und Infos erhalten
Sie unter: www.mitp.de

ISBN 978-3-8266-1616-7

Nicholas C. Zakas,
Jeremy McPeak, Joe Fawcett

Ajax
Professionell

Dieses Buch liefert umfassendes
Praxiswissen und alle Techniken,
die Sie brauchen, um Ihre eigenen
Ajax-Lösungen zu implementieren.

ISBN-10: 3-8266-1669-3
ISBN-13: 978-3-8266-1669-3

Christian Gross

Ajax
Design Patterns und
Best Practices

- Dynamische Webanwendungen
  mit REST, XML und JSON

- Design Patterns in der Praxis

- Zahlreiche Anwendungsfälle
  und Lösungen

ISBN-10: 3-8266-1692-8
ISBN-13: 978-3-8266-1692-1

Ihr direkter Draht zum Verlag:
Internet: http://www.mitp.de